JN055317

Legal Innovation
Technology, the Legal Profession and Industrial Change

リーガルイノベーション入門

編著 角田美穂子  フェリックス・シュテフェック

弘文堂

口絵 ❶　ロボット弁護士ここにあり
〜そしてロボットが勝利した

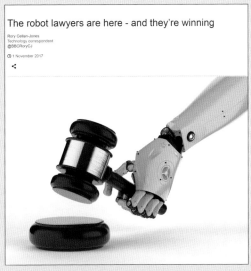

The robot lawyers are here - and they're winning

Rory Cellan-Jones
Technology correspondent
@BBCRoryCJ

① 1 November 2017

<

予測の精度よりも、コストと時間:
・その他の AI 利用例
・バイアス
・透明性
・倫理

出典）https://www.bbc.com/news/technology-41829534. 2017年11月1日記事をもとに筆者作成

口絵 ❷　AI が弁護士業務に与える 3 つの影響

AIが作業能力を拡張:
弁護士のクライアントへのアドバイス: 1回限り
または特注のタスク

AIが代替:
繰り返しの多い、
大量のテキストベースの
タスク

AIを拡張
分野横断的なチーム
（MDT）の一員として
リーガル・サービス提供パイプラインへ参画

AI消費者としての弁護士　　　　　　　　AIプロデューサとしての弁護士

出典）　Parnham, R., Sako, M. and Armour, J. AI-assisted lawtech: its impact on law firms. Oxford: University of Oxford. December 2021. https://www.law.ox.ac.uk/sites/files/oxlaw/ai_final1097.pdf

口絵 Ⅲ　創業者の社会的なつながり

～サン・フランシスコでは最も密度が高く、ニューヨークのローテックでは最も希薄

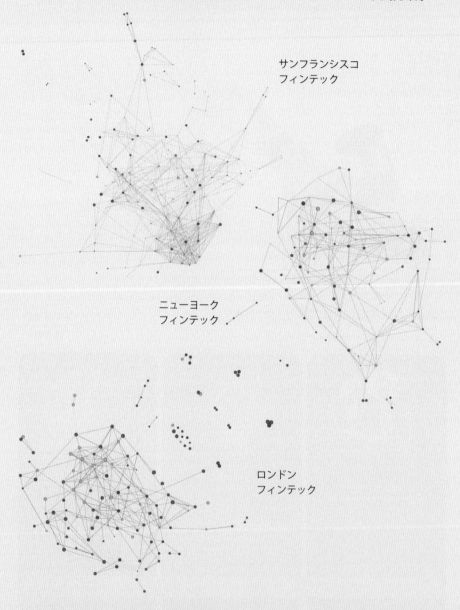

サンフランシスコ
フィンテック

ニューヨーク
フィンテック

ロンドン
フィンテック

注）点の大きさはベンチャーの従業員数を示している。
　　創業者の点の色別：赤＝プログラマ、青＝弁護士、緑＝投資家、紫＝マネージャ
　　社会的な繋がりを示すライン：赤＝共同創業者の繋がり、紺＝雇用関係、空＝教育関係の繋がり

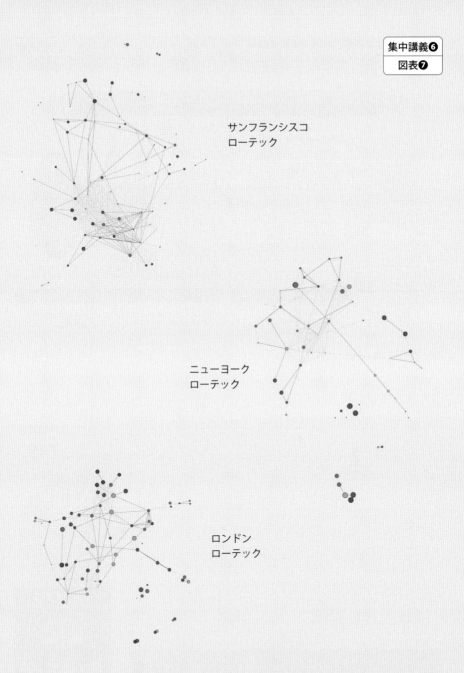

サンフランシスコ
ローテック

ニューヨーク
ローテック

ロンドン
ローテック

出典） Mari Sako, Matthias Qian, and Mark Verhagen. Knowledge Similarity among Founders and Joiners: Impact of Venture Scaleup in Fintech and Lawtech. SSRN working paper, December 2021.

口絵 Ⅳ　司法分野のデジタル化の視点

集中講義❼
図表❷

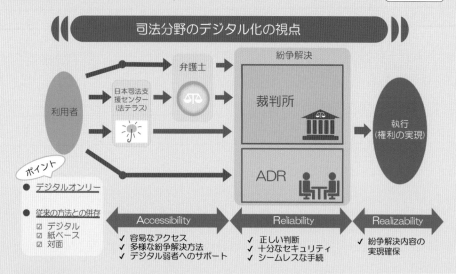

出典）筆者作成

口絵 Ⅴ　繁栄と持続可能な開発を可能にするものとしての司法アクセス

集中講義❼
図表❸

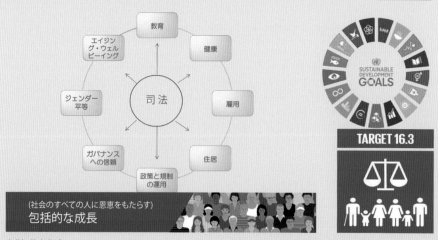

出典）筆者作成

巻頭言

一橋大学大学院法学研究科教授　山本和彦

　本書は、2020年度に一橋大学で実施されたリーガルイノベーションに関する集中講義の講義内容にコラム等が付された形で、1冊にまとめられたものである。その講義は、法学部に限られず、他学部学生にも開放され、（まさに新型コロナウイルス禍の中）オンラインで実施された。そして、オンライン講義の効果を遺憾なく発揮し、通常の授業では考えられないような多彩かつ豪華な講師陣を迎えて行われた。その中には、海外（英国）の講師も多いが、それは、この集中講義の背景に、一橋大学とケンブリッジ大学の共同研究プロジェクト「法制度と人工知能」があったからである。そのプロジェクトにおいて実施中の研究成果も、この講義の中に豊富に反映されている。

　以上のような講義、そして本書の目的は、この講義及び上記共同研究の卓越したオーガナイザであり、類稀なる構想力・突破力を発揮している、一橋大学の角田美穂子教授の言葉によれば、「次世代を担う学生さんたちに、『法』の世界はどのような変化を遂げようとしているのかを正確に伝えたい、そして『リーガルイノベーション』という、まだ概念もきちんと固まっていない段階でこそ、その概念を共に考え、深めていく機会にしたい」という点にある。それは、学生や読者を「浜に打ち上げられてしまったホオジロザメ」にしないという強い意思である（本書84頁）。一定の環境下で生存のために最適化した生物も、既存の環境がガラリと変わると、全く無力になってしまう。今の環境を前提にした法を深く学ぶことも重要であるが、より重要なことは環境がいかに変化しても対応し、生き残れる力を身に付けさせることである、そのような問題意識が角田教授をしてこの講義の実現に奔走させたのであろう。

　そのような目的意識を受けた本講義及び本書の方法論は、多様な課題

に学生及び読者を直接さらすというものであった。もちろん、それらの課題の多くは通奏低音として新たな技術（DX、AI等）を背景としたものであるが、プロローグ（「大川小学校児童津波被災事件訴訟」から、私たちは何を学ぶのか）に端的に表れているように、そこで構想されているリーガルイノベーションは、必ずしも狭義のテクノロジーに限定されず、新たな法解釈の創造をも含んだ壮大なものである。ある意味で、リーガルイノベーションの体系化を拒絶し、そのような様々な「生の」イノベーションの実践に学生たちを直面させ、そこから読者の想像力／創造力の展開を期待するのが本書の姿勢といえよう。各講の学生たちとの質疑応答部分は、戸惑いながらも、新たな「知」に直面する彼らの喜びを実感させるが、それはそのような本書の方法論の成功を物語るものでもある。

　本書の内容は、前述のとおり、紛争解決（第❷講）、コーポレート・ガバナンス（第❹講）、法執行（金融規制等）（第❺講）、法律事務所のあり方（第❻講）など、極めて多彩なテーマを扱う。各講は、それぞれの分野で最前線に立ち、デジタル化を中心とした大きな環境変化に直面しながら、イノベーションを実現しようとしている論者たちの、一種の「戦場日記」の感を持たせる。読者は、まさに自らが「ホオジロザメ」になりつつある危機感と同時に、イノベーションの現場に立ち会っている「ワクワク感」をも感じるのではなかろうか。そこで示される日英の具体的知見も有用なものであるが、より重要なことは問題に立ち向かおうとする各論者の（意識的・無意識的な）方法論である。もちろんその方法論も様々であり、論者により差がある（例えば、第❹講で小塚壮一郎教授の示される「機能的等価性」という考え方に角田教授は若干の違和感を呈される（本書233頁））。しかし、それは当然のことであり、対処のための共通の方法論がないことそれ自体がイノベーションの本質なのであろう。読者は、本書を傍らに置きながら、自らの方法論を自ら編み出すほかないのである。

　本書のもとになった講義は学生向けのものであるが、本書自体は、学生のみならず、広い意味で「法」に携わる全ての人にとって必読の文献といえよう。弁護士・裁判官や企業法務部の方、さらに官庁で法の立

案・執行をしている方、ADR その他法律相談に携わる方等々には、まず自らに関係するテーマの講義を読んでみて、それ以外の分野にも興味を広げていっていただきたい。さらに、データサイエンティストに代表される理系の方にも、ぜひ本書を手に取っていただきたい。その中から、第❸講の「W メジャー法律家」や第❻講の新たなロー・ファームを支えるリーガル・エンジニアといった新たな職域に参入する方が多数出てくることを期待する（法科大学院制度はまさにそのような人材を養成するために作られた制度でもある）。

　最後に、本書の中で私が最も印象深く読んだのは、第❹講で経済産業省の泉卓也氏（この方も理系出身である）が一橋大学の中谷巌先生を通して引用されるハイゼンベルクの次の言葉である(本書221頁)。「自然科学では、よりよいそして実りある革命は、まずある狭い輪郭のはっきりとした問題を解くことに限ったときに、しかも最小限の変更にとどめるように努力したときだけ、そのときだけ遂行され得ます。今までのすべてのことを放棄してしまって、勝手に変更するような試みというのは全くナンセンスです」というものである。イノベーションも常に先人たちの積み上げた知恵の上にある。大学の伝統的な法学教育はもちろん有用であり、実務の細かな点へのこだわりも重要である。それを突き詰めたところからしかイノベーションは生まれない。しかし、それだけでもダメなのであり、常に何故それを勉強・実践しているのかという目的に立ち返り、全てを見直す姿勢がなければ、やはりイノベーションは生まれない（その意味で、第❼講に「デジタル化が、法の外に置かれた51億人の民を救う」というテーマが置かれていることは象徴的である）。本書は、全ての読者にそのような「立ち返り」の機会を与えてくれるだろう。「法」という営みに興味を持つ全ての人に本書を推薦する所以である。

経済面で後れを取る日本
少子高齢化は、日本特有の課題ではない
社会課題は、地域性で区分けして考える
ポストコロナで、地域社会問題は深刻化する
旧来型の構造をどこまで変えられるか
世界市場の成長から取り残された日本企業
社会課題の解決に向かうと企業価値が上がる
世界と広がるリスクマネー格差
ベンチャー企業の成長の鍵
政府主導のデジタル・ニューディールの行方は
デジタル化から、DX（デジタルトランスフォーメーション化）へ
加速化するICT社会への対応策
日本のプラットフォーマーへの対応は間に合うのか
打ち上げられたホオジロザメになるな
「オレオレ詐欺」がもたらした課題
AIと共存する将棋界
生身の人間を扱う難しさ
免疫システムのような法制度を目指したい
フォルクスワーゲンの犯したミス
ドイツとアメリカでは、なぜ対応を変えたか
売主が負う契約不適合責任
社会の免疫システムとしての法制度であるために
講義を終えて（講師との対話）

　　　　　スピーカー　**フェリックス・シュテフェック**
　　　　　モデレーター　**角田美穂子**
　　　　　コメンテイター　**藤田正人**
　　　　　コメンテイター　**山本和彦**
　　　　　コメンテイター　**竹下啓介**

AIと弁護士団の対決の行方
あなたが相談するのは弁護士か、それともAIか
AIは自己学習して予測を立てる
プロセスはブラックボックス
世界各国の紛争解決結果予測AIの精度比較
AIサービスの普及はいいことか
法におけるAIの役割
企業経営者の視点でAIを評価すると
バイアス問題をどう解決するか

集中講義❸　若きWメジャー法律家たちは、なぜ法律以外も学ぶのか

集中講義❻　日本型ロー・ファームはAI時代も生き残れるか ········· 281

> スピーカー　酒向真理
> モデレーター　フェリックス・シュテフェック
> モデレーター　角田美穂子
> コメンテイター　岩倉正和

法律事務所における法律家以外の人材はどう育てるか
なぜ、弁護士の起業は、事業拡大が遅れるのか
弁護士として生き残るために必要なこと
ロー・カンパニーにあって、法律事務所にないものは
これからの弁護士が描く 3 つのキャリアパス
弁護士と非弁護士はなぜ組めないのか
米英に 30 年の後れをとる日本の Business Law
Big Five が始めた独立事業とは
司法界における AI 導入は進んだか
New Players の出現
日本がガラパゴス化する理由
日本の法曹界は、いつ変わるのか
AI 普及の鍵はデータの入手
若手の法律家が変化を起こすためにできること
オープンソースでの AI の開発は可能になるか

集中講義❼　デジタル化が、法の外に置かれた51億人の民を救う … 333

パネリスト	フィリップ・ショルツ
パネリスト	吉川 崇
パネリスト	タチヤナ・テプロヴァ
パネリスト	マイケ・デ・ランゲン
パネリスト	イグナシオ・ティラード
パネリスト	アンナ・ヴェネチアーノ
モデレーター	フェリックス・シュテフェック
モデレーター	角田美穂子
質疑・議論参加	山本和彦
質疑・議論参加	竹下啓介
質疑・議論参加	小塚荘一郎

司法へのアクセスはデジタル化で改善される
EU 加盟国で進む司法のデジタル化
新型コロナで明らかになったデジタル化の有用性
デジタル弱者ゼロのデジタル参加に
司法のデジタル化が遅れている理由
司法のデジタル化の後押し
民事裁判手続の IT 化の現在地
デジタル化が司法制度にもたらす変化
司法問題は至るところで起きている
不平等な法的アクセスとコロナで巨額の損失に
デジタル化革命のチャンスが到来

民間システムの利用にまつわる課題
2030 年までに持続可能な開発目標の達成を目指す
法に守られていない 51 億の人々
コロナが引き起こした「影のパンデミック」
「人間中心の司法」イノベーションにむけて：7 つの原則
世界の近代化と経済成長を促す UNIDROIT
各国の民事訴訟の原則づくりにも貢献
債権の執行には何が必要か
必要不可欠なテクノロジーの利便性と危険性
テクノロジーが執行に与える影響
AI 裁判官の実現性は

リーガルイノベーションとは、いわば、法律進化論？
今こそ、構造問題の解決を！＝環境激変
リーガルイノベーションの起こし方
司法アクセスのイノベーションに向けて

巻末資料　司法タスクフォース「すべての人に司法を─ハイライトと政策提言」
　　　　　（ニューヨーク：国際協力センター、2019 年）

編集協力：風間詩織
通訳・翻訳：（株）NHK グローバルメディアサービス
カバー装画：タイガー立石 Milano-Torino Superway
（埼玉県立近代美術館 所蔵）

「大川小学校児童津波被災事件訴訟」から、私たちは何を学ぶのか

◉ スピーカー

吉岡和弘（弁護士〔吉岡和弘法律事務所〕）

齋藤雅弘（弁護士〔四谷の森法律事務所〕）

◉ モデレーター

角田美穂子（一橋大学大学院法学研究科教授）

● コラム

野間幹晴（一橋大学大学院経営管理研究科教授）

　課題先進国である日本で、課題「解決」先進国を目指すべく、新しい社会の仕組み、法理論とその運用を支える法曹が求められているのではないか。2019年10月、遭わなくてもよい被害を被った者の法的救済を実現する、新機軸となる判決が確定しました。大川小学校児童津波被災国家賠償訴訟で遺族側の請求を認めた仙台高等裁判所判決がそれです。画期的判決を勝ち取った吉岡和弘弁護士と齋藤雅弘弁護士に、法曹が起点となったイノベーションの本質とその舞台裏を語っていただきます。

（一橋大学法学部「実体法と社会」民事法③として、2021年4月21日収録）

課題「解決」先進国になる！そのための法学

角田：本日は、大川小学校児童津波被災事件訴訟の遺族側の代理人として画期的な判決を勝ち取られた吉岡和弘先生と齋藤雅弘先生をゲストにお招きして、インタビューという形で授業を進行します。

　数年前に、当時の安倍首相がこういうことを世界に向けて発信されています。日本というのは課題先進国です。つまり、ご存知の通り、先進国の中でも最速のスピードで高齢化が進み、同時に人口減少が止まらない、加えて過疎化の問題とか、一極集中の問題とか、いろんな課題があるわけです。そういう課題先進国である日本で、なんとか世界に先駆けて課題「解決」先進国を目指していかなければならない、というものです。

　さて、ここで考えてみていただきたいのは、このように社会が急激に変わっていく中で、社会の仕組みも変えていかざるを得ないのではないかということです。私の専攻である民法は基本的な市民社会の仕組みを決めているわけですが、民法のルールを動かすにあたって、先例に従っていれば従来通りうまく機能するかと言えば、それはまったく不確かなのではないでしょうか。

　これから始まる一連の講義は、「次世代を担う皆さんと一緒に次のような問題を考えましょう」という招待状の意味を込めて企画したものです。このような激変の時代、法律家はどうあるべきなのでしょうか。社会に必要とされる、理想的な法律家とはどのような人材なのでしょうか――。

　私の暫定的なイメージをお伝えしましょう。それは、おそらく、どこにどんな法律があって、これまで裁判所がどんな判断を下してきたのかを漏れなく全部知っていて、相談されたときに関連する知識を引き出し、分かりやすく困っている人に伝えられる「だけ」ではないでしょう。今まで蓄積してきたものを墨守するだけではうまくいかなくなる可能性を見越して、新しい発想から法律論というロジックでダイナミックに果敢に切り込んでいける、そういう法律家が求められているのではないでしょうか。つまり、法律の世界でイノベーションを起こして新しい境地を切り拓いていく、そういうイメージです。そして、まさにその好例といい得る画期的な判決を勝ち取られたお二人の先生をお招きすることで、そのヒントを得ようというのが本日の企画の趣旨になります。

自然災害の多い日本で「遭わなくてもよい被害を被った者の法的救済を実現する法理論」を開拓

角田：では、本日テーマにしている大川小学校児童津波被災事件に入りますが、まずお二人の弁護の、どこがチャレンジングだったのかについて、簡単に紹介させていただきます。この事件では、民事法の3つの基本原則のうち、「私的自治の原則」から派生する「過失責任の原則」の理解が真っ向から争われました。

　まず出発点として、自然災害によってもたらされた損失に対して誰かの法的責任を問えるかという問題があります。吉岡先生も、「こんな難しい問題（だけ）に、できればほかの弁護士さんのところに行って欲しかった」と心情を吐露されていました[1]が、この原則からすると、自然災害による損失の法的責任を問うというのはなかなか、できないというのが出発点だったと思います。災害が原因なら仕方がない事なんだ、不可抗力なんだというのが、多くの方の直感でもあろうかと思います。

　一方で、日本には最高裁判決のサッカー落雷事件という、ちょっとした手掛かりになる裁判がありました[2]。1996年高校サッカーの競技大会で、雷音が轟く中でサッカーの試合を止めずに敢行したために、引率していたサッカー選手に雷が落ちて、非常に甚大な損害を被ってしまったというものです。なぜあの時試合を止めなかったのか、避難させなかったのか、2006年最高裁は、一審二審の判決を覆し、差し戻しを命じ、顧問の先生の過失を認めたという事件です。

　ところで、「過失」とは何でしょうか。基本的なロジックとしては「なすべきことをしなかった」になります。「なすべき」というのは、これは法秩序から見て「顧問はあの時試合を止めるべきだったのに」ということです。引率者であれば「雷音が轟いてくれば危険が迫っているということは予見可能でしょう、だったらもう試合はやらずに避難させるべきではなかったか」と、予見可能性と結果回避義務違反というのが大事な要素ということになりました。

1）TVディレクターの寺田和弘氏の手になるショートムービー「『大川小学校』の訴訟に挑んだ2人の弁護士──判決後も遺族と向き合う理由」（2021年3月制作）
　https://creators.yahoo.co.jp/teradakazuhiro/0200093049.
2）最高裁平成18年3月13日判決（判例時報1929号41頁、判例タイムズ1208号85頁）。

がしかし、今回の大川小学校の判決では、サッカーチームの顧問に当たる具体的な対象者に「貴方は結果を予見できただろう」というロジックを採らずに、組織的過失という新しい考え方を採りました。

　「雷雲が轟いてきたら避難させるべきであった」のと同様に、「地震が発生したのであれば、避難させるべきだっただろう」という、地震が起こった後の、合理的な判断をすべきだっただろうというロジックも採らなかったという点で、画期的だと言われています[3]。勝ち目のある前例を踏襲せず、なぜわざわざ新しい手法を試みたのか。このあたりを是非ご本人たちからお話しいただきたいと思います。

イノベーションの本質

角田：前振りが長くて恐縮ですが、本日はイノベーターとしての先生方に迫るために、まずは先生方から自己紹介でなく他己紹介をお願いしたいと思います。というのも、イノベーション研究の泰斗・野中郁次郎一橋大学名誉教授によれば、イノベーションの鍵は異質な者との相互作用にある、つまり、同質の者とは組まないことがポイントだと指摘しておられるんですね。そういう意味で、お二人の先生がお互いにどのようなポイントに着眼されたのかは、是非、伺っておきたいところです。

　それから、野中先生は「イノベーションというのは、アナログな『暗黙知』とデジタルな『形式知』の間で生ずる対立項の矛盾を弁証法的に克服することによって起こる」、とおっしゃっています。法律論というのはまさに「形式知」そのものといえそうなところ、どうやってイノベーションを起こしたのでしょうか。「両極を大局的に捉えつつ、総合するポイントを鋭く見抜き、それを互いに膨らませることによって両局が総合され、より大きなものに止揚（アウフヘーベン）するのだ。二項対立の矛盾は『理性的な矛盾』で、論理だけでは矛盾は解消しない。必要なのは『感性』なのだ。デジタルな理性の対立があったうえで、アナログな感性で

3）米村滋人「大災害と損害賠償法」論究ジュリスト6号（2013年）64頁、飯考行「大川小学校津波訴訟とその意義」専修大学法学研究所所報62号（2021年2月）65頁以下。

プロローグ　「大川小学校児童津波被災事件訴訟」から、私たちは何を学ぶのか　**5**

もってより高いレベルでダイナミックに総合化するのだ」ともおっしゃっています。このダイナミズムを念頭に置きながら、お話を伺いたいと思います。

　それでは早速、実は本件の、画期的な判決を取られるまでのシナリオライターであられたという吉岡先生から、どういうシナリオを書かれたのかというご説明と、齋藤先生と組んだいきさつなどもお話しいただけますでしょうか。よろしくお願いいたします。

亡くなっているのは学校の中だけではない

吉岡：皆さん、こんにちは。角田先生から、この講義の企画意図をお聞きして、一橋大学の学生さんは羨ましいなと思いました。民法の授業で、こういう、枠にはまらない、ある意味無謀とも思える大川小津波事件を取り上げて、これから君たちはこんなふうにやっていかなきゃいけないんだなどとお話ししてくれる教授にはなかなかお目にかかれません。そうした環境に身を置いている皆さん方はとても羨ましいと、まず思いました。

　さて今、角田先生が、なぜ齋藤弁護士に頼んだのか、紹介をしろということなので、そこから話そうと思います。

　この大川小学校を襲った津波ですが、実は小学校だけでなく、学校周辺で暮らす約200名の地域の方々も、亡くなっているんですね。学校のまわりで200人の大人が亡くなっているのに、どうして大川小の子どもたち74人の死亡だけが人災だというのか。極めて無謀な裁判になるのではないか、難しい、勝てないという声も多く、実際、法曹界の通常一般の感覚からしても、難しく、なかなか勝てないと思われる事案でした。そうした事件に取り組むには、国賠法に強い齋藤弁護士の協力が不可欠だという思いがあって、齋藤さんに共同弁護を頼みました。

　それから、津波ですべてを流された遺族の方々に、「裁判をやるために弁護士費用を出せ」とは言えません。皆さん、仮設住宅に入って、着の身着のままで暮らしている人たちもいて、弁護士費用を出せとは言えないわけです。けれども弁護士は、お客さんからお金をもらって事務所を維持していかなければなりませんから、相代理人になってもらう弁護士に、「お金は出せない、裁判も勝てるかどうか分からない、でも一緒にやってくれないか」と、こんなお願いは、なかなか誰に

でもできるわけではありません。一方で、これは誰かがやらなければいけない、極めて重要な問題だという思いはあって、齋藤さんだったら受けてくれるだろうと考えたわけです。

かつて齋藤さんと私は、豊田商事の国賠事件でともに活動しました。その過程で、齋藤さんは国賠に非常に強い弁護士であることも分かっていました。ただ裁判となれば、東京から現場へ何度も通わなければならず、相当負担がかかってしまう。それでもやっぱり最終的には、意気に感じてもらえるっていうんですかね、齋藤さんだったら受けてくれるだろうという、齋藤さんに、そうした情熱というか、そういうものが無ければ、おそらく一緒にやってくれなかったと思うんですね。

齋藤さんには、何度も現場を見に来ないかと声をかけ続けたのですが、最初はなかなかうんと言わなかったんです。でも齋藤さんは、被害者の証言を聞きながら、涙してくれた。そういう熱いハートを持った弁護士なんですね。しかも一方では、クールな頭脳を持っている。クールな頭脳と熱いハートを同時に持っている、そういう代理人弁護士っていうのはなかなか見られません。仙台弁護士会にもたくさん弁護士はいますから、だったら地元の弁護士を頼めばいいんだけど、そういった色々な条件を考えると、もうこれは齋藤さんしかいないということで彼にお願いした、そして、最終的には受けていただいた、というのが経緯です。

角田：ありがとうございました。では、次に齋藤先生よろしくお願いいたします。

齋藤：吉岡弁護士から過分のご紹介をいただきました齋藤です。私も一橋大学法学部の出身ですが、入学したのは 50 年近く前になりますから、当時の法学部の講義を思い返すと、吉岡さんがおっしゃっていたように角田先生のこのような講義を聴ける皆さんは、とても羨ましい限りです。

さて、どうして大川小の国賠訴訟に関わったのかということですが、実際のところ、吉岡さんからは半年以上かけて日弁連の委員会や先物取引被害全国研究会で顔を合わせたときなどに、何度も誘っていただきました。口説き文句は「一度、現場を見に来ないか？」でしたが、東京から通うのは大変だなぁなどと悩み、覚悟を決めるまでに結構時間もかかりました。吉岡さんも同じ考えと思いますが、

弁護士の仕事は現場に行くことがとても大事なんですね。現場に立って、ここで何があったのか、事実は何なのかというのを感じ取ってしまうと、これはやらなければいけない、このまま何もしないわけにはいかないと思わざるを得ないわけです。ですから、吉岡さんの誘いに乗って一度現場に行ってしまったら、おそらくこの事件を引き受けないわけにはいかないだろうと思って、躊躇していました。

　結局、この事件の訴訟を提起する前年の暮れに、吉岡さんと一緒に現場に行き、遺族のお宅に伺って皆さんのお話を聞いたり、それに付随する様々な調査を続けていく中で、これは自然災害だから諦めるしかないなどと言って風呂敷をたたんでしまえるような問題ではなくて、「人災」すなわち子どもたちの、大川小の児童の命を守らなければいけない人がちゃんといたのに、その人たちが然るべき対応を取らなかったことによって、未曾有と言ってもいい学校事故が起きたのだと感じました。それは、先ほど角田先生がおっしゃったように法秩序全体から見て、決してあってはならないことで、そうした正しい評価がされなければ、74名の亡くなった子どもたちの命に報いることはできないと、そういう気持ちになったということです。

　吉岡さんに誘っていただくというのは、実に光栄なことです。なぜなら吉岡さんという方は、私からすると、この上なく才能の有る弁護士で、芸術家としての感性を持ちながら、具体的で冷静で合理的な戦略を考えて、実現できる方ですから。

　先ほどのお話の中にもありましたが、弁護士の間でも、シナリオを組み立てていく能力に長けた方というのは、吉岡さん以外、私はほとんどお会いしたことがありません。そんな吉岡さんを、弁護士になった頃から脇で見ていたのですから、吉岡さんから誘ってもらったのなら勝てるだろうと自分の中では思っていまして、それなら自分も、少しお手伝いできればいいなということで、一緒にここまで仕事をしてきたと、こういうことです。

遺族が「事実上の代理人弁護士」に

角田：齋藤先生から、吉岡先生は稀代のシナリオライター、戦略家だというお話が出ましたけれども、吉岡先生、この大変チャレンジングな事件の相談を受けて、

受任を決められたその時点で、どのようなシナリオ、戦略、ストラテジーを描かれたのでしょうか。

吉岡：実はこの津波関連の裁判というのは、大川小以外にも15件ぐらい起こされているんですね。震災が起きてすぐに訴訟提起をされた事件もあったのですが、それがことごとく負けているんです。自然災害は不可抗力だ、津波訴訟は勝てる可能性はないというのです。他方で、遺族は、子どもの最期がどんなものだったのか知りたい、なのにそれを学校は明らかにしてくれない。あとは裁判しかないというのです。困難な事件ですが、遺族らは、親として真実を明らかにしたい。その思いを叶えるには、通常の裁判と同じシナリオでは裁判は維持できないなと直感的に思いました。また、こういう時は通常の定石からすると、30人か50人ぐらいの大弁護団を組んで戦うというのがセオリーなんですが……。

角田：すみません、セオリーの背景にあるものは何ですか？　やっぱり大きな事件は、30〜50人の人手を使ってなんとか証拠を集めるということなんでしょうか？

吉岡：そうですね、大きな事件になればなるほど、弁護士の人数が多くなる傾向があります。複眼で検討をしていくという面では確かにそうなんですが、大川小の場合は、津波で証拠が流されて全くなくなってしまっている。それから、目撃者らから聴き取りをするにしても、例えば、現場に居合わせた住民のところに、弁護士が突然訪ねて行っても、紛争には巻き込まれたくないという気持ちが働いて、なかなか話してはくれません。それが弁護士ではなくて、地域で顔見知りの○○くんのお父さんが訪ねて行くと、「あなたの息子さんは何時何分にこうしていましたよ」という風に教えてくれるんですね。遺族がそうやって聴いた話を、「今のその話を弁護士にも話してくれないか」ともちかけると、その程度のことで良いなら話してもいいよって安心して弁護士に話してくれます。つまり、まずは遺族が目撃者を探し、あとから弁護士が登場するという順序のような聴き取りの土壌づくりとでもいうような仕掛けが必要なんですね。遺族の方々も、そういうことかと納得して、伝手を頼って1つずつ地道に証拠を集める仕掛けをするには、

弁護士は少ない方が良いんですね。仮に、今回のケースで、弁護士が何十人もいて、遺族から弁護士が裁判を請負ってしまっていたら、遺族たちだって「大弁護団を作ったんだから、弁護団に任せておきましょう」となって、遺族らは動かなかったかもしれません。

　そこで私は遺族の方に「津波で証拠が流され、目撃者もバラバラになってしまった事案では、プロの弁護士ではなく、むしろ遺族のあなた方が、亡くなったお子さんらの『事実上の代理人弁護士』になってみたらどうか」と持ち掛けてみました。

　また、もう1つ、違った側面から言えば、子どもを失った親たちは、自分を責めるんですね。「どうして私は娘を迎えに行けなかったんだろう」とか、「どうしてあんな学校に通わせたんだろう」とか。子どもを亡くしたのは、すべて自分たち親の責任だというふうに責めている。これは、けっしてそんなことではないのですが、子を亡くした親というのは、そうした親の負い目というか、亡くなった子どもたちに申し訳ないという気持ちを持ってしまうことが多いのです。そうであるなら、むしろ、そうした親としての子どもたちに対する思いを、遺族のあなた方が子どもの代理人になって証拠を集め法廷でお子さんの無念な気持ちを代弁することにより、すこしは亡くなったお子さんらに代わって親としていくばくかの行為をなし得ることにもなるのではないかと思ったのです。こうした側面からも、遺族らが「事実上の代理人弁護士」になるべきだと考えたのです。通常の裁判では、弁護士が前面に出て闘うわけですが、大川小津波事件の場合、弁護士は、後ろに下がって、むしろ遺族たちが子どもたちの事実上の代理人弁護士になって証拠を集め、法廷では相手方と対峙する、そういうシナリオができたわけです。

　すると、本来であれば、子どもを失って布団をかぶってもう立ち上がれない状態の遺族が、子どもたちのために頑張ろうと立ち上がるんです。そして、遺族らは、毎夜、集まって議論を重ねるようになりました。例えば、明日予定される保護者説明会では誰が何を聞き出すか、前回の説明会と前々回の説明会とでは答弁に矛盾があるじゃないか、などと夜明けまで議論することにより、とてもいい証拠をたくさん集めることができました。こうして提訴時には、かなりの証拠を手にすることができたわけです。そして、こうした遺族の「事実上の代理人弁護士」としての活動が、実は子を失って立ち上がれない遺族自身の心理的ケアにもつな

がったようにも思います。そうした意味でも、遺族の「事実上の代理人弁護士」という設定が裁判を勝訴に導く秘訣の1つになったかなと思います。

　もう1つ、通常であれば、例えば弁護士が市役所に事情を聞き取りに行っても、「それはお答えできません」と言われてしまうようなことも、子どもを亡くした遺族が役所の窓口で尋ねると、役所の方も「できるだけ答えましょう」と、そうなるのが人の心というものですよね。先の遺族説明会に至っては、1回当たり4〜5時間もの長時間にわたり、計10回もこの説明会を繰り返すことができました。もし弁護士が前に出ていたら、そんなに何度もはできなかったと思います。そして、実は、この遺族説明会の中の質疑で、裁判に必要なほとんどすべての事実が浮き彫りになったのです。

　つまり、戦略は何かという問いに対しては、お父さんお母さんが子どもたちの「事実上の代理人弁護士」になってくれた、そういう仕組みを作ったところが成功の秘訣と言えるかと思います。

　ただこれは、普通の弁護士仲間から言わせれば、「何を馬鹿なことやってるんだ」と言われそうな話で、戦略とはとても言えない、むしろ感覚からのアイディアだったかもしれませんね。

角田：考えられないことだと言われてしまっても、それが成功したというところで。齋藤さんからも是非、コメントいただけますか？

齋藤：はい。吉岡さんが紹介された通りで、ご遺族の方々が本当に努力をされたと思います。遺族説明会での質疑も、最初は怒号が飛び交うようなやりとりでしたが、石巻市が遺族説明会を一旦強引に打ち切ってしまい、その後、遺族の抗議や強い要請で、半年くらいして3回目の説明会が開かれました。この第3回説明会のあたりから変わり始めました。事前に犠牲になった児童の保護者同士で集まって、前回の説明会でのやり取りの記録（議事録や録画）を皆さんで読んで、認識を共通にして問題点を議論して、それを質していくという質問形式を組み立てられるようになりました。誰が質問に立つかも、きちんと役割分担をして、そうやって丁寧に、辛抱強く遺族説明会を重ねたことで、遺族は新たな事実を引き出してきています。

それに、津波が襲った当時、大川小の近くにいたり、子どもを迎えに行ったものの津波が到達した時には学校を離れていたりする現場の目撃者、生存者の方々もいましたが、この震災で皆さんバラバラになっていたんですね。誰がどこに移っているのかもよく分からない状況でしたが、遺族は、その人たちを探して事前に話を聞いてもらったりもしました。それが、先ほど吉岡さんもおっしゃっていたことですが、我々にも話をしてもいいという方には、吉岡さんと私と2人でお会いしてお話を伺い、記録をとって陳述書などにまとめて、という作業をずっとやってきたということですね。

大弁護団を組まなかった

齋藤：大弁護団を組まなかったのは、弁護士がたくさんいますと、利点は色々あるのですが、事件の方針や考え方や、法理論、事実の捉え方も含めて、意見も色々あるわけですね。これは決して悪い事じゃなくて、それぞれみんなが、なんとか勝たなければいけないという気持ちでいるからなのですが、その筋道や考え方が違うので議論が対立してしまうこともあるわけです。当たり前ですが、皆さん全員が法律家で、それぞれが独立していますから、議論が活発になりすぎて、時間もかかって、正直に言わせていただくと無駄も多くなります。もし結論に向けて、最短で進めようということであれば、事故や事件に対する共通の認識をまず醸成するところから始めないと、同じ土俵で議論ができません。しかしその土台作りだけでも、担当者がレジュメを作ったり、1時間2時間報告することになって、「じゃあこれが共通の認識ですね」と。そこから初めて「問題点をどう考えるか議論を始めましょう」となるわけで、とてつもなく時間も労力もお金もかかってきます。

　それが今回のように2人でなら、しかも40年来の友人で、親しい間柄ですので、互いに考えてることが分かるんですね。言葉一つでその何倍も理解し合えましたから、非常に大きな、大変な事件でしたけれども、進め方としてはかなり合理的にできました。これだけの事件が、一審から最高裁の決定で判決が確定するまでわずか6年で終わるというのは、信じられないぐらいのスピードです。これを2人でできてしまったのは、やはり吉岡弁護士の戦略のなせる業ではないかと、私

は思っています。

角田：一般論から出発しますと、普通はトラブルに遭遇した人が弁護士さんに相談して、代理人になってもらうのが相場なわけです。ところが、大川小では遺族の方に、あなたが代理人だよといって役割を振って、しかも弁護士さんはバックに退くという、とても一般論では考えられないその発想は、いったいどこから来たのでしょうか？　しつこいようですが、やっぱり、そこの秘密を聞きたいですね。

誤字脱字の陳述書で裁判官の感性に訴える

吉岡：遺族に代理人弁護士になってもらった利点は、証言を集めることと、実はもう1つあって、それは、勝てない事件で、裁判官をどう動かすかという話になりますが、裁判官の感性に迫るということです。

　先ほど角田先生からサッカー事件をご紹介をいただきましたが、同じ自然災害がきっかけとなったという意味で大川小事件を担当する裁判官の頭には、「サッカー事件」の最高裁判決があるわけです。それと比較して、この大川小事件はどうなんだろうかという発想で審理を進めるであろう、裁判官に対して、これは遺族側に勝たせなきゃいかんというふうに、感性に訴えかけていくためには、弁護士がいくら法律論で理屈を述べても裁判官は耳を傾けてはくれません。もっと裁判官の心に響かせようとするなら、むしろ当事者が直接裁判官の目を見ながら、裁判官にたどたどしく訴えかけていく方が、よほど伝わるものです。例えば、一人ひとりの遺族の思いを裁判官に伝える方法としては証人尋問や原告本人尋問が原則ですが、多数の被害者がいる場合、なかなか全員の声を裁判官に届けることができません。そうしたとき、1つの方法として「陳述書」の提出という、平たくいえば裁判官宛の手紙を書く方法があります。しかし、通常、遺族の皆さんは、日頃、筆をとると言うことはほとんどなく、まして、最近はスマホで短文を送信するのが常ですから、「裁判官にあてて陳述書を書いて欲しい」とお願いしても、みんな尻込みするわけです。そこで、僕は、安心して陳述書を遺族に書いてもらうために、「裁判官ほど誤字や脱字が大好きな人はいないから安心して思うとこ

ろを書いて欲しい」、「できれば肉筆で書いて欲しい」と、こう言いました。

角田：なるほど、ワープロじゃなくて、ですね。

吉岡：私は、皆さんが自信を持って書けるように、「文章がつながってないとか、そういうことは一切心配しないでいい。親として、裁判官に伝えたい思いをそのまま書いてくれれば裁判官はきちんと受け止めてくれます」と。そして、「誤字や脱字があることが、かえって、裁判官には、これはきっと本人が書いたものだ、弁護士は全く手を入れていないんだという気持ちにさせる。是非、お子さんのことを含め、裁判官に伝えたいことを書いてみて欲しい」とお願いしたところ、皆さん、親として、子に対する愛情溢れる文をたくさん書き綴ってくれました。齋藤さんともども、涙なくして読めない、素晴らしい陳述書でした。きっと、裁判官らも、この陳述書に心動かしたに違いないと確信させる内容のものでした。

角田：心情の真実性を誤字・脱字は担保する……。

吉岡：はい。理路整然と上っ面をなぞるような弁護士の作文ではなく、子どもを亡くした親の心情が吐露されるような手紙で裁判官に訴えるには、やっぱり本人の言葉で訴えなければだめなんです。だから法廷でも、遺族たちが毎回、期日ごとに、子を失った苦しみや苦悩を話してもらうという作戦を立てました。法廷での遺族の訴えは、傍聴席からも、毎回、すすり泣きが聞こえる内容でして、これまた裁判官の心を動かしたと思われます。

本質を争点にするとは限らない

吉岡：それからもう１つ、シナリオというか、どういう闘い方をするかの話になるのですが、本件の本質は避難マニュアル、危機管理マニュアルの中に、津波が来たらどこに避難するのか、その避難場所が明示されていなかった点が一番のポイントなんですね。したがって校庭に避難した先生方も、その後、どこに逃げたらいいかが分からずに右往左往して、子どもたちを50分間も校庭に留めてしまっ

た。ですから、遺族たちは、最初、「マニュアルが不十分だったところを争点に、裁判をやって欲しい」と、言ってきました。けれども、果たして、マニュアルに、避難場所が書いていなかったから、どこに逃げたらよいか分からなくて、子どもは死んだんだというふうに地震発生前の過失を訴えたとして、本当に裁判官は勝たせてくれるのか。むしろ、地震が起きた後、何時何分に津波警報は出ていたのに、また「先生、津波が来る。裏山に逃げてください」と言う方たちがいたのに、さらには、ラジオで津波襲来の放送を聞けたのに避難をしなかった、いわば地震発生後の過失を問うていく方がいいのではないか。もちろん一方で、地震発生前、避難マニュアルを明確化していなかったという本質であるところも押さえておくのですが、重点はむしろ地震発生後の過失に置くべきではないかと思っていました。

角田：今のは、一審の判断の方ですよね？　最初の裁判を起こした地裁の時の話ですよね？

吉岡：はい。一審では、地震発生前のマニュアル不備と、地震発生後の過失の双方を主張していたのですが、どちらかと言えば、地震発生後の過失に重点を置く主張・立証に力を入れていました。もしも最初から、マニュアルが不十分であることを争点に一審を闘っていたら、おそらく負けたんではないかと思います。また、逆に、一審判決が地震発生後の過失で勝たせてくれたからこそ、高裁は安心して地震発生前の平時からの組織的過失という理論を指し示してくれたんだと思っています。

角田：一審と高裁とでは、何か大きな違いがあったんでしょうか？

吉岡：実は一審の審理の中で、以前、校長先生が「５ｍの津波が来たら、学校もたないね」と発言していたこととか、地震から２年ほど前、避難マニュアルの中に津波という言葉がなかったところに、わざわざ津波という言葉をマニュアルに入れたとか、さらには、平成14年ころから石巻市が防災計画を立てていて、その中に津波が来ることも想定していたなどという事実が次々と出てきたんですね。それを聞いて、「なんだ、地震が起きる前に津波のことをちゃんと準備してたじゃ

ないか、じゃあなぜ、地震発生時にそれができなかったんだ」となりまして、そうした事実を背景に置きながら、一審では地震発生後の過失で迫っていこうとなりました。結果的に、一審ではそれで勝ったわけですが、高裁の裁判官はその一審の記録を見て、「地震が来た後の過失ではなく、これはむしろ地震前の校長先生や教頭先生やそれから教育委員会や石巻市の市長部局で危機管理を担う人たち全体が、やるべきことをやっていなかったんじゃないか」と思い始めたんですね。そういう動的な審理っていうんですかね、訴状には、地震発生前と後のそれぞれの過失を起訴づける事実を指摘しながらも、一審での審理では地震発生後の過失を、高裁での審理では地震発生前の平時からの備えを組織としてやらなかった組織的過失を、強弱をつけて主張し、一審と高裁とで地震の後か前か、力点と争点を変えたところがポイントかなと思います。

自然災害の損失は誰に負わせるか

角田：一審の判断は地震が起きたあとの事後的な過失。画期的な判決を勝ち取られたというふうに紹介させていただきましたが、高裁では、むしろ地震が起きる前の段階で、なすべきことをしていなかった。では、なすべき人は誰かというと、サッカーでいう監督、顧問という具体的な人ではなく、組織だと。そういう組織的過失という理論を採った判決が出たわけですよね。

　そこに至るプロセスについては後ほどお話しいただくとして、まず組織的過失というものに関して、齋藤先生から少しお話しいただけますか？

齋藤：はい。大学に入学をしたばかりの学生さんにとっては、過失をどう考えるかは、なかなか難しいことかと思います。

　冒頭に、角田先生から説明していただいた、過失についてのお話しとも重なりますが、過失というのは本来すべきことをしなかったという点に責任の根拠があるとするものです。ただ、過失がある場合にどうして損害賠償という法律的な責任、あるいは義務が生じるかということが、過失の捉え方の一番の根本にあるわけです。こういう自然災害で被災したことについての責任を問う訴訟などの場合は、その根本的な問題がとても重要で難しい問題となります。

私たちの社会の中で、ある人に損失が生じた場合、被害を受けた人が全部抱えて、誰にも責任を追及できないのかといえば、そんなことはなくて、社会の中で発生した損失を誰に償わせるのが適切なのか、その損害を生じさせた人が償うべきではないかという基本的な考え方があります。このような考え方の基本として、「その損害を生じさせたことについて過失（落ち度）がある人がいれば、その人にその損害を償ってもらう法律上の責任を認めるのが公正ではないか」、こういう考え方（「過失責任主義」といいます）が私たちの社会の基本の1つであり、近代の市民社会の基本的な考え方として、歴史的にも認識をされてきているわけです。

　つまり、原則で考えれば、どうしても過失（落ち度）があった個人の責任というものを出発点にして損害賠償の問題を考えていくことになります。皆さん、これから勉強していく民法の不法行為の考え方というのは、個人を前提に置いて責任というものを組み立てていく、そういう構造が民法の不法行為の考え方ということなんです。

角田：例えば、手術ミスで患者さんが亡くなってしまった時は、手術を担当した医師が、医療水準にかなった医療をしていなかったから亡くなってしまったんだという、そういう話ですよね？

齋藤：そうですね。そうなります。

　ところがこの高裁の判決というのは、確かにそういう意味で、ある事象に関与する責任者的な立場の人間がいることは前提となっているのですが、AさんBさんという具体的な個々人の落ち度によって、損害が生じたというような括り方はしませんでした。そもそもそのような立場にある人にあれをしなさい、これをすべきである、こういう対応をしなければいけない義務があったのに、その人がそれを怠った（しなかった）というように個人の問題に還元してしまっていいのか、その人が所属、あるいは帰属している組織が、適切に物事が運ぶように、具体的には損失や損害や危害が生じないよう、システムと言うか制度として、組織全体であらかじめ対応すべき問題ではなかったのか。その人は、そのような組織の構成員として、あるいはその組織の中で然るべき地位や職務に就いているという側面に着目して、その地位や職務にある人が対応すべき義務として、少し抽象的な

主体の義務として捉え直し、その組織なりシステムの全体に関わる義務の違反として責任を構成しなおしてみたらどうか。そういう考え方が、この事件の高裁判決につながったといえると思います。

特に現代社会では、社会の仕組みや構造が非常に複雑になってきていて、東日本大震災のような大規模な災害然り、それから今回の新型コロナウィルスのパンデミック然り、私たちの社会に大きな危険が迫っている時に、個々人の力でそれが防げるとか、個々人の責任だというふうに、単純には還元できないような事態がたくさん出てきているわけですね。

それなら、何か起きても、誰も責任を取る人がいないのか、となってしまうのかと言えば、そうではなくて、そういう大きな危険、あるいは難しい危険であればあるほど、社会全体で、具体的に申し上げれば、そこに関わる当事者が関与する組織や、仕組みを構築したことに関与している人全体の責任として考えていく必要があると思います。

そういう視点で、本件を見れば、津波によって人の命が失われないようにするためには、事前の対応を取っておかなければいけなかったことが観念できるでしょう。それを怠ったが故に、実際に地震が発生して、津波が到達する段階になって、子どもの命を守る対応がとれなかった。したがって本来あるべきことを行わなかったこと、そこに過失があります。では、それを行うべき立場にいた人間は誰かというと、個人ではなくて、本件で言えば学校に関係している当事者、もちろん学校の運営責任者である校長や教頭、教育委員会も含め、もう少し広げて、市の防災部局、こちらも責任の一端を担わなければいけないというふうに考えるわけです。このあたりのことは、高裁判決では明記はされていない部分もありますが、そういう考え方を前提に組織としての過失、こういうものを認めてくれた判決ということになります。

ちょっと難しかったかもしれませんけども、理解していただけると嬉しいです。

未曽有の大災害を予見はできたか

角田：そうですね。あと、未曽有の大災害なのだから、そんなものは誰も予見できなかっただろうという、そのあたりも学生の皆さんは気になろうかと思うので

18

すが、この点はどうクリアされたのでしょうか？

齋藤：まず、こうした損害賠償の責任の前提となる「予見」というものを、どのように捉えるかということにも関わってきます。先ほどの例でいえば、個人の責任を基礎に据えるなら、その個人が安全を守らなければいけない対象者の、本件ですと大川小の子どもたちの命になりますが、命が損なわれる危険があったということを具体的に認識していなければいけない、こういうことが出発点になってきます。

　ところが、個人の代わりに、制度や組織としての過失というふうに考えますと、組織の対応としてやっておかなければいけない、危険（損害の発生と言いますか）とは、何かというふうに、少し抽象化されます。抽象化された意味で、本件の、「学校で教育を受けている子どもたち全体の命を守る」ために「組織の対応として、やっておかなければいけなかったこと」とは何なのか、と考えますと、もうちょっと広く捉えることができるようになります。

　宮城県石巻市のこの大川小の地域であれば、過去、昭和53年にも宮城県沖地震というのが発生していて、県や市もそういうものを踏まえて、宮城県沖地震というものはかなり周期的な地震という認識がされていたんですね。実際、過去の歴史を見ても、26年から43年の周期をもって宮城県沖地震というのは起きています。ならば、次の宮城県沖地震が起きた時の対応を、きちんと組織全体で考えておかなければいけない。

　そうなりますと、予見の対象は、「実際に地震が起きて、大川小に津波が押し寄せて、子どもが津波に呑み込まれて命が失われるということ」が予見できたかということではなくて、「将来、それだけの規模の地震が起きるだろう」ことについてはある程度高い確率で予測はできる。ただそれがいつの時点で、どこを震源として発生するかまでは、具体的には分からない。それでも「実際に起きた時にはこういう結果を引き起こすだろう」という、ある程度抽象化されたものとして予見ができれば、組織がとるべき義務との関係においては、「予見ができたんだ」と判断がされるということになるんですね。

　ちょっと難しい話になってきますが、こういう組織的な過失の場合には予見の対象がこのように、少し一般化されてくるものなんです。

ただ実際に、裁判所に責任を認めてもらうためには、①予見できたのだという判断、②その予見に基づき子どもたちの命を守るための行動をとるべき義務があった、なおかつ、③その義務をきちんと守っていなかった（義務の「懈怠」といいますが）、④この①②③と（①②は「過失」の要件、③は国賠法では「違法性」と言われる要件です）、子どもの命が失われてしまったこととの間に、法律上の基準からみて相当と言える因果関係が認められることが必要になってきます。法律学ではこの④のような関係を「相当因果関係」と呼んでいます。組織的過失の場合には具体的に、その組織がすべきものを履行すれば守れたということと、命が失われたこととの間の相当因果関係が証明できないと、組織の責任につながらないわけです。ただ、考え方としては、私が今説明したような判断を高裁判決が採ってくれたということになると思います。

角田：実に画期的な判断だったと思います。未曽有の災害とか、コロナのパンデミックでも人類史上初めての危機に瀕しているとか、みんなが対応に戸惑っているわけですが、では、学校に通っている方々の危険をどう守っていくのかということに関して言えば、なすべきことというのはあるでしょう、と。そこを突いたというのが、非常に画期的ということになろうかと思います。ありがとうございました。齋藤先生。

角田：ところで、その組織過失論というもので勝負をかけた大まかな経緯に関しては、先ほど吉岡先生からお話いただきましたが、その、何と言うか、もう少し、決定的瞬間にフォーカスしてうかがってみたいと思います。つまり、何かブレークスルーのきっかけみたいなことがあったのではないかと推測しておりまして、そういったエピソードがあれば、教えていただけますか。お二人の採られた考え方というのが、民法学説の中でも一般的に流布しているアイディアではなかったように思えておりまして、これで勝負をかけよう、これならいけると思ったきっかけでも構いません。いかがでしょうか。

「一審判決を見直します」の解釈

吉岡：僕と齋藤さんがこの事件を取り組むにあたって、マスコミとの共働は大切だという認識は、共通のものとしてありました。こういう事件では、マスコミが世論を盛り上げていただかなきゃいかんということもあって、おかげさまで、毎回毎回裁判の期日ごとにマスコミが報道してくれたんですね。

　おそらく高裁の裁判官も、一審判決が出て自分のところにこの事件が上がってくれば、控訴審で上がって来たその記録を読みますね。一審の記録を読むのと併せて、日ごろからニュースを見ていれば、この問題の本質はいったいどこにあるんだろうか、ということを考えていたんではないだろうかと思うんです。

　実は、第1回目の控訴審の期日に、裁判官が開口一番「一審判決を見直します」と言い、そのうえで、次のような、まるで禅問答のような問いかけを裁判官がしたのです。「以下に述べることについて次回までに双方書面を出してください」。以下に述べることとは何かというと、『あなたのお子さんを大川小学校に通わせてください』という通知が小学校の入学前に教育委員会から行く。それに対して、「大川小学校に通わせるのは嫌です」とか「うちは別な学校に通わせます」とは、言えない法的仕組みになっていますよね。教育委員会が決めたことに反すると罰則を加えるという、いわゆる学区制のような問題です。したがって教育委員会から『あなたのお子さんは大川小学校に通わせてください』と告げられ、それを嫌だと言えない状況下で、学校保健安全法29条（「学校においては、児童性との安全の確保を図るため、当該学校の実情に応じて、危険発生時において当該学校の職員がとるべき措置の具体的内容及び手順を定めた対処要領〔危険等発生時対処要領〕を作成するものとする」）の「危険等発生時対処要領」、すなわち、いわゆる「危機管理マニュアル」をきちんと作りなさいとある条文を、どう解釈するのか、その条文は本件でいかなる意味を持つのか、逆に言えば29条をどう解釈すればいいのか、双方次回までに書面を出してください」というものでした。

　相手方の弁護士は、一審では負けていたので、「一審判決を見直します」と言われて、「やったー」という気持ちになったのではないかと思うのです。

　しかし、僕たちの方も、「学校保健安全法29条の解釈をどう考えるんですか」という問いを発したということは、高裁はむしろ地震が起きたあとの過失よりも、

地震が起きる前の危機管理マニュアルをどのように作らなければならなかったのか、またそれを怠った場合、この29条という規定は、単なる努力義務を記した規定なのか、それとも29条に違反した場合、学校らの法的な義務違反を基礎づける条文なのか、と裁判所は考えたうえでの発問だ、と解釈して、齋藤さんと僕も「やったー」と思ったわけですね。

角田：なるほど、じゃあお互いにお互いが「やった」と思ってたわけですね。

齋藤：先ほど吉岡さんのお話にもありましたけど、遺族としては、学校があらかじめきちんと対応をとっていれば、我が子は亡くなることはなかった、という気持ちが非常に強かったと思います。例えば、学校では災害時に保護者が子どもを引き取る際に、児童の引き渡しカードというものを作っています。何か起きた時に、子ども一人ひとりをきちんと親元に返せるような体制を作ることが、学校には義務付けられているのですが、大川小の校長はそれをやっていなかった。

それから、あるはずの緊急連絡網も作っていなかった。地震発生後にまず机の下に潜って揺れが収まるまで待って（第1次避難）、その後、校庭に避難（第2次避難）した後、津波の警報などが出た時に次に避難すべき高台などへ避難する必要がありますが、そのような避難場所や避難の方法が作成することが義務付けられていた大川小の「危機管理マニュアル」には明記されてなかったなどの不備があっただけでなく、避難訓練などもちゃんとされていなかった、そういうことも含めて、学校全体に責任があるんじゃないかと、遺族は確信していたのです。

組織的過失を認めない一審

齋藤：ですから、一審のはじめに出す訴状では、学校保健安全法に基づいてマニュアルの整備をすべき義務があったのに、これを怠った、それに対する責任がありますと、主張しました。ただ、同時にそれでは勝てないだろうと思いました。特に一審の裁判官の考え方が、そういう方向に向いていないんです。裁判をやっていきますと、向いてないのがよく分かるんですね。

実は、一審の裁判官は、同じ県内の山元町で起きた自動車学校での津波事件の

裁判と同じ裁判体でした。その自動車学校の事件では、学校側の責任が問われましたが、この事件では直前の過失だけを捉えて責任を判断されたということが分かりましたので、本件でもあらかじめの義務というのは争点にならないだろう、そういう判断しないし、おそらく認めないだろうと、と思っていました。結果的には、組織的な過失というふうに議論が深まって、整理がされましたけれども、それはその後の高裁段階ですから、一審の段階では、予備的にあらかじめの義務違反とは言ってはあるけれど、主戦場ではないと、吉岡さんと2人で議論しながら感じていました。けれども、一審でも主張はしてあるんです。

　それもあって一審の最終準備書面では、その辺を具体的に主張しました。法律論としても主張していますが、やっぱり事実が一番大切なんです。特に現場となった大川小というのは、北上川が流れ込む、追波湾という、太平洋の湾から約4km離れているんですね。だから、大川小に津波が来るということは、4km津波が遡上してくるという前提になるわけです。これは、ほかのケースで考えれば、かなりの距離を大きな津波が遡上してくることになるのですが、本件の場合は北上川という大河が学校の前を流れているんです。だから、津波の河川遡上も考慮に入れないといけない、つまり大川小事件というのは津波の河川遡上が問題だということになります。

　ただ、河川遡上ということになると、単に河川を水が上ってくるだけでは、堤防がしっかりしていれば問題ないではないかとなり、ならば学校には責任がない、というふうにつながりかねない。でも、そういう問題ではないんです。過去の地震津波で河川遡上でどういうことが起きているか、これも我々でかなり調査してみると、単に津波が上ってくるだけじゃなくて、先に地震があって、それから上って来ますから、堤防の脆弱性を踏まえて、遡上津波の危険性を議論しないといけないということが分かりました。そういう事実としての主張を、一審の段階でかなりしてるんですね。

　そうした事実を私たちが一審の段階から準備書面で主張してきたものを読み込んだ前提で、第1回の口頭弁論期日に高裁裁判長が何て言ったかということが重要です。裁判長はこういうふうに言ってます。メモをとりながら、聞いていたので、ほぼ、正確なものです。

　「学校という組織において、誰がどういう注意義務を負うのかについては国賠

法の事件では生徒がプールや校庭で事故やけがをする場合では担任の個々の教師の指導に過失があるかが問われるが、本件はそれとは次元が異なり」と言っているんです。「次元が異なり、学校としての組織の中での公務員の過失」、これは注意義務違反のことですが、「それをどう考えるべきかを考える必要はないか」と、「組織上役割分担があり、これを背景にして公務員の職務上の注意義務違反を考える必要があるのではないか、この問題は個々の公務員の責任の範囲を超え、公立学校という組織に関わる責任が問題になるので、従前の判決の事案とは異なる。したがって従前の判決は参考にならないのである。その意味で一審の審理は十分でないと考えている。だから見直します」と言われたのです。ですから、最後の「見直します」という結論だけ聞いて、結論変えるんだ、というふうに高裁が思っていると受け取ってしまったら、大間違いなんですね。

角田：そうですね。

齋藤：高裁の裁判官が十分ではないというのは、組織的な過失の審理が「十分じゃないですよ」と言ってるわけです。だから最初の段階で、本当に禅問答みたいな謎かけをもらって、吉岡さんと色々議論しながら、私たちの知恵では足りないところは、高名な民法の先生（潮見佳男京都大学教授）のご意見などを聞いたりしながら、「よし、これは、高裁は私たちが一審の段階から言っている点を中心的な判断の対象、争点として捉えて判決を書いてくれそうだぞ」ということが分かったので、そこからさらに力を入れて、勉強したり調べたりしながら、主張を組み立てていきました。

きっかけとなった 27 年前の河川遡上

齋藤：余談になりますが、ではなぜ河川遡上が大切なのかという話をすると、昭和 58 年の日本海沖地震が起きた日は新潟地裁村上支部の証人尋問の期日でした。まだ上越新幹線が全部開通していない時代で、上野駅から朝早い特急列車に乗って新潟地裁村上支部に行く予定にしていましたが、この地震で村上駅の 1 つ手前の駅で止まってしまったんです。結局その日は東京に帰れなくなって、新潟まで

は依頼者に送ってもらい、泊まっていた宿でテレビをつけたら、村上川を津波が白波を立てて河川遡上していく映像が映って、それがすごく印象に残っていました。その時の記憶から、これだろうと、この河川遡上を言わないと、大川小に津波が来るから危険ですよ、とは言えないだろうと、吉岡さんに誘ってもらった最初の時から、実は思っていました。それでずいぶん調べたりしながら、一審の段階から主張していたこともあって、高裁裁判官が見直します、と言ってくれたんじゃないかなというふうに思います。

角田：吉岡先生がおっしゃった「禅問答」を、裁判官のことですから、きっとあまり顔には出さないんでしょうね。ポーカーフェイスでそういう問いかけをしたら、被告側と原告側とで全く逆の解釈で、お互いに喜んだということでしたが、齋藤先生がおっしゃったように、注意深く聞いていれば、裁判官が思っている問題意識はきちんと発言としてあったということなんですね。それから、どうなったんですか？

訓示規定は法に問えるか

齋藤：最初、高裁から釈明を受けた事項の内容は「禅問答」でしたので非常に難しいわけです。どういうことかというと、「公立小学校である大川小ではこの学校に通っていた児童は、法律で大川小に通学することが義務付けられていますが、このように大川小に通学することが義務付けられている関係にあることと、学校における安全を確保すべきことに関する学校保健安全法という法律の関係が、国賠責任を判断する場合にいかなる関係にあるのかを検討しなさい」ということなのです。かたや行政法で、けれども、民法の特別法としての側面もある国賠法も不法行為の責任と同じような考え方をとりますから、そこが責任の理由、根拠になりうるかどうかはかなり難しい問題です。

　学校がすべき事前の対応が責任原因になると、私たちは自分たちなりに考えて、一審の段階から主張していましたが、裁判所の言っているような、「個々の当事者の過失ではなくて、それを全体を包括するような組織としての過失の在り方」ということについては、あまり議論が深化しているわけではありませんでした。で

すので、自分たちの主張をまとめるうえでは法律のエキスパートにも話を聞こうということで、従前からお世話になっている京都大学の潮見佳男先生に、「実はこういうことを高裁の裁判長から言われたのだけれども、これはどのように整理したらいいでしょうか」と相談したら、「じゃあ時間を取りますから、お話を聞きましょう」ということになって、京都大学の研究室で色々話をさせてもらって、最終的には潮見先生にもご意見を書いていただいたことにつながっていくわけですね。

吉岡：学校保健安全法の29条には、危機管理マニュアルを作らなきゃいかん、というふうに書いてはありますが、これは一般的には訓示規定というのか、努力義務を定めた規定だと言われていて、そのように定めなければいけないのですが、定めなかったからといって何か責任を問われる規定ではないとされていたんですね。

角田：行政処分がくだされるとか、そういった罰則がないわけですね。公法がベースですよね？

吉岡：けれども今回は、そうした解釈ではなく、29条は、法的な責任が問われる規定なんですよ、というふうに裁判官に得心させなければなりません。この点で、潮見先生の意見書は、「公法上の義務にとどまらず、権利・法益の保護を目的とした私法上の義務の根拠規定だ」と明快に指摘されていて、裁判官も安心してそういう判決を書けるだけの重みのある意見書で、非常にありがたいものでした。

子どもたちが最後に目指した三角地帯とは

齋藤：もう1つだけ補足をさせていただくと、予めの組織的な過失というものは、かなり前の段階での予見可能性とか、実際に津波が来た時に避難ができたかどうか、あるいは実際にそれが危害、危険として現実化するかどうかというところがはっきり言えないと、なかなか認められないんですね。その観点で、河川堤防というものは皆さんが一般的に持つイメージとは異なり、構造物としては実際にはかなり弱い部分があり、この点が津波が河川遡上をしてくる場合には鍵となると思いました。

これは吉岡さんの、素晴らしい戦略家としての一面なんですが、吉岡さんは欠陥住宅の日本一の専門家で、建築だけでなく土木や土壌や地質や建築に関するエキスパートでもあるんですね。その吉岡さんのつながりで、地盤工学の専門家に河川や堤防に関する意見書をまとめてもらいました。その結果、地震が起きたらやっぱり堤防は壊れると立証されたのです。特に、昭和53年に起きた東日本大震災の前の宮城県沖地震の時に壊れた箇所と壊れ方が、今回の地震で壊れた北上川の堤防の壊れた場所と壊れ方がだいたい一致するんです。

角田：なるほど。

齋藤：その辺が実は重要で、事前の予見可能性であるとか、事前の対応として、あらかじめ避難場所などを明示する対応をとっておかないと、堤防が壊れなければ大丈夫じゃないかということになってしまいます。

　けれども、ここは吉岡さんのご専門分野ですから、どこがどのように一致して、なぜそうなったかという意見を踏まえ、分析をしていただけた。それが「なるほど、堤防が壊れて津波が来る危険というのが、具体的に、ある程度は予見できたんじゃないか、だから事前の対応が義務になるんだ」という判断につながったんですね。ちょっとその辺を吉岡さん、補足していただけるとありがたいですが。

吉岡：今、齋藤さんが言われた、どう立証したらいいのかと考えた時に、国土交通省が全国に配置している地方整備局、東北地方整備局とか関西地方整備局とか、そこに、北上川が地震の都度、どんな被害があったのか、情報公開請求をしたところ、なんと地震のたびに、ほぼ同じところが崩壊している資料が入手できました。

　とりわけ、今回の大川小の児童たちが避難しようとした所、本当に最後のさいごの場面で、三角地帯というところに避難しようとしたのですが、なんとその場所は、地震の都度、壊れていたという事実がこのデータで明らかになったのです。それは、地盤工学会の専門家に言わせると、堤防というものの特質であると。限られた材料で造られる住宅の地盤などとは違って、堤防というものは、何キロ、何十キロという長く大きな構造物を同質の材料で造らなければならないものです

が、なかなか均一・同質の土などを集めることは困難であり、どこかに弱い部分が出てきてしまうというのです。たとえ、表面はコンクリートで立派に作ってあるように見えても、実は壊れやすい営造物であるということを指摘していただくとか、そういう工夫というのですかね、立証の工夫ができたのもラッキーだったなというふうに思います。

怒号飛び交う説明会が証人尋問の場に

角田：すごいですね。まず、ご遺族の方々に代理人、通常で言えば弁護士さんの役割を振って、自分たちは背後に退いて黒子に徹する戦略をとりましたよね。そして、ここでは、裁判所の考え方の何手か先を読んで、外堀を埋めるかのような証拠集め。まさに弁護士活動の、どうやって証拠集めをして説得力あるロジックを組み立てていくかというお話で、お二人ともすごいアイディアをひねり出し、人脈をたどりながらの、鮮やかな手腕を披露していただきました。理論武装は必要ですが、それ以前の戦略をどうやって開発すればいいのか、ということについて、大変貴重なお話をありがとうございました。

　まだほかにも、何か証拠集め等で御工夫された点等がありますか？　もしあれば、お話しいただけるとありがたいと思います。

吉岡：先ほどもちょっと触れましたが、証拠集めでは、遺族である親御さんたちが本当によくやられたと思います。

　事故直後に市が「学校はどうしてお子さんを死亡させてしまったのか」を説明する会を持つことになった時、市は最初、1回か2回で説明会を終えようという気持ちでいました。1回目の説明会では、遺族たちは怒り心頭ですから、「子どもを返せ」「馬鹿野郎」とどなり合う、怒涛の集会になったわけですが、実はそれは、市側にとっては願ってもないことなんです。じっとうつむいて2時間我慢していれば、それで説明は終わったんだ、というアリバイができてしまうからです。ですから、その場は、怒りをぶつける場ではなくて、相手方から答えを引き出す場であり、怒鳴りたい気持ちはあっても、遺族には発問をしてもらわないとなりません。それには、マイクを持つ発問者を予め2人か3人に絞って、その人が「今

日はこれとこれとこれを質問しよう」というふうに発言内容を工夫した方がいい。どうせ質問しても、相手側は「そこんところは分かりません」とか「調べておりません」と即答しないことがしばしばです。そうしたとき、「じゃあ次回までに調べてくださいよ」というふうにして、次回の設定の約束をさせる。そして、次回にそうしたことを調べて来ましたら、それに対して「○○でした、ということですが、具体的な数字はどうなんでしょうか」、「今分からないなら、また3回目を開いてください」と、そうやって、また次の開催を約束させていく。こうして、当初、「本日は2回目ですけど、本日は1時間で終わります」と言って2回で終わらせようとしていた説明会は、最終的には10回、しかも1回あたり4〜5時間という、長時間の尋問ができました。

　通常の裁判でも、証人尋問というのは長くて2時間、だいたい1時間ないし30分というのが相場なんですが、大川小の事案では、そうやって、遺族の方がべらぼうな時間をかけて、たっぷりと法廷で証人尋問をやったに等しい［資料］を入手したんです。もうそれは、言わば宝の山でした。

　先ほどの裁判官が「危機管理マニュアルを作るにあたって、市教委が何月何日までに出しなさい」なんていうやりとりも、実はその遺族説明会の中で出てきた話で、そこに裁判官が着目して「その時の資料を出してください」と、相手方に資料を出させたところ、「1年前の平時から議論されていたことではないか」と。遅くとも1年前には、平時から、組織として、それぞれの担当者がやるべき職務を遂行さえしていれば、事前に子どもたちの命を守ることができたんじゃないか、という認定につながったのです。このように、遺族たちによる証拠収集が本件高裁判決を導く決定打になったのではないかと思います。

突破力の秘密：ほめ上手と電子データ化

角田：ありがとうございました。まあ、でも先生の書いたシナリオを、遺族の皆さんが協力してやり通した、そのストーリーが大変感動的としか言いようがないお話だったと思います。

齋藤：吉岡さんは、シナリオを書くだけじゃなくて、役割を振った人にちゃんと

仕事をさせるのが非常に上手なんです。私はこれも才能だと思っているんですが、とてもほめ上手で、出された宿題をちゃんとやってくると、「えらいな」「よくやって来たな」と褒めてくれるので、何となくうれしくなって、次も頑張ろうって気持ちになるというのもありましたね（笑）。ちょっと脱線してしまいました。

遺族は、吉岡さんが紹介したような活動もそうですが、遺族自身が情報公開条例に基づいて、市が握っている証拠を開示させてくれたりするうちに、だんだん慣れてきて、私たちがあれこれ言わなくても、遺族自身が非常に上手になってきました。

他にも、例えば市の出している広報誌みたいなものの中に、地震・津波に関するいろんな情報があったんですが、それを図書館で明日までに集めてくれと言えば、ちょっと恨みつらみを言いながらでも、遺族たちが頑張って集めてくれる、調べて用意してくれる、というようなこともありました。証拠集めでは、時には大変なことをお願いすることもあったりしましたが、それでもちゃんとやってくれるのは、これは吉岡さんのほめ上手があるかなと思っています。

それからもう1つ、これは技術的なところになりますが、本件の裁判記録のファイルを全部集めて並べると、紙の厚さだけで大きなロッカーの3段分か4段分ぐらいになってしまうんですね。本来なら、打ち合わせも裁判も、それら全部を持っていかなければいけないんです。でも、私は東京から新幹線で行くので、それはとうていできませんから、最初から全部電子データにしました。したがってUSBメモリ1つで事足ります。これは非常に役に立ちました。

裁判で重要なのは証拠をしっかり読むことです。我々原告から出した証拠の数だけで、おそらく400くらいになるかと思いますが、それをきちんと読み、目を通す、相手の出したものも含めて、細かいところきちんと見ておく必要があります。それでも私たちが気が付かなかったところを裁判官に指摘されてびっくりした、というようなこともあったりします。今回の裁判では、資料を全部電子データにしたおかげで、検索ができ、楽になりました。ただ、技術的なところなので、あまり本質ではないかもしれませんね。

角田：いえいえ将来の法律家になっていく人たちにとってはかなり重要なお話だと思います。先にご指摘くださった吉岡先生のほめ上手も才能ではないかという

ご指摘も、大事なポイントだと思います。というのも、シナリオが「共感」をベースに紡ぎ出されていることこそ、イノベーションを実現させる肝だとされているからです[4]。「共感」はイノベーションの起点であり推進力でもあるというのは、経営学だけでなく法学でもまさにそうだ、と思って伺ったところです。

齋藤：こういうところも工夫しながらやってきたことで、何とかここまで来られたという感じです。

角田：ありがとうございました。組織的過失という、画期的な判決が生まれるまでのストーリーについては、ここまでで、だいたいお話しいただけたのではないかと思います。ここで次に、もう少しズームアウトして、判決が出た今、お二人の先生方にこの判決について、何か問題提起、あるいはこういう意味があるとお考えになっていることがあれば、お聞かせいただけますでしょうか？

命令した脳より殴った拳が罪に問われる

吉岡：これまでの直近過失というのは、事故に一番近いところで起きた現場での過失を問うものでした。ですが、考えてみれば、現場の方々の犯したミスというのは、実は指令する、計画を立案する側の指示や落ち度があるからこそ現場の過失を誘発することになるんです。なのに、これまでの裁判、裁判所の考え方は、一番直近のところだけを捉えており、肝心の企画、指令、計画をする部署・部門の責任が全く問われなかったのではないでしょうか。

　これは人間の体に例えてみると、僕が角田先生をぶん殴ったとした時に、これまでは殴った拳が悪いとされていたんです。けれども実際になぜぶん殴ったかといったら、僕の脳が殴れと命じているわけですから、むしろ処罰すべきは脳じゃないか、たとえていえば組織的過失とは、そういうことなんじゃないかなと思ったわけです。

　現場の落ち度ではなく、指令する、計画する、そういう部門・部署が落ち度を

4）野中郁次郎＝勝見明『共感経営』（日本経済新聞社・2020年）。

誘発しているというふうに考えると、これは学校防災に限らず、企業での災害や、それ以外の自然災害、それから医療、病院でのミスだとか、いろんなところにこの考え方が発展していくんではないかと思います。そういう意味では、これからの裁判では、個別的な、個々人の責任というもの以上に、全体の組織の責任を問うという視点からの審理が主流になっていくのではないかと思っています。

　それから過失・落ち度という点においても、地震発生後ではなくて、地震発生前、事後ではなくて事前にどうあるべきだったか、という考え方に変わってくるのではないでしょうか。高度複雑化する社会の中で今後は、こうした組織的過失を問う方が、むしろ当然の責任追及の在り方というふうになっていくのではないか、という予感がいたします。

角田：ありがとうございます。さっき先生が大事なキーワード『非常に複雑化・高度化した社会』とおっしゃいましたが、そうした社会の中で、様々な専門家の力を統合し、うまくマネジメントしながらロジックを組み立てていく、そういう力が今後さらに大事になってくるという印象も受けたところです。齋藤先生、いかがでしょうか？

時効完成前日の訴状提出は何を意味するか

齋藤：はい。今年2月21日に仙台で判決報告と検討の集会を開いたのですが、そこで東京大学の米村滋人教授が、「この控訴審判決がなかったら、1万7千人の津波犠牲者を生んだ東日本大震災は日本社会に何も教訓を残さなかったと思います」「この判決は大川小の子どもたちと、1万7千人余りを救うとともに、日本社会が変わる重要な一歩になる判決だと思います」と最後にコメントされました。

　まさしく同感です。遺族のお一人の只野英昭さんは「自分は裁判なんかを起こす事案ではなかったと思います」と言っていましたが、ではなぜ起こさざるを得なかったのか。そこに、訴訟と結果としての控訴審判決の意味があると思っています。

　控訴審判決がもたらした結果は、多くの命と引き換えに得たものですので、その意味をきちんと考えていかなければいけない。ただ、非常に残念なのは、こう

した訴訟で、加害者なり何なりの責任を追及するためには、日本の法律の仕組みでは、全部お金に換算しなければならない、命を金に代えて請求しなければいけないんですね。日本の法律に基づいた裁判制度では、それ以外にもう手段がない。そうすると、今回のような責任追及を行う人に対して、ちょっと卑近な言い方になりますが、「やっぱ金欲しいんだろ」などという受け取り方をする人が、非常に悲しいことですが、出てきます。しかし、只野さんの言葉にあるように、「遺族は決してそんな目的で訴訟に踏み切ったわけじゃない。なぜ学校に45分間も据え置かれてしまったのか、責任の所在をきちんと明らかにして欲しい、それから自分たちの子どもの最期がどうだったのか、辛くともそれは知りたい、教えて欲しい」。こうした思いを、他に確認したり知るための手段がない以上、訴訟という手段を取らざるを得なかったんです。

　只野さんの言う苦渋の決断は、訴状の提出の期日にも表れています。本件の訴状が提出されたのは、実は時効にかかる前の日なんです。3年の時効になる、ぎりぎりの前日に出されました。

角田：まだ時効について勉強していないと思うので補足すると、時効とは、不法行為から、または不法行為による損害の認識、あるいは加害者が誰であるかを認識してから3年経つと、裁判を起こせなくなってしまう、そういう法律の原則ルールを指します。

　つまり、遺族の方々は、お子さんを津波で亡くして、学校や市の説明を聞いて、それでも納得できる答えがもらえなくて、でも裁判を起こす事案ではないという気持ちとの葛藤もあって、そのぎりぎりのところで、やっぱり裁判をやらざるを得ないと、そういう決断に至ったということなんでしょうか。

齋藤：そうですね。ところが先ほどのような受け取り方をする人たちが出てくる。ですからこの裁判では、私たちの戦略もあって、非常にたくさんのマスコミに取り上げてもらったのですが、その負の側面である、反発や反論もかなり強く浴びせかけられてきました。それは遺族が3回被害にあったことを意味します。

　1回目は津波によってお子さんを失った時、2回目はその後の市や県の対応で傷つけられた時、そして3回目がこの訴訟です。遺族に対しての様々なバッシン

グや誹謗中傷は、それだけでは収まらず、去年の1月には遺族が殺害を予告されるなど脅迫事件まで起きました。

法律に基づいて私たちの社会のルールを決めていく、また、法律上保護された権利を主張することが、こうしたバッシングを含め非常に大きな負担を伴うものになってしまっていることは大きな問題です。バッシングや誹謗中傷は許せませんが、脅迫事件のような、さらなる被害や損害を生じさせるようなことは、絶対に認めてはいけないわけです。これを許すことは私たちの社会の基本を根底から覆すことになります。

だからこうした行動や訴訟を行うことで、そういう問題が起きてくることを、どう捉えればいいのか、そうならないように、あるいはそういう考え方になってしまう背景をきちんと整理をして、正しくあるべき方向に向いてもらうためにも、本件の事件全体と、それから、今回の控訴審判決の意義というのがあるというふうに思います。

組織的過失の意義は人の命を救うこと

齋藤：最後にもう1つだけ、今回の裁判での組織的過失を問題にしたことの意義は、今回の教訓を今後に生かすことだと思っています。東日本大震災に限らず、大規模災害が起きて、危害・危険が現実化した瞬間に、果たして私たちは冷静かつ合理的に対応できるでしょうか。今の法律では、現場にいたその人に落ち度があればその人が責任を負えということになる。けれども、その責任の問い方では、本当の意味での責任が、問えない方向に引きずられてしまうことになりかねません。でももし組織的過失を認めれば、現場でパニックになったとしても、従前あらかじめ決めておいた通りにやれば、危害・危険が起きない、現実化しない、あるいは起きても命が救えるということになります。単に損害賠償の責任の問題を言いたいのではなくて、災害時の被害や危害が現実化しないため、もっと言えば人の命が失われることがなくなるんじゃないかと。そういう考え方を高裁は示したというところに、とても大きな意義があるように感じています。

角田：ありがとうございました。

齋藤先生が2つ目におっしゃったことは、吉岡先生がおっしゃったこととももつながっていますね。つまり、吉岡先生のコメントは私を右の拳で殴ったとしても、今までは拳しか、末端の現場のところしか見なかったのを、「拳に命令した脳がやったことに着目しないでどうする」というお話だったかと思います。齋藤先生は、地震の後、狼狽せざるを得ない人間の本質を踏まえて考えてみてくださいという角度からも問題提起しておられる。なぜ今までは、災害が起こった後の現場の具体的過失ばかり見ていたのか、ミクロ的な見方で問題を処理しようとしていたのか、そこが非本質的なのではないかとおっしゃっています。言われてみるとおっしゃる通りとなるのですが、そこがコロンブスの卵というもので、新しいアイディアというのは、それがすばらしく、あるいはそれ自体に力があるほど、シンプルなんですね。極めてシンプルなために、実行されてしまうと、「なんだ、そんなの当り前じゃないか」、というふうに思われる[5]。けれども、そういう事の本質を捉えた新しい理論こそが、強い説得力を持ち、世の中を変えていくことができるのではないかと私は理解しております。そういう意味でも、本日イノベーターのお二人にお越しいただけたことを大変うれしく思いました。

　それから齋藤先生がおっしゃった、「遺族が三度の被害にあわれた」という事実に関しましては、日本社会の根深い問題として、問題提起をいただいたものと受け止めたいと思います。

　ただ、と言いますか、これをもって日本社会のマイナス面だけに目を向けてしまうことに対しては、個人的にはちょっと疑問に感じるところもあります。それはコロナの対応を見ても、色々な国で、抑え込むのに強制的なロックダウンという措置が取られながら、日本ではそこまでの措置を取らなくても、パンデミック下の社会機能をそれなりに動かせている。そこにはいろんな知見がささやかれてはいますが、私が思うところ、日本人はそれなりの自己規律を持っており、社会の中で規律が働いたという面もあるのではないでしょうか。震災が起きた時も、他国ではパニックに乗じて強盗被害が多発して、社会が大変なことになるような話も見聞しますが、日本の場合はそうした大パニックというのはほとんど起きず、

5）ブルーノ・ムナーリ（阿部雅世訳）「シンプルにまとめるのはよりむつかしいこと」『ムナーリのことば』（平凡社・2009年）67頁参照。

世界で賞賛されたというのも伺っているところであります。

　そういう意味では、日本社会に光の面と影の面があって、今回齋藤先生は、影の面についてとても重要な問題提起をされたのではないかと思います。そしてこれからも社会の中の基本的なルールを定めるのは、民法はじめいろんな法的なルール、理論であるべきで、それを考えていくうえで、とても大事なテーマになるのではないかと考えているところであります。

すべてのものにはヒビがあり、そこから光が差し込む

角田：最後に私の方から1つ、イノベーションというテーマを立てたものとして、お話しさせていただきます。オードリー・タンという、若い人の間ではご存知の方も多いかと思いますが、台湾のデジタル担当の閣僚の本[6]からのものです。

　カナダの音楽家であるレナード・コーエンの歌詞に「すべてのものにはヒビがある／そこから光が差し込む」という一節があるのですが、それを引用してこんなことを言っています。

　　「もし、あなたが何かの不正義や、注目が集まっていないことに対して、怒りでありますとか焦りを感じているなら、それを建設的なエネルギーに換えてみてください」

　　「そしてこのように自問自答してみてください」

　　「こういう不正義が二度と起こらないために、私が社会に対して何ができるだろうか」

　　「そういう問いかけをし続けてください」

　　「そうすれば、あなたが抱えている怒りというのを建設的なエネルギーに換えるということができます」

　　「そうすると、誰かを攻撃したり、非難したりするということをしないで、前向きな新しい未来のための原型を作っていくという、そういう道にとどまることができるでしょう」

6）オードリー・タン『オードリー・タン　デジタルと AI の未来を語る』（プレジデント社・2020 年）251 頁以下。

「あなたが見つけたヒビに他の人たちを招き入れ、参加していただいていけば、
　そこに新しいかたちで光が差し込んでくる」

　世界というのは、今皆さんが感じていらっしゃる通り完璧ではないわけですね。
欠陥、問題点がある、そこに法律家が向き合っていくのだと思います。

　「それに真摯に取り組んでいくということが、今私たちがここに存在している
理由なのではないでしょうか」と、そういうふうにオードリー・タンがこの本の
中でおっしゃっていて、私はこの言葉に強く共感いたしました。

　さて、私は『AIと法』というテーマにも関心をもって研究を進めておりますが、
将来は、AIやそういうものが大変進化して、過去の判例などを、人間よりどんど
ん早いスピードで学習して、「過去の判例に照らすとこうだよ」、あるいは「こう
いう問題点で争ったらいいんじゃないか」ということを、アドバイスしてくれた
り、もしかしたらスマートフォンのアプリになったりするかもしれません。けれ
ども、それだけでは、今申し上げたような、世の中に存在するヒビに気が付いて、
その中から新しい光が差し込む未来を作っていくことは、できないのではないで
しょうか。吉岡先生、齋藤先生の今日のお話の中で、感性というキーワードが大
変印象に残りましたが、共感を呼んで、人の感性に訴えかけられるような戦略を
ひねり出すことができる、法律家にもこういう能力が求められているのではない
でしょうか。

　ということで、これから法律学を学んでいくにあたって、皆さんには「性能の
悪いロボットのようになるんじゃないぞ」ということを、お二人の大先生と、そ
れから私のようにまだまだ駆け出しの民法学者からのメッセージとして、お伝え
させていただき、本日の授業を終わりにしたいと思います。

　本日はお忙しい中お時間をいただきまして、ありがとうございました。

シュテフェック：このセッションに参加できなかった代わりに、なんと、私は、リーガルイノベーターのロールモデルを示すことを求められました！　これは、リーガルイノベーションを定義し、私たちが評価するリーガルイノベーションのタイプを特定し、何世紀にもわたって法律に貢献してきた人物の長いリストを見ていく必要がある、大変興味深い質問です。

　角田先生の質問についてどう答えようか、楽しく悩みながら、私は何人かの友人にも同じ質問をしてみました。彼らの反応は、全員一致していました。『なんて難しい質問だ‼』というものです──ということで、この反応がすでに答えの一部になっているのではないでしょうか。

　そう、リーガルイノベーションのロールモデルを特定することは難しいのです。でも、折角の機会なので、何がそう難しくさせているのかも考えてみました。３つほどの理由が思い当たりました。

　第１に、リーガルイノベーションはその時代の背景を考慮して評価されなければならないこと。第２に、リーガルイノベーターは他のイノベーターのネットワークから利益を得て活動していること。そして第３に、リーガルイノベーションの定義そのものが大きな役割を果たしていること、です。

　リーガルイノベーションは、いつの時代にも、その時の技術水準を背景にして起こります。1439年にヨハネス・グーテンベルクが可動式の印刷機をヨーロッパに導入し、印刷革命を起こし、法律の作成と伝達の方法を変えたことを挙げる人もいるでしょう。約600年後の今日、法律のデジタル化が進むにつれ、グーテンベルクが印刷した紙の意義は失われつつあります。法律を印刷することと、法律をデジタル化することの影響を比較することは、その意義が時間に根ざしていることから困難です。

　第２に、リーガルイノベーターは真空状態で活動することはありません。というのも、相互作用とコミュニケーションが法の本質的な特徴だからです。リーガルイノベーターは、おそらく同時代の人以上に、他者から学んでいます。最も影響力のあるリーガルイノベーターのリスト、そのトップに上がるアリストテレスがその良い例です。アリストテレスの正義論への貢献は、未知の領域

への大きな一歩でしたが、彼の倫理学は彼の師であるプラトンの思想を基礎としています。

　そして第3に、リーガルイノベーションとは何か、リーガルイノベーターはどのような貢献をしているのか、という問題があります。読者の中には、そもそもリーガルイノベーターの議論にグーテンベルクやアリストテレスが含まれていることに驚いた人もいるかもしれません。彼らは究極的には法律家ではなく、哲学者と印刷技術者であるというのが、彼らを含めない理由かもしれません。そしてもちろん、Mihoko が前に話してくれた、19世紀末に日本の民法典起草の一人である法学者の穂積陳重が電話などの技術をカバーする法理を開発したなど、法理論に貢献したリーガルイノベーターを挙げることができます。また、法曹界に焦点を当てて、法律報告書やバーチャル・ロー・オフィスの発明を指摘することもできます。また、国の行政官、あるいは国際機関の職員として、国境を越えて活躍する法律家も、優れたイノベーターの候補として挙げることができるでしょう。

　関連してさらに考慮すべきは、リーガルイノベーションを測定できるかどうかという問題でしょう。おそらく、あるイノベーションの適用数や、それが生み出した価値を数えるという方策が思い浮かびはしますが、リーガルイノベーションを測定することは、リーガルイノベーションの中で何を評価するかという問題を、より切実に提起すると思います。例えば、重要なのはただの変化なのか、それとも人々の生活をより良くした変化だけに焦点を絞るべきなのか、といった問題一つとってもコンセンサスを形成することは難しいでしょう。リーガルイノベーションの測定の難しさは乗り越えるのは困難なので、いま、トップ・リーガルイノベーターのリストをお渡しできないことを、どうかご理解ください。

角田：もちろん、おっしゃる通り、この質問は難しくてチャレンジングであることは分かっていました。でも、ワクワクして答えを待っていたところです。それにしても、グーテンベルグとアリストテレスが出てくるとは驚きました。

　ところで、1点、確認させてください。印刷技術が宗教革命に一役買ったというのは知っていましたが、法律の制定と伝達の方法を変えたというのはどう

いう意味ですか？

シュテフェック：コンテクストとしては宗教改革と同じことだと思います。印刷機は、法律情報の入手可能性を民主化し、法律情報が社会に普及していくスピードを速めた、ということです。これは法の世界にとっても画期的なことでした[1]。

角田：なるほど、法律の世界に「情報の民主化」というアイディアをもたらしたという意味でしたか。確かに、これは、あらゆる世界を変えた画期的なイノベーションですね。

　私が挙げた穂積陳重は、19世紀末に日本に法学という学問を誕生させた法学者で、日本の民法典の編纂者の一人としても知られています。その穂積先生が、「電話と法律問題」という論文を書かれていて、19世紀に電話という新しいコミュニケーションツールが登場したときに、「対話者」「隔地者」と並んで新たな第3のカテゴリーの新法を制定する必要があるのか、と提言されました。これは従来からある概念で、今後も物事をうまく処理できるのかどうかをめぐって、当時ヨーロッパの学界を3分していた議論を検討したうえで、事の本質を見極め、「対話者」と「隔地者」の境界線を明らかにしたものです。この境界線は、まさに時を超えるもので21世紀初頭にドイツが法改正して導入しました。こういった事の本質を射抜く解釈論があったおかげで、新しいコミュニケーションツールが登場する度に新法を制定しなければならないという大変な労から、民法学は解放されたとも言えるのではないでしょうか[2]。新法を制定すべきか、あるいは社会の基本法である民法を改正すべきか、解釈を新陳代謝すべきなのかの見極めが難しいところではありますけれど。

　ところで、私が、「リーガルイノベーターのロールモデル」を挙げて欲しいと

1）https://www.lexisnexis.co.uk/blog/future-of-law/the-most-significant-innovation-in-legal-history

2）詳細は、角田美穂子「意思表示の効力発生時期規定の現代化——リーガルイノベーション序説」岡本裕樹＝沖野眞已＝鳥山泰志＝山野目章夫編・中田裕康先生古稀記念『民法学の継承と発展』（有斐閣・2021年）211頁以下。

いったのは、この本を手に取ってくれると思われる読者は、いま法曹界にいる人、あるいは法曹を目指す人、立法に携わる人だと思うので、そういった人たちにとって行動や思考の指針となるようなモデルを、もうすこし具体化できないかと思ったからです。

リーガルイノベーションを厳密に定義し、そのランキングをする、それは至難の業であることには完全に同意します。ですが、私たちはこれを定義することはできないとしても、せめて、目指している方向性を明らかにし、それを読者と共有したいと思ったのです。

例えば、ある法学部の学生が、どうやったら Felix のような時代の先端的な研究をしながら社会貢献もできる法学教授になれますかと聞いてきたら、なんて答えますか？

あるいは、例えば、最近フィナンシャル・タイムズで募集していたチャレンジ[3] などは、その条件設定からして一定のロールモデル像を示しているのではないでしょうか？

シュテフェック：リーガルイノベーションへの道ですか⁉　これもまた難しい質問です。そうですね、道は 1 つではないと思います。ふとしたきっかけでイノベーションを起こす人もいれば、研究計画を立てて厳密な手法で行う人もいるでしょう。ある人は、会話をすることで考えを明確にしたり、まとめたりすることでイノベーションを起こすかもしれません。また、オフィスで、あるいは自然の中を歩いて、一人でインスピレーションを得る人もいるでしょう。

ただ、オープンであること、法律実務を改善したいという情熱、他の分野の概念を法律に移す能力、新しいアプローチに喜びを見出すこと、他の人から学ぶこと、アイディアを現実に試してみること、そして最後に忘れてはならないのが、試してみて、失敗して、もう一度やり直してみようという意欲です。このリストはすべてを網羅しているわけではありませんが、イノベーターについてもっと知りたいという方には、イノベーターの特徴に関する実証的な文献をお勧めします。あるいは、自分から進んでイノベーションを起こすのもいいでしょう。

3）https://www.ft.com/content/2024c7c4-e302-4d08-9ad2-958cd1027927

リーガルイノベーション人材

一橋大学大学院経営管理研究科教授　野間幹晴

1　はじめに

　非連続的な技術革新によって、従来と大きく異なる製品やサービスが生まれている。これらの新たな製品やサービスに対して既存の法律やルールを適用することができず、新たな法が求められることがある。これに加えて、今日のイノベーションは新たな法律やルールの整備を必要とするだけでなく、「法」の世界にも影響を与えつつある。

　平易な事例として、AIによる紛争解決やオンライン紛争解決などがある。いくつかの企業は、これらのサービスをすでに実装している。しかし現在の技術革新は、法曹という専門職業の在り方や司法をとりまく産業の変化など、徐々に「法」の世界に浸透しつつある[1]。テクノロジーが「法」の世界に影響を与えることで、法のイノベーション、すなわちリーガルイノベーションが進みつつある。

　本コラムの目的は、リーガルイノベーションを起こす人材について考察することにある。この問題意識の背景には、日本の「法」の世界にテクノロジーが浸透していないという事実がある。日英を比較すると、テクノロジーが「法」の世界への浸透度合いに関する彼我の差は歴然としている。今後、日本でもテクノロジーが「法」の世界に浸透することが期待されると同時に、テクノロジーとの相互作用を経て進化した「法」の浸透は日本における法曹界の課題といっても過言ではない。現在の法曹界を担っている弁護士や裁判官、検察官、研究者などの方々、そして将来、法曹界を目指している学生もリーガルイノベーションやリーガルイノベーション人材について考えて欲しい。

　以下では、まず、自動車産業における技術革新と法の事例を紐解く。次に、新

1）Deakin and Markou（2020）などを参照されたい。

製品開発をめぐるイノベーションに関する研究から得られた知見をリーガルイノベーションに援用して、リーガルイノベーション人材について議論したい。

2　自動車産業における技術革新と法律

　現在、自動車業界では100年に一度と言われる変革期を迎えている。その変革をもたらすのが「CASE」という技術である。それぞれ、「Connected（コネクティッド）」、「Autonomous（自動運転）」、「Shared & Service（シェアリング）」、「Electric（電動化）」を指す。日本でも「Autonomous（自動運転）」に関連する技術革新を中心に法律が改正されたほか、自動運転をめぐる法規制が議論されている[2]。

　2020年に、改正道路交通法と改正道路運送車両法が施行された。これによって、レベル3・4の自動運転に係る保安基準を機動的に策定できる枠組みが整備された[3]。また損害保険の観点からみた自動運転の責任論については、2016年6月に損害保険会社の業界団体である日本損害保険協会が「自動運転の法的課題」という報告書で自動運転の法的課題がまとめられた。さらに、国土交通省自動車局の研究会で自動運転における損害賠償責任について検討されている。

　現在、自動運転に関連する法規制が整備されつつあるが、自動車をめぐる技術革新とそれに伴う法整備は歴史上これが初めてではない。歴史を紐解くと、自動車が社会に普及し始めた約150年前にも現在と同様に、当時は新技術であった自動車をめぐる法規制が施行された。

2）自動運転と法の関連については、秋田＝石黒＝植木＝小塚＝西村＝松尾＝岩倉（2020）を参照されたい。

3）国土交通省のガイドラインでは、自動運転化レベルについて、次のように定義している。レベル0：運転自動化なし、レベル1：運転支援、レベル2：部分運転自動化、レベル3：条件付運転自動化、4：高度運転自動化、5：完全運転自動化。レベル0〜2とレベル3〜5では安全運転に係る監視、対応主体が異なる。レベル0〜2では運転者が安全運転に係る監視を行い、対応するのに対して、レベル3〜5ではシステムがその役割を担う。

1908 年にヘンリー・フォードがＴ型フォードを発売したことによって自動車が広く普及したことから、20 世紀は「自動車の世紀」とも呼ばれる[4]。その約 40 年前の 19 世紀後半に、イギリスで「赤旗法」（The Locomotive Act 1865）が制定された。赤旗法の特徴は、自動車の運行に運転手と機関士に加えて、自動車の 60 ヤード以上前方で赤旗を持って先導する人を求めた点にある。赤旗法は、当時イギリスで発達しつつあった蒸気自動車だけでなくガソリン自動車にも適用された。このため、1896 年に赤旗法が撤廃されるまで、イギリスの自動車産業の発展を阻害した[5]。赤旗法が成立した背景には、自動車の普及によって職を失うことを危惧した馬車業界のロビー活動があった。

　今、考えると、自動車の前方で赤旗を持って先導する人の配置を要求した赤旗法は、奇異であるばかりか滑稽でもある。撤廃されたこと、イギリスの自動車産業発展の妨げになったことなどから、赤旗法の施行が失敗であったことは明白である。その失敗の根本的な原因は、自動車の普及によって失業することを恐れた馬車業界の思惑を反映した点にある。言いかえると、馬車業界の利害を考慮した結果、共通善を見極めなかったのである。

3　リーガルイノベーションを起こすリーダー

　リーガルイノベーションを起こす人材には、次の 2 つが求められる。以下では、新製品開発のプロセスについて議論した Nonaka and Takeuchi（1986）やワイズカンパニーやワイズリーダーについて検討した Nonaka and Takeuchi（2019）の成果を援用しつつ、リーガルイノベーション人材について議論したい。

　第 1 に、事業を開発するビジネス人材やエンジニアなど、異なる職種や思考・行動様式を持つ人材と相互作用し、新たな知識を創造することである。法曹界で

4）折口（1997）参照。
5）「第 68 回：激動の英国車興亡史　散り散りになった栄光のブランド」
　https://www.webcg.net/articles/-/42365。

活躍する人材には、ロースクールを卒業した人が多い。それとの対比で言うと、事業を開発する人材とは MBA の学位を持つ人材、エンジニアはコンピューターサイエンスや数学の学位を持つ人材が存在する。これらの学位を持っていなくても、それぞれの分野で活躍している人がいることは、言うまでもない。

Nonaka and Takeuchi（1986）は、日米の製造業における新製品開発の成功事例を研究し、「リレー」と「ラグビー」のメタファーを用いて、日本企業の製品開発が柔軟かつ速いことを明らかにしている。新製品開発には、研究開発、製造、マーケティングなどのプロセスが存在する。リレー型アプローチとは、リレーの走者が次の走者へバトンを渡すように、各フェイズを明確に独立させ、それぞれの要件を完全に満たさなければ次のフェイズに移行しないという直列的なアプローチである。一方、ラグビー型アプローチとは、各フェイズを明確に区切ってバトンをつなぐのではなく、各フェイズを重複させ関係者間で相互の役割を浸食しながら共にプロジェクトを進める重複型のアプローチである。

Nonaka and Takeuchi（1986）は、製造業を議論の遡上に載せてラグビー型アプローチが有効であることを論じているが、この主張はリーガルイノベーションにも当てはまる。つまり、法を担う人材は、ビジネス人材とエンジニアなど、文化や思考・行動様式を持つ人と相互作用して新たな知識を創造できることが必要不可欠である。

第2に、高次の目的の下に、道徳的な判断力を発揮することである。Nonaka and Takeuchi（2019）は実践知を備えたリーダーを「ワイズリーダー（賢慮のリーダー）」と呼んでいる。そのうえで、「リーダーには絶え間ない変化の中で判断を下し、行動を起こすことが求められる。判断を下すとき、広い視野に立って、社会にとっての善をなそうとするのが、われわれが考えるワイズリーダーである」と説く[6]。

6）Nonaka and Takeuchi（2019）, p.97.

法曹界で活躍する人は、すでに道徳的な判断力を兼ね備えているだろう。非連続的な技術革新が「法」の世界に多大な影響を与えつつあり、より高次の目的をもった道徳的な判断力が求められる。リーガルイノベーションを起こす人材こそ、ワイズリーダーであって欲しい。

参考文献

Deakin, S. and C. Markou, *Is Law Computable? Critical Perspective on Law and Artificial Intelligence*, HART 2020.

Nonaka, I. and H. Takeuchi, "The New New Product Development Game," *Harvard Business Review*, January–February 1986, pp.2-11.

Nonaka, I. and H. Takeuchi, *The Wise Company : How Companies Create Continuous Innovation*, Oxford University Press, 2019（野中郁次郎＝竹内弘高（黒輪篤嗣訳）『ワイズカンパニー───知識創造から知識実践への新しいモデル』東洋経済新報社・2020年）.

秋田顕精＝石黒裕太郎＝植木健司＝小塚荘一郎＝西村正美＝松尾芳明＝岩倉正和「座談会 自動運転の現状・課題・展望」Law & Technology 89 号（2020 年 10 月）1 -32 頁.

折口透『自動車の世紀』（岩波書店・1997 年）.

国土交通省自動車局「自動運転車の安全技術ガイドライン」（2018 年 9 月）.

課題先進国・日本の立ち位置から目をそらすな

◉ スピーカー

幸田博人（一橋大学大学院経営管理研究科客員教授/京都大学経営管理大学院特別教授/SBI 大学院大学経営管理研究科教授/㈱イノベーション・インテリジェンス研究所社長）

角田美穂子（一橋大学大学院法学研究科教授）

なぜ、いま日本にとってイノベーションが必要なのか。資本市場改革の真っただ中で金融機関の舵取りを担い、また、FinTech を含めたイノベーション支援に従事する幸田博人先生に、世界との比較を通して日本の立ち位置、待ったなしの社会課題を明らかにしたうえで、社会課題解決型アプローチとはどのようなものか、具体的に語っていただきます。続いて、講義の企画者である角田から、なぜ「法」のイノベーションが必要と考えたのかを語り、問題意識を共有したいと思います。

（2021 年 1 月 12 日収録）

なぜ、今、リーガルイノベーションか

角田：まずは、「リーガルイノベーション」の趣旨から、お話ししたいと思います。

　「リーガルイノベーション」という言葉自体、あまり聞きなれないかと思いますが、この言葉は、ケンブリッジ大学のフェリックス・シュテフェック先生が考えたものです。日進月歩で進化するテクノロジーが法の世界に浸透してくることによって、どんな変化をもたらすだろうか、その変化を「イノベーション」という概念で捉えようではないか、そうした提案を彼がしたのです。2018 年のことでした。

　幸いにも、私たちはケンブリッジ大学と一橋大学の同僚と「法制度と人工知能」という共同研究プロジェクトを実施する機会に恵まれ、2020 年からスタートしています。そこで、このご縁を活かし、「リーガルイノベーション」というこれから起こる事態の真っただ中に放り込まれるであろう、次世代を担う学生さんたちに、「法」の世界はどのような変化を遂げようとしているのかを正確に伝えたい。「リーガルイノベーション」という、まだ概念もきちんと固まっていない段階でこそ、その概念を共に考え、深めていく機会にしたい。そういう思いで、シュテフェック先生とこれから始まる 7 つのセッションを共同で企画しました。

　最初に登場いただくのは、みずほ証券(株)副社長を経て、現在は、独立してリサーチ活動やコンサルティング活動をベースに、(株)産業革新投資機構などの社外取締役等も行いつつ、教育研究活動にも意欲的に取り組んでおられます幸田博人先生です。

　幸田先生は、1982 年に一橋大学経済学部を卒業された後、日本興業銀行に入行され、みずほ証券の代表取締役副社長を歴任されて、2018 年 7 月より、株式会社イノベーション・インテリジェンス研究所代表取締役社長であられます。ご経歴から分かりますように、金融制度改革、金融ビッグバン等資本市場改革に関わる制度調査、FinTech を含めたイノベーション支援に従事しておられる先生からは、日本の立ち位置がどうみえているのかを、存分に語っていただきたいと思います。

幸田：「リーガルイノベーション」というお題の導入編ということですので、日本の社会課題が山積みの 2020 年代に入り、経済・社会を変革していく "イノベー

ション"と「リーガルイノベーション」との関係性を、どういう観点から意識するかについて、お話をしたいと思います。

日本社会が内包する5つの課題

幸田：現在のようなコロナ禍の進行状況下で、日本経済を取り巻く環境は、以前考えられていた以上にさらに厳しくなっていることは間違いないわけです。その中で、今、問題になっているのは、デジタライゼーションに対応できていないこと、あるいはデジタルトランスフォーメーションと呼ばれるDX、すなわちデジタルを踏まえたビジネスモデルの変革に向けた対応の遅れ、人口減少問題を契機とした日本全体の縮小、中でも首都圏以外の地域における縮小です。こうした問題が、これから、かなり大きなインパクトで襲ってきます。そういう意味では、日本企業が新しいビジネスモデルをどう機動させ、確立していくかが問われます。従来よりも、日本の社会課題を強く意識した取り組みやカーボンニュートラルなどグローバルにリンケージしたテーマ性に資する形で、企業行動が行わなければなりません。企業としてのイノベーションをどう組み込んでいけるかが、企業に強く問われることになります。そうした問題意識をかみ砕いて、本日お話しして、リーガル的な側面の重要性に話をつなげていければと思います。

そこで、本日お話しする日本社会が持つ問題意識を5点、挙げました。

第1が、日本経済を取り巻く環境には厳しさが増しており、特にコロナ禍の長期化、地域の縮退の加速化、DXの遅れ、第2に、日本企業は、新しいビジネスモデルを確立していくことができるか、第3に、社会課題の解決に向けた関係者の取り組みの方向性、第4に、1つの今後の方向感である産官学＋金融機関（地域金融機関）連携とデジタルソリューションをどう結びつけ、活用していくか、第5に、日本の人材をどう活かすか、です。これらは今後のイノベーションの鍵だとも考えています。

資本市場の基本は、企業価値を上げること

幸田：まず、資本市場という切り口で見た時に、デジタル社会の進展と資本市場

がどう関わっているのかを図解してみます。資本市場では、企業が上場し、その株式の価値を投資家の取引を通じて、価値が形成されていきます。上場していることで、様々な投資家が参加していわゆる有価証券という法的な性格を有する取引が、取引所という仕組みの中で行われていきます。当然、企業価値を上げていくことが求められます。企業価値を上げるということについて、デジタル社会の進展という中で、どう捉えていくかについて、図解をしたのが**図表❶**です。

図表❶　デジタル社会の進展と資本市場

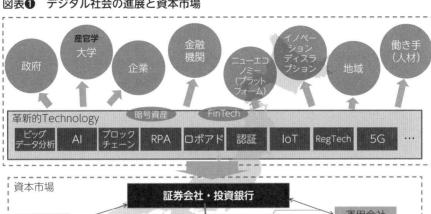

出典）筆者作成

　図表❶の真ん中にある AI、ビッグデータ、IoT 等の革新的テクノロジー、第4次産業革命とも言われているテクノロジーの要素と、資本市場の関係者である企業や金融機関に加え、そうした企業のある種のステークホルダーである地域、働き手、大学などが、テクノロジーの変化を通じて、連関的に関わっていくことが見てとれます。ここから、新しいテクノロジーをどう使うかが、企業価値を増大させていくうえで、非常に重要であることを認識してもらえればと思います。

　また、企業価値に影響を与える要素群について、分かりやすく列挙したのが、**図表❷**〔→52頁〕になります。中でも、コロナ禍においては、今回のテーマである

「日本の社会課題」あるいは「世界の社会課題」に具体的に取り組むこと、また、少なくともそれに取り組んで解決していこうという姿勢を明確に示すことが、企業価値を上げることにストレートに結びついていくと考えられます。もちろん、産業構造の変化や、テクノロジーの進化が企業価値をどう上げるかなどは、従来から絶えず生じています。ここでは、「社会課題」と企業価値とをどう結びつけるかが、企業価値を上げるための大きな要素に変わってきたことを、確認したいと思います。

図表❷　企業価値に影響を与える要素群

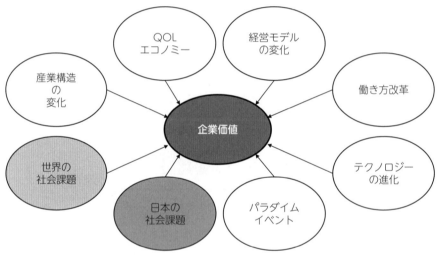

出典）アクセンチュア作成資料を筆者修正

　上記を踏まえ、ここからは「Ⅰ．ポストコロナ時代と日本の社会課題」「Ⅱ．日本の資本市場を巡る状況」「Ⅲ．イノベーションとベンチャーエコシステム」「Ⅳ．デジタル戦略とイノベーション」の４つに分けて、お伝えします。１つ目が、ポストコロナ時代までを意識したうえで、日本の社会課題をどう捉えるか。２つ目に、日本の資本市場、企業価値を上げるという観点から見た時に、資本市場から何を学ぶ必要があるのか。３つ目は、イノベーションサイドの切り口から見たイノベーションと「ベンチャーエコシステム」の関係性。そして、４つ目にコロナ禍の下で、大変重要になってきているデジタライゼーションとイノベーションと

の関係を考えていく必要性。これらの内容を、マクロ的な話から各論的なテーマに落としつつ、お話ししたいと思います。

●●●●● アジェンダⅠ　日本の社会課題 ●●●●●●●●●●●●●●●●●●●●●●●

経済面で後れを取る日本

幸田：2020年代に入り、現在の日本の課題を**図表❸**にまとめました。世界の状況が急速に変化し、新たな産業革命／イノベーションが起きている中で、日本はここ30年の間にかなり取り残されています。日本全体として、世界の急速に変化する状況にどうキャッチアップするかが、今、問われています。

図表❸　2020年代を迎えた日本全体の課題

世界の状況

- ■ 米国は自国問題に注力する方向、中・長期的には経済成長
- ■ 中国の台頭・「GDP2位の存在感」
  ⇒米中覇権争い

日本の社会・経済構造

- ■ 財政出動・円安での景気下支え
- ■ 官民役割分担。進まぬ規制緩和

- ■ 人口減少・少子高齢化
- ■ 流動性が低い雇用市場
- ■ マーケットニーズへの対処・異なる価値観(多様性)のブリッジが不十分
- ■ 東京一極集中と地方創生

産業革命/イノベーション

- ■ イノベーションのジレンマ
  ー中国・新興国と日本の違い
- ■ GAFAやアリババ等の、米中のITがプラットフォーム化
- ■ 日本におけるIT・ファイナンス・起業に係る教育の必要性

日本の金融構造

- ■ エクイティ資金供給不足・間接金融中心は変わらず
- ■ 「貯蓄から資産形成へ」変化せず

日本の企業サイドの構造

- ■ 大企業への経営資源の集中
- ■ 過当競争継続、低収益
- ■ モノづくり神話。ガラパゴス投資
- ■ 産官学連携⇔大企業等の自前主義

出典）筆者作成

日本の急速な人口減少が生じつつある中で、未だに流動性が低い雇用市場、東京一極集中のような日本の社会・経済構造上の問題があります。また、大企業に経営資源は集中しているけれども、その経営資源が大企業の企業価値を上げるために十分には活かし切れていないこと、あるいは過当競争継続による低収益といった企業側の構造問題など、構造的な問題が大変多いことが見てとれます。一方で、金融面の構造問題もあります。間接金融主義がベースとなっていて、その中で貯蓄から資産形成に移行しない、また、リスクマネーとしてのエクイティ資金で投資を行うということが不十分であることといった、日本の金融構造の問題も、大きな課題です。日本は、そういういくつもの構造問題を抱えていて、それゆえに、このままだと世界から置いて行かれることになります。

　コロナ禍のこのタイミングをラストチャンスと捉えられるか、どんな取り組みを打ち出せるのか、それがまさに今、問われているのではないでしょうか。

　ここからは、各フィールドの構造問題をもう少し、データを紹介しながら見ていきたいと思います。

少子高齢化は、日本特有の課題ではない

幸田：日本の少子高齢化問題は、皆さんご承知の通りです。65歳以上の人口に占める高齢化比率の割合を見ると、65歳以上高齢者、2020年は3617万人・総人口の28.7％で、過去最高の更新が続いています（総務省 2020/09/23）。これが2050年あたりになると、4割を超えてくることになります。**図表❹**の下図で示す通り、日本だけでなく、世界の主要国も高齢化比率が大変高くなってくる局面に入ることが見てとれます。日本が、高齢化比率の上昇にどう対処するかは、いずれ世界の課題解決にも役に立つと言えます。つまり、日本の社会課題を解決しようという日本の動きは、世界の社会課題の解決にもつながる、実は世界の先をいく取り組みになるという観点があるということです。

　典型的な例ですが、**図表❺**〔→56頁〕右側の2060年の人口構成では、65歳以上が38％にもなり、このような長期的な人口ピラミッドの状態を意識したうえで、どういう取り組みをしていくかが、企業価値を上げていくことと大きく関わってきます。高齢化は、企業にとって国内需要が減退する面に加えて、社員の働き手

図表❹ 日本の人口動態、高齢化比率の国際比較

年齢ゾーン別人口の推移と将来推計

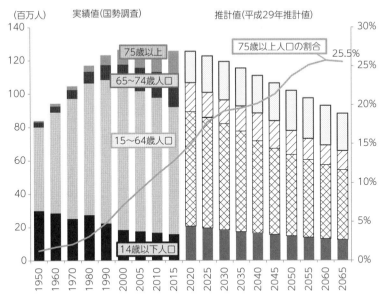

（百万人）　　実績値（国勢調査）　　　　推計値（平成29年推計値）

75歳以上

65～74歳人口

75歳以上人口の割合　　25.5%

15～64歳人口

14歳以下人口

出典）総務省「国勢調査」、国立社会保障・人口問題研究所

世界の高齢化比率の推移

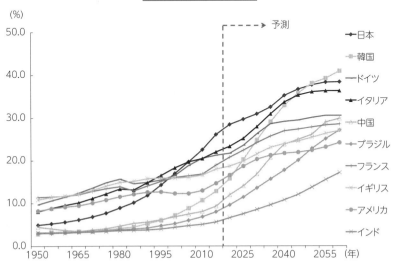

（%）　　　　　　　　　　　　　　　予測

- 日本
- 韓国
- ドイツ
- イタリア
- 中国
- ブラジル
- フランス
- イギリス
- アメリカ
- インド

注）日本の数値は国勢調査、2015 年以降は国立社会保障・人口問題研究所の推計
出典）UN, World Population Prospects

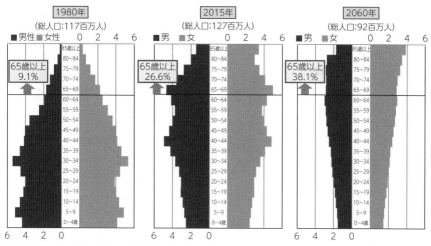

図表❺　急速な高齢化を反映した人口ピラミッドの変化

出典）総務省、国立社会保障・人口問題研究所

の問題とも関係します。高齢化に対応した、例えば、マーケティングや個人顧客とのアクセスの仕方等も改めなくてはいけないということです。1980年から2015年まで描いてきた成長型モデル（人口は減少しないモデル）と、これから2060年までのモデル（人口は減少していくモデル）とでは、大きな変化が予想され、それがイノベーションを必要とする世界に変わってくるということかと思います。

社会課題は、地域性で区分けして考える

　図表❻は、総務省などの政府のデータを整理したものです。一極集中の東京圏と地方とのギャップは、様々な社会問題の原因となっていて、都市部なり、過疎地域なりの課題があります。日本全体としては、人手不足もあれば、様々な教育問題等もあるわけで、そうした多様な課題の中から、日本全体の課題と、地域ごとに生じてくる課題とに整理し区分けしながら、どうきめ細かく課題解決に取り組むかという視点が必要になってきます。

　各都道府県ベースでの生産年齢人口の変化について、2010年から2020年までで見てみると、減少ベース（15〜64歳人口）で、最も大きい秋田で20％超、次が

図表⑥ 地域・地方において山積する社会問題

・東京への一極集中・地方の疲弊にともない、様々な社会問題が生じている。

東京への一極集中（人口、所得、若者・高齢者）

	東京圏(東京、神奈川、埼玉、千葉)	地方(東京圏以外の43道府県)	地方と比べた東京圏一極集中の現状
面積(平成30年)	国土の0.6%	国土の96.4%	国土の0.6%に、全国の3割弱が住む
人口(平成29年)	3,644万人	9,027万人	国土の0.6%に、全国の3割弱が住む
平均所得(平成27年度)	386.8万円	292.0万円	東京圏の所得は地方より94.8万円多い
年間消費支出(2人以上世帯)	391.2万円(東京23区)	312.0万円(函館市の例)	東京は生活費も高い
若者人口(平成12～27年)	15～29歳が2割減	15～29歳が3割減	若者の減少割合は地方より1割低い
出生数(平成12～27年)	約0.5割減	約2割減	出生率の減少割合は地方より1.5割低い
高齢者単独世帯(世帯数、高齢者がいる世帯に占める比率)	539,014世帯、38.3%(東京23区)	20,148世帯、35.9%(函館市の例)	東京には単身の高齢者も多い

(出典)閣議決定「まち・ひと・しごと創生総合戦略(2018 改訂版)」平成30年12月21日、国土地理院、内閣府など

生じている様々な社会問題

都市部の社会問題例	過疎地域の問題例	共通の問題例
● 大都市の過密・混雑 ・待機児童問題 ・大規模イベント・発災時の混雑・事故 ● 地方都市のスポンジ化 ● 地域コミュニティの弱体化・機能不全	● 人口流出、経済・社会の持続性の低下 ・移住・交流の停滞 ・魅力ある雇用先の減少 ・観光客・住民の移動困難 ・発災時における住民所在確認の困難	● 人手不足 ・医療(特に過疎地域)・介護従事者 ・教員 ● 公共施設の過不足、整備・更新コスト ● 観光客の動態把握の困難(観光ルート等)

(主な出典)閣議決定「まち・ひと・しごと創生総合戦略(2018 改訂版)」平成30年12月21日、国土交通省「都市計画基本問題小委員会中間とりまとめ」平成29年8月10日、総務省「自治体CIO育成地域研修教材」(平成29年度改訂版)

多様な課題に直面している「都市部」「過疎地域」別に地域・地方の課題解決の検討が必要。

出典) 総務省

北海道、青森、山形、福島、山口、徳島、高知、長崎、宮崎、鹿児島で15％から20％の減少です。東北、九州、四国の減少率が極めて大きく、近年の深刻さが分かります。さらに今後もより深刻化すると予想されており、この問題への対応というのは、ますます重要になってくるかと思います。

　例えば、人口減少率の大きい東北、九州、四国などで、どういうことが起きるかというと、総務省の研究会の資料（**図表❼**）などから見てとれるのは、教育、医療、あるいはインフラや防災、もちろん労働力もですが、こうした分野でスケールメリットが取れなくなり、現状を維持できなくなるという問題が生じます。教育にしても防災にしても、医療にしても、そこで生活するためには不可欠なものであり、そうした必要不可欠な部分まで、縮小せざる得なくなることを意味します。そうしたライフラインの維持まで脅かされる地域が、これからかなり出てく

図表❼　「地域」の社会的課題（個別分野）〜自治体戦略 2040 構想研究会・第一次/第二次報告より〜

①子育て・教育	②医療・介護
・5歳未満、5〜14歳未満人口の減少 ・幼稚園ニーズ減少、保育園ニーズ増加 ・小規模校、廃校の増加 ・地方私立大学経営悪化 ・高等教育機会の喪失	・東京圏での高齢者増加 ・東京圏住民による他府県介護施設利用 ・介護人材の需給Gap拡大 ・一人暮らし高齢者の増加

③インフラ・公共交通	④空間管理・防災
・老朽化インフラ・公共施設の増加 ・人口減少による公営企業（水道）料金上昇懸念 ・主要利用者（高校生）減少による公共交通事業者の経営悪化 ・乗合バス・鉄道の廃止路線増加	・「都市のスポンジ化」、DID（人口集中地区）の低密度化の進展（空間管理） ・低密度化による中山間地域集落の機能維持不能化 ・首都直下地震発災時の避難所収容力の不足

⑤労働力	⑥産業・テクノロジー
・高齢者、女性、若者の更なる労働参加の必要性 ・高齢者、女性の就労Gap（就職希望者数と有業者の差） ・就職氷河期世代の低収入 ・就職氷河期世代に多い長期失業者、無業者	・地方圏での労働集約型サービス産業の増加 ・地方圏サービス産業の低生産性 ・低調な産業新陳代謝 ・ロボット、AI、生命科学と共存・協調する社会構築

出典）総務省「自治体戦略 2040 年構想研究会　第一次/第二次報告」（2018/4、2018/7）より作成

ることを、社会課題の重さとして、意識しなければなりません。

ポストコロナで、地域社会問題は深刻化する

幸田：一方でポストコロナを視野に入れた場合、ライフスタイルの変化や企業の
モデル変化、あるいは分散型指向等を含めて社会の在り方が変わると言われてい
ます。では何が変わるかというと、当然ながら今、すでに行われているテレワー
ク、サプライチェーンの組み替えといった働き方や物流の流れ、さらには医療問
題、雇用問題など構造的な課題など、横断的に様々な分野に関わります。もちろ
ん、そうした中には、いい流れを生む変化もあると思いますが、一方で、先に記
したような、2020年代に日本が抱えている高齢化や地域格差などの社会課題につ
いては、先鋭化させてしまうのではないかという恐れがあります。政策的な観点
から、対応できることもあるでしょうが、全体としてかなり深刻化していく可能
性が高いのではないでしょうか。

　そういう意味では、日本の社会課題は、①人口動態と経済の問題、②経済・産
業、③環境・エネルギー、④社会システム・インクルージョン、そして⑤消費ス
タイルという、大きく５つの観点で見ていく必要があります。**図表❽**〔→60頁〕で
は、その５つの典型的な社会課題について、概観的に示しています。人口減少の
深刻さは、すでに触れた通りですが、ほかにも環境・エネルギーは、地球温暖化
の問題が今後はさらに加速化していくことが予想され、それに対応できるかどう
か。消費スタイルについて言えば、従来型の大量生産・大量消費モデルが、
GAFA等を含めたプラットフォーム基盤をベースにした双方向モデルに取って
代わられ、デジタライゼーションを前提に、そうしたシステムを活用しながら、
同時に社会課題を解決することが必要になってきます。それには、やはり法的な
側面での対応が迫られることは間違いないわけで、そうした対応、対策を、すぐ
にでも考える必要があります。

　また、社会システムでいえば、「誰一人取り残さない」という観点は、経済的・
社会的な格差問題とも深く関わっており、そこに働き方の変化、雇用の流動化の
問題などもつながっています。

　日本において、働く人たちの数が減っていく中で、働き方がどう変わるか、人

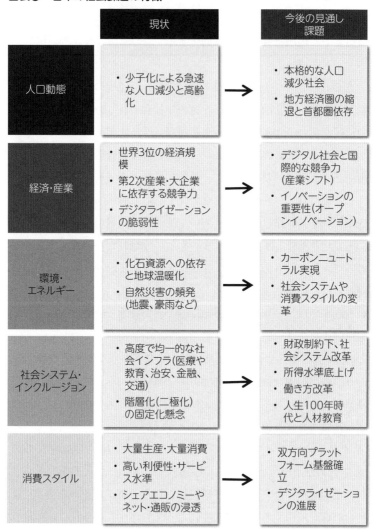

図表❽　日本の社会課題の特徴

	現状	今後の見通し 課題
人口動態	・少子化による急速な人口減少と高齢化	・本格的な人口減少社会 ・地方経済圏の縮退と首都圏依存
経済・産業	・世界3位の経済規模 ・第2次産業・大企業に依存する競争力 ・デジタライゼーションの脆弱性	・デジタル社会と国際的な競争力（産業シフト） ・イノベーションの重要性（オープンイノベーション）
環境・エネルギー	・化石資源への依存と地球温暖化 ・自然災害の頻発（地震、豪雨など）	・カーボンニュートラル実現 ・社会システムや消費スタイルの変革
社会システム・インクルージョン	・高度で均一的な社会インフラ（医療や教育、治安、金融、交通） ・階層化（二極化）の固定化懸念	・財政制約下、社会システム改革 ・所得水準底上げ ・働き方改革 ・人生100年時代と人材教育
消費スタイル	・大量生産・大量消費 ・高い利便性・サービス水準 ・シェアエコノミーやネット・通販の浸透	・双方向プラットフォーム基盤確立 ・デジタライゼーションの進展

出典）各種資料から筆者作成

生100年時代と言われる中で、一方で雇用の流動化を進めていくことについて、もはや待ったなしの状況をどうやって構造的に改善していくのか、あるいは、そのためのセイフティネットをどう作るかなども含めて、議論しなければならないことは山積みです。つまり、そうしたものもひっくるめた社会課題を、どう認識

して、どう対応して、どう解決に向かわせるのかを考える必要があるわけです。

旧来型の構造をどこまで変えられるか

幸田：**図表❾**〔→62頁〕では、「大企業であれば賃金が上がる」という傾向が、世界各国の中でも日本は強く、また、勤続年数が長くなればなるほど賃金が安定する特徴も、日本においては、色濃く出ていることを表しています。これは大企業志向の長期勤続のインセンティブは、成長経済の下では、相当程度プラスになっていたからです。ただ、これからの時代では、むしろマイナス要素にしかならないのではないかという見方となります。日本の大企業は、いわゆる年功序列型はやめて、能力主義にしていると言いながら、実態は、やはり年功序列型を事実上維持しているという構造であって、これらをもう少し思い切った形に変えていかざるを得ないでしょう。

　ただ、いざ年功序列型を廃止して、プロフェショナルをベースとした能力主義に移行するとすると、これは社会の仕組みを大きく変えることになります。格差問題の解決やセイフティネットづくりというものも同時に進める必要があるかと思います。また、日本の働き手が減るのであれば、生産性の向上で解決できるのではないかという意見があります。一般的には、製造業は生産性が高く、小売や流通系の生産性、あるいは中堅中小企業の生産性が低く出る傾向があります。今後は、先ほど申し上げたプラットフォーム型とか、あるいはデジタルを使って人員を省力化するようなことから始める必要があります。この問題についても、まさに社会課題と向き合う必要があるということだと思います。中小企業においても、経営者の高齢化の進行の下で、休廃業リスクが高いということは間違いなく、こうした事業承継問題も大きな問題になってきています。コロナ禍において、事業承継に具体的に動き出している人たちが以前に比べて相当多くなっているというのが、金融関係者としての実感はあります。今後も社会課題として位置づけ、対応をはかっていくことが求められます。

図表❾　賃金格差─大企業志向・長期勤続のインセンティブ

▼企業規模別　賃金格差(2014年)

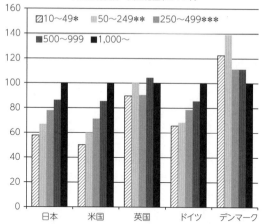

（注）企業規模1,000人以上の賃金水準を100として指数化したもの。
　　　日本は、＊5〜29人、＊＊30〜99人、＊＊＊100〜499人。
（出典）日本：「毎月勤労統計調査」、米国：Quarterly Census of
　　　Employment and Wages、欧州：Structure of Earnings
　　　Survey 2014

▼勤続年数別　賃金格差(2014年)

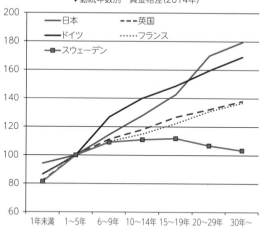

（注）勤続年数1〜5年の賃金水準を100として指数化したもの。
（出典）日本：「賃金構造基本統計調査」、欧州：Structure of Earn-
　　　ings Survey 2014

●●●●● **アジェンダⅡ　資本市場と企業価値** ●●●●●●●●●●●●●●●●●●●●●

世界市場の成長から取り残された日本企業

幸田：ここまで社会課題の全体像に加え、具体的な社会課題を紹介してきましたが、次は、日本の資本市場をめぐる状況において、何が企業価値向上にあたって課題になっているかということをデータで見ていきます。

　図表❿〔→64 頁〕は、2007 年（リーマンショック前）と 2017 年の 10 年間について、米国の上位企業 10 社の時価総額と、日本の上位企業 10 社の時価総額を比較したデータです。日本は上位 10 社の時価総額の総計は、90 兆円台ということで、ほとんど増えていません。米国は、192 兆円から 512 兆円になりました。米国はなぜそんなに増えたかといえば、いわゆる GAFAM と呼ばれるアップル、フェイスブック、アマゾン、アルファベット、マイクロソフトなどの、企業が次々に出てきて、高い成長性があるということです。他方、日本では、伝統的な大企業中心で従来通り上位 10 社となっており、新しい顔触れとしては、キーエンスやソフトバンクなどもありますが、米国と並べてみればその差は大きく、時価総額を増やせていないという状態にあります。

　また、2020 年の 6 月末の「世界時価総額ランキング」**図表⓫**〔→65 頁〕では、時価総額上位 50 社のうち、ランクインしている日本の企業はトヨタ自動車だけです。上位はほとんど軒並み米国や中国の IT 関連の企業ということで、米国と中国が席捲していて、この傾向はますます強くなっています。

　コロナの影響を受け始めた 2020 年の年初から 6 月半ばまでは、どうかというと、フィナンシャル・タイムズ（FT）で、時価総額の増加額が絶対額で多い順に並べた「パンデミック下でも繁栄する世界トップ 100 社」**図表⓬**〔→66 頁〕では、上位 5 社はアマゾン、マイクロソフト、アップル、テスラ、テンセントとなっており、100 社の中でランクインしている日本の企業は、中外製薬、キーエンス、第一三共の 3 社のみです。このように、成長企業のゾーンから日本は取り残されているというのが、現状です。

　この点については、PBR という、株価を 1 株当たりの純資産で割った倍率で見ても分かります。PBR は通常、株価が割安か割高かを判断するための指標として

図表⓾　日本企業の置かれている状況：時価総額上位ランキング日米比較

時価総額の合計　　（兆円）

	2007.5	2017.5
日	92.1	94.7
米	192.2	512.3

▼2017年5月時点での時価総額上位企業の日米比較

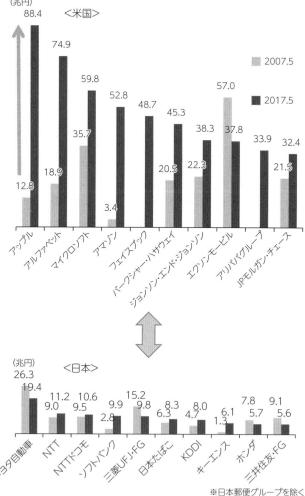

※日本郵便グループを除く

出典）（原図）Bloomberg より経済産業省作成。経済産業省、「第四次産業革命に向けたリスクマネー供給に関する研究会」取りまとめ参考資料（2018/6/29）などより作成

図表⓫ 世界時価総額ランキング（2020年6月末）

- 世界の時価総額上位50社のうち、日本企業はトヨタ自動車1社のみ（米国34社、中国6社）

	企業名	国・地域	業種	時価総額 （億USドル）
1	サウジ・アラビアン・オイル	サウジアラビア	石油・天然ガス	17,408
2	アップル	米国	コンピュータ	15,681
3	マイクロソフト	米国	ソフトウェア	15,049
4	アマゾン・ドット・コム	米国	インターネット	13,369
5	アルファベット	米国	インターネット	9,529
6	フェイスブック	米国	インターネット	6,291
7	騰訊控股[テンセント・ホールディングス]	中国	インターネット	6,146
8	アリババ・グループ・ホールディング	中国	インターネット	5,768
9	バークシャー・ハサウェイ	米国	保険	4,302
10	ビザ	米国	多角的金融サービス	3,719
11	ジョンソン・エンド・ジョンソン(J&J)	米国	医薬品	3,663
12	ウォルマート	米国	小売	3,372
13	ネスレ	スイス	食品	3,297
14	ロシュ・ホールディング	スイス	医薬品	3,014
15	マスターカード	米国	多角的金融サービス	2,940
16	プロクター・アンド・ギャンブル(P&G)	米国	化粧品/パーソナルケア	2,913
17	JPモルガン・チェース・アンド・カンパニー	米国	銀行	2,834
18	ユナイテッドヘルス・グループ	米国	ヘルスケアサービス	2,748
19	台湾積体電路製造	台湾	半導体	2,745
20	ホーム・デポ	米国	小売	2,647
21	サムスン電子	韓国	半導体	2,628
22	貴州茅台酒	中国	飲料	2,601
23	インテル	米国	半導体	2,467
24	中国工商銀行	中国	銀行	2,427
25	エヌビディア	米国	半導体	2,263
26	ベライゾン・コミュニケーションズ	米国	電気通信	2,263
27	LVMHモエヘネシー・ルイヴィトン	フランス	衣料品	2,210
28	ノバルティス	スイス	医薬品	2,172
29	AT&T	米国	電気通信	2,131
30	トヨタ自動車	日本	自動車工業	2,044
31	アドビ	米国	ソフトウェア	2,035
32	中国建設銀行	中国	銀行	2,031
33	バンク・オブ・アメリカ	米国	銀行	2,029
34	ザ・ウォルト・ディズニー・カンパニー	米国	メディア	2,014
35	ペイパル・ホールディングス	米国	商業サービス業	1,977
36	ネットフリックス	米国	インターネット	1,967
37	シスコシステムズ	米国	電気通信	1,949
38	メルク	米国	医薬品	1,921
39	コカ・コーラ	米国	飲料	1,905
40	エクソンモービル	米国	石油・天然ガス	1,874
41	テスラ	米国	自動車工業	1,872
42	中国平安保険(集団)	中国	保険	1,839
43	ペプシコ	米国	飲料	1,819
44	ファイザー	米国	医薬品	1,813
45	ロレアル	フランス	化粧品/パーソナルケア	1,793
46	コムキャスト	米国	メディア	1,777
47	アッヴィ	米国	医薬品	1,700
48	SAP	ドイツ	ソフトウェア	1,693
49	オラクル	米国	ソフトウェア	1,680
50	セールスフォース・ドットコム	米国	ソフトウェア	1,652

注）2020年6月末時点
出典）Bloombergなどより筆者作成

図表⓬　パンデミック下でも繁栄する世界トップ100社

	社名	本社	時価総額増加額 （10億ドル）
1	Amazon	US	401.1
2	Microsoft	US	269.9
3	Apple	US	219.1
4	Tesla	US	108.4
5	Tencent	CH	93
6	Facebook	US	85.7
7	Nvidia	US	83.3
8	Alphabet(Google)	US	68.1
9	PayPal	US	65.4
10	T-Mobile	US	59.7
21	中外製薬	日本	33.9
48	キーエンス	日本	14.6
68	第一三共	日本	11.1

出典) Financial Times, Prospering in the pandemic: the top 100 companies（2020年6月17日）

用いられ、1倍であれば、株価が純資産通りの価値であり、解散価値としての純資産レベルが見込めるということになります。ところが**図表⓭**を見ると、日本では1倍以下がついている企業が半分以上にもなります。これは、将来成長する可能性が低い企業だとマーケットから評価されているということを意味しています。一方、アメリカ、ヨーロッパはそういう見方をされている企業が少ないです。

社会課題の解決に向かうと企業価値が上がる

幸田：近年は、こうした成長性に加えて、ESG投資という視点が非常に大事になってきています。Eが環境、Sが社会、Gがガバナンスを指し、株式に投資を行う機関投資家が企業投資先を考える際に、重視する傾向が年々強まっています。つまり、企業価値を上げることは社会課題解決に向けた企業行動とそのままリンクしていると言えるでしょう。資本市場と社会課題というものが、持続可能な社

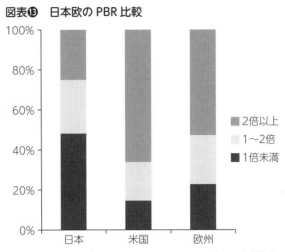

図表⓭　日本欧のPBR比較

凡例：
2倍以上
1〜2倍
1倍未満

横軸：日本　米国　欧州

出典）Bloomberg（データ取得日：2020年9月18日）より筆者作成

会を目指していくうえで、まさにリンクしているということです。

　企業が、こうした社会課題と向き合い、企業活動を進めていくにあたっては、新たな"イノベーション"を取りこんでいくことは不可欠です。日本全体として、ベンチャー企業への投資は徐々に増えていて、これまで、日本の場合、リスクマネーの供給は少なく、エクイティでのそうした投資があまりできていなかったことが、変わり始めています。こうした投資は、「デジタル化・働き方改革」、「社会の成熟化」や「事業承継」等の社会課題のテーマ性に対して、エクイティの投資を通じて、リスクマネーとして、リスクをとって、事業を展開することを通じて変革をしなければいけないということです。日本の場合は、今までは、資金面で目詰まりを起こし、リスクマネーが回らないということがあり、新しい企業が成長していくことは少なかったわけです。それもようやく徐々に変わり始め、ファンド機能等も加わり、変化が起きつつあります。

世界と広がるリスクマネー格差

幸田：私は、JIC（（株）産業革新投資機構）の社外取締役をしています。JIC とは、いわゆる官民ファンドで、日本に不足しているリスクマネー供給について、国の資金を呼び水として利用しながら、民間とあわせてリスクマネーを増やしていければということで、政策的に取り組んでいます。現在の日本のリスクマネー供給の状況について、世界との比較をまとめたのが、**図表⓮**になります。

図表⓮　ベンチャー市場動向

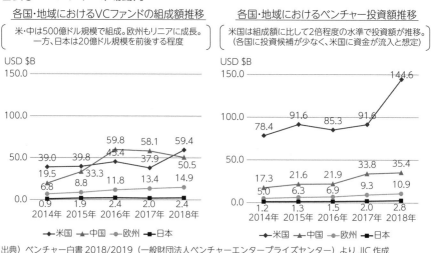

各国・地域におけるVCファンドの組成額推移

> 米・中は500億ドル規模で組成。欧州もリニアに成長。
> 一方、日本は20億ドル規模を前後する程度

各国・地域におけるベンチャー投資額推移

> 米国は組成額に比して2倍程度の水準で投資額が推移。
> （各国に投資候補が少なく、米国に資金が流入と想定）

出典）ベンチャー白書 2018/2019（一般財団法人ベンチャーエンタープライズセンター）より JIC 作成

　左側の「各国・地域における VC ファンドの組成額推移」は、世界と比較して、日本のいわゆるベンチャーキャピタルとして、どの程度の規模でファンド組成しているかを示したデータになります。日本は、世界と比較して、圧倒的に少ない。桁で言うと、6 兆円近い米国に対して、日本は 2500 億円です。そして、右側がベンチャー企業への投資額で、こちらも非常に少なくて 3000 億円程度で、米国の約50 分の 1 というような規模になります。

これを、国ごとに GDP と比較して見てみたのが、**図表⑮** になります。日本は、僅か 0.06％。米国が 0.70％ですので、10 倍以上違います。リスクマネーでイノベーションを進めようとしている代表格は、やはり米国、続いてイスラエル、インド、中国、カナダといった国となって、日本では、その経済規模と比較して、十分なリスクマネー供給としてのお金が回っていないと言えます。

図表⑮　主要各国・地域における GDP に対するベンチャー投資比率

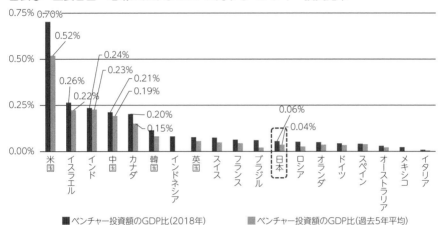

（注）サウジアラビア、トルコを除く GDP 上位 20ヵ国＋イスラエル
出典）ベンチャー白書 2018/2019（一般財団法人ベンチャーエンタープライズセンター）および Venture capital investments（OECD）より JIC 作成

それでも、2013 年頃アベノミクスの成長戦略の下で、こうしたイノベーション分野への投資が増え、2013 年頃は、1000 億円台前半の規模に過ぎなかったベンチャー企業の資金調達額が、現在では、年間 5000 億円程度にはなっています。2020 年もコロナ禍ではあったものの、あまり落ちておらず、5000 億円弱の調達状況となっています。なので、金額は増えつつあり、流れもできてきてはいるものの、スピード感が緩やかであることや規模面からまだまだ物足りない状況からすると、世界との格差は広がっているのが実態です。

　日本のベンチャー企業がセクター別にどれだけ資金調達を達成しているかについては**図表⑯**〔→70 頁〕で 2020 年の状況を見ます。人工知能（AI）がトップであり、また、足元増えているエリアが、Clean Tech、シェアリングエコノミー、製

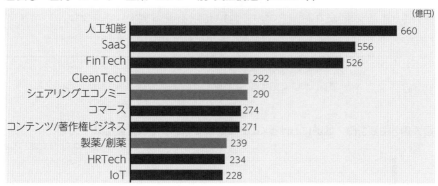

出典）INITIAL, JAPAN STARTUP FINANCE REPORT 2020 より筆者作成

薬/創薬などです。日本では、ベンチャー投資対象のエリアが広いことや、そうした取り組みを進めているベンチャー企業の裾野はかなり広がってきていることが見てとれます。事業分野の多様性はあると思います。

ベンチャー企業の成長の鍵

幸田：実際、例えば、AIの代表例としてよく会社名があがるPreferred Networksは、2020年、3500億円の時価総額になっていること、強靭で柔軟な「クモの糸」を人工的に合成しているSpiber（スパイバー）という慶應義塾大学発の素材の企業が、1000億円の時価総額になっているなど、大きく成長しているベンチャー企業も出始めています。米国や中国に比較して、ユニコーン企業（時価総額10億ドル以上）が少ないものの、徐々に広がってきているとも言えます。

　社会課題の解決という冒頭に説明した日本の社会・経済構造の変化とリンクして取り組みを進めていくべき観点で見ると、重要な"イノベーション"分野としては、ヘルスケア、農業、地方、あるいはコミュニティ作りや労働力不足への対応といったものになります。データプラットフォームやAIやIoT等のデジタル技術を活用して社会課題を解決していくことの重要性が増していくということです。社会課題の解決という方向性は、社会に目詰まりを起こしている課題を解決するために、key factorを入れて、課題解決に向けてフォローアップしていくと

いうことです。東京を拠点としているベンチャー企業も多く、東京以外の地域を
ベースとした広がりも構築して、地域的な広がりを持たせていくことも大事です。

　そうしたことからも、循環的な生態系としてのシステム、すなわち「ベンチャー
エコシステム」を確立することが求められます。ベンチャー企業は、**図表⓱**にあ
るようなシード、スタートアップ、アーリーステージ、グロース／レイターといっ
う段階を経て成長していく中で、様々なボトルネックを乗り越えていく必要があ
り、プロフェショナルな多様な関係者からのサポートを受けながら、成長してい
くのが理想です。それには、特に、金融面からのサポートや産官学連携の仕組み
作り、さらには人材確保のためのサポートなどが非常に重要になると思います。

図表⓱　「ベンチャーエコシステム」の構築

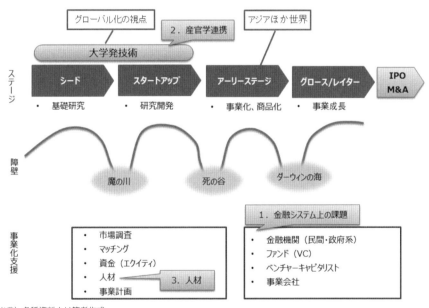

出典）各種資料より筆者作成

　米国のシリコンバレーなどの「ベンチャーエコシステム」が大きな成果を出し
ている背景には、産と官と学の連携が極めてうまくいっている事実があります。
図表⓲〔→72頁〕に図解されているように、スタンフォード大やバークレイ大など

図表⑱ シリコンバレーのベンチャーエコシステムの特徴

地域特性	✓ 温暖ですごしやすく、仕事をしやすい環境が有能な人材を惹きつけている ✓ 1850年前後のゴールドラッシュの際に移民が多く流入し、多様性とともに失敗を受け入れる文化 ✓ Co-opetition*、Frenemy**という言葉で表現されるように競争と協力が常に繰り返されることでイノベーションが産まれる
特徴	**❶** スタンフォード大学のトップクラスの研究者の招聘・育成と、政府政策を背景にしたベンチャーキャピタルによるリスクマネーの供給がハイテクベンチャーの起業を促進
	❷ クリエイティブクラスといわれる知識労働者が多数存在し、起業家を支援するサービスプロバイダー(弁護士、デザイナー、デザインコンサルタント等)としてエコシステムを構成
	❸ アクセラレーターがメンターネットワークを活用したプログラムを通じたベンチャー企業の育成と、VCとのマッチングまでの一連のプロセスを提供することでベンチャーの成功確率の向上に寄与している

出典) 経済産業省、平成26年度総合調査研究「我が国のイノベーション創出環境整備に関する調査研究」

のアカデミズムと、アップルやアマゾンやフェイスブック等の大企業、さらには、そこにベンチャー企業、弁護士、デザイナー、VC、アクセラレーター、メンター等のプロフェッショナルなネットワークがつながり、これが、循環的な「エコシステム」を形成しており、日本とは大きな落差があります。

日本でも今、東京エリアに「エコシステム」が形成されつつあり、また製造業では京都や大阪あたりでも、少しずつ「エコシステム」的な仕組みが作られつつありますが、まだまだこの差が大きいわけです。

日本の起業活動率とVC投資額対GDP比の相関関係を、**図表⓳**で見てみると、日本の場合、横軸の投資額対GDP比は0.07％、縦軸の起業活動率は、5％程度と低く、世界の中でも低水準で、左下の下方に位置している。対して米国は、VC投資額対GDP比も起業活動率も、水準が高く、右上の突出したところに、プロットされる。米国以外でもカナダ、韓国などが台頭してきていて、この差は大きいものがあります。逆に言うと、社会課題を解決していくアプローチは、ベンチャー企業が機動的に手掛けることに意味がある場合が多いので、日本の場合、

図表⓳　VC 投資額と起業活動率の相関関係

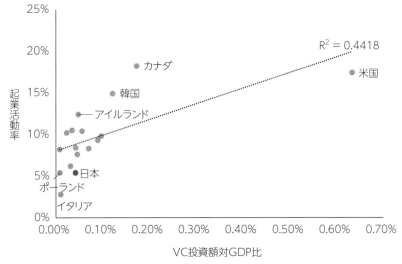

注）VC 投資額、GDP、起業活動率ともに 2019 年
出典）OECD 統計（VC 投資額、GDP）、"Global Entrepreneurship Monitor 2019-2020"（起業活動率）より作成

起業活動を活発にしていくことと、リスクマネー供給の重要性が浮かび上がって
くると思います。一方で、大企業や成熟企業においても、自前のイノベーション
に向けた取り組みだけではなく、足元で起きている企業の課題にスピーディーに
取り組んでいくためには、事業の再編や、選択と集中など、変革が求められてい
ます。中期的に企業価値を上げていく、持続的に企業価値を上げるための取り組
みである、コーポレートガバナンス・コードやスチュワードシップ・コードなど
の取り組みが投資家サイドも含めて急速に進んできているということもあり、大
企業も変わり始めていると言えます。

●●●●● アジェンダⅣ　デジタライゼーションとイノベーション ●●●●●●

政府主導のデジタル・ニューディールの行方は

幸田：最後に、デジタル戦略との関係を見ていきたいと思います。

　安倍政権の終盤に、コロナ禍の進行という中で、2020年7月、経済財政運営の
方針として、コロナの状況を踏まえた"骨太の方針"というものが出されていま
す。10年かかる変革を一気に進めるというもので、デジタルへの集中投資とか、
あるいは地域の活性化とか、「人」、イノベーションへの投資強化などが盛り込ま
れています。中身は的確にまとまっており、取り組みの方向性も正しいと思いま
す。政策的に、こういう施策を一気に行うことは必要で、かつ、これが極めて重
要であることは間違いありません。

　しかしながら、日本においては、10年かかる変革を一気に進められるかどうか、
やや懐疑的です。具体論、すなわちアクションプランとを結びつけた形で、ス
ピーディーに進めていく必要があります。

　そういう意味では、政府がこういうデジタル・ニューディールに取り組むこと
と、民間から社会課題を意識してどう取り組むかを掲げた企業の動きが加速化す
ることで相乗効果を出していくことが不可欠です。政府と民間との連携や、民間
がモデルケースをどんどん創っていくことなどが必要です。政府と民間との足並
みをどう揃えるか、そこにスピード感があるか、そして民間が変われるのかなど
も含めて、進めていかなければなりません。

デジタル化から、DX（デジタルトランスフォーメーション化）へ

幸田：デジタル化と言った時に、ハンコの廃止や電子的な承認プロセスといったことに対応しなければならない、ということは当然ありますが、一方、それは、IT機器を使って、どうデジタルに置き換えるかということとあまり変わらない話でもあります。今求められているのは、新しいデジタル技術で新しい価値を生み出したり、新しい商品やサービスを生み出せるのかということで、これができるかどうかということが日本企業に問われていることだと思います。

　既存のアナログ的なものをIT機器やデータに置き換えただけの、単なるデジタル化というのではなく、デジタルデータを前提として新たな利益や価値を生み出すビジネスモデルへの移行、すなわちデジタルトランスフォーメーション（DX）に移行できるかが重要で、デジタル技術を駆使して、新しい商品やサービス、新しいビジネスモデルができるかどうかにかかっています。**図表⑳**に、そうした考え方を概念的に示しています。

図表⑳　DXによる企業の変革と価値創造

▼従来の情報化/ICT利活用

★従来のいわゆる「デジタル化」は、ICT（デジタル技術）を活用して、既存製品やサービスの価値を高めたり、業務の効率化を図るもの

▼DX

★DXは、ICT（デジタル技術）を活用して、企業の組織や在り方、働き方を変革して、これまでとは異なる新しい価値を生み出す

柔軟な対応にはデジタル化、DXが不可欠

DXにより、新たなデジタル技術の活用による新たなビジネスモデルや価値、サービスの創出

- 人材や資金を従来の高額なシステム保守業務から新たなデジタル技術に活用→投資効果の高い分野にシフト
- データ利活用による迅速なビジネスモデルの変革を実現
- クラウドやモバイルなどの新しい技術やビッグデータ分析、AIなどを活用することによって新規ビジネス開拓
- データを活用したプラットフォーム構築等により、様々な参加者による新たな価値の共創

出典）総務省「情報通信白書 令和元年版」、経済産業省「デジタルトランスフォーメーションに向けた課題の検討」、経済産業省「DXレポート〜ITシステム「2025年の崖」の克服とDXの本格的な展開」等より作成

　そこで、企業の「デジタルトランスフォーメーション（DX）」の普及について、アンケート調査の結果（2019年5月）を、**図表㉑**〔→76頁〕で見たい。例えば、「DXという言葉の普及度」では、回答した企業の3分の1くらいで、DXという用語

図表㉑　萌芽期にある我が国企業の DX：IPA 調査結果

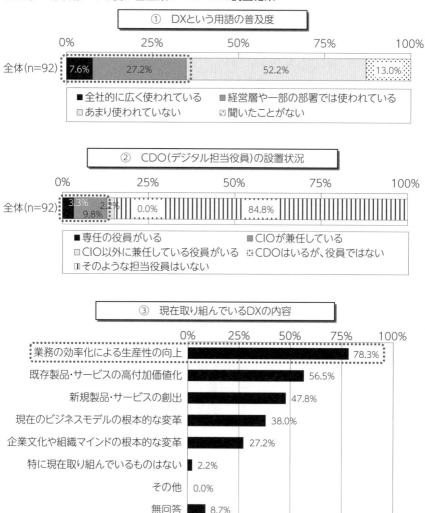

① DXという用語の普及度

全体(n=92)
- 7.6% 全社的に広く使われている
- 27.2% 経営層や一部の部署では使われている
- 52.2% あまり使われていない
- 13.0% 聞いたことがない

■ 全社的に広く使われている　■ 経営層や一部の部署では使われている
□ あまり使われていない　⊡ 聞いたことがない

② CDO(デジタル担当役員)の設置状況

全体(n=92)
- 3.3%
- 2.2%
- 9.8%
- 0.0%
- 84.8%

■ 専任の役員がいる　■ CIOが兼任している
□ CIO以外に兼任している役員がいる　⊡ CDOはいるが、役員ではない
▣ そのような担当役員はいない

③ 現在取り組んでいるDXの内容

- 業務の効率化による生産性の向上　78.3%
- 既存製品・サービスの高付加価値化　56.5%
- 新規製品・サービスの創出　47.8%
- 現在のビジネスモデルの根本的な変革　38.0%
- 企業文化や組織マインドの根本的な変革　27.2%
- 特に現在取り組んでいるものはない　2.2%
- その他　0.0%
- 無回答　8.7%

注）東証一部上場企業 1,000 社
出典）情報処理推進機構（IPA）「デジタル・トランスフォーメーション」推進人材の機能と役割のあり方に関する調査」（2019/5/17）より作成

を使っていました。現在のコロナ禍ではさらに普及したことと思います。また、現在取り組んでいる DX の内容は何かという問いに対しては、「業務の効率化による生産性の向上」と答える企業が 8 割近くにのぼり、やはり日本の企業が得意

にするのは「効率化」であるということが分かります。一方で、DX を社内システムに IT を入れる、または置き換える範囲内でとどまっている企業がまだまだ多く、「現在のビジネスモデルの根本的な変革」などは、どうしても劣後しています。そういった状況なので、本来の DX が意図する「事業創造」（Digitalize）、つまり「新しいビジネスモデルの変革」とか「サービスを創る」までには、日本企業はなかなか至りません。これが、日本の「デジタル化・働き方改革」において、目詰まりを起こしている大きな要因だと思います。

　市場と顧客の関係も大きな変化が起きてきています。最近では、需要家（消費者）である顧客と、商品やサービスを提供する企業の双方向からの、情報提供や評価のフィードバックを軸とした循環型、あるいはそうした双方のベース基盤を有している仕組みであるプラットフォーム化と呼ばれる、顧客と供給サイドが、双方向に循環的になっているカスタマーモデルに変わっていることが生じています。従来の、顧客が認知、選択、評価、購入、利用の一連のプロセスに沿って行動し、そこに企業が商品やサービスを提供していた「顧客行動モデル」から、いきなり双方向の循環型モデルに対応しようとしても、仕掛けを含めて、ここはなかなか難易度が高いということではないかと思います。

加速化する ICT 社会への対応策

幸田：第 4 次産業革命、Society5.0 など、すでに申し上げた社会課題に、新しいテクノロジーや IT あるいはデジタルをどう使うかということを、これまで以上に、本腰を入れてやらなければいけないということだと思います。

　総務省「デジタル変革時代の ICT グローバル戦略懇談会報告書」（2019 年 5 月）では、社会課題に向けた ICT 社会実装の加速化方策の方向性として、我が国において、価値観が変化し、技術革新スピードが加速化する中、企業、政府、自治体、大学、学会、個人が、マインド、事業手法、制度、教育といった根本的な部分において変化・変革を続けていくことが不可欠と言っています。その報告書の中で、企業の経営トップや自治体の首長による ICT への理解促進、同時にトップダウンによるイノベーション改革、または、ベンチャー企業への支援、さらにはモノを作りながら adjust して改善していく「アジャイル型」開発アプローチなどが重要

であるとの方向性を指摘しています。今まで、日本の企業があまり得意としていない仕組みに、早く適応して世界に劣後しないように、やっていかなくてはいけないということかと思います。

　従来の生産者→事業者→消費者といった直線型の「パイプラインビジネス型モデル」から、生産者と消費者の「つながり」を作り、取引を「製造する」ことで価値を生み出す「プラットフォーム型ビジネスモデル」への移行に取り組まなくてはいけないということです。**図表㉒**に、典型的なそうした仕組みを図解してあります。

図表㉒　従来のビジネスモデルとプラットフォーム型ビジネス

パイプライン型ビジネスモデル

直線的

生産者　出荷・物流　マーケティング　消費者

プラットフォーム型ビジネスモデル

相互作用

SideA
（生産者）　プラットフォーマー　SideB
（消費者）

- 価値創造は、直線的且つ一方方向
- 企業が価値を創出し、ユーザーが消費する
- スケール拡大は流線的

- 価値創造は、双方向且つ継続的
- 参加者が価値を創出し、プラットフォーマーは価値を運ぶ
- スケール拡大は指数関数的（ネットワーク効果）

出典）アレックス・モザド、ニコラス・L・ジョンソン（2018）『プラットフォーム革命』、英治出版、NTTデータ経営研究所資料等を基に作成

日本のプラットフォーマーへの対応は間に合うのか

幸田：日本でも、GAFAなどのプラットフォーマーがデジタル市場で急成長を遂げており、その競争優位、支配的地位の問題などに懸念を持った経済産業省が、2016年1月に「第四次産業革命に向けた横断的制度研究会」を立ち上げました。そこでは、第4次産業革命に対応する「競争政策」、「データ利活用・保護」、「知的財産」という3つの業界横断的な制度の在り方等について検討したり、オンライン関連事業者、電子機器製造業者等を対象にしたヒアリング調査をし、当時の

実態を明らかにしています。が、同時に、公正な競争が阻害される恐れのある状況を懸念するとしながらも、独占禁止法に抵触するかどうかは一般的には論じることはできないとしています。その後、2018年12月18日、「デジタル・プラットフォーマーをめぐる取引環境整備に関する検討会」において、プラットフォーマー型ビジネスの台頭に対応したルール整備の基本原則が公表され、その後の法制度整備につなげました。しかしながら、こうしたデジタル・プラットフォーマーに対する検討、ルール整備が、欧州と比べて出遅れた感は否めません。プラットフォーマーのようなイノベーターが出てきた時に、こうした枠組み作りは重要で、今後も、そうした新しいイノベーションにリーガルが、どうキャッチアップしていくかは、大変重要かと思います。

　最後のまとめとして、様々な社会課題の中の一例である、地域の縮退を防ぐことの重要性と今後の方向感をみておきたいと思います。この社会課題には、地域共創に向けたアプローチを広げていくことが大事です。**図表㉓**では地域の「エコシステム」と地域金融機関との連関性を表しています。地域のエコシステムの構築は、地域ごとの社会課題を設定して、地域の強みを活かしてどうやって解決するかになりますが、好循環の鍵の1つとして、地域金融機関がどれだけの役割を

図表㉓　地域共創に向けた地域金融機関の役割

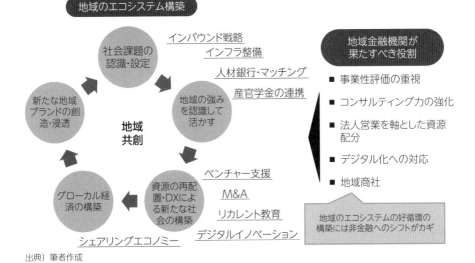

出典）筆者作成

果たせるかもポイントです。そうした関係性を含めた視点も、社会課題の解決に向けた取り組みが、循環型の「エコシステム」の必要性を示しているものと思います。

　最後にまとめると、ポストコロナ時代は、日本の経済構造や社会構造が大きく変わっていくタイミングと重なり、旧来型の仕組みの延長線ではない新しい抜本的な取り組みが必要です。その取り組みには、イノベーションを創りだし、AI やビッグデータなどの新しいテクノロジーを活用しながら、社会課題に向き合って、様々な取り組みを進めていくことが求められます。日本全体の取り組みとして、企業のみならず、国、自治体、大学などそれぞれに、構造的な変革が求められるということだろうと思います。企業サイドからは、企業価値の向上に向けて、社会課題解決型のアプローチを、イノベーションや新しいテクノロジーを活用しつつ進めていく必要がありますので、社会全体の新しい枠組みをバランス良く構築できるかにもかかっています。その中で、リーガル的な側面の議論も色々出てくるでしょうから、新しいリーガル面の枠組み構築に絶えず取り組みながら、リーガルサイドが、社会・経済構造の変革をスピーディーに後押しし、変革を支えていくことが求められるのではないでしょうか。

● ●

● Q and A セッション ●

角田：幸田先生、大変素晴らしいプレゼンテーションをいただきましてありがとうございました。受講生の中で何か質問ある方いらっしゃいますか？

学生 A：先生のお話の中で、社会課題に対応するビジネスに挑戦するのはベンチャー企業が適しているとのお話がありました。大きな商社等で、新しいビジネスモデルを研究する部署もあると思いますが、大企業が社会課題を解決するビジネスを行うことに何か障壁等があるのでしょうか？

幸田：例えば、プラスチックごみを、極力排出しない製品にしましょうとか、あるいは自動車であれば、脱炭素ということで電気自動車にしましょうとか、そう

いう大きな社会課題に、大企業は当然ながら正面から取り組んでいるわけです。大企業として、自分たちの企業そのものの生存に係るような社会課題に向き合いながら事業を広げる取り組みは、当然注力して進めています。

それを前提としたうえで、大企業が、様々な社会課題にどこまで積極的に取り組めているかと問われれば、研究所や社内で研究していることを中心テーマにしようとする時点で、限界があると言わざるえません。実際、自社で研究、開発した製品やサービスを提供することだけでは限定的で、自前主義にこだわった大企業の closed innovation というのは、競争が激化するグローバル市場の中で、目詰まりを起こしているということは、かなり知られている事実です。

一方で、先ほど申し上げたアマゾンやグーグル等は、シリコンバレーで様々なスタートアップ企業を M&A で買収して中に取り込むということをやっているわけです。グーグルだと、ここ 10 年位で 200 から 300 社くらいを M&A で買収しています。スタートアップが持っているアイディア等を、事業化し自社に取り込むことが、活発に行われているわけです。ところが、日本の大企業は、そうしたことがあまり得意ではないようで、企業の垣根を越えた創造を目指す open innovation の必要性は概念では理解しているものの、実態はそこがボトルネックになっています。

あくまで大企業が行うイノベーション、社会課題に向けたイノベーションと、ベンチャー企業が自力でやっていこうというイノベーションとが両輪であるのは間違いではないのですが、日本の場合は、大企業の「自前主義」が強すぎることがボトルネックになっている、これが今の実態ではないかと思います。

角田：ありがとうございます。open innovation、closed innovation という大事なテーマが出ましたが、やはり日本で open innovation の文化が根付いていくために大事なポイントというものが何かについて、幸田先生お考えがありましたら是非お聞かせいただけないでしょうか？

幸田：日本の大企業では、例えば、スタートアップがやっていた研究を大企業と連携することについて、「うちの研究所でやったんだけど、なかなかうまくいかないから、こんなのは意味ないんだ」と、研究所サイドが取り合わないといった傾

向が強いのは事実です。けれどもここ数年は、大企業の方も、そうした自前主義の限界を認識し始めていて、例えば、「出島」という概念を用いるようになってきています。出島とは、昔の徳川幕府の時の長崎の「出島」のことで、要するに、「そこは自由にやっていい」というエリアを用意し、ある程度お金を渡して、自由にさせる方式がいいのではないか、そういうやり方をとる大企業も増えています。巨大な象が自前でやろうとすれば、時間もコストもかかって、いつまでたっても変化に表れにくいし、そう簡単にはできないということで、「出島」方式が有効ではないかと、取り組んでいます。ただ、そのペースでやっていて、世界にキャッチアップできるようになるのかは、また別問題という感じはします。

角田：出島も貿易をしていた国は、そんなすべてに開かれていたわけではないですよね。どことパイプを持っていたかということもあろうかと思いますので。そういう意味で出島の限界というのはあるのではないかという、そういうお考えなのでしょうか？

幸田：そうです。そういうことです。

角田：分かりました。ありがとうございます。何か他に質問ある方いらっしゃいますか？

学生Ｂ：最後の方で法整備について、おそらく、デジタルの分野の法整備となると、現状の法学者であったり、法律の専門家では対応できない、知識が至らない部分が多く出てくると思うのですが、そこについての課題や取り組みがあれば、教えていただければと思います。

幸田：どこまで法制度の問題として変えていくのかは、イノベーションやテクノロジーの進行を見ながらという問題なので、実態先行型である程度は準備してみるというアプローチの仕方だろうと思います。それで、ご紹介したいのは、Fin-Tech等の領域で、イギリスやシンガポールで作ったサンドボックス（Sand box）という仕組みです。サンドボックスとは「砂場で遊ぶ」という意味で、現行の規

制の枠組みでは難しいことについて、一定の前提の下での規制緩和をすることで、法的なボトルネックを探すようなことから始めて、効果がある程度出せれば、法制度も含め対応をとるということです。日本においても、数年前から仕組みができ、産業全般について、サンドボックス的な仕組みを入れて規制緩和をして、実例化して、という試みはスタートしています。

　ただ、法律を変えていくという根っこの部分と、こうした規制緩和的なトライアルが、日本の場合は、うまくつながらないというか、できていない感じもします。トライアルの幅をもっと広げてみるとか、民間にインセンティブをつけてやらせてみるとか、そういう工夫を、もっと増やしていくことが必要ではないか思っています。なので、サンドボックス的なものはもっと増やして、進めていく価値はあるのではと考えています。

　一方で前者、法律を変えていこうという方は、法学の問題になります。ただそういう議論ができる人をすぐに増やせるかといえば、なかなか大変なことだと思います。これは私というより、角田先生の方の話でしょうが、もう少し、法律家のつくり方や育て方、あるいは法学者のつくり方育て方という側面に関わってくるのかなと思います。

角田：ありがとうございます。前半でご紹介いただいたサンドボックスのお話につきましては、この後、第5セッションで金融庁の関係者の方々をお迎えして、具体例を交えてお話いただく予定であります。

　もちろん、後半の問題提起も重要なものとして受け止めておりますが、大変申し訳ないことに現時点でお答えする能力がなく、宿題とさせていただきます。ただ、「それは私の課題でもあるけれど、君たちの課題だ」と、受講生の皆様にボールを投げ返したいとも思っており、また、この後の講義を通して考えたいと思います。

　では、幸田先生、ここで一旦、幸田先生のセッションを閉めさせていただきたいと思います。ありがとうございました。

打ち上げられたホオジロザメになるな

角田：それでは、こちらに宿題が来たところで、私の方でボールを投げ返すと言いますか、この後のセッションにつなぐ話と、あと、幸田先生になぜこういう話をお願いしたのかについて、少し説明する時間をいただきたいと思います。

　冒頭で、これから始まるリーガルイノベーションの講義の趣旨をお話ししましたが、企画者として、どんな思いを込めたのかを、最初にお伝えしておきましょう。これは、法律を学び、これから世に出る皆さんが、「浜に打ち上げられてしまったホオジロザメ」になってはいけない[1]、そんなことにならないためには、何が必要かを逆算して考えてみた——それが、今回の集中講義を思い立った始まりです。

　ご承知のように、ホオジロザメというのは、何キロ先に出血している生き物がいることを感知できる、海の中の捕食者としては究極的なまでに最適化している生き物です。けれども、環境が変化したらどうでしょうか？　海の中では超最適化されている生き物ですが、浜に打ち上げられたら、じたばたしているだけ。つまり、究極なまでに努力して最適化され、進化を遂げてきたホオジロザメも、環境が変化すれば無力な生き物になってしまう、そんなふうに皆さんにはなってもらいたくないのです。環境の変化に適切な形で adaption、適応していただきたい、そうした願いを込めて企画した授業です。

　法学者をどう変えていくべきかという話を、幸田先生から、やんわりと、でも本質的なご指摘をいただいたわけですが、こういうメッセージをいただくことは、半ば覚悟していました。自分なりに感じた危機感というものを、実は持っていましたから。

「オレオレ詐欺」がもたらした課題

角田：私は、消費者法に魅せられ、学者になろうと思ってこの世界に飛び込んで

1）このメタファーは、アンドリュー・W・ロー（望月衛＝千葉敏生訳）『適応的市場仮説：危機の時代の金融常識』（東洋経済新報社・2020年）13頁以下による。

から、ずっと消費者法について研究してきたのですが、前世紀末に、消費者問題の現場にも入り浸って、研究あるいはアドバイスのお手伝いもさせていただきました。

　1995年頃だったでしょうか。国民生活センターに、ある消費者法のエキスパート、大家と呼ばれる方と、大学院生だった私とで一緒に行った時に、「最近面白い問題はないですか？」という話題から、「オレオレ詐欺」という、今となっては懐かしい響きさえあるネーミングですが、それがちょうど出始めた頃で、「最近、こういう変な問題が出てきて非常に困っている。新しい問題なのです」という話になったのです。すると、消費者法のエキスパートがこうおっしゃったのです。

　　「とてもきれいな詐欺ではないですか。それで、いったい何が問題なのですか？」

　これを聞いて「これはまずい」と思いました。なぜなら、その方は、これまでの消費者法の中では百戦錬磨で絶対の評判をお持ちの方なのですが、消費者法を「新しくて解釈論上まだ明確な答えがない、法解釈の隙をつく、面白い法的課題」と思い込んでおられることが分かったからです。

　「オレオレ詐欺」というのは、法解釈学的に見れば、非常に分かりやすい詐欺です。加害者は騙すつもりで虚言を弄し、被害者は錯誤に陥って「お金を送るね」となる。法的に見たら、詐欺であることは明々白々です。つまり、これは法解釈の隙をつくタイプの消費者問題の枠を超えてしまって、人間の判断を狂わせるという心理学的な知見を用いてその隙をつくという新たな詐欺の手法なのです。もちろん、「オレオレ詐欺」はバリエーションを増やし「特殊詐欺」と言われながら、今なお重大な課題となっているのは皆さんもご存知と思います。

　にもかかわらず、消費者法のエキスパートが「それで、何が問題なのですか？」と問いかけてしまったのは、これまでの習い性として「消費者問題とはこういうものだ」と捉えていて、新しいタイプの課題の出現に適切に対処できていないからです。そして、もしかすると、それはこの方に限らず、法律学を担う多くの方も同じ状態にあるのではないかという問題に気づいた瞬間でありました。

　そしてこの話が、講義の初回に、なぜ幸田先生にプレゼンテーションをお願いしたのかという理由につながります。

　つまり、「法」の世界で起きつつある変化を正確に捉えて次の見通しを立ててい

くためには、どんな変化が起きているのか、法の世界のみならず、経済、ないしは、日本の現状を正確に知る必要があると思ったからです。

AI と共存する将棋界

角田：そしてもう 1 つ変化を語るうえで、将棋界での出来事に触れたいと思います。今、将棋界は、将棋ソフトあるいは棋譜、将棋の対局の様子、情報が完全に公開された棋譜のデータベースが出来上がっていて、オンラインでの対局が可能です。また、将棋ソフトにもかなり高度な技術が使われるようになっているそうです。往々にして、こういうゲームの世界では、実社会よりも一歩先に AI と人間が共存することが多いわけですが、そういう将棋界の最近の状況を形容して、将棋界のスーパースターである羽生善治さんが、このような言葉を発しておられます。

> 「最近の将棋界をもし昔の棋士がご覧になったら随分驚くのではないだろうか。その変わり様と言ったならば、まるで近代絵画に対しての現代絵画のようなものだと。新たな手が次々に生まれ、目まぐるしく流行が変わっていくということが起こっている[2]」

　AI と人間が共存しているという状況が、今後は様々な分野で、そして法律の世界でも起きるわけですが、まさにこのような変化が起こるイメージを持っていただくのに、羽生さんの言葉が大変印象的だったので、引き合いに出した次第です。

生身の人間を扱う難しさ

角田：では、話を私たちの方に戻して考えるに、将棋界にはない、「法特有の難しさ」とは何でしょうか。先ほどの将棋界のようなことが「法」の世界でも起きた場合、つまり「法」の世界にこうした新しいデジタル技術等が入ってきた時に、「法の世界特有の難しさって何だろうか？」ということについて、考えてみたいと思います。

2）羽生善治・NHK スペシャル取材班『人工知能の核心』（NHK 出版新書 511・2017 年）95 頁以下。

1つは、「法」というのは、社会あるいは経済の問題を現実に扱っていて、そこには生身の人間が関わっており、そこで起きた問題を法のロジックで掬いあげ、切り取って、法的な解決法を与える、紛争であれば解決策を示すというものです。生身の人間が関わる現実を扱いながら、同時にロジックでその現実を掬いあげ、切り取っていく。ロジックで切るという点では将棋と非常に似ていますが、実際には生身の人間を扱っている、そこが難しい部分ではないかと思います。つまり、紛争解決は現実を変えることになりますし、関わる人間が多くなれば、より問題も複雑になります。それから、ここで先ほどの「浜辺に打ち上げられたホオジロザメにならないでね」と申し上げたことに戻ってくるわけですが、必須条件として、環境の変化というものに常に適応していかないと、現実を法律の論理で掬いあげる段階で誤ってしまう危険があるのではないか、そういう難しさがあるように思います。

免疫システムのような法制度を目指したい

角田：もう1つは、一つひとつの「法」に関わる判断が、社会のルールの基盤となる法制度の運用を担っているという点です。

　将棋界でも、羽生さんの対局から棋譜が出来上がって、その棋譜も学んだ AI が、さらに新たな手を生み出すと、棋士は今までの人間が生み出した論理・思考全体とあたかも対決させられているような気持ちになると言いますが、そういうところと、似ているのかもしれません。

　しかしながら、「法」は現実を掬いあげて、論理で切っているがゆえに、社会の規範であるわけです。法制度の運用を担う、その法規範の解釈・適用である以上は、制度としての一貫性を保ち、法令の解釈適用として指針を示す必要があります。「法制度としての安定性」という言葉がありますが、現状が目まぐるしく変わる中で、正しい法的な判断をし続けるには、法制度としての統一性を崩さず、現状を適切に掬いあげて、的確な判断を下すことが必要なのではないでしょうか。そして、このような営みは、身体の免疫システムのような、つまり、常に外界からの様々な異物に接している生命体でありながら、自己という統一システムを維持しているのではないでしょうか。

考えてみますと、法制度というのは、言ってみれば社会の免疫システムのようなもので、「それが機能不全を起こさないようにするためには、どうすればいいか？」という視点があってもいいのではないかと思うのですが、これは、まだ十分に検証していない、単なるアイディアになります。

　ただ、もし、こうした法制度の統一性が維持されないと、社会として司法に対する信頼を喪失してしまいかねません。だからこそ、システムとして統一性を維持する制約のもと、激変する世の中で起きる問題を「法」のロジックで切り取りながら、いかに適切な判断、いかに適切な手を打っていくかが、これからの法律家には求められるのではないでしょうか。そのためにも、非常に強力なテクノロジーというものを適切な形で使っていくべきではないかと考えており、以上が、この講義のバックグランドにある問題意識です。

フォルクスワーゲンの犯したミス

角田：こうした法的課題の1つの例として、フォルクスワーゲンの事例を紹介したいと思います。世界的によく知られているフォルクスワーゲンという会社が、不正ソフト問題を引き起こしていたことはご存知でしょうか[3]。

　モデルケースで裁判までの流れを説明すると、原告Xさんは、自動車メーカーY、Yというのが被告で（実際はフォルクスワーゲンに当たるのですが）からディーゼル車を1000万円で購入して使用していました。Yは世界で最も厳しいとされるA国（Aは実はアメリカのことですが）の環境規制をクリアしており、環境負荷低減と燃費と加速性能、耐久性との両立を実現した高い技術力を宣伝し、市場でも高い信頼を得ていました。ところがその後、Yについて、以前から排ガス規制の検査時に、生産する自動車に浄化装置を最大稼働するソフトウェアを搭載していたという事実が発覚しました。

　これは、非常に大きなスキャンダルになったので、ご存知の方も多いと思います。Yのディーゼル車の中には、走行時に規制値の40倍もの有害物質を排出する

3）邦語文献として、青木浩子「フォルクスワーゲン社の排ガス不正関連訴訟の概観」Disclosure & IR、11巻（2019年）19頁以下、最新状況については、現地法律事務所 Dr. Stoll & Sauer の HP 参照。http://www.dr-stoll-kollegen.de/news-urteile/abgasskandal

例もありましたが、ディーゼル車としての走行の安全性自体には、特に問題は確認されませんでした。ですが、こうしたスキャンダルが発覚したことで、その後、Xが居住する国でも、現在は、ほとんどの国でそうですが、排ガス検査時のみ浄化装置を稼働させるということは、一律に禁止されました。また、この間に、Yは問題となった装置を搭載していたディーゼル車の製造を中止し、リストによると、Xが購入したディーゼル車も製造中止の車種に該当するということが判明しています。

　この一連の問題が明らかになった後に、Yの代表取締役は、記者会見で次のような見解を発表しました。

　　「我社としては、数名の技術者が不正に手を染めてしまったことに心を痛めており、信頼回復に向けて全力で取り組みます。関係のお客様には問題とされているソフトウェアが本来の機能を発揮するように抜本的にアップデートしたバージョンを無償でダウンロードできるように準備を進めており、近日中にお詫びと案内状を送らせていただきます」

　そして、実際にそうした対応をとったそうなのです。

　ではここで、ディーゼル車を購入し、使用していたXが、Yを相手取った裁判を検討する際に、XはYに対し、どんな主張をすると考えられるでしょう？　また、その主張は認められるでしょうか？

　Y社としては対応策を打ち出して、Y社なりの誠意は見せていますが、それではXが納得がいかないとした場合、Xの訴えは認められるでしょうか？　皆さんがこの裁判を担当する裁判官なら、どう考えますか？

ドイツとアメリカでは、なぜ対応を変えたか

角田：なぜ、この問題を例に挙げたかというと、各国の司法制度を見越した対応をフォルクスワーゲンがとり、その対応の違いが広く知られたがために、和解後にひと騒動起きたためです。

　フォルクスワーゲンは、ご存知の通りドイツを本拠にしていて、世界中に車を売っている会社ですが、環境規制をクリアしたというA国がアメリカであると、敢えて明らかにしたのは、アメリカの司法制度には特徴があり、集団訴訟や、悪

質な事案に対して実際に生じた損害以上の懲罰的な損害賠償、法的責任を課せられる可能性がある国だからです。また、Xさんはドイツで訴えを起こしたのですが、ドイツでは、Xのようなたくさんのフォルクスワーゲン・ユーザーがフォルクスワーゲンを訴えるという裁判が起きていました。それが後に、ひと騒動に発展したのです。

　つまり、問題の原因はこういうことです。アメリカの司法制度の特徴を理解しているフォルクスワーゲンは、アメリカでは早急に和解を申し出ました。

　「フォルクスワーゲンは、お買い上げのディーゼル車を買い取ります」
という内容です。

　裁判になって高額な責任を負わされるのを回避するための、安全措置だったわけですが、ただし、これはアメリカに限定した措置でした。非常に厳しい環境規制を強いているA国、アメリカは、司法制度も怖いので、裁判になる前に、とっとと和解をしたかったわけです。

　ところが、お膝元ドイツで、Y社の代表取締役が提示したのは「無償でのソフトウェアのダウンロードを保証する」というものでした。ドイツでなら、この内容で問題はない、と考えてしまったわけです。

売主が負う契約不適合責任

角田：話は横道にそれますが、最近、日本の民法も現代化されて、法学部の学生さんがよく聞く民法改正、債権法改正の中でも、売買契約の買主の救済のルール、つまり、逆からを見ると、売主の負う責任の内容が大きく変わりました。売主が契約においてどのような責任を負ったのか、売主の義務として確定されたことの意味合いが非常に大きくなって、契約に適合していない場合は、売主は責任を負わされることになりました。ざっくり言えば、世界標準の考え方を、ようやく日本も取り入れるようになったということです。

　ドイツの売買契約のルールも、2020年より日本で施行されたルールも、大きな違いはなく、契約を守らせる、つまり、「契約を履行しろ」と裁判所を使って買主として救済を求めるにあたって、従来ほど履行請求権という合意内容そのものへのこだわりを強く位置づけることはやめて、よりフレキシブルなルールにしたの

です。

　例えば、本を1冊購入した時に、その本の1頁が欠けていたとして、「その本ではきちんと契約が守られていない」と裁判所に訴えて、「きちんとした本を渡せ」と履行請求権を行使しますかといえば、そんな必要はない、より合理的な措置で対応すればよいでしょう。他にいくらでも代わりのモノが存在するわけですから、代物を給付すれば構わないでしょう、あるいは、その欠けている頁を1枚渡して、契約に適った状況にすればよいではないか、そういう、売主にとって合理的な、追加的な対応で「これをもってきちんと契約を履行したことにする」となる、選択肢も準備してあるわけです。

　この代表取締役が提示した、「あまりよろしくないソフトウェアがあったから、悪かったソフトウェアのバグを取って直します」も、「落丁した頁を直します」と同等な選択肢と見なし、「合理的な契約をこれで全うしました」と認めてもよいのではないか、という見方が根底にあったのだと推測されます。そして、実はドイツの法律関係者でも、当初はそのような受け止め方が一定数を占めていたようです。ところが、今のような情報化時代に、アメリカでなされた和解内容を、ドイツのユーザーたちが知らないままでいるはずはありません。「自国ドイツの消費者の利益を軽視するとは何事ぞ」と、火に油を注ぐような状態になってしまったわけです。

　そこで、ドイツの最高裁判所である連邦通常裁判所は、和解後だったにもかかわらず、フォルクスワーゲンが応ずべき内容として、アメリカと遜色ない解決策を認めなさい、という異例の決定を下しました。実際のところ、それに至るまでには、EU Commission もフォルクスワーゲン側に、アメリカとバランスを失しないような判断をしなさいなどの動きもあったようです。

社会の免疫システムとしての法制度であるために

角田：こうした一連の、フォルクスワーゲン問題をめぐるドイツの法曹界のドタバタ顛末を「政治力が働いた」と整理してしまうことは簡単ですが、私には、先ほどお話しした、法制度の社会の免疫システムが働いた1つの例のように思われました。

経済活動のグローバル化に加え、これだけ情報が溢れている時代だからこそ、司法制度には、環境の変化に適応した社会の免疫システムとしての役割が求められており、もし人々や社会が、司法制度に対する信頼を失えば、それは、司法制度が免疫システムが正しく機能していないということで、それを恐れたのではないか、と。

原則からすれば、裁判官は、外国でどんな判決が出ているか、どんな解決がされたかなどは見る必要がなく、自国の法令と先行判例に従えば、あとは自分の法律家としての良心に従って判断すればよいのですが、もはや、そうも言っていられないのではないか、というのが、ここでの問題提起です。将棋界の羽生さんがおっしゃっている、セカンドオピニオンとしてのAIという使い方が、「法」の世界でも求められるのではないでしょうか。

皆さんもこういう紛争に関わったら、どのように考えるかということについて、少し想像してみていただけたらと思います。

講義を終えて（講師との対話）

幸田：導入部分として、問題意識を分かりやすくお話いただき、大変参考になりました。

少し広い話になりますが、平成時代にいわゆる「国家のガバナンス的な改革」の中で、司法改革が大きなテーマとして、進められてきたかと思います。一方で、ビジネスサイドに関わる法制度改革になると、取り上げることはなかなか難しいことなのでしょうか。知財制度などは、裁判制度も含めてそれなりに整備されてきておりますが、もう少し専門的なエリアでも、紛争解決の問題だけでなく、どう法制度を作るかなども含めてそこはどのように見ておけばいいのでしょうか。

角田：自分が関わっていたのが消費者問題なので、消費者問題に則してお答えをしたいと思います。

例えば、ヨーロッパの新しいルールの種になるアイディアを生み出す人材育成の在り方と、日本の消費者政策に新しいアイディアを生み出す過程というものを対比すると、幸田先生が「ベンチャーエコシステム」で示された際に大きな格差

を感じるとおっしゃいましたが、それに匹敵する格差を感じます。

　司法制度改革が目指した世界、ビジョンとはいったい何だったのか、ここでもう一度考えてみないといけないような気もいたします。こうしたビジネスの変化に適応しながら、その先を行く土壌を法制度は作っていかなくてはならないにもかかわらず、アイディアを生み出せるような人材育成というものが、手薄だったのではないでしょうか。

　高い問題意識を持った若い弁護士さんが、政策立案の現場に身を投じるということは、もちろん行われてきてはいますが、他方で、私が見聞したヨーロッパの人材の多様性でありますとか、政策立案の土壌になっている研究状況などと比較すると、その差はかなり大きいと感じます。乱暴な言い方かもしれませんが、日本では政策立案の担い手が、法学部を出て早々に司法試験を突破して、キャリアの一時期に官公庁に身を置いたエリートがメインであるのに対して、ヨーロッパの政策立案を支える研究の裾野の広さや人材の多様性には圧倒されます。そういったことがアイディアの多様性や斬新さとか、strategy としての強みとか、そういうところに影響しているのではないかと思うのです。

　あと政策立案とか研究の方法論として、これは自戒も含めて、ということになりますが、ヨーロッパでの指令を見てから、それを研究して、さあ、日本でも作ろうとなれば、明らかに二歩位は遅れてしまっているわけですよね。strategy としては、かなり遅れ気味ではないでしょうか。

　日本の実情を踏まえて打った手を、もうちょっと大切に育み、育てられるような環境を、この先考えていくべきだという感触を持っております。

幸田：確かに、日本が人口減少・高齢化問題など様々な社会課題の先進国みたいな言われ方をされていますが、そうした観点から出てくる、課題解決のための法制度の枠組みや、変化の兆しを取り上げて、どういう仕組みにしていくのかについて議論できるような場がない。何か事が起きてからではなく、その手前で一体的に行える「エコシステム」的な、色々なコミュニケーションができる仕組みになっていないということが、確かに大きいかもしれませんね。

角田：そうですね。そういう環境を作りたいという思いで、皆さんをホオジロザ

メに見立ててしまい申し訳なかったとは思いますが、問題意識のイメージとして持っておいていただくのに悪くないかなということで、敢えてこういうお話をさせていただきました。

　幸田先生、最後に法律家を目指す方々に何かメッセージがあれば、一言お願いします。

幸田：このような機会をいただきましてありがとうございます。角田先生もおっしゃるようにチャレンジングなテーマですが、社会課題を意識して何かを変えていかなければならない、あるいは作っていかなければいけない時代に突入していることは明らかです。

　学生の皆さんには、それぞれのアプローチの仕方は様々であると思いますが、社会課題をどう乗り越えるかに意を用いていくことを学んでいただきながら、具体的にどう取り組むのか、というところまでつながるとよいのではないかと思います。

　是非今後もチャレンジしていただきたく思います。

角田：幸田先生、ありがとうございました。大変楽しく、また、有益な機会になりました。

角田：実は、今回の企画の中での一番の難問が、どのようにスタートを切ればよいのかでした。この後に続くセッションでは、最先端の議論が展開されるのですが、学生の皆さんには、それらの議論を単に「鑑賞」するのではなく、自分の未来に関わる大事な問題として捉え、是非、ゲストと「対話」を体験してみて欲しいと思っていました。そして、私自身、リーガルイノベーションとは何かについて、最初に定義をして枠を作ってしまうよりも、皆さんと一緒に考えを深めていきたいとも考えていました。そのため、なぜ、法のイノベーションが必要なのかと、問題意識を共有してスタートしたいと考えました。ただ、それをどう具体化すればよいものか、が問題でした。

　幸田博人先生は、豊富な統計データを駆使して、驚くほど、くっきり、はっきりと、日本が直面する社会課題と、探られつつある解決のアプローチを提示してくださいました。

　印象的だったのが、この30年、世界が急速に変化を遂げ、新たな産業革命・イノベーションが起きている中で、日本は、まさにいま、ラストチャンスとして、どのような取り組みを打ち出すのかが問われている、という言葉でした。急速に進む人口減少、東京一極集中、未だに流動性が低い雇用市場、経営資源が大企業に集中しつつ活かし切れていない、家計資産が貯蓄から資産形成に移行しない、リスクマネー供給不十分など、日本はいくつもの構造的な問題を抱えていますが、こういった「社会課題」の解決に資するビジネスモデルを打ち出していくこと、そこに活路を見出すべきことが繰り返し強調されました。

　また、重要なメッセージとして「掛け声だけで終わらせずに具体化せよ」、そして、「そのために必要なリーガル環境を考えよ」という、リーガルイノベーションへの期待と注文といいますか、大きな宿題まで賜りました。

シュテフェック：社会課題に直面しているのは、英国も同様です。リーガルの対応が求められるものとして、欧州連合離脱や新型コロナウィルス感染症の蔓延を挙げることができます。ただ、英国の司法は、これらの社会課題を、むしろ、DXを一気呵成に進める好機として受け止めて改革を進めています。こう

いった改革を指揮しているジェフリー・ヴォス卿こそ、現代の英国のリーガルイノベーターのロールモデルといえそうです。

角田：司法の世界で、社会課題解決型アプローチを具体的に実践しておられる方がいるんですね！　それは素晴らしい。どういう方なのでしょう？

シュテフェック：ジェフリー・ヴォス卿は、イングランドとウェールズにおいて2番目に地位の高い裁判官です。2021年1月に控訴裁判所民事部の長官である記録長官（Master of the Rolls）に就任され、同部の裁判官の仕事の展開と組織化に責任を負うとともに、同部の法廷で裁判長を務め、しばしば、民事、家事法廷のあらゆる問題の中でも最も複雑な事件を担当されています。

　ジェフリー卿は、無尽蔵ではないかと思えるほどのエネルギーに満ち溢れている方です。彼は、英国のLawTech Delivery Panelのメンバーで、2019年11月に公表された暗号資産とスマートコントラクトに関する法的声明の取りまとめの責任者を務められました。また、ロンドンが国際的な紛争解決の中心地であることをアピールし、司法行政や紛争解決におけるテクノロジーの利用を促進するため、先頭に立って活動しておられます。

角田：司法制度改革を牽引する裁判官のリーダー！　それこそ、無尽蔵の興味が沸きます。ジェフリー卿は、司法制度のDXを、具体的にどのようなビジョンを示して牽引しておられるのでしょうか。

シュテフェック：ジェフリー卿は、「民事司法制度は、私たちの経済インフラの一部を構成している」と捉え、「デジタル化は、インフラを近代化し、国内外の企業や個人が、法的権利の行使に支障や遅れをきたすことなく、経済的に最高のパフォーマンスを発揮できるようなシステムを構築するために不可欠」とおっしゃっています[1]。

角田：「民事司法制度は経済インフラ」ですか！　素晴らしいアングルですね！

シュテフェック：まったく同意見です。ジェフリー卿は、こんなメタファーを語っています。「もし多国籍企業が、1745年に建設された港が浅すぎるという理由で英国に商品を輸出しないとしたら、私たちは港を深くするか、新しい港を建設するでしょう。弁護士も裁判官も、司法制度を独立したものとして考えるという罠に陥ることがあります。しかし、そうではありません。司法制度は、私たちの経済インフラの重要な一部なのです」と。

角田：つまり、司法制度は港のようなものであると……。

シュテフェック：具体例を挙げると、これまで膨大な手間とコストをかけても現実に回収できる確率が低かった金銭請求を、10000£まで代理人の関与なしに無料で利用可能なオンライン調停システム（Online Civil Money Claims：OCMC[2]）サービスが2018年からスタートしていて、これが執行までオンラインで実現されるようになる予定です。ジェフリー卿曰く、「現在のシステムが許している遅延なしに、すべての分野で適切に支払われるべきものが迅速に支払われるように、ユビキタスでストリームラインなオンライン民事司法システムの構築を試みるべき」との考えに基づいて実施されてきたものです。

　その理由につき、彼は次のように語っています。「小さな紛争は、経済的には大きな紛争と同じくらい重要です。大企業は、訴訟の解決が裁判所の手続によって遅れることがあっても、一般的には生き延びることができます。中小企業はそうはいきません」。「デジタル化されたストリームラインなオンライン民事紛争解決プロセスは、我が国の経済に大きな価値をもたらします。個人や中小企業が支払うべき金額を確実に支払い、取引を継続できるようになります。不必要な個人や企業の倒産を減らし、司法へのアクセスを強化することができます」。

---

1 ）https://www.lawsociety.org.uk/topics/civil-litigation/sir-geoffrey-vos-speech-at-the-launch-of-thecityuk-legal-services-report
2 ）https://www.gov.uk/government/case-studies/online-civil-money-claims-service-ocmc-acting-on-feedback.

角田：コロナ禍のなかにあって絶大な説得力を持つ、エネルギッシュな言説ですね！　そのデジタル化されたストリームラインなオンライン民事紛争解決プロセスというのは、どのような紛争類型を想定しているのでしょうか。

シュテフェック：何しろ、ジェフリー卿の 2021 年 6 月の講演タイトルが「回復か、それとも、ラディカルな変革か：Covid-19 が司法制度にもたらしたもの[3]」です。

　まさに、そのタイトル通りのラディカルな変革として、リモート聴取など司法制度運営「方法」の変化だけでなく、紛争解決「システム」自体の改革が進行しています。ジェフリー卿のビジョンは、これから数年のうちにオンライン・ファネルを構築することです。「民事紛争の大部分、そしておそらく雇用審判、個人的な家庭紛争の大部分は、合理化されたオンライン紛争解決プロセスに適応可能だと思います」と彼は結論づけています。

　「そのプロセスの速さは、たとえ最も困難なケースで対面式の審理が残っていたとしても、当事者が紛争で悩む時間と感情的なエネルギーを減らし、より多くの時間を経済的または個人的な生活に集中させることを可能にします」と語っています。

角田：テクノロジーを利用することでリーガルイノベーションは何を実現するのか、きれいにまとめてくださり、ありがとうございます。

　リーガルイノベーターになるためのレッスンにとって、実によい船出となりました！

---

3) https://www.judiciary.uk/announcements/speech-by-the-master-of-the-rolls-at-the-london-school-of-economics-recovery-or-radical-transformation-the-effect-of-covid-19-on-justice-systems/

▣ 2020 年代の日本の「社会・経済」、「大企業」、「金融」が抱えている構造問題に手をつけ、解決に向かっていけるようにするには何が必要でしょうか？

▣ 日本企業は、どうすれば、新しいビジネスモデルを確立していくことができるでしょうか？

▣ 社会課題の解決に向けた取り組みを実現できる日本の企業は、大企業でしょうか、それとも、ベンチャー企業でしょうか？

▣ イノベーションを起こす人材が育つのに必要な環境は、日本に調っているのでしょうか？

▣ 社会課題の解決に向けた取り組みにおいて、法律家に求められる貢献とは、具体的にはどのようなものでしょうか？　そのために必要なスキルはどのようなものでしょうか？

▣ 将棋の世界では、人間と AI が共存できているとして、同じことが、法律の世界でも起きるでしょうか？　法律の世界ならではの難しさとは、何でしょうか？

▣ リーガルイノベーションに、日本社会は何を期待しているのでしょうか？

▣ あなたが 10 年後、20 年後に取り組んでいるリーガルイノベーションは、何でしょうか？

テクノロジーが変える紛争解決

◉ スピーカー

フェリックス・シュテフェック（ケンブリッジ大学法学部上級講師）

◉ モデレーター

角田美穂子（一橋大学大学院法学研究科教授）

◉ コメンテイター

藤田正人（法務省大臣官房参事官）

山本和彦（一橋大学大学院法学研究科教授）

竹下啓介（一橋大学大学院法学研究科教授）

● コラム

山田寛章（東京工業大学情報理工学院・徳永研究室/日本学術振興会　特別研究員）

　紛争解決への AI 導入とは、具体的にはどのようなことを意味するのか。誰に、どのような利益をもたらし、また、不利益が生じることはあるのか。一橋大学とケンブリッジ大学の共同研究プロジェクト「法制度と人工知能」の英国チーム・リーダーであるフェリックス・シュテフェック先生に、自らが関与した AI を紛争解決に応用した事例をご紹介いただきながら、研究の最前線についてお話いただきます。

（2021 年 1 月 12 日収録）

AIと弁護士団の対決の行方

角田：集中講義、二コマ目のセッションは、「テクノロジーが変える紛争解決」というテーマで、ケンブリッジ大学のフェリックス・シュテフェック先生がお話しくださいます。フェリックス先生には、自己紹介に続けてプレゼンテーションを始めていただけたらと思います。よろしくお願いします。

シュテフェック：はい、ありがとうございます。このようにお話ができて非常に嬉しいです。角田先生、このように素晴らしいコースをアレンジしていただき、また一緒にお仕事ができることを、非常に嬉しく思います。通訳のみなさまも、ありがとうございます。そして、同僚の皆様、外部からのビジターの皆様もようこそ。たくさんの方々がバーチャルで参加してくださり嬉しく思います。

　私はフェリックス・シュテフェックと申します。角田先生からもご紹介いただきましたが、ケンブリッジ大学法学部上級講師（Senior Lecturer）、そして、商法・会社法研究センター（Centre for Corporate and Commercial Law）の共同代表者も務めております。

　私の専門は、紛争解決、コーポレート・ファイナンス、企業倒産、そして最近ではLawTech、とりわけ、AIが紛争解決にどのような影響を与え、今後どうなっていくのかについて研究しています。

　本日このセッションで皆様にお話をしたいのが、AIと紛争解決です。今日は、民事事件や商事事件の紛争解決を扱います。刑事事件や行政事件は対象外とさせてください。そして、このAIという用語の定義については実に様々なものがありますが、今日のところは非常に簡潔でラフな考え方をとって「法律の世界において、できるだけ知的な作業を実現するために実際に使われている技術」、具体的には、機械学習、とりわけ深層学習（Deep Learning）、自然言語処理を念頭に置くことにさせてください。それらが具体的にはどのように動くのかについては、後ほどお話します。

　では、本題に入ります。最初は、Case Crunch Lawyer Challenge の話題から始めましょう。これは、ケンブリッジ大学法学部の学生たち3、4人が2017年10

月ロンドンで主催したコンペで、AIと人間の弁護士たちが対決するという非常に面白いプロジェクトでした。

　当時、裁判の判決結果を予測できるAIのプログラミングの開発をしていた数人の学生から、「AIがどれだけ優れているかテストしたい」という提案がありました。そこで、経験のある弁護士に協力してもらって、確認することになりました。

　対決の相手となってくれたのは、主にロンドンを拠点とする優れた商事弁護士で、最終的には100人以上の方にご参加いただきました。対決内容は「紛争解決結果の予測」です。紛争としては、金融業界向けの金融オンブズマンサービス[1]が実際に裁定を出した、PPIという保険に関するリアルな案件を扱いました。PPI（債務返済補償保険）とは保険商品の名で、借り手が病気になるか、障害が残る場合、あるいは仕事を失った場合、または何らかの事情で収入源を失って返済できなくなった場合に、債務の返済を確保できる保険なのですが、販売者の金融機関が、保証の内容を十分に説明していなかったとか、ローンや当座貸越商品のadd-on特約となっていたのに、契約しなくてもよいことを十分に伝えずに販売していたなどとして、多くの消費者が解約を訴える事件となりました。このような問題が2007年ごろ顕在化し、最終的に監督機関であったFSAがこれを不適切販売として、多額の補償金の支払い指導を行っています。ここでのポイントは、このPPIに関する事例がまとまってとてもたくさんあったということです。

　Case Crunch Lawyer Challengeでは、この事例を用い、AI、弁護士ともに、訴訟の結果を予測しました。AIが弁護士よりもよい結果を出せるかどうかの対決です。双方とも、裁定の結果は知らされずに事実関係のみ、つまり、消費者はどのように商品を買い、どんな説明を受けたかという情報だけを与えられました。そして、これらの事案を金融オンブズマンサービスに申し立てた場合の当事者の勝敗を予想するのです。予測件数は750件超でした。念のために申し上げると、コンペの公平性を確保するために、技術面の審査員の検査、それから法的な観点か

1）英国における金融分野での裁判外紛争解決機構で、日本の金融ADRのモデルとされた。杉浦宣彦＝徐煕錫＝横井眞美子「金融ADR制度の比較法的考察：英国・豪州・韓国の制度を中心に」Financial Research and Training Center discussion paper series, vol. 17（2005年）https://www.fsa.go.jp/frtc/seika/discussion/2005/20050811-2.pdf ほか。

らみた公平性審査もされ、私は法的審査に加わり、不公平な優位性などはなかったことを保障しました。

　その結果が**図表❶**です。人間の弁護士の出した予想は62％の正答率、10の事案において、6つは正しく、4つは外れました。一方のCase Crunch Technologyという名前がつけられたAIの予想は、正答率が87％、おおよそ9割近くが正解でした。AIの勝ちです。AI側は、PPI保険の事案については、人間よりもより高い正答率で裁定結果を言い当てたのです。

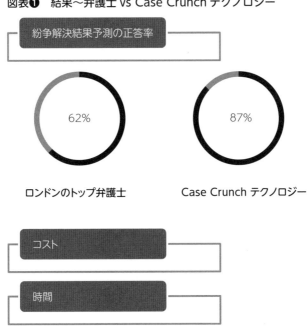

図表❶　結果〜弁護士 vs Case Crunch テクノロジー

紛争解決結果予測の正答率

62%　　　　　87%

ロンドンのトップ弁護士　　　　Case Crunch テクノロジー

コスト

時間

　結果発表の後、この対決は、どういった意味合いがあるのかという議論が起きました。論点の1つは、コストと時間の問題です。というのは、人間の弁護士なら、1つの事案の予想に少なくとも1時間位は必要です。当然、ローファーム（law firm）のスタッフ要員も必要になりますから、消費者が払うべき料金は、3桁（ポンド）にはなるはずです。一方、AIなら、数秒で予想を立てられます。また、複数の事案を同時に扱え、コストが非常に低く抑えられます。

つまり、このコンペは予測の精度についての競争だったのですが、いざやってみると、精度だけではなく、将来の利用を想定し、時間や労力、コストについても議論がもち上がってきたのです。学生たちは、コンペの内容とともに、様々なメディアに好意的に取り上げられることになりました。

あなたが相談するのは弁護士か、それとも AI か

シュテフェック：この対決をきっかけに、司法が今後どうなっていくのかに関心が集まったわけですが、ここで皆さんに 1 つ質問です。

今、あなたは、PPI、つまり債務返済補償保険商品を銀行から購入しましたが、その契約に不服があったとして、金融オンブズマンサービスに申立てを考えた時、事前に結果予測ができるなら、誰に聞きますか。人間の弁護士なのか、Case Crunch の技術を使った AI なのか。もしくは、人間の弁護士に頼み、この Case Crunch AI を使ってもらうか。Ⓐは、人間の弁護士に聞く、Ⓑは、ウェブサイトから Case Crunch の AI だけを使う、Ⓒは、Case Crunch の AI を活用している人間の弁護士に聞く。いかがでしょう？

学生 A：私は、Ⓒの、人間と AI どちらも使いたいと思います。その理由は、AI だけでは診断結果に不安があるからです。私は、まだ AI に馴染みがなく、結果に対して、どうしてこういう診断結果が出たのか、過去にどういった判決があったのかなど、AI の診断では出てこない、結果の周辺情報を知りたいと思うからです。

ただ、先ほど AI の方がかなり正答率が高かったという結果があったので、どちらも使わせていただきたいと思いました。

角田：他の意見の方、いかがですか。人に頼むなら、フィーが発生することを忘れないでください。

学生 B：私ならⒷの AI のみを選択します。理由はコスト面でのハードルです。人に頼むには莫大な弁護士費用がかかるわけで、それを考えると、正確性がある以

上は、AIに頼ることで、ある程度の期待には応えてもらえるだろうということから、AIでいいのかなと私は思います。

角田：他の意見の方いますか？　やはりヒューマンですという方？

学生C：私は選択肢Ⓐの人間の弁護士に頼みたいと考えます。

　その理由として、2つあるのですが、第1に、法律というのは、紛争の中で感情的になりがちな人間を、第三者が介在して、社会的な解決に導きながら、それぞれの当事者の感情をも落ち着かせる役割があると、所属する大学の教授から習いました。私自身、そこに大変納得いたしました。雇用を失うなど、自分に万が一の事があって、保険を使う必要に迫られた時というのは、当人は納得いかない面だとか色々な感情を持っているかと思います。それをAIに投じて、十分な主張ができるのか、当事者として考えれば、多少不安があると感じます。代わりに、信頼できる弁護士に頼めば、自分の主張を十分に汲み取ってくれるだろうという思いがあります。これが1点目の理由です。

　2点目として、先ほどのAIの精度、正しさというのが、どういう観点での正しさか分からないのですが、おそらく、保険をもらうだとか、自分に有利な面であっても正しくないという部分もあると思うので、必ずしも人間の弁護士に頼むということがマイナスになるとはいえないかなと考えました

シュテフェック：ご意見ありがとうございます。皆様、パーフェクトな答えだったと思いますし、ⒶⒷⒸすべての意見があったのも面白かったです。

　つまり、しばしば私たちは、まず予測の精度に集中し、事実を見て、将来を予測しようとします。さらに、コストの問題にも言及していますね。これは、理想的な出発点として完璧な正義と予測を望む一方で、実際には、そのためにどのようなコストがかかるかを問うていることを示しています。完璧なサービスを提供するために必要なコストをかけるわけにはいかず、完璧ではないサービスを受け入れることもあります。しかし、それ以外にも考慮すべきことがあります。最後のコメントは、司法の人間的な側面に言及してくれましたね。

　そうなのです。人によって、司法に求めるものが変わります。結果にしか興味

がない人、例えば「私はお金を返して欲しい、それだけで十分だ」という方もいるでしょう。それよりも感情的なプロセスが大事だという方、こういう不安がある、あるいは怒っている、それを伝えたい、機械ではなく、人に対して表現したい、そういう人もいると思います。皆さんの答えはすべて正解です。皆が望む様々な答えを、他の市民も望んでいることだと思います。

　私の4歳の息子が、幼稚園から戻ってきて、「お父さん、いろんな人がいて、みんな違う物を欲しがるんだ」と言ったことがあるのですが、その通りなのです。ただ、私たちには制約もあります。このような制約は、私たちの望みに限界を与えます。私たちが持っている資源は限られていますし、裁判をするとなると、ゼロサムゲーム、つまり一方が勝者になれば、相手は敗者になることが多いのです。現実には、私たちは常に自分の望みを叶えることはできません。だからこそ、法律が必要であり、法律の制定にあたる人は、どの望みを叶え、どれを否定するかという選択をする必要があるのです。これが今日の議論の背景です。

AIは自己学習して予測を立てる

シュテフェック：では、話をCase Crunch Lawyer Challengeを主催したチームに戻します。彼らは、このプロジェクトをどう組織立て、どうやってAIを組み立てたのでしょう。

　すべてはデータセットから始まりました。まず、金融オンブズマンに、過去に裁定の出た案件をすべて欲しいとお願いしました。金融オンブズマンサービスは、年間数十万件の案件に裁定を出しています。金融オンブズマンサービスは、チームに大規模なデータセットを提供してくれたのですが、Case Crunchチームは、PPIに関するケースに集中し、その他のトピックに関するケースは横に置いておくことにしました。各ケースは同じ構造をしていました。前半は事実関係を、後半は金融オンブズマンサービスの裁定の理由を説明しています。英国ではPPIの事例がたくさんあったため、データセットはかなり大きくなりました。データセットには10万件のケースが含まれていました。そして、そのうちの10%、つまり1万件のケースを取り出して、トレーニングデータセットを作成したのです。この1万件のケースを自然言語処理で、消費者が勝つケースと負けるケースに分

類したものです。判決文の最後に"not successful"や"unsuccessful"という単語が含まれていた場合は「消費者の負け」と分類される、といったアルゴリズムを使用しました。つまり、コンピュータのアルゴリズムを使って学習データを作成しているのです。1万件のケースをすべて手作業で分類するには労力がかかりすぎるからです。

このアルゴリズムによる分類の結果は、イメージとしては大きな表になります。1つの列、つまり各事例の1列目のセルには、すべての事実が記載されており、2つ目の列には、結果が「イエス」か「ノー」かが記載されています。「イエス」は消費者の勝利を意味し、「ノー」は消費者の敗北を意味します。これらの2つの情報、つまり事実と結果は、ケース番号で識別される関連する事例にリンクされています。このようにして学習データセットが構築された後、Case Crunchチームはニューラルネットワーク、つまりAIを使って、事実の中のどの要素が結果を決定するか、つまり消費者が金融オンブズサービスに申請した場合に勝敗を左右した要素は何かを学習しました。

ここでAIの出番となります。ニューラルネットワークは、自己学習するアルゴリズムですので、誰も何もする必要はなく、ただ、学習プロセスが終了するのを待つだけです。基本的に、人はアルゴリズムに関連する情報、この場合は事実と「勝ち」か「負け」かの分類を与え、ニューラルネットワークは試行錯誤しながら、事実の中のどの要素が結果を決定するかを判断します。AIが学習する目的は、勝敗に関する予測の精度をあげることです。AIの予測は、最初は非常に気まぐれなものです。あるケースの事実では、消費者が勝つと気まぐれに予測します。それから、AIは次のケースに進み、消費者が勝つか負けるかを予測し、ここでは、消費者が勝ったと仮定します。AIが勝ちを予測していた場合、AIは関連づけていた要素は「正解」と確認します。しかし、AIが負けを予測していた場合は、「不正解」となるため、AIは事実関係の列にさかのぼって、負けに関連づけていた要因を理解しようとします。AIは、データセットに含まれる1万件すべてのケースについて、このような作業を繰り返していきます。AIはより多くのケースを学習すればするほど、予測の精度は向上していきます。

プロセスはブラックボックス

シュテフェック：この訓練プロセスの特筆すべき点は、人間が AI に教えている わけではなく、ニューラルネットワークが、**図表❷**のように自己学習していると ころです。図のインプットレイヤーが事例で、アウトプットレイヤーが勝訴・敗 訴、間にある円が事例に含まれる要素になるのですが、円で表している各要素は、 AI によって作られています。人間ではなく、ニューラルネットワークが自ら作り 出しているのです。そして、AI は、自分で作り出した要素の関連性から、どの事 例が勝訴・敗訴につながったと判断します。

図表❷　人工知能の仕組み

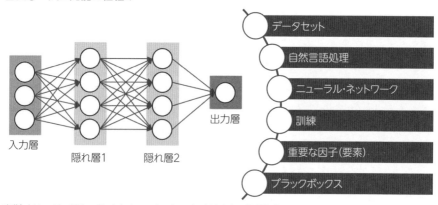

出典）https://cs231n.github.io/neural-networks-1/をもとに筆者作成

　1つ問題があるとすれば、AI が要素と接続を自分でやっているため、AI がど の要因から、消費者が勝つか負けるかを判断しているのか、私たちには、分から ないということです。これをブラックボックス効果と呼んでいます。判決の勝敗 が、どの要素で分けられているのか、人間には見えなかったりするのですが、AI は、色々な要素を勘案し、それぞれの要素ごとの相関等も見ているのですが、そ のプロセスが非常に複雑で、あまりに難解なため、人間側は、ぱっと見るとすぐ 分からないのです。

　AI が1万件の訓練データセットでの学習を終えたところで、いよいよ本番です。

AIにコンペ用の新しいケースの事例を見せ、勝敗の予想を立てさせてみれば、結果は87％の正答率でした。AIは、過去の判例もしくは裁定等で学習をし、それに基づいて予想を立て、87％の正答率を得たのです。

世界各国の紛争解決結果予測 AI の精度比較

シュテフェック：ここで少し、AIを使った紛争解決結果予測に関する他の研究論文を見てみましょう。理論的には、先ほどお話したことと全く同じです。データセットを用意し、AIに学習させた後、結果を隠した新しい問題をAIに提供し、結果を予測させます。そして実際にオンブズマンが下した裁定や裁判官が下した判決と照らし合わせて正答率を測ります。

　今回ご紹介する以外にも色々な研究がたくさんなされていますが、世界からいくつかの例を抜粋してみました。

　図表❸〔→112頁〕は、現在の紛争解決結果予測AIの正答率が世界でどのような状況にあるのかを示したものです。Katzらが2017年に出した論文[2]では、2万8000件の米国の連邦最高裁判決を扱っていますが、より重要なのはデータセットにどんな情報を入れたかです。インプットした情報が何かを示しているのは「インプット」の列ですが、Katzのケースでは、メタファクターだけでした。メタファクターとは、5つあります。1つ目は、どこの巡回控訴審に出されたものなのか。2つ目は事案の領域で商事事件、刑事事件、行政事件か。3つ目は、申立人の属性で、従業員、もしくは、州によって申立てられたものなのかです。4つ目は、被告は誰か。5つ目は、下級審のイデオロギー。例えば、リベラルだったのか、保守色の強い法廷だったのかです。ここで注目していただきたいのは、Katz等の研究ではAIに事件の事実に関する情報は与えられず、メタファクターに関する情報しか学習させていなかったのにもかかわらず、米国最高裁判決の結果予測として70％の正答率を出した点です。

2）Daniel Martin Katz, Michael J. Bommarito II, Josh Blackman, 'A General Approach for Predicting the Behavior of the Supreme Court of the United States', PLoS ONE 12（4）：e0174698, 12/04/2017.

図表❸　紛争解決結果予測 AI の精度（主な先行研究）

著者	刊行年	紛争解決機関	インプット	データセットの件数（概算）	予測の精度（概算）
Katzら	2017	米国連邦最高裁判所	メタ・ファクター	28,000	70%
Suleaら	2017	フランス破毀院	事実	126,000	96%
Longら	2018	中国人民法院(民事事件)	事実、法規、適用法規	100,000	80%
Bull & Steffek	2018	英国金融オンブズマンサービス	事実	100,000	87%
Chalkidisら	2019	欧州人権裁判所	事実	11,500	90%

　次に挙げた Sulea らの研究[3)] は、フランスの最上級審である破毀院の判決を扱いました。データセットはずっと大きくなって 12 万 6000 件の事案が入っていました。インプット情報に法律は入っておらず、事案の事実だけでしたが、フランスの最高裁の判決結果予測は 96% という、かなり高い正答率でした。

　2018 年に発表された中国の論文[4)] では、民事裁判所の事案になりますが、こちらもデータセットが 10 万件と非常に大きく、またインプット情報は事実だけではなく、法律情報、申立人が何を求めて起こした裁判なのかの情報も入っていました。正答率は 80% でした。

　その次の Bull & Steffek[5)] は、次回の講義に登壇するブル（Bull）と私シュテフェックが行った実験結果ですが、これはまさしく先ほどお話した Case Crunch Lawyer Challenge にほかなりません。ですから、これは、イギリスの金融オンブズマンサービスに関するもので、事案数が 10 万件、インプット情報は事実だけで、正答率は 87% でした。

　最後は Chalkidis 等が扱った 2019 年の欧州人権裁判所の 1 万 1500 件の事案で、

3 ）Octavia-Maria Sulea, Marcos Zampieri, Mihaela Vela, Josef van Genabith, 'Predicting the Law Area and Decisions of French Supreme Court Cases', arXiv：1708.01681v1, 04/08/2017.
4 ）Shangbang Long, Cunchao Tu, Zhiyuan Liu, Maosong Sun, 'Automatic Judgment Prediction via Legal Reading Comprehension', arXiv：1809.06537v1, 18/09/2018.
5 ）Ludwig Bull, Felix Steffek, 'Die Entschlüsselung rechtlicher Konflikte：Der Einsatz künstlicher Intelligenz zur Ermittlung von Entscheidungsfaktoren der Konfliktl ösung', Zeitschrift für Konfliktmanagement（ZKM）2018, 165（Volume 5）.

インプット情報は事実だけでしたが、正答率はこちらも 90％をはじき出しました[6]。

　これらの研究から何を学ぶことができるでしょうか。まず、結果予測の正答率にばらつきがあることは興味深いことです。また、このような研究から、現在、紛争解決結果予測 AI のデータセットにどれだけの事案が必要なのかを知ることができます。さらに、AI が法律に関する情報を得ていないにもかかわらず、多くの研究で高い正答率を達成していることは非常に印象的です。人間である法律家が同じことをやろうとすると、法律情報は必要となりますが、AI はそれがなくても、これだけの高い正答率が出せたのは、驚くべきことだと思います。これについては、後ほど掘り下げることにして、次の質問に移ります。

AI サービスの普及はいいことか

シュテフェック：皆さんは次のような考え方に、同意しますか。

　「市民や企業が、AI サービスに自由にアクセスできるようになり、紛争解決手続、例えば、訴訟や調停、オンブズマン制度の結果予測が手軽にできるようになったらいいと思う」

学生 D：いい影響はもちろんあるでしょうが、訴訟の数が少し下がるのではないかという懸念があります。日本は、訴訟率が海外に比べて低く、それが問題になっていると、学びました。そうなる原因の 1 つに、日本の法制度は、結果が割と簡単に予測できてしまって、訴訟前に、「自分の事件なんか、どうせこうなるのだろう」と、はなから諦めてしまう傾向があるそうです。訴訟数が減れば、結果が固定化されて、人々が法参加からますます遠くなってしまうという、悪い影響もありそうなのですが、ある程度、参考程度にアクセスできるということでなら、非常に画期的で便利だと思いました。完全に同意というよりかは、一定程度同意というのが、私の意見です。

6）Ilias Chalkidis, Ion Androutsopoulos, Nikolaos Aletras, 'Neural Legal Judgment Prediction in English', arXiv：1906.02059v1, 05/06/2019.

角田：はい、ありがとうございます。では、もう一人ぐらい。

学生E：自分も同じで、ある一定程度で同意です。全面的に賛成しない理由は、予め結果が AI によって示されていると、実際の結果がそれと違ったときに、何で違うのだというようなクレームの原因になるかもという心配があるからです。一方で、企業側から見ると、損害賠償などが発生した時に、ある程度いくら払うという見通しが立つことで、今後の行動計画も立てやすくなると思うので、いい面もあれば、悪い面もあるのではないかと思います。

シュテフェック：はい、ありがとうございます。皆様が重要なポイントを特定してくれました。

　まず 1 つ目は、AI は優れてはいても、パーフェクトではないということ。正答率は 100% ではありません。AI が間違っていた場合はどうするのか。

　2 つ目は、こうしたテクノロジーによって、世の中がどう変わるのか。結果が事前に分かっても、訴訟を起こすのかという問いに、事前に分かると、訴訟を起こす前に諦めてしまうかもしれないという意見がありました。ただ、結果の予想がつくことで、裁判を起こさずに、もっと友好的な、和解を選ぶこともできるのではないでしょうか。

　法律がどういう結果を出すかが分かるようになれば、社会を変えることになります。ビジネスも変わりますし、関係性も変わってきます。私たち全員が法律に明るくなったら、素晴らしいことです。法律を知らないでいることが、知っているより良いことなんて、あるでしょうか。私たち一人ひとりに法律の知識があり、自分の法的な立ち位置が分かっていたら、どんなに素晴らしいことかと思います。

法における AI の役割

シュテフェック：図表❹〔→巻頭口絵❶〕は BBC のウェブサイトになりますが、Case Crunch Lawyer Challenge がどのように報道されたのかを見てください。BBC は、受講生の皆さんが指摘してくださったのと同じ問題を提起しています。タイトルは「ロボット弁護士ここにあり：ロボットが勝利した」とあります。つ

まり、ジャーナリストは視聴者に、「見てください、ここにはケースの結果を予測する能力が弁護士よりも高いロボットがいます」と伝えているのです。これは「司法の担い手として人間が持つ意味は何か？　人間はどのような役割を果たすべきか？」を問うているといえます。しかし、人間の役割について議論する前に、法におけるAIのさらなる使用例を紹介したいと思います。倫理的な問題を十分に議論する前に、まずAIが司法サービスにどのように利用できるかを知る必要があります。

　では、AIは実際にどのように活用できるのでしょうか。重要なポイントとして、AIは様々な場面で活用できるということが挙げられます。**図表⑤**の上段は、司法判断を下す者がAIを利用できることを示しています。すなわち、裁判官、仲裁人、オンブズパーソンなどです。一方、下段で示したのは、当事者やそのアドバイザーもAIを利用できることを示しています。裁判官がAIを使うのと、当事者がAIを使うのとでは全く違います。法曹界におけるAI活用の在り方を議論する際には、この点を区別する必要があります。

図表⑤　裁判所/当事者によるAIの利用：司法へのアクセス

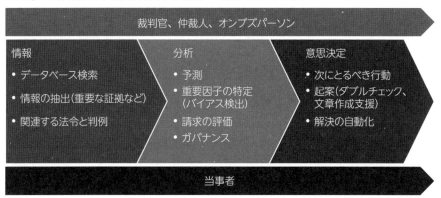

　次に、AIを使う目的に目を向けてみましょう。私はAIを使うことによって、3つの分野の活動を質的に向上させることができると思います。その3つとは、「情報」、「分析」、「意思決定」です。これからいくつかAIの利用例を挙げてみたいと思いますが、ごく一般的でおそらく議論の余地のない例もあれば、高度で非

常に議論の必要がある例もあることが分かるでしょう。社会の受け止め方にこのような幅があるのは、後で触れる倫理的問題がしばしば特定の利用の仕方で起きていることと深く関係していることを指摘しておきたいと思います。

　では「情報」から順にみていきましょう。裁判所はAIを使って、担当事件に関連する判例をデータベースから探し出せるようになります。裁判官は、似たような事案で他の裁判所がどのような判決を下したかを知りたいと思うかもしれません。そうした場合もAIを使ってデータベース検索を改善することができます。あるいは別の例として、証拠として提出された書類が何千頁にもわたっている場合でも、裁判所でのAIは、必要とされる重要な証拠を短時間で抽出することができます。早く、適切な情報を得られるのです。

　次にAIはどのように「分析」の質を向上させるでしょうか。例えば、AIは過去の判決を見直して、当時の裁判所にバイアスがかかっていたかどうかを検証することができます。仮に、申立者の特徴によって、判決結果が左右されていたと疑われるなら、まず、その事例を基にして結果の予測をします。次に、バイアスの原因となりそうな情報を一部取り除きます。今回のケースなら、申立者の特徴がバイアスをかける原因なので、申立者の属性に関するデータ——年齢、性別、国籍、または、企業なのか消費者なのかなどを消します。そして、属性に関するデータなしの状態で、再度結果予測を出します。そこでもし最初と違う結果が出れば、当時の裁判は、バイアスがかかっていたことが判明します。それは、決してあってはならないことです。法律は、常に、その国の誰に対しても、同じように適用しなければなりません。けれども万が一、過去にバイアスにかかった判決を出すようなことがあったと判明したなら、そこから学び、現在の、あるいは将来の判決を改善させるきっかけになるでしょう。

　3つ目の「意思決定」はどうでしょうか。裁判所の意思決定である「判決」の改善としては、AIに判決のダブルチェックをしてもらう、あるいは、起案の支援をしてもらうことが考えられます。ただし、ここで強調しておきたいのは、ここまで列挙した事柄は、AIができるかもしれないことであり、そうするべきか否かをコメントしているわけではないということです。あくまでも可能性をお伝えしているのです。それをやるべきか、やるべきではないかは私たちが議論しなければならない別の問題です。

次に、当事者にとっては、どのような AI の使い方が考えられるでしょうか。ま
ず、当事者は自身の事例に関連する判例を特定することができます。当事者に法
的助言をする弁護士は自分が扱っているのと似た判例を探し出すことができます
し、判決の結果を事前に調べられます（「情報」）。裁判所や他の紛争解決機関に訴
えた場合の結果を予測することができます。あるいは、裁判を起こした場合のコ
ストを予測することができます。また、裁判にかかる費用や、裁判にかかる時間
も予測することができます（「分析」）。さらにそうした結果を基に、当事者やその
弁護士は、請求を提起するのか、あるいは和解するのか、あるいは、その請求権
を譲渡するのかの判断の支援を AI に求めることもできます（「意思決定」）。

　そして、このスライドの見出しには、「司法へのアクセス」をテーマとして掲げ
ました。私は、AI の活用は、法律によりアクセスしやすくすることに貢献できる
と考えています。それには、当事者の視点が重要になります。

企業経営者の視点で AI を評価すると

シュテフェック：では、ここで再び受講生の皆さんに質問をしたいと思います。
　　「あなたが大企業の取締役だった場合、AI を使いますか？　会社の紛争管理
　　に組み込みたいと思いますか？　AI はそうしたケースに役に立つと思いま
　　すか？」
　　使いたいと思うかどうか、という質問です。

学生 F：私が大企業の経営者だとしたら、使いたいと考えます。大きな企業でも、
1 件の訴訟に人的なリソースを割くことによって、本来の業務に支障を及ぼすこ
とが多々あると考えられるからです。例えば、保険会社だったら、訴訟のために
外部から弁護士を呼んで、お金を払ってついてもらうことが多いと認識していま
すが、そこを AI に任せることで、効率的に動かすことができるかと思います。そ
うすれば、訴訟で社会に悪い印象を与えることなく、解決できるのではないかと
考えます。効率性と社会からの印象という 2 面から、AI を使うことは有用かなと
思います。

角田：はい、ありがとうございます。他の意見の方いますか？

学生 G：私は AI を導入しない立場を取りたいと思います。理由は、大企業が抱える紛争解決は、先ほどの PPI の事例などに比べて、もっと複雑なものになるのではないかという考えられ、現在の社会情勢を顧みた時に、社会から非難される危険があるように感じられるからです。つまり、AI が色々なところで利用され、市民が AI を完全に容認できる状況になるまでは、大企業がそのような紛争解決に AI を使うことに対して、社会から許容されづらいのではないか。もしくは、案件の複雑さという面から、人間では考えられないミスを犯してしまう可能性も否定できないのではないかと思い、自分は使う立場はとらないと思いました。

シュテフェック：ありがとうございます。素晴らしいコメントをありがとうございました。これは現実的な問題であり、皆さんは重要な現実的問題を提起しています。最初のコメントは、AI を使用することで得られる効率的な利点を指摘しています。もし、AI を使って特定の法的作業を自動化することが、誰かにお金を払って作業をしてもらうよりも安いのであれば、企業は AI を使うことに合理性があります。もちろん、AI が提供する結果が同じかそれ以上の品質であることが前提です。同じ論理は、AI が人間の意思決定者をサポートするユースケースにも当てはまります。AI によってコストが削減されたり、より良い結果が得られるのであれば、AI を採用することは商業的にも賢明な判断といえるでしょう。

　しかし、2つ目のコメントは、現時点では、AI がすべてのタイプのケースで貢献できるわけではないことを思い出させてくれます。このコメントでは、非常に複雑なケースを指摘し、AI がそのようなケースに意味のある貢献をする準備ができているかどうかを疑っています。これは正しく、重要な指摘です。現在、法律における AI のアプリケーションは非常に特殊であり、すべてのケースで人間の法律専門家に取って代わることができる AI のアプリケーションは確かに存在しません。まとめますと、AI がそのようなタスクを代替できるかどうか、またどのようなコストで代替できるかという問題を考える際には、AI に実行させようとしている特定のタスクがどのようなものかが決定的に重要というべきでしょう。

バイアス問題をどう解決するか

シュテフェック：では、先ほど触れたバイアスの話に移りたいと思います。

　ご存知のように、AIにとってバイアスは重要な問題です。ただ、難しいのは、バイアスの原因は多様であることです。それは、学習データセットにギャップがあることかもしれませんし、学習データに間違いがあることかもしれません。過去の裁判所の判決が間違っていたのかもしれません。そのような場合、AIはそれらの間違った判断から学習してしまうことになります。あるいは、アルゴリズムに誤りがあり、間違った予測をしている場合もあります。誤った要素を選択したり、誤ったものにラベルを付けたり、誤った論理に基づいてしまうかもしれません。そもそも、アルゴリズムが裁判の結果を80％のケースで正しく予測したとしても、20％のケースでは間違っているのです。はたまた、人間がAIに対して見当違いな質問をしている場合もあり得ます。

　では、このような間違いにどのように対処すべきでしょうか。重要なのは、技術的な面と法律的な面での両方からの解決策が必要だということです。法律家としては、法律によってすべてを解決し、こうしたバイアスの問題を解消する必要があると考えるかもしれませんが、法律で問題をすべて解決しようとすることには無理があるでしょう。そして、AIやコンピューティングの専門家も技術的な解決に取り組んでいます。技術的な解決策としては、例えば、より多くのデータを得ることや、データのバイアスをなくすこと(De-Bias)などが考えられます。データのバイアスをなくすには、特に、過去の判断にバイアスがある場合に有効です。研究者たちは、データからバイアスを取り除くためのアルゴリズムを研究しています[7]。一方、法的な解決策としては、バイアスを取り除くための権利や義務の設定が考えられますが、重要なのは、技術的な解決策と法的な解決策があるとい

7）例えば、以下のものを参照。Manish Raghavan, Solon Barocas, Jon Kleinberg, Karen Levy, 'Mitigating Bias in Algorithmic Hiring：Evaluating Claims and Practices', arXiv：1906.09208；Ilias Chalkidis, Ion Androutsopoulos, Nikolaos Aletras, 'Neural Legal Judgment Prediction in English', arXiv：1906.02059v1；批判的な見解として以下も参照。Hila Gonen, Yoav Goldberg, 'Lipstick on a Pig：Debiasing Methods Cover up Systematic Gender Biases in Word Embeddings But do not Remove Them', arXiv：1903.03862.

うことです。特定の具体的な AI のユースケースごとに、技術的な解決策を適用するのが良いのか、法的な解決策を適用するのが良いのか、あるいはその両方を適用するのが良いのかを選択していく必要があるということです。

　さらに大きな視点で考えると、AI に予測してもらうことで、何を実現したいのかを問い直す必要があります。最適な結果に興味があるのか、それともネガティブな影響を避けることに興味があるのか。しばしば弁護士はネガティブな影響を避けることに注目しますが、結局のところ、AI は最適な予測を得るためのツールだと思います。誰かがネガティブな影響を受けないようにすることと、最適なソリューションを得ることとは必ずしも同じことではありません。もちろん、最適な予測であれば、不当なネガティブインパクトを避けることができます。このスライドでの私の最後のポイントは、すでに説明した通りです。それは、既存のシステムも完璧ではないということです。しかし、AI は、例えば、過去の判断における間違いやバイアスを見つけるために、私たちや裁判所を支援することもできます。このような観点から、AI の適用を何と比較するかという問題が提起されます。それは、（常に完璧とは限らない）現在の慣行なのか、それとも、最適な結果なのか？

透明性に残る課題

シュテフェック：AI が予測を導き出すプロセスをどう透明化するか、という話になると、先ほど紹介したブラックボックスの問題が出てきます。そもそもこれは技術的な問題で、ニューラルネットワークを使った場合、AI がどのような要素を使って予測を実現しているのかさえ分からないからです。しかし、これは同時に倫理的な問題でもあります。なぜならば、司法が実現する正義とは単なる判断ではなく、なぜその判断に至ったのかの説明でもあるからです。このことは、大学での法律の教え方からも分かります。大学では、判決の結果や、誰が勝ったか、負けたかといった結果だけではなく、なぜそうなったのか、結論に至るまでの道筋を可視化した教育がされているかと思います。この説明も司法が実現する正義の一部です。裁判所の判決も同じです。判決には、結果だけでなく、その理由も含まれています。このように、司法とは結果だけではなく、その結果に影響を受

ける人がその結果を受け入れられるよう説明することでもあるのだということを、改めて気づかせてくれます。

　つまり、AIが結果だけを教えてくれても、説明がなければ、それは司法が実現する正義とは言えないのです。繰り返しになりますが、ブラックボックス問題には技術的な解決策があります。それが「説明可能なAI」というもので、実際にその研究開発に取り組んでいる研究者もいます[8]。つまり、結果を予測するだけではなく、なぜその結果になるのかを説明できるアプリケーションを開発しているのです。例えば、AIを使って説明を生成する研究論文があります。このような説明は、判決の理由の形をとることもあれば、理由をリストアップするという形をとることもあります。例えば、適用される法令や、裁判所が現在のケースに類似しているために参照する可能性のある既存のケースなどが挙げられます。

　一方で、法的な解決策もあり、アルゴリズムの透明性を要求することができます。また、法的なアプローチとして、当事者がアルゴリズムに合意するという方法もあります。すでに、どのアルゴリズムを使用するかについて当事者が合意した裁判例があり、それはブラックボックス問題に対する合意に基づく良い解決策と言えるでしょう。つまり、バイアスの解決策と同様、問題は、AIを使って人間が行うことを真似させるのか、それとも人間が行う説明よりも優れた説明をAIという技術を使って行うのかということです。

　具体例を挙げると、通常、当事者に手渡される判決文に記載される第一審裁判所の判決理由の数が平均で5つであると仮定します。言い換えれば、紛争の当事者は、当事者に手渡される判決文の中で、裁判所の判断について5つの異なる説明を受けることになります。また、裁判所は、どの理由が他の理由よりも重要であるかについて、定性的（定量的ではない）な説明を提供していると仮定しましょう。さて、ここで、一方のAIは判決の理由を少なくとも10個、あるいは20個生成できると仮定します。さらに、AIがこれらの理由をすべてランク付けし、事件の解決における相対的な重要性を示すパーセンテージの数値を与えることがで

8）例えば、以下の研究を参照。Federico Ruggeri, Francesca Lagioia, Marco Lippi, Paolo Torroni, 'Detecting and Explaining Unfairness in Consumer Contracts Through Memory Networks', Artificial Intelligence and Law（2021）.

きると仮定します。あなたはどちらのタイプの説明を好みますか？　裁判所が提示した5つの理由に基づく定性的な説明と、AIが提示した10または20の理由に基づく定量的な説明のどちらを選びますか？

そこで、最後の質問になります。

「あなたが当事者だった場合、裁判官が（判断が下された後に）AIを使って判決をチェックし、AIと異なる場合には判決の修正を検討することを歓迎しますか？」

つまり、裁判官がまず判断し、次にAIを見て、AIが異なる判断をした場合には、裁判官が間違えていないかどうかをチェックして欲しいということですか？あなたは、このようなことが裁判所で起こって欲しいと思いますか、それとも起こって欲しくないと思いますか？　という質問です。

角田：ありがとうございます。それでは、意見を言ってくださる方、手を挙げてくれますか？

学生H：これはAIによる再チェックのことだと思うのですが、私はしないと思います。理由は、先ほどどなたかが挙げられていた、人間としての法制度、人間が納得するような社会を動かしていくという点で、人が出した判決が一つの真実として固定されるべきだと思うので、そこに、AIが介入する余地はないのではないかと考えるからです。

角田：はい、ありがとうございます。他の意見の方いますか？

学生I：私は、AIが人の判断ともし違う判断をしたなら、再考、再判断して欲しいと思います。その理由は、これがDNA判定に似ている気がして、技術的、科学的な根拠があるのなら、裁判もやり直すべきではないかと思うからです。

シュテフェック：ありがとうございます。異なった意見が寄せられたことは、私たちが直面している課題である「裁判所の判決が公正であるためには、どれだけの人間の関与が必要か」を示すものであり、嬉しく思います。そうなのです。裁

判制度とその規制は、これを尊重する必要があります。この具体的なケースにおける一つの解決策として、手続規定の中に、すでに下された決定をチェックするためにAIを使用することは、両当事者が同意した場合にのみ認められる、というルールを設けることが考えられます。私の質問は、人間とアルゴリズムが裁判所の判決を下すのにどれだけ優れているか、つまり正しいかどうかという問題を提起しています。調査によると、人間もアルゴリズムも、法的判断を下す際にバイアスがかかる可能性があります。また、AIの法的応用の質には発展性があることも注目すべき点です。また、人々がAIを考慮する方法は、時間とともに変化していくことが分かります。このことは、すべての人にとっていつでも正しい答えがあるわけではなく、私たちの答えは、AIと人間の判断の質、そのような判断の提示方法（例えば、適切に説明されているかどうか）、そして個人の正義感など、多くの要素によって決まることを教えてくれます。

AI利用ガイドの必要性

シュテフェック：では、最後に、倫理について少し考えてみたいと思います。私の意見は、AIは司法へのアクセスを向上させることができるというメリットだけでなく、リスクもあるというものです。それは一筋縄ではいかず、万能なアプローチはありません。私は、AIの利用が広がれば、事前に法的チェックを受けた法律関係の形成が増え、事後的に裁判所に訴えを提起して争うという法的紛争の数は減ってくると思います。なぜなら、人々は行動する前に法律の結果について考えるべきであり、そうすれば後から法的な結果に驚くことは減るからです。将来的には、法的な内容を理解せず、問題に直面して法廷に出てから驚くような判決を受けるのではなく、行動を起こす前に自分の法的立場を理解しようとテクノロジーを利用する人が増えると思います。AIの利用は、企業や消費者が意思決定をする前に、法律をよりよく理解することにつながるでしょう。

　最終的には、市民の利益が政策立案の指針となるべきだと思いますが、今日の皆さんの回答は、異なることを望む様々な市民がいることを示していると思います。これは政策立案を考える法律家にとってかなりのチャレンジです。しかし、私たちは既存の知識を利用することができると思います。私たちは、手続法に関

する既存の知識を持っています。リソースが限られていることや、決定が必ずしも最適ではないことは、私たちにとって新しい問題ではありません。法廷で真実を明らかにすることと、時間やリソースの限界との間でバランスを取らなければならないことは、今に始まったことではありません。私たちには人権があり、AIを法律に活用する際にも、人権が指針となります。また、手続上の権利や原則も同様に、私たちの指針となります。また、消費者法は、一方の当事者がAI情報にアクセスできても、他方の当事者がアクセスできないようなアンフェアな状況を扱う、この新しい分野をナビゲートするのに役立ちます。

しかし、AIは既存の司法制度に差し込まれるだけではなく、法的紛争解決を含む法制度を根本的に変えていくのではないでしょうか。最後に、ケンブリッジ大学と一橋大学の研究プロジェクトでは、「紛争解決におけるAIを規制するための倫理ガイド」の作成を検討していることをお伝えしたいと思います。このプロジェクトでは、今日提起された質問に対する答えを出すことを目指しています。

私からは以上です。このように受講生の皆さんと対話を持つことができ嬉しく思います。たくさんのご意見もありがとうございました。

日本がAI利用に踏み出せない理由

角田：ありがとうございました。続きまして、ケンブリッジ大学・一橋大学の研究プロジェクトでシュテフェック先生が率いているワーキングパッケージの日本側リーダーを務めている、本学の民事訴訟法の大家・山本和彦先生からコメントをいただきます。

山本：大変貴重なお話をいただきありがとうございました。若干のコメントをさせていただきます。シュテフェック先生の構想であるAIを紛争解決に活かしていくという考え方に、私自身は全面的に賛成です。先ほどのお話にもありましたが、AIが予測した紛争解決結果に、当事者がアクセスできるようになれば、自分の紛争を自主的に和解するなどして解決が可能になり、結果、紛争解決のコストを低く抑えられ、当事者にとって有益になるだろうと思います。また、社会全体にとっても、裁判所という貴重なリソースが、より困難な紛争、あるいは、より

重要な事件に集中できるようになるわけで、よいことなのではないかと思います。

　ただ、おそらくこうした AI の司法における活用は、それぞれの国で前提となる条件が異なり、外国で行われていることが、直ちに、他の国でもできるようにはならないだろうと思います。私の見るところ、イギリス、その他欧米諸国と、日本との違いは、いくつかありますが、ここでは 2 点に絞ってお話したいと思います。

　第 1 にデータセットとなるべき判例、裁判外の紛争、ADR と言われるものを含めての数の問題です。**図表❸**〔→112 頁〕に、欧米などで行われた研究プロジェクトの一覧がありましたが、データセットは、1 万から 10 万件余りの件数となっています。ところが、日本は一般的に公的な場での紛争解決が、もともと非常に少なく、しかも、それも判決での解決より、和解という必ずしも公にならない形で解決されることが多いです。

　例えば、医療関係の訴訟を、このような形で AI 分析をしたいと思ったとしましょう。日本の場合、医療現場で起こる事故やミスなどの訴訟は、年間 800 件程度です。さらに、医療訴訟というのは、訴訟の中でも、比較的和解で終了する率が高く、公開の形で判決が出されるのは、200 件から 300 件に過ぎません。したがって、もしこの表にあるような、1 万件とか 10 万件といった、他国のデータセット数を集めようとすると、1 万件でも 30 年以上かかりますし、10 万件集めようとすれば 300 年以上かかってしまいます。それが、日本の現状です。

　あるいは、シュテフェック先生が研究された金融オンブズマンですが、日本でもイギリスのそれをモデルとして、金融 ADR というものが 10 年ほど前に設けられました。日本では全国銀行協会という組織が金融オンブズマンの機能を担っていて、そこが取り扱う件数は、年間 100 件ないし 200 件程度です。金融 ADR の基本方針は、銀行とのトラブルについて裁判をせずに、できるだけ話し合いで解決を目指す制度なので、取り扱い件数のうち、約半分の 50 件から 100 件は和解が成立しています。ですので、今回のシュテフェック先生の研究のように 10 万件集めようとすると千年以上かかってしまいます。

　また、ADR の場合は、当事者がその事件を秘密にして欲しいという要請が非常に強いため、日本の金融オンブズマンは、事件の内容を基本的には公開していません。非公開です。その他の ADR 機関、例えば、仲裁機関等も多くの所は、解

決内容は非公開となっています。そういう意味で、もともとデータセットを集めるということについて、日本では限界があるということが第1点になります。

判例法を取らない、大陸法の国

山本：第2の問題は、法的なルールの在り方です。これは、イギリスのような英米法、コモン・ロー（common law）の国々においては、もともと判例法が中心なので、個々の判例の事案において具体的にどこがどう違っているのかというところから、ルールが析出、分析されるというもので、このAIによる分析に、おそらく馴染みがある伝統的なルール体系ではないかと思います。

　それに対して、日本は大陸法の国であり、成文法の国です。つまり、法律の明確な条文として、一定の要件があるときに、一定の効果が発生するというルール体系になっていて、そこでの紛争解決の結果の予測性は、主としてそのルールが担うことになります。どういう要件がどういう効果を導くか、そして、それを人工知能化して、一定の事実をそこに打ち込めば、一定の効果が出てくるというような研究は、日本でも一定程度されているかと思います。つまり、実際の事例を分析するよりも、そのような法的なルールをコンピュータ化していく方に、進んでいるのではないかと思うのです。

　もちろん、日本においても、例えば、損害額の算定等については、それほど明確なルールが決まっていないために、交通事故等においては、どんな事故の形態で、どの程度の損害賠償がこれまで認められたかという形で、判例や事例を分析する研究、実践プラクティスは、これまでも行われてきたと理解していますが、それは日本のようなルール体系において、例外的なものであったという印象を持っています。

　以上、日本とイギリスの違いを挙げましたが、私自身は、日本の状況も変わってきている、それも、急速に変わりつつあるのではないかと思っています。

　第1のデータセットの数の問題については、法務省の方からも紹介があると思いますが、判決データを基本的にはすべてオープンデータの形にしようというプロジェクトが現在進んでおります。実現すれば、少なくとも判決については、すべてAIのデータセットにできる可能性があり、判決自体が少ないという問題は

あるにせよ、それでもかなりのデータが集められるようになろうかと思います。

　あるいは、現在進めている民事訴訟全体を IT 化するというプロジェクトでは、裁判の訴訟記録についても、基本的には、すべてデータ化し、場合によっては、それへのインターネットアクセスを認めてはどうかという議論がなされているところです。これが実現できれば、判決のみならず、それの前提となる様々な訴訟記録の情報についても、データセットとして活用できる可能性が出てきます。

　ただ日本での、これらのプロジェクトには一定のハードルがあります。判決データのオープンデータ化についても、当事者の匿名化の必要性が強く言われています。現在、名前を消す際にも AI を活用しようとなっていますが、やはり判決や事件データのすべてがインターネットで見られることになると、日本では、それを懸念して裁判を躊躇してしまう当事者が多いのではないかと、言われるからです。

　同様に、先ほどの訴訟記録へのインターネットアクセスを認めるという考え方に対しても、裁判を受ける権利を侵害する結果になるのではないかという批判も出始めています。そのような観点から、日本では、訴訟を起こすことがプライバシーに触れることかどうかについての国民の意識や考え方が、欧米の、必ずしも欧米に限りませんが、他の国々とは、異なる部分があるように感じられ、このことが、紛争解決のためのデータセットの収集をどう整備するかという問題と、密接に関係しているのではないかと思っています。

ブラックボックスの解明に挑戦

山本：第 2 のルールの問題についても、急速な状況の変化はあるように思います。社会の状況が急激に変動する中で、ルールはできるだけ柔軟なものにする必要があり、先ほど、要件、効果と申し上げましたが、一般条項と言われるその要件を、抽象的な概念を使って規定して、社会の変動に対応できるようルールを整備しようという動きが起きています。そのようなルール整備において、重要なのは、一般的なルール、条項、要件を適用する際に、裁判官は具体的にどういった要素（factor）を考慮しているか、そして、そのファクターをどのような形で重みづけをしているのか、どのファクターが重要で、どのファクターがそれ程重要でない

と考えているかをクリアにすることが、実際のルールを析出する際に、重要になると思われます。そしてそれが、私が AI に期待しているところでもあります。

　手作業で、この判例はこれとこの要素を考慮して、それをどういう重みづけで考えているのか、というところまで分析するのは、なかなか適いませんが、シュテフェック先生の**図表❷**〔→110頁〕の隠れ層（hidden layer）、つまり「隠された」層というものが、AI によって析出されることで、そうしたルールを分析するための、新たな視角が得られるのではないかと思っています。

　これは、シュテフェック先生が最後にお話された AI における透明性の問題にも関わるところで、そうした要素の重みと重要性のルールの分析ができれば、それは、当事者にとっても、それを参考にして判断する裁判官にとっても、あるいはルール整備を担う立法者にとっても、非常に意味のあることだと思います。

　ですので私自身は、このプロジェクトに大変期待をしていますし、これからを担う学生の皆さんには、そうした新しい観点から法律学をみていただきたく、こうした議論は非常に意味のあることだと思っています。

角田：ありがとうございました。続きまして、本日は、法務省の関係部局の方に来ていただいていますが、その中から、藤田参事官、よろしくお願い致します。

日本の法律家は AI を受け入れられるか

藤田：法務省民事局の藤田と申します。まずはシュテフェック先生、AI を取り上げた非常に興味深い話をありがとうございました。そのうえで、私自身は、現在は法務省に勤務し、これまで司法分野の IT 化などに関わる仕事もしてきましたが、もともと、民事の裁判官ですので、その立場も含めて少しコメントさせていただきたいと思います。私は実務家ですから、本来、AI が進んでいくと仕事を奪われる立場にあるとも言え、あまり気の進まないプロジェクトでありますが（笑）、それは別にしても、時代の要請にかなった意義深いプロジェクトと思いますし、一実務家の個人的意見としてお話したいと思います。

　日本の現状を踏まえた場合に、このような AI を含めた新しいテクノロジーが出てきたとき、紛争解決との関係で、何を考えておくべきか、私が感じた観点を

3つ、お話します。

1つ目は、AIの技術的・能力的な可能性という観点。2つ目は、それを使う立場にある法律家のマインドという観点。3つ目は、そのサービスを受ける利用者である国民の納得感や安心という観点です。

まず、1点目の技術的可能性については、近年、他分野での知見を活用するなどして、法律サービス・法務部門でも、契約書の確認や紛争時の関連情報・類似事案の検索・抽出等の場面で、AIを始めとした新しい技術を使う可能性、有用性は確実に高まっていると思います。多くの研究者等に関心が持たれるようになり、最近の流れとして、法務ビジネスの分野でも、スタートアップ企業も含め、様々なサービス提供の実装化が日本でも進んできています。そこでは、我が国で活用可能なデータ量の少なさといったインフラ面はともかく、技術的側面からの制約や困難さはあまり聞かれません。法律サービス分野では、少なくとも技術的な面からは、テクノロジーの更なる利用は十分にあり得ると見ることができ、むしろ日本の場合には、受け入れる側の、法律家なり利用者側が持つ課題の方が、なお多いのではないでしょうか。

2番目の法律家のマインドから見て、AIをどう見るかという点ですが、先ほど、法律家としてAIに仕事を奪われるのは困ると言ったのは冗談で、私個人は、法律家である人間とAIというテクノロジーが、適切な役割分担でうまく共存・共働できることはいいことだと思っています。ただ、現在の日本の状況では、多くの法律家にとって、ITやAIは、自分の作業の補助や効率化のツールとして使いたくはあるけれど、法律家としての自分の役割や思考・分析を代替してくれる存在になるといった意識まではない、むしろそうはならない、したくないという考えがあるような印象を持っています。

では、なぜ日本の法律家はそうした意識でいるのかというと、原因は2つぐらい考えられ、1つには、日本の法律家の伝統的な仕事のスタイルにあります。それは、法律相談であったり、紛争解決の場面のサービスの在り方にも関わるのですが、日本の法律家は、基本的に依頼者のありのままの相談を時間をかけて聞いて、その内容を分析し、それを他の客観的情報や、法律の条文や判例等に当てはめたうえで法的結論を導き、そのうえで依頼者を説得しつつ解決策を模索するという、数段階のプロセスを行き来して進めていくパターンをとることが多いと思

います。個別の依頼者や紛争に寄り添うウェット（wet）なものともいえます。必ずしも意識的でないにせよ、そのようなプロセスが一般的であるとすると、おのずと個別性が強いアプローチとなり、自動化されたもの、あるいは機械的なものでは代替できないサービスではないかという固定観念が生まれやすいのではないでしょうか。

もう1つは、法律家の持つ特性です。法律家というのは、法律サービスの中核に関しては、利便性を優先することに対して、少し躊躇するようなところがあるのかもしれません。なぜなら、便利なものは得てして多少のリスクを伴うことが少なくないからです。

特に日本の場合、法律サービスについては、法曹資格を持たない者が法律サービスを提供することに対し、非常に厳格な制度上の規律・制限が設けられており、その慣行が制度として長く定着してきたという経緯があります。それはある意味、弁護士や裁判官等が、高い倫理観と責任をもって、法的な紛争に対応し、解決に努めてきたという伝統でもあり、とにかくそれで日本が何とかやってきたということもあり、AIも含む外部技術に頼ることなく、自らが専門家、ある種の専門技能スタッフとして法律サービスを提供することに自負を持っているのだと思われます。

そうした法律家の特性からか、司法分野のITやAIの議論をすると、しばしば、技術的欠陥や想定外の誤作動があった場合に誰が責任を負うのか、という問いが投げかけられます。仮に法律家の利用したAIが意図しない情報処理によって、明らかな間違いを犯したとしても、おそらく法律家の多くは、AI利用に伴うリスクや生ずる責任を法律家は免れないという立場に親和的ではないでしょうか。AIが間違えたのだから、自分は悪くないと言うような法律家は少ないと思います。そうした日本の法律家が持つ生真面目さ、リスク回避の慎重さも、AIの議論が進まない背景の1つではあるでしょう。

利用者は紛争解決に何を求めるか

藤田：3番目に、利用者として見たときはどうかという観点です。トラブルや紛争に巻き込まれた当事者が、どうしたら紛争解決の納得感や満足感が得られるか

について、もう一度考えてみる必要があります。

　日本は伝統的に「お上意識」が強いとも言われてきました。何か有事の際には、絶対的な権力に頼りたい、法的紛争ならば、弁護士というスペシャリストであったり、裁判所という公権的なオープンな場を通じて、解決してもらうことに一定の期待や信頼が置かれてきたように思います。多少の時間と手間を要しても、そういったオープンでクリーンな解決を良しとしてきた文化なのかもしれません。

　ただ、最近の社会状況の変化やテクノロジーの進展によって、紛争当事者の置かれる状況も大きく変わっているようです。電子商取引や個人間のインターネット上でのトラブルなどを見ていると、我々が伝統的に考えていた、紛争が起きれば専門家を介して司法的な解決を図ることが常に正しいのか、納得感を得るために皆が望む形なのか、むしろ、もっと手軽で、迅速に解決することを望む声も少なくないのかもしれないとも思えてきます。シュテフェック先生がおっしゃっていた通り、法律家に費用と時間をかけて相談するよりも、インターネット上で簡単に無料で得られる解決サービスの方が望ましいという人が、これからは多く出てくるのかもしれません。そういう意味では、当事者にとって何が、納得感なのか、満足感なのかについて、もう一度考えなくてはいけないと思います。我々実務家からすると、これまでとはマインドを変えて、紛争解決に向けた手軽さであったり、感情的対立や事案の個別性などを一定程度排した、ある種のドライ（dry）なアプローチも必要ではないか、あるいは、公権的な解決の場よりも、私的な ADR のようなクローズな解決の可能性も意識する必要があります。さらには、交渉のアプローチとして対面ではなく、チャットベースのようなやりとりがどのような効果が生むのかということも、今後の課題になるかと思っています。そこでは、利便性と適正手続など、一見矛盾する利益の相克・バランスが求められるでしょう。

　最後に 1 点、先ほど山本先生からもありましたが、法務省等において、近年、裁判手続の IT 化や判決情報のオープンデータ化など、具体的動きが始まっています。今日は時間の関係もあるので、機会を改めてお話しできればと思っています。日本でも、まだ道半ばですが、司法のイノベーションが徐々に進んでいるところであり、その中で本日の議論を非常に興味深く聞きました。ありがとうございました。

角田：こちらこそ貴重なコメントありがとうございました。研究者の立場から山本先生、それから法務省の藤田様からお話いただいたところですが、シュテフェック先生、日本側のコメントに対する応答があればお願い致します。

司法の中心は市民であること

シュテフェック：はい、ありがとうございます。山本先生、そして藤田参事官、ありがとうございます。議論の時間を確保するために焦点を絞ってお話します。まず最初に、山本先生の魅力的なアイディアに対するコメントからさせていただきます。山本先生は、AIに読み込ませる学習データセットを作るために、どれだけの数の民事紛争が必要かという問題を提起されましたが、これは重要なポイントだと思います。紹介した研究論文はすべて、大量の事例を使っていましたが、それは、十分に多量の事例がある方がいい結果を出しやすいからです。しかし、例えば、学習データセットの事例の数が少なくとも——数百件程度しかなくても、特定の分野に絞ることでいい結果が出せるのではないか。私たちは、このような研究も実施する予定です。このようなテーマは、紛争の数がそれほど多くない日本のような法域においては非常に重要になってくると思います。

　そして、もう1つ、山本先生が指摘された日本のような大陸法系の国では英米法系の国と比較すると、相対的に法律が判例よりもより大きな役割を担っている点についてもコメントしたいと思います。確かにその通りです。一橋大学との研究プロジェクトでは、日本法と英国法のデータセットにAIを適用してみて、その結果を比較する機会も探ることになっています。個人的には、この比較研究からは重要な洞察が得られると期待していますし、一橋大学とケンブリッジ大学の共同研究が実現したことに感謝しています。

　藤田参事官からの興味深いコメントについても、2点だけ申し上げたいと思います。ほとんどの実務家が、AIは補完にはなっても代替にはならないだろうと考えているというご指摘には、とても共感しました。英国や他の国でも同じような状況だと思います。そして、このような見方は、特定のタスクに着目し、テクノロジーが人間の関与に取って代わることができるのか、増強することができるの

か、あるいは取って代わることができないのかという問いを立てるうえで有益な視点だと思います。データベースの調査、アドバイスの提供、革新的な契約上のソリューションの開発などのタスクに着目することは、漠然と、テクノロジーが人間の弁護士に取って代わるかどうかだけを問うよりも有益です。より細かいタスクに焦点を当てることで、より正確な情報を得ることができるからです。

　また、これまでテクノロジーがどのように法律の世界を変えてきたか、ということからも学ぶことができると思います。コンピュータは法律の仕事をどう変えたでしょうか。電子メールやインターネットが法律の専門職に与えた影響はどうでしょう？　テクノロジーはこれまでも法律の世界を変革はしてきましたが、弁護士などの法律の専門職に置き換わることはありませんでした。コンピュータや電子メールは弁護士に取って代わるものではありませんが、弁護士がサービスを提供する方法は変えてきました。だからこそ、この集中講義は、山本先生がおっしゃったように、新しい法の運営方法を学び、それに適応していくうえで、私たち参加者にとって非常に有益な機会だと思います。例えば、10年後、20年後のリーガル・サービスは、今とは根本的に違うものになっているのではないでしょうか。

　そしてもう1つ、藤田参事官がおっしゃった、技術の進歩を人々が信頼できるようにすることも非常に重要です。私たちは、人々が何を求めているかを見極める必要があります。人々の声を聞くためには、人々に声を上げてもらわなければなりませんが、司法の素晴らしいところは、市民が中心であるということです。しかし、すべての望みを叶えることができるわけではありません。これも課題の1つです。

角田：ありがとうございました。プロジェクト関係者として、竹下啓介先生にも今回ご出席いただいています。ここでコメントをお願いできますでしょうか。

自分たちの常識を批判的に検証する

竹下：一橋大学の竹下と申します。シュテフェック先生、本当に素晴らしいレクチャーをありがとうございました。私は、国際私法という分野を専攻しており、

国際仲裁とか紛争解決における ODR（Online Dispute Resolution）の活用等との関連で AI に興味をもっています。本日、シュテフェック先生のレクチャーを伺い、法律学における AI の活用の意義についてコメントをしたいと思います。

　私の観点からすると、AI による紛争解決予測というのは、ある意味、日本の民事法学で想定されていたこれまでの判断方法を、かなり覆しているのではないかと思われます。様々なタイプの AI があるとは思いますが、シュテフェック先生がご紹介された紛争解決予測の AI は、事実のみをインプットし、アウトプットとして紛争の解決を予測しています。通常、日本の民事法学で法的な判断を行うならば、山本先生も少しおっしゃいましたが、法律要件（独語でいう Tatbestand）と法律効果（Rechtswirkung）を結合した法規範の適用によって、法律要件が満たされているかどうかを段階的に判断して、最終的な請求の肯否を結論付けるわけですが、ある意味では、そういう法的判断をすべて飛ばして、事実と結論を結びつけた形で AI に学習させて結論を出すというのは、非常に面白い点だなと思ったところです。

　特に、**図表❸**〔→111〜112 頁〕の所で、通常の法適用では問題とならないメタファクト（meta facts）を学習させることとかは、興味深いと思いました。さらに中国のプロジェクトの結果からすると、法の適用の部分を読み込ませるよりも、事実だけをインプットした方が良い成績となるように見え、これもまた、非常に面白いと思いました。

　ここは、学生さんにも考えていただきたいところで、事実と結論だけを学習した AI が、法の適用作業を丁寧にやって考える人間よりも、より正確に紛争解決を予測できるとなったら、法の適用って何のためにやっているのかと、問題となるのではないかと。自分たちがやっている法の適用というものが本当に正しい作業なのか、この AI の紛争解決予測というものを使って、自分たちが常識と思っている法律学の考え方を批判的に検証することの意義が、この紛争解決予測における AI の活用という構想の背景にはあるのではないかと、個人的には考えているところです。

　法律学の考え方には、本当に多様なものがあり得ると思うのですが、このような AI による紛争解決予測によって、皆さんが常識と思っている法律学の考え方は再検討を余儀なくされる。そういった力が、この AI 開発のプロジェクトには

あるのではないかと思います。とはいえ、AI の判断には、シュテフェック先生が
ご指摘の通り、ブラックボックス問題、つまり、なぜそのような解決が導かれた
のか、直接的には明らかにされないという問題が残っています。山本先生は何か
個々のファクターの重要性がクリアになることを期待されてらっしゃるという趣
旨のご発言をされていらしたように思いますが、それは、個人的には、かなり先
の未来のことで、なかなかすぐには難しいのではないかとも思います。

角田：私もチャレンジングな課題を設定されたと受け止めました。

竹下：「正しい」確率の高い紛争解決の結論を予測するけれども、理由や根拠とな
るファクターが何かは分からないというのが、多分、ブラックボックスの状況な
のではないかと思います。この点との関係で、学生さんに留意していただきたい
のは、「正しい」かどうかも含めて、最終的に AI が出した結論に対して一定の意
味付けを行うとすれば、それは、やはり人間が行わなければならないということ
です。例えば、仮に当事者が紛争解決の結果に対して説明を求めてくるとすれば、
もちろんシュテフェック先生も少し言及されたように、自動的に説明を創出する
AI の可能性もあるのかもしれませんが、やはり、少なくとも当面は、人間の手に
よる説明が必要でしょう。もしかしたら、我々がやっている法解釈とか法適用と
いうプロセスは、まさにそのような説明、納得のためのプロセスであるといえる
のかもしれません。AI の示す紛争解決の結果と対峙して、人間が行う法解釈や法
適用が適切なものなのか、何か見落としている点はないか、過去の人の手による
事例を学習した AI の予測する結果も含めて、批判的に検証を行わなければなら
ないし、それをすることができるのは、やはり人間であるように思います。
　さらに、AI は、基本的に、過去に判断した事例から学習して、紛争解決予測を
するわけですが、発展的な法解釈を実現するには、やはり人の手が必要になって
くるのではないかとも思われます。角田先生も 1 つ前の授業で「AI と人間の共
存」について、お話しされていたと思いますが、AI が予測する紛争解決の意味を
人間がきちんと理解するように努力して、それを人の司法に活用することが、当
面のこの分野の研究の意義であろうし、課題ではないかと考えております。

角田：ありがとうございます。今のコメントを受けて、フェリックス、何かありますか？

AI との共存が人の知性を磨く

シュテフェック：竹下先生、ありがとうございます。特に、**図表❸**〔→112頁〕の各国の論文に関して、事件の事実だけを AI に読み込ませた方が、予測の精度が高い結果をもたらしているようだというお話がありましたが、現在も色々な研究がなされていて、セッション全体を費やして議論できるくらいのテーマになっています。また、これらの予測の精度は、データの前処理に大きく依存することも指摘しておきます。

今日のプレゼンテーションでは触れませんでしたが、判決文書に含まれた事実に関する記述の中に、どんな判決を下そうかという裁判官からのシグナルがすでに含まれているのではないかという問題も提起されています。つまり、AI は事実の中に、予測すべき結果についてのヒントを見つけている可能性があるのです。理想論をいえば、データセットの中にある事実に結果のヒントは存在すべきではありません。

そのような次第で結論としては、一方で、AI は完璧な存在などではありません。正答率100％の AI の司法への応用はありません。他方で、既存の司法機関、例えば裁判所が常に100％正しいかという問題があります。控訴して上告審で判断が覆るケースもありますから、裁判所の判断がすべて完璧というわけではなさそうです。したがって、AI を使って司法をより良いものにし、AI がもたらすリスクを回避するにはどうすればよいかが問われているのです。竹下先生、大変興味深いコメントをありがとうございました。

角田：もうあと1分位しかないのですが、どなたか発言なさりたい方いますか？竹下先生も学生さんに問題提起をされていましたし、本日の議論を通して何かインスパイアされたという方がいましたら、是非、この際、何かこの授業を聴いて、自分はこういう点に非常に考えが変わったという方がいらしたら、シュテフェック先生にお伝えいただけたらと思うのですが、どなたかいらっしゃいませんか？

学生J：はい、本日はありがとうございました。日頃、法律の条文を中心に勉強しているのですが、判例の重要性に改めて気づかされました。AIの結論を導くプロセスというものは、判例学習があってのことだと思いますので、判例学習にさらに力を入れていこうと思います。簡単な感想になってしまうのですが、ありがとうございました。

角田：この前の時間に、実は、将棋の世界で、人間とAIの共存がちょっと前から実現していて、将棋の世界で起きていることが、ある程度、ある割合で、法の世界でも起こるのではないかという、そういう例え話をしていたところでした。

　将棋の世界は、人間とは全く違うプロセスで、すごい戦術が編み出されるとか、ソフトが編み出した新たな手に、これまで「これをおさえた者が将棋界を制する」と言われていた王道の戦術では勝てなかったとか、そうしたテクノロジーの進出によって、王道さえもすたれてしまうという変化が、起こっているようです[9]。AIと共存しながら人間が自らの知性を磨いていくという先行事例として、日本では将棋とか囲碁の世界があるのかな、と。日本は、本日、シュテフェック先生が紹介してくださったような研究はまだこれからという段階ですが、将棋などは日本人には馴染みのあるプロの世界でもありますので、そういうイメージを脇に置きながら聴くと、このセッションの議論などもすっと腹に落ちるのかな、と思いながら聴いておりました。

　本当に時間があっという間に過ぎてしまいましたが、これでこのセッションを閉じたいと思います。

9）羽生善治『人工知能の核心』（NHK出版新書511・2017年）98頁。

角田：この講義シリーズの仕掛け人、シュテフェック先生にご登場いただいて、ようやく本論がスタートしたわけですが、さすがの巧みな進行で学生たちも積極的に発言してくれて最高のスタートを切ることができました。テクノロジーが変える紛争解決というテーマは、まさにケンブリッジ大学と一橋大学の共同研究プロジェクトにおいて現在進行形で取り組んでいるもので、研究の最前線におられる立場から、我々のプロジェクトの問題意識、到達目標まで、大変分かりやすくお話くださり、ありがとうございました。

シュテフェック：研究プロジェクトのメンバーや日本の法務省の方との意見交換はもちろん、ヴァーチャルであっても日本の学生の皆さんと交流できて実に素晴らしい経験でした。このような授業は私も受けたことはありませんでしたが、自分が学生だったら是非受講したいです（笑）。

角田：それは私も同感です（笑）。研究としてもチャレンジングな内容を、大胆にも、そのまま次世代に伝える教育プログラムにしてしまったのですが、学生たちの頼もしい反応ぶりには内心ビックリしました。

　それにしても、**図表❺**のスライド〔→115頁〕、あれは画期的だと思いました。紛争解決へのAI利活用を「公正中立の立場からの意思決定者」と「紛争当事者」の立場それぞれについて、情報、分析、判断を質的に向上させ得ること、そしてそれが社会全体として「すべての人に司法アクセスを」実現することにつながるという世界観が端的に示されています。

シュテフェック：確かに、このセッションのメッセージとして、AIは司法へのアクセス改善に貢献できる方法は無数にあることを理解してもらいたいという思いはありました。つまり、第1には「情報」の収集と検索。AIは、例えば関連して重要な意味を持つ法律や判例を突き止め、法的「情報」の収集や検索の質を向上させることができます。第2に「分析」の質的向上。AIは、利用可能な情報の分析を支援したり、紛争解決で有利な結果を得られる可能性、あるい

は勝敗を決するファクターに関する情報を提供することができます。そして第3に「意思決定」の支援。AIは意思決定プロセスで利用するだけでなく、法律文書の作成を支援することもできます。世間や学術的な議論は、第3の領域のイノベーションが最も華やかであると同時に倫理的にもチャレンジングなために、この場面に特化して展開されることがしばしばあります。情報の取得や分析へのAIの貢献は、地味かもしれませんが、紛争解決の実務にとってはとても重要だと思います。セッションの中で述べたように、AIができることとAIがすべきことには重要な違いがあります。もう一度強調しておきますが、私は、AIが司法で使えるポテンシャルを紹介しているのであって、司法でAIを使うべきだと主張しているわけではありません。むしろ、具体的なユースケースごとに、その有用性や倫理的な意味合いを考慮する必要があると考えています。

　また、裁判官、仲裁人、オンブズパースンなどの中立的な意思決定者だけでなく、より効果的で効率的な紛争解決のために当事者にもAIの利用事例があることを示したいと思いました。これまでのところ、紛争の管理にAIを利用しているのは民間の当事者であり、多くの場合、商業ベースのアクターです。中立的な意思決定者のAI導入が遅れているのは、当局によるデータやアルゴリズムの使用は民間に比べればはるかに受け入れられておらず、難しい倫理的な問題を提起していることを考えれば、驚くべきことではありません。

角田：研究プロジェクトでは、目下、AI研究者とタッグを組んで民事紛争解決予測システムの開発に取り組んでいるところですが、後半には、紛争解決におけるAI利用の倫理ガイドラインについても検討を予定していますね。このスケジュールにも重要な意味があるとおっしゃってましたよね。

シュテフェック：もちろん。つまり、法律家もテクノロジーに精通したうえで、AI研究者と共に議論することが重要だということです。AI利用のリスクと課題としてよく知られている問題としては、予測結果にバイアスが生じるリスクと、AIが考慮した要因を理解するうえでの透明性の問題（「ブラックボックス問題」）がありますが、これらの問題の解決策には、テクノロジー（データやアルゴリズムの改善）と法律（権利や義務の課し方）の双方にあることを認識し

ておくことが大事です。特に法律家は、すべてのリスクが法的な解決策を必要
とするわけではないことを認識しておく必要があります。例えば、データの
デ・バイアスに関する研究、あるいは、透明性の問題に対して「説明可能な」
AI技術に関する研究も進められています。

　結論として、AIは司法へのアクセスを向上させる大きな可能性を秘めてい
るが、そのリスクを理解し、管理する必要があるということです。最終的な決
め手になるのは「市民の利益」であり、立法者は、この「市民の利益」を中心
に据え、人権、手続上の権利の保障、そしてAIの利点と課題のバランスに関
する実地調査を踏まえながら、施策を進めていかねばならないということです。

角田：その「司法へのアクセス」の「司法」、英語ではJusticeですが、この言
葉の日本語には「司法」だけでなく「正義」もあります。シュテフェック先生
のいうAccess to JusticeのJusticeは広く捉えていて、紛争解決機関としての
「司法」だけでなく「実現されるべき正義」まで含んでいるように思われました。
私はあまり詳しいわけではないのですが、日本で「正義へのアクセス」という
と、なんとなく、海外の法整備支援であるとか、日本国内の話といっても大規
模自然災害の被災地における法律相談といった、ちょっと特殊なイメージで捉
えられてきたように思われます。でも、考えたら、テクノロジーで市民社会に
法の理解を行き渡らせて「法による正義を実現しよう」というのは特殊でもな
んでもなく、まさに普通に私たちの問題で、パンデミックになって世界中がそ
のことを改めて悟ったという感じがします。

シュテフェック：AI導入による司法アクセスの改善について、山本和彦先生
も法務省の藤田参事官もウェルカムだと確認できたのは嬉しかったです。藤田
参事官も強調しておられましたが、司法に対する市民の信頼をいかにして確保
していくかが鍵になると思います。その中には、AIが間違った予測をしてし
まった場合の対応も含まれているかもしれません。例えば、新たな不服申し立
ての仕組みを考えていく必要があるかもしれません。

角田：最後の点、非常に興味深い指摘です。日本には不特定多数の消費者の利

益を実現するために訴えを起こせる消費者団体訴訟制度がありますが、その AI審査版といったイメージでしょうか[1]。例えば、オランダでは、人権保護団体が、生活保護不正受給探知 AIのバイアスを指摘してアルゴリズム使用の差止めを訴えたそうですね[2]。

　それにしても、そのオランダでは、AIに問題があることを、誰が、どのような経緯で認識し、どうやって AIのアルゴリズムの問題に辿り着いたのか、大変に気になるところです。そして、なぜ、人権保護団体がアルゴリズムの差止めを請求することができたのか。このあたりも、研究の必要性を感じます。

　出発点として、データサイエンティストであるキャシー・オニールがいう[3]ように、AIの問題を明らかにして、それを裁判で問うのは非常に難しいことです。それから、いまイメージとして消費者団体訴訟を引き合いに出しましたが、それは、これだけインターネットが普及した日本社会において、ほとんどの人はオンライン・プラットフォーム・サービスの「消費者」に該当すると思われ、消費者保護を起点にする契機はあるように思えたからです。他方で、オランダの話との距離感も無視できません。両者をつなぐとなると、消費者保護の考え方を、抜本的に、大幅にバージョンアップする必要性もあるでしょう。まず、害される消費者の利益の考え方のバージョンアップが必要そうですし、団体訴訟を支える人材にデータサイエンティストがいるのかも問題になりそうです。ほかにも色々な課題があると思われ、引き続き、考えたいと思います。

1）この方向性につき、小塚荘一郎「AIの開発・利活用のガバナンス」NBL1150 号（2019 年）31 頁も参照。
2）Jenny Gesley, Netherlands : Court Prohibits Government's Use of AI Software to Detect Welfare Fraud, Law Library of Congress（2020), https://www.loc.gov/item/global-legal-monitor/2020-03-13/netherlands-court-prohibits-governments-use-of-ai-software-to-detect-welfare-fraud/
3）キャシー・オニール（久保尚子訳）『あなたを支配し、社会を破壊する、AI・ビッグデータの罠』（インターシフト・2018 年）。同氏は、ブログ「mathbabe」を開き、「ORCAA（オニール・リスク・コンサルティング＆アルゴリズム・オーディティング）」を創設している。

法に関する文書の処理は困難なのか？

東京工業大学情報理工学院・徳永研究室　山田寛章

1　AIと自然言語処理

　人工知能（AI）という単語が包含する研究分野は広い。ロボット制御の研究、チェスや将棋をはじめとするゲームAIなどの応用的な研究から、それらの基盤技術となる探索や推論の研究、大量のデータの中から一定の規則性を見出す機械学習の研究など、多岐にわたる。その中でも、法とAIの関わりにおいて重要な役割を期待される分野が自然言語処理である。自然言語とは、人間が使用している「ことば」を指す。その「ことば」をコンピュータに処理させることで、人間の仕事を省力化したり、大量の文書を効率的に分析したり、あるいは文章をコンピュータに生成させたりする技術を研究する分野である。身近な応用例として、かな漢字変換、機械翻訳、文書検索などが挙げられる。法分野と自然言語処理の伝統的な接点は判例検索であったが、近年リーガルテックという単語が人口に膾炙しつつあるように、自然言語処理の法分野における応用範囲も広がっている。自然言語処理の法分野への応用は世界的に見ても多くの研究機関や企業が取り組んでいる分野となっている。

2　日本語で書かれた法的文書処理は難しいのか？

　自然言語処理の研究では、当然ながら研究対象は言語データである。英語と日本語が異なるように、自然言語処理技術によって作られるシステムも言語によってやはり異なってくる。多くの研究が英語のコミュニティで行われていることは自然言語処理においても例外ではない。そうすると、やはり日本語向けに、それも法分野のことばを扱うシステムを作るのは難しいのではないだろうか？　と、疑問が湧くかもしれない。しかし、日本語だから、あるいは法分野だからといって、他の言語や分野で培われた自然言語処理の技術が使用不可能になるというわ

けではない。

　最近の研究で採用されている手法のほとんどは、何らかの事前定義された規則を元に処理を行うルールベースの手法ではなく、集められたデータを元に学習して処理を行うデータ駆動の手法をとっている。このような手法の多くでは、入力された文を単語（あるいは近似の単位）に分割し、それぞれに数値表現を割り当てることでコンピュータが処理可能な表現に変換してしまうため、それ以降の学習や推論の段階では、言語間の差異が致命的な障壁にはなりにくい。当初英語向けに開発された手法であっても、日本語のデータが十分に集まりさえすれば日本語向けに構築することは比較的簡単に試みることができる。英語向けに開発されたシステムそのものが苦労なく日本語にも流用できるわけではないが、基本的な手法は言語間で共通して使用可能なことが多い。よって、日本語という言語の特徴自体が特段の障害とはならないのである。

　それでは、法という分野に起因する難しさが自然言語処理の導入を妨げることはあるのだろうか。英語と日本語の間に差があるように、日常的に用いられる言語表現と、法分野の文書でも用いられる言語表現には違いがある。例えばニュース文書で用いられる語彙と契約書で用いられる語彙は自然と異なってくる。しかし、この点も法分野における学習のためのデータさえ収集できれば、言語間の差と同様に一定の解決が可能だ。

　無論、単なる語彙や表現の差にとどまらない日本の法制度や法的文書の特徴に起因する技術的課題は存在し、研究開発を深めなければならない点は多々ある。一方で、解決したい課題についてのデータが十分に入手可能であれば、既存技術を応用することで解決できる課題もあるはずということだ。

3　海外における法分野の自然言語処理と判例データの入手性

　法分野への自然言語処理の導入研究は海外に一歩先んじられている。その背景にはデータの入手性の容易さが存在する。法分野の中でも、司法・裁判所に関す

る文書について見てみれば、コモン・ローを採用する米国や欧州においては判例が電子的かつ機械可読な形式で容易に入手可能となっており、この点では日本と比べて大きく進んでいる。機械可読な形式とは、単なる文書の電子化データではなく、コンピュータがその内容を容易に抽出・加工できるような構造で記述されるデータの形式を意味する。米国における Caselaw Access Project（CAP）プロジェクト[1]は、2018 年 6 月頃までに公開された米国におけるすべての判例を収録したデータベースを公開しており、そのデータは単にスキャンデータを PDF 化したものではなく、機械可読な形式として入手可能になっている。欧州においても、EUR-lex[2]や European Court of Human Rights（ECHR）[3]の web サイトを通じて判例データへ容易にアクセス可能となっている。

　これらの公開データは実際に自然言語処理技術の法分野への応用に役立っている。例えば、2019 年以降からその性能と汎用性の高さで大きな話題となり広く利用されるようになった BERT[4]と呼ばれる言語モデルは、その後 2020 年には法分野における応用のための取り組みが、CAP や ECHR のデータを利用して提案されている[5]。データ入手性の容易さが、法分野への迅速な応用を可能としているのだ。データの入手性は、構築するシステムの実験・評価、そして第三者による追試という観点からも重要であり、研究開発が進展するための下支えとなっている。

4　国内における法分野への自然言語処理の応用例とデータ入手性

　日本においても、法分野への自然言語処理の応用はすでに様々な形で実施されている。立法・行政への支援という観点からは、名古屋大学外山研究室[6]が設

---

1) https://case.law/
2) https://eur-lex.europa.eu/
3) https://hudoc.echr.coe.int/
4) https://aclanthology.org/N19-1423/
5) https://aclanthology.org/2020.findings-emnlp.261/

計・開発した総務省・法制執務業務支援システム（e-LAWS）がすでに運用されており、法案の起草・審議からweb上での公開までを一貫した支援を実現している。e-LAWSは機械可読な統一形式で法令データを蓄積しており、オープンデータの提供源としても法分野における先駆的な存在である。企業法務支援の観点では、契約書分析に活用する形で自然言語処理の導入が進んでいる。元来、言語を基盤として契約等のあらゆる行為を記録する企業法務の仕事は、自然言語処理と相性が良いはずであり、自然言語処理技術の成熟と具体的なニーズの立ち上がりによって普及が進んでいる。

　一方で、司法・裁判所に関する文書に対する自然言語処理の活用は、海外の状況と比較して、あまり進んでいないようだ。判例検索システムの改善や、判決書仮名処理、自動要約など、自然言語処理技術が活用できる範囲は広いはずだが、それには応用対象の基盤となる文書そのものが機械可読な形で入手可能という前提が必要だ。現状、裁判所のwebサイトにおいて入手可能な判例データは全体のごく一部であり、またファイル形式こそPDFに統一されているものの、機械可読なデータ形式は採用されていない。先に挙げたCAPプロジェクトやECHRなどの例と比べても、日本の判決書をデータとして入手するハードルは高い。

　研究開発の前提となるデータが入手できなければ、日本の法制度や文書の特徴に応じた工夫を検討する以前に、既存の技術を用いた基本的な検証すら困難である。自然言語処理やAIなどの新しい技術の活用が司法にもたらす恩恵や課題、懸念を議論するためには、その前提となる技術的可能性の評価を実際の研究開発を通して行うこと必要だ。そのためにも、まずはデータ自体の入手性の改善、理想的にはオープン化が求められる。日本においても民事判決のオープンデータ化に向けた検討[7]が進められているようだが、一日も早い実現を強く望む。

---

6 ）https://www.kl.itc.nagoya-u.ac.jp/
7 ）https://www.jlf.or.jp/wp-content/uploads/2021/04/pt-houkoku20210325.pdf

考えてみよう

- 誰もが紛争解決結果の予測にアクセスできるようになったら、世界はどう変わるでしょうか？　紛争の行動や管理はどのように変化するでしょうか？　商取引や消費者への影響はどうなるでしょうか？　これは良い世界なのでしょうか？　それとも悪い世界なのでしょうか？

- すべての人が公平に紛争解決の結果予測にアクセスできない場合、どんな影響がでるでしょうか？　今日において、紛争当事者は、法廷に出る前に同じ情報を入手できているのでしょうか？

- すべての裁判所の判決は、すべての人に無料で公開されるべきだと思いますか？　判決の特定の要素（当事者の氏名、名称など）を削除してから公開すべきだと思いますか？

- 裁判官や仲裁人、オンブズパーソンなど、紛争解決の結果を決める中立的な立場の者がAIを使う場合に特別に考慮すべき事情としてどのようなものが考えられるでしょうか？　司法行政には司法判断を行う人間の意思決定者が必要でしょうか？　人間の意思決定者が結論を出す前にAIを使う場合と、結論を出した後にAIを使う場合の違いは何でしょうか？

- AIは過去の司法判断からしか学習しないので、意思決定者がAIを使うことは、法の発展を妨げることになるでしょうか？

若き W メジャー法律家たちは、なぜ法律以外も学ぶのか

◉ スピーカー

ルードヴィヒ・ブル （Court Correct CEO）

◉ モデレーター

フェリックス・シュテフェック （ケンブリッジ大学法学部上級講師）

角田美穂子 （一橋大学大学院法学研究科教授）

◉ ケンブリッジ若手研究者研究 PJ 紹介

ホリィ・サージェント （ケンブリッジ大学大学院博士課程）

ヴォイテック・バッチンスキ （ケンブリッジ大学大学院博士課程/フィデリ
ティ・インターナショナル　シニアマネージャー、CFA、FRM）

● コラム

小原隆太郎 （弁護士〔中村・角田・松本法律事務所〕）

石原裕也 （Xspear Consulting 株式会社マネージャー）

各国の民事判決ビッグデータをもとに紛争解決予測、AI 検索ツールサービス等を提供している AI スタートアップ Court Correct（ロンドン）の CEO であるルードヴィヒ・ブル氏に、法律家、プログラマー、起業家すべてになり得た背景とそこでの知見から、アントレプレナーシップの本質を語っていただきます。続けて、アントレプレナーのサービス、クライアント研究の最前線について、ケンブリッジ大学の若手研究者 2 名に研究プロジェクトをご紹介いただきます。

（2021 年 1 月 13 日収録）

法律家がテクノロジーで起業するまで

角田：それでは、第3のセッション、「若きWメジャー法律家たちは、なぜ法律以外も学ぶのか」のセッションを始めたいと思います。では、フェリックスさん、お願い致します。

シュテフェック：はい、ありがとうございます。今日は、リーガルイノベーションを起業家、アントレプレナーの観点から見ていきます。スピーカーは3名。最初は、起業家ご本人にお話しいただきます。そのあと、AIをビジネスで使うことについて研究しているケンブリッジ大学博士課程の大学院生2名に研究プロジェクトについてお話しいただく予定です。

　最初にルードヴィヒ・ブルさんをご紹介します。ブルさんは、Court CorrectのCEOでありロンドンに拠点を置いています。昨日、Case Lawyer Challengeのお話をしましたが、ブルさんは立ち上げメンバーの一人で、起業家としての活動に加えて、教育、研究もしています。また、リサーチパートナーとして、一橋大学との共同研究「法制度と人工知能」にも参加いただいています。

　今日は、彼が起業家として、どのようにして法律にイノベーションをもたらしているのか、お話しいただきます。ルードヴィヒさん、ご招待を受けていただき嬉しく思います。

ルード：はい、フェリックスさん、ありがとうございます。こんばんは。私は、ルードヴィヒ・ブル、ドイツ人です。日本語でルードと呼んでください。私は、スタートアップの創業者で、Court CorrectのCEOをしています。簡単に自己紹介すると、大学時代にテクノロジーに興味を持ち、自主学習でプログラミングを勉強しました。4年前に日本のスルガ銀行で働いた経験から、少しだけ日本語ができるので、今日は日本語でお話ししたいと思います。

　現在、私は25歳です。3年前、大学で法律を勉強しながら、プログラミングを学ぶようになったきっかけは、データベースを使っての勉強に、楽しさを見出したからです。

　大学で、毎日大量の判例や論文を読むうちに、人工知能を活用することで、

もっと色々なことができるのではないかと考えました。ところが、読み込みに使える肝心のデータベースがありません。人工知能の活用に、データは必要不可欠なのに、そのデータベースがないのです。そこで、インターネット上から法的データを見つけて収集するツールを作ろうと思い立ちました。それが、私が最初に設立したスタートアップのデータベースになり、そこから、たくさんの人工知能のアプリケーションのアプリを作りました。ところで、BBCで報道されたCase Crunch Lawyer Challenge を見ましたか？

角田：イエス。前回、シュテフェック先生が概要をお話くださいました。

ルード：あのとき使ったデータベースは、私が作りました。データベースは、おそらく、人工知能で一番大切なものです。例えば、もしあなたが、リーガル・テクノロジーのスタートアップを創業したいと思ったら、データベースは本当に大切になるものですが、日本でそうしたデータを扱うのは、難しいのでしょうか。

角田：そうですね。日本のデータベースは、商業ベースでもありますし、裁判所もデータベースを作ってはいるのですが、いずれもすべての判決を網羅しているわけではなく、その割合も低いです。大事な論点を含む、考えようによっては非常に複雑な事案ばかりの、選りすぐりが集まっているという状態になっています。

ルード：それは少し問題ですね。常にデータは必要ですから。

　ところで、そもそも私の専攻は法律で、テクノロジーではありませんでした。人工知能を使って法律を学ぼうと思ったときに、テクノロジーの知識が足りず、そこで、オンラインでプログラミングを勉強しようと思い立ちました。

　例えば、スタンフォード大学はオンラインコースがとても充実していて、「人工知能について」の素晴らしいコースが用意されています。なので、私は、大学で法律の勉強をしながら、オンラインで人工知能の勉強をしました。その期間は勉強することがとにかく多くて大変でしたが、学びは楽しいものです。この経験から、分からない分野があっても、例えば、テクノロジー、プログラミングの知識が十分ではなくても、インターネット上には情報がたくさんありますし、学ぼう

という気があれば、良いオンラインコースがたくさんあります。必要な知識を得ることは、そうしたコースやリソースを使えば、難しいことはありません。むしろ、楽しい経験になります。

起業に話を戻します。人工知能に使うデータを探している時に大きなデータベースを見つけたのですが、整理されておらず、そのままではとても使えません。そこで、データを整理するための人工知能のシステムを構築しました。

やり方としては、イギリスの法律のケース（判例）が入った My File の中に、弁護士の名前があれば、人工知能にケースを読ませて、弁護士の名前を抜き出します。実際のところ、それは、予測のデータベースとして、本当に良いものに仕上がり、結果的にこのデータベースづくりが起業のきっかけとなりました。

あれからすでに３年が経ちますが、データベースはなお現役で活躍しています。ケンブリッジ大学と一橋大学の研究プロジェクトでも、使用しています。イノベーションにとても役立つので、来年も、そしてこの先も常に使うつもりです。

成功の先の誤算

ルード：現在は、多くの法律事務所やリサーチプロジェクトがこのデータベースを使っていますが、２年前に使おうとしていたのは私だけでした。ここまで成長できて、本当に嬉しいです。私は仕事において、一番大切なものは、パッションだと思っています。パッションが私を起業させ、今もパッションを持って仕事をしています。ですから私は仕事が大好きです。

スタートアップでは、たくさんの実験をしました。毎日のすべてが実験です。例えば、データベースの収集（collection）もそうです。スタートアップではすべてが実験ですから、実験へのフィードバックは本当に大切になります。

もしあなたが起業を考えているのなら、パッションは本当に大切です。情熱を注げるものを見つけてください。あなたのパッションに従って、スタートアップを始めてください。それは一番大切なものです。パッションと実験、それにフィードバックをたくさん受けることができれば、新しいイノベーションを起こせます。始まりは、パッションです。

私の場合、最初の会社は、友人と始めました。大切な友達でした。データベー

スを使って、法律事務所にそのデータベースを提供することで、その会社は成長しました。そして、コンテストでテクノロジーの技術力と確実性を証明しました。それが Case Crunch Lawyer Challenge です。昨日フェリックスが話していた通り、その Challenge で、私達は予測（prediction）を立てました。本当にチャレンジでした。

コンテストの結果を受けて、私たちは新しいクライアントを獲得しました。評判はとても良いものでしたが、実際はそれほど多くの会社が使うことはありませんでした。なぜなら、私たちのサービスは、とても高価になってしまったからです。1年間のライセンス料は、4万ユーロ、約4万ポンドです。あまりに高額で、多くの人は、特に個人の利用客には手の届かないものになってしまいました。これは、私の目指す形ではありませんでした。私は、多くの人々にテクノロジーを提供したかったのです。

けれども、会社の方針を変えるのは難しく、私はもう1つ、新しい会社を興しました。それが Court Correct で、現在、私はそこの CEO です。

ビジネスを成功させる 2 つのキー

ルード：Court Correct の設立には、ビジネスパートナーの友人は反対しました。顧客は少数で構わないというのが、彼の考えだったからです。そうした経営方針の違いも、スタートアップでは、よくある話です。友達と私は、会社に対して異なるビジョンを持っており、意見は平行線のままでした。そうした意見の相違をも乗り越えて、ビジネスを継続させるには、パッションとアイディアが重要だと思います。

一方で、経営にはビジョンが必要です。新しい会社を設立する時、最初は小さく、仲間がいたとしても一人か二人、自分一人きりのことも少なくありません。それでもビジョンを持つことは絶対に必要なのです。なぜなら、会社を通じて実現したいビジョンを描くことが、経営し続けるモチベーションになるからです。ビジョンを持つことは未来を描くことです。「3年後に会社を大きくする」、「世界の大きな問題を解決する」、ビジョンは未来の形です。そして、ビジョンなしにイノベーションを生み出すことはできません。

最初の会社では、友達と私のビジョンは同じものではありませんでした。ビジョンを考えるより先に生まれた会社は、テクノロジーで課題を解決するやり方がシンプルで分かりやすかったこともあり、非常に早く成長しました。けれども私は、もっと自分のパッションに忠実に生きたくて、新しい会社を設立しました。２番目の会社のスタートは、一社目の時よりも難航しましたが、今は順調に成長しています。その２番目の会社の名前が Court Correct で、内容はロボット弁護士です。

　現在、このロボット弁護士は、100万の法的質問に対応しています。多くの人々の相談に応えられていることが、私にとっては何よりも嬉しいです。この Court Correct は、グーグルのような検索エンジンです。今、皆は、データプロテクションの改良のために、WhatsApp や Telegram の問題をリサーチしています。

　ところで、皆さんはイーロン・マスクを知っていますか？

角田：多分、皆知っていると思います。

ルード：そうですね。アメリカの実業家・イーロン・マスクは、プライバシーデータプロテクションに関する WhatsApp の問題を見つけましたが、私たちのサーチエンジンでは、WhatsApp の法的ドキュメントをスキャンし、分かりやすい説明に要約して、アップしました。例えば、end-to-end encryption は、WhatsApp が目玉とする、Secret chat なのですが、イーロン・マスクは Twitter から、実は、その private policies は以前のものと変わらないことを見つけ出しました。その結果、ユーザーは、新しい privacy policies を Court Correct でサーチして、法的な情報を得ることができます。

　また、私たちはたくさんのユーザー情報を持っており、優先傾向などを把握しています。例えば、ユーザーは、イギリスの EU 離脱問題や、WhatsApp や Facebook などのデジタルトラブルの問題に強く関心を持ち、そういったワードを非常に多く検索しています。現在は多くのユーザーが、ロボット弁護士で法的問題の検索をしており、私たちは法的な説明をできるだけ分かりやすく提供し、理解を促しています。件数は100万にも上り、法律サービスを通して、多くのユーザーの役に立てていることは、非常に喜ばしいことです。

イギリスに「すべての人に司法へのアクセスを」という言葉がありますが、それが私たちの目指すところです。弁護士は高いし、法律は少しこわいと言って、イギリスでは多くの人は弁護士に頼みませんし、法律自体もよく分かっていません。多分、日本でも同じでしょう。しかし、それは本当によくないことです。法律はすべての人にとって大切なものです。ですから、私の夢は、新しいテクノロジーを使って、すべての人に法律について教えることです。それが私のパッションです。ですからそれができている今が、本当に楽しいです。そして、リーガル・テクノロジーを使って人に法律を教えることはいい考えだと思います。ここまでで何か質問はありますか？

AI 弁護士の成長課題はデータ不足

角田：視聴者の中で、何か質問がある方、手を挙げていただいてよろしいですか？

学生 A：巨大なデータベースを使いながら勉強をするのが楽しいとおっしゃっていましたが、その中で印象に残っているものがあったら教えていただきたいです。

角田：ルードさん、データベースを構築する過程で何か印象に残るようなケースはありましたか？　何か新しい発見等があればご紹介ください。

ルード：はい、データベースを分析する中で、たくさんの面白い発見がありました。A さん、いい質問をありがとうございます。多くの裁判官の判決を解析してみると、事件を担当する裁判官の、ちょっとした特徴が見えたりします。例えば、最高裁の裁判官は裁判官のモラルや思想に大きな意味を与える傾向にあります。おそらく、裁判官は会社の論理（業界や企業の慣習とされるもの）があまり好きではないということかと考えられます。フィロソフィーの問題かと思いますが、そうした発見も面白いです。

　また、新しいケースや新しい立法が次々と出てくるので、「今、法律はどうなっているのか」を正確に理解することは本当に難しいと思います。

　それから、データベースを用いた AI が、70％から 80％の予測精度に達したの

は、僕自身も驚きでした。人工知能は本当によくできていて、それも楽しかったことの1つです。

　私たちはこれまでの5年間で、40万件を分析しましたが、40万件のすべての裁判記録データから、弁護士の名前を抜き出し、その結果も分析しました。そのリストには、扱った件数に対して、実際に裁判で闘った数、勝訴した数、敗訴した数、降りた数、案件そのものを失った数などがあり、それぞれのレートが一覧になっています。面白い分析でしたが、当の弁護士たちには、あまり受けませんでした。

学生B：AI弁護士を作る際に一番難しかったところは何だったでしょうか？

ルード：いい質問です。ありがとうございます。現在の人工知能を使ったロボット弁護士は、基本レベルの段階です。シンプルな案件には、早く正確に答えられますが、事情が複雑になると、対応が難しくなります。弁護士の仕事の幅は広く、法的に複雑で難しいものもあれば、分かりやすいシンプルなものもあります。今のところは、そうしたシンプルな、けれどもそれなりに時間や労力のかかるものをロボット弁護士にやってもらうという使い方をしていますが、多分、将来的には変わるでしょう。というのは、人工知能は学習させれば確実に成長するからです。

　人間の弁護士は、書類を読み、クライアントと話をし、交渉もあって、とやるべきことがたくさんあります。一方、今のロボット弁護士は、データベース化された書類を読むことはできても、クライアントから話を聞くことはできません。そのため、人工知能がもう少し進化するまでの間、現状で扱えるのは、テキスト化されたベーシックな案件になります。

　AIの成長に必要なのは、学習データです。問題は、そのデータが不足していることです。イギリス国内には、多数の法律事務所がありますが、これまでの裁判記録は、おのおのが持っています。データの数は十分なのに、シェアされていないということです。もし、こうした記録データが集められ、学習データとして使えるようになれば、人工知能は飛躍的に成長すると思います。私が法律と人工知能の勉強を始めたのは、2、3年前のことですが、それから今日までの間に、テクノロジーは急速に進歩しました。なので、2年先のリーガル・テクノロジーは、

さらに成長し続け、今不可能と思えることも、できるようになっているに違いありません。ですから人工知能とテクノロジーを、たくさん勉強してください。

学生C：インターネット上で色々情報を集めるとのことでしたが、インターネット上の情報はある程度信憑性にばらつきがある中で、どうしたら正確な判例の情報を集められるでしょうか？

角田：Good question!

ルード：インターネットの情報は少し心配ですね。そうですね。本当にいい質問です。ありがとうございます。インターネット上にはたくさんの情報がありますが、私は、パブリックのソースを使いました。ソースは政府のデータベースなので、真実のみの情報です。偽情報ではありません。

角田：公的な情報ですかね。オフィシャル（official）な情報ということですね。

ルード：はい、そうです。ただ、official data の中にも問題はあります。誤字や偽名などの小さな問題です。40万ケースもありましたから、小さなミスがあるのは、仕方のないことかもしれませんが、情報を使うときは、いつでも出どころを確認して、真偽を確かめる必要はあるかと思います。

法律が違えども争いの根っこは変わらない

角田：チャットでこんな質問がきています。
　「大変興味深い実験でした。私は、日本語、英語、母国語のベトナム語での法律と制度の違いを理解するだけで精一杯なのに、ルードさんは多くの言語を使い、法律もテクノロジーにも精通し、とても尊敬します。質問は、Court Correct のサービスを多言語化して海外市場に拡大される時に、多言語、他国制度にカスタマイズするのに、課題となるようなことはありますか？」という質問ですが、いかがでしょう。

ルード：ありがとうございます。法律は、国の文化や歴史に根付いており、国独特の制度です。イギリスとフランスの法律は異なりますし、日本とドイツの法律も同じではありません。けれども、世界中のどこでも、紛争の起きる根っこは一緒です。ショッピング、保険、犯罪者、犯罪……。法律のシステムは違っても、問題の本質は同じです。リーガルイノベーションでは、問題の本質にフォーカスしてください。

　また、人工知能はベトナム語でも、日本語、ドイツ語、英語でも、もちろん理解可能です。ただ、人工知能に理解させるにはデータが必要になります。サービスも同様です。ベトナムでリーガル・テクノロジーのアプリを作るなら、ベトナム語のデータが必要になるということです。それには、ベトナムの方と一緒に働き、言語もベトナム語を使うのが早道でしょう。つまり、データが準備できれば、世界中の国に拡大することは、十分可能です。いいプロジェクトですね。ベトナムでも機会があれば、是非、実験してみたいと思います。

実験、実験、実験！

ルード：実は今、クライアントが新しい問題を見つけたので実験しています。実験はアントレプレナーシップの一番大切なものです。情熱と実験は本当に大切なものです。学生時代に作ったデータベースも今リサーチプロジェクトとか Court Correct で使っています。イノベーションは本当にいいものです。実験を続けることは非常に重要です。本当にたくさん実験してください。イノベーションはいつも実験です。いつも実験をして、フィードバックを聞いて、その後で新しいプロダクトを作る。それが本当にイノベーションです。たくさん、アクションをすることが大切です。

　私たち Court Correct は、クライアントと一緒に、ユーザーとたくさん話をします。それは本当に面白いし、楽しいです。そしてたくさん勉強もします。それは本当に大切なことです。ここで難しいのは、イノベーションでフィードバックを聞くことは非常に重要なのですが、フィードバックの中には正しくないものもあることです。ですのでアントレプレナーは少し医者に似ているということです。フィードバックをどう受け止めるかは難しくて、医者のように「診察」しなけれ

ばならないのです。人々は症状を見ますが、アントレプレナーの仕事は病気を見つけるようなものです。ユーザーはあなたに症状を言うのですが、あなたはその原因である病気を見つけなければなりません。これで私の物語は終わりになります。

現代の起業にはエンジニアの存在は欠かせない

ルード：次に、起業に興味を持っていらっしゃる方のために、会社を始めることについて、少しお話ししたいと思います。

　今の世の中、起業に欠かせないのは、ソフトエンジニアです。私の場合は、自分自身でソフトエンジニアリングをやったため、私の仕事のほとんどが、専門の弁護士の仕事ではなく、エンジニアリングでした。もしあなたがコンピューターサイエンスを学ぶ友達と一緒に、リーガル・テクノロジーの事業を興すつもりなら、その友達に、自分のビジョンについてたくさん話してください。あるいはもし、自分ひとりで起業しようと思うなら、私のように、オンラインコースで勉強してください。エンジニアとビジョン、それが一番大事です。

　私の場合、自分がエンジニアになったので、一方は手に入れましたが、ビジネスパートナーとビジョンについて話す時間が足りませんでした。パートナーが同じビジョンを持っていないと、たとえビジネスがうまく回ったとしても、経営に問題が生じる可能性があります。ビジョンのズレは、大きな問題になりかねません。ですからビジョンについては、十分すぎるということがないくらい、しっかり語り合ってください。

　そして、実際起業するのは、イギリスの場合は本当に簡単で、政府のオンラインポータルがあるので、そこにアクセスするだけで、費用も 14 ポンドです。日本の場合はどうでしょうか。

角田：オンラインで完結できる手続が最近始まりましたが、定款認証というのに公証人が関与します。日本に公証人という制度がありまして、それは法人が、マネーロンダリングなどに悪用されないための措置です。ただオンラインで可能にはなっています。

ルード：起業すること自体は、今は費用も安く、とても簡単ですが、実際の始まりは、製品を作り、販売するところからです。それが、本当の始まりです。製品を製作したら、クライアントを探し、製品を買ってもらわないとなりません。楽しくもありますが、難しくもあります。

　そして、もしあなたと友達の始めた会社で、ソフトウェアのプロダクトを作ったとしたら、製品を完成させても満足することなく、その後も改善の努力を続けてください。それには、クライアント、ユーザーからのフィードバックを聞くことです。それが本当に重要になります。常にフィードバックを聞いて、改良し続け、製品がさらに良くなった時に、多分あなたは成長していることと思います。常に製品を見て、常に製品の話をし、常に改良し続けること。そのために、時間とお金を出し惜しみしてはいけません。おかげで Court Correct は成長しました。

　投資家はありがたい存在です。あなたの会社や製品をより速く成長させるのに、投資家からの出資は有効です。投資家がよりたくさんお金を出してくれれば、実験にかかる費用を心配することなく研究や実験に打ち込め、その分速く成長できるかもしれません。

　ただ、スタートアップへの投資家たちは、見返りも期待しており、だいたい 5 年間で出資額の 10 倍のリターンを望んでいます。それが投資家というものです。アントレプレナーは、その期待に答えられるだけの価値が、自分たちの事業にあることを、投資家に知らせなければなりません。必ず実現させるべき未来を語る、それがビジョンを語るということです。

　ところで、Airbnb を知っていますか？　ポピュラーな企業です。参考までに、Airbnb が投資家のために、最初のプレゼンテーションで用意した資料を[1]少し見てみましょう。

　まず、導入にあるのは、vision です。これは Airbnb のイノベーションです。ネットワークを使って、お客様には安く泊まれるメリットを、ホストにはお金が入るメリットを提供する。ここには、これまでのホテルではカバーできなかった「シェア・カルチャー」を実現する、と新しいビジョンが示されています。Airbnb はオリジナルプロダクトであり、マーケットが非常に大きな可能性を秘めている

---

1 ）https://www.slideshare.net/PitchDeckCoach/airbnb-first-pitch-deck-editable.

ことは、5年で10倍のお金を望んでいる投資家にとって重要なポイントになります。今 Airbnb は大変大きな会社に成長し、400億ドル、1000億ドルのマーケットとなりました。

圧倒的な成長を遂げるテクノロジー業界

ルード：最後に、テクノロジーセクターのマーケット全体について話しましょう。

テクノロジーは、日々益々重要になってきており、これまで以上のスピードで成長しています。例えば、巨大テクノロジー企業の capital expenditure（資本的支出）[2]をみてみますと、アマゾンは、この数年間で約3倍に伸びて320億ドルにもなります。本当にたくさんお金があります。2020年はコロナウィルスの問題がありましたが、テクノロジー業界にはほとんど影響しませんでした。

実は、私の会社もコロナウィルスのため、会社を始めるうえで必要なリセッションができず、苦戦していますが、テクノロジーの会社なので、実際の経営には問題はありません。2020年はコロナウィルスの年でしたが、テクノロジー業界は伸びています。ビジネスに、テクノロジーはとても重要なのです。

1つの例として、Google、Waymo、You tube などを傘下に持つ Alphabet の時価総額は、2020年3月から現在まで156％も成長しました[3]。これと同時期の成長カーブは IAG、British Airway とは対照的[4]で、テクノロジーの会社の成長幅がどれほど大きいものかというのが、分かっていただけると思います。

そして、今後もテクノロジーはさらに、重要な存在になるでしょう。弁護士、裁判官、エンジニア、誰にとっても本当に重要であり、どこにでも使われるようになって、テクノロジーへの理解なしに、世界を理解することは難しくなると思います。

一方で、日本にも強い企業があります。ビジョンファンドをご存知でしょうか？　ビジョンファンドはソフトバンクのファンドで、世界で一番大きいスター

2）https://www.theinformation.com/articles/amazon-catapults-over-alphabet-on-capex-spending
3）https://www.google.com/search?q=alphabet+stock
4）https://www.google.com/search?q=iag+stock+price

トアップファンドです。おそらく資本は1000億ドルになります。このファンドの投資先として、最も興味深いスタートアップ企業が、Airbnb や Uber です。ソフトバンクの CEO である孫正義氏は素晴らしいビジョンを持っています。生粋の投資家だと思います。

　本日私から伝えたいことは以上になります。皆さん、これまで以上に、オンライン、大学に関わらず、どうかテクノロジーを学んでください。テクノロジーは、今後の世界でなくてはならないものに違いありません。

イノベーションのためのイノベーションにしない

シュテフェック：はい。ルードヴィヒさん、ありがとうございました。すばらしかったです。1つとても印象に残った発言がありました。「私は人々に法律を教えている」とおっしゃっていました。私たちは大学教員として法律を教える立場にありますが、あなたもまた、違った文脈で、スタートアップ起業を通じて、それをされてきたのだと分かりました。ルードヴィヒさん、ありがとうございました。

　それでは次に、ホリィ・サージェント（Holli Sargeant）さんにお願いしたいと思います。ホリィさんは、PhD（博士水準の学位）の候補学生としてケンブリッジ大学の法学部に在学中です。ケンブリッジ大学に来る前に、オーストラリアのボンド大学で法律を学ばれ、Herbert Smith Freehills（ハーバート　スミス　フリーヒルズ）で短期間弁護士として勤務した後、オーストラリア人権委員会に出向して人権とテクノロジーのプロジェクトに貢献されました。今日は、PhD の研究について、お話をいただきます。

ホリィ：はい、ご紹介くださりありがとうございます。皆さん、ケンブリッジからおはようございます。今日は、PhD でどういったこと研究をしているについて、お話ししたいと思います。

　まず、オーストラリアの学部では、法学と政治学をダブル専攻し、特に国際人権法を勉強し、最終学年の時、シンガポールに留学して、リーガルテックとイノベーションを勉強しました。このテーマはシンガポールでとても盛り上がっていました。滞在した1年の間に、様々なスタートアップ企業が、ルードヴィヒが説

明してくれたように自分たちのビジョンを見出そうとしていました。そして直面する課題を目の当たりにする中で、イノベーションは課題解決の手段である必要性、「イノベーションのためのイノベーションにだけはしない」ことを学びました。その後でオーストラリアに戻り、民間の Herbert Smith Freehills という法律事務所に入りました。銀行やマイニング企業等、ビジネスをよりテクノロジーにフォーカスしたものにしようと努力している企業をクライアントに持つ事務所で、そこではデジタルテクノロジーに関する仕事に多く関わることになりました。

　こういった様々な経験が私の中で一巡することになったのが、オーストラリア人権委員会への出向でした。そこでは、テクノロジーが実際に人権にどのような影響を与えるかに関する報告書の作成に協力しました。これは非常に大きな仕事で、様々な分野、様々な種類の仕事に携わることになり、この課題に触れることができてとても面白かったです。この経験から、もっと深く掘り下げて、新しいスキルを習得するために、もう少し時間をかけて学術的なレベルでこの分野を探求したいと思うようになりました。

　こういった経験を経て、人工知能を規制しようとするとき、法律や法的枠組みにどう「適応」すべきかという、大きな視点の研究課題を持つに至りました。私がこの研究を通して見出だそうとしているのは、現在の規制の空白や不十分な点を特定すること、そして、変更する必要のない分野はどこかを特定することです。法律はテクノロジーに対して中立であることができるので、現在の規制で足りる分野もあるでしょう。しかし、様々な経済的利益や人権的利益を考慮すると、法律が矛盾していたり、不都合を防げなかったりする分野もあります。そこで、私は、博士課程での研究をより幅広いアプローチで行い、様々な研究手法を使いたいと考えました。これらの方法のいくつかは、学部時代にすでに目にしたことがあるものもありましたが、そうでないものもあります。その中から、自分が探求したいと思っているテーマとして３つのキーとなるものを選び、そのロジックの一部を説明します。

　まず１つが**図表❶**〔→164頁〕の経済分析です。AIシステムというのは、様々な関係性を持つユニークな市場に存在しているからです。ルードヴィヒが説明していたように、データは重要で、データは会社から来ることもあれば、他から来ることもあります。また、消費者が会社の直接の顧客であることもあれば、何か間

接的な形で供給されるものもあります。そのような関係性のネットワークを見て、結果が最適なところとそうでないところの分析を加える予定です。私はこの経済分析を使って、人権や、もっと広く言えば、司法へのアクセスやその他の重要な検討事項など、リベラルな民主主義の規範に影響を与える可能性はどこにあるのかを明らかにしたいと考えています。このような配慮や、プライバシーや自律性といった個人的な利益を非常に重視する場合には、たとえ経済的なインセンティブがあったとしても、これらが保護されるべきです。

　そして最後に、私はこれらの先行する方法を用いて、現在において人工知能に対して実体法が果たしている役割とその適用についての分析を行います。このように、視野の広い研究課題と述べたように、私の博士課程での研究はこの問題をより広範に検討し、現在の法律がどのように機能しているか、またどのように変更する必要があるかを見極めることに重点を置いています。

経済効果と人権の両立

ホリィ：法律と AI の相互作用を理解するには、AI を設計・展開する様々なアクターを理解することが有効です。このアクターのネットワークは、多くの人がデジタルエコノミーと呼んでいるもので、なかなか興味深いものだと思います。**図表❶**〔→164 頁〕は、様々なアクター、企業、スタートアップ、プラットフォーム企業などのネットワークです。私は、視覚的な人間なので、このように視覚的に捉えると、デジタル経済のアクターが分かりやすいと思い、大きなダイアグラムに、様々な利害関係者を関係性とともに羅列してみました。

　図の左側は、様々な利害関係者、ステークホルダーを示しています。企業の中には、重要な利害関係者や役割を持つ人たちがいます。株主、経営者、取締役会、債権者などがいます。スタートアップ企業の場合は、ルードヴィヒが述べたように、別のステークホルダーがいるかもしれません。企業に特定の方向性を助言する投資家もいれば、ルートヴィヒのように創業者で、大企業の普通の従業員とは少し異なる利害関係を持っている人もいます。そして、このような関係性を見ることで、人工知能を提供する企業は、自社で開発するのか、外注するのか、そして人工知能システムの買い手はどうなのか、という違いが見えてきます。ここで

図表❶ 経済分析アプローチ

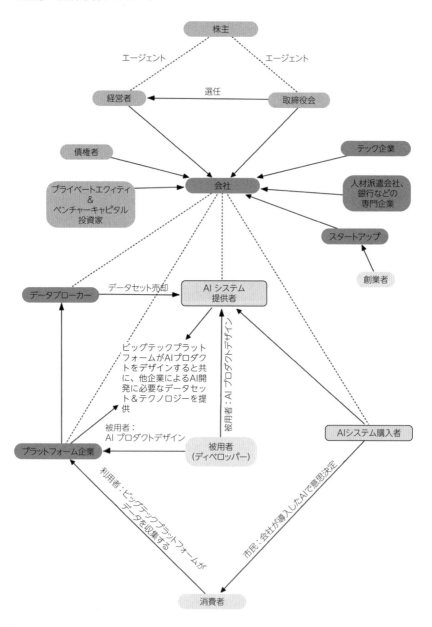

〈鍵となる関係図〉

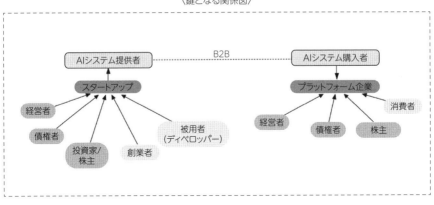

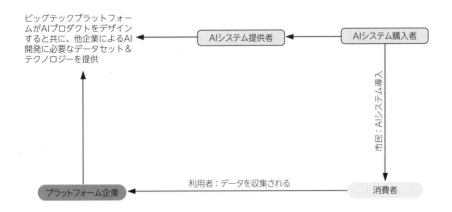

は、これらの関係者の行動や関心事を掘り下げて分析するために、いくつかの重要な関係を抜き出してみました。簡単な例を挙げると、次のようになります。

　例として、**図表❶**囲み部分のスタートアップ企業があって、創業者がビジョンを信じて、その実現に向けて邁進しているとします。そこには、AIシステムを開発し構築する従業員がいます。ですが、投資家、債権者や役員といった異なる利害関係者がいます。そこで生み出されたソフトウェア（AIシステム）が企業に売られます。ここで例に挙げた買い手は、アルファベットとかソフトバンク等、大きなプラットフォームのビッグテック企業で、そうした企業にもそれぞれの株主とかマネージャーとか債権者がいます。もちろん、直接その商品を買うような消費者、間接的な消費者もいます。そうした関係性を包括的に見ると、それぞれの利害によって行動も振舞いも違えば、使い方も違う。また、それぞれの主体にとって、得られる情報の種類も変わります。

　私はこういったアクター間の関係性の理解を通して、様々な利害関係や行動を探り、利用可能な情報をどのように利用するのか、私的な契約をどのように結ぶのかなど、こういった側面で経済分析を行いたいと考えています。そして、アイディアとしては、これらのアクターの経済的行動が、この取引に関連する消費者やその他の個人の人権的利益をどのように侵害する可能性があるのかの理解につなげたいと考えています。まさにこの点が、私が様々な方法を模索する目的なのです。

　考えてみれば、人権は、人権を損なうような経済的成果を達成することはできないというように、高い価値を持っているからこそ保護される利益なのです。私がこの分析で示そうとしているのは、スタートアップ企業と大手ハイテク企業の両方が目標を達成し、かつ消費者やデータを持つ個人、あるいはこれらのシステムのユーザーの人権に影響を与えないような最適な結果を得ることが重要だということなのです。

　そのため、現在の法律がどうなっているのか、データプライバシー、その他の人権の保護が各国でどういった状況にあるのかを見ていきたいと思います。契約上だけの権利になっていないか、もしくは法律が機能しているとしても、それだけで本当に十分なのか、さらに、規制状況がどうなっているのかを調べようとしています。そして最終的には、政策提案型の成果物にまとめたいと思っています。

どういった規制なら、またどういう取決めをすれば、互いの関係性を活かしつつ人権を守っていけるのかを考えるためです。

　こういった考慮をしながら、政策ベースの提案を、現在進めているところです。非常に面白いトピックで、話そうとすれば1日中話せてしまうのですが、10分間で話すのは非常に難しいので、かいつまんでお話ししました。こういった事も、1つのネタとして考えてみていただけたらと思います。

法律を富裕層だけのものにしないために

シュテフェック：ありがとうございます。私の方から問題提起させていただくと、ホリィさんは、人権や手続上の権利の1つとして、司法へのアクセスについて言及しています。例えば、ルードヴィヒが述べたように、AIとそのアプリケーションは、司法アクセスを2つの異なる側面で変化させると思います。一方では、司法アクセスが安価になり、より多くの人が司法にアクセスできるようになる、つまり裾野は広がるかもしれません。しかし一方で、ルードヴィヒは、現在のAIはあまり複雑ではなく、単純な質問にしか答えられないという限界があることにも言及しています。そのため、ある意味では、質が変わるのではないかということです。つまり、いま人が得ているような非常に具体的なアドバイスではなく、おそらくより一般的なものになるでしょう。つまり、一方で司法アクセスは向上したと言えるかもしれませんが、他方では、少なくとも現状を前提にすると、将来的には受けられるアドバイスの質が低下するのではないでしょうか。これは、あなたの研究が分析する興味深い側面ではないかと思います。なんだか質問というよりもコメントになってしまいましたが、いかがでしょう。

ホリィ：私もこの司法へのアクセスは非常に重要で、興味深い分野だと思います。このチャットボットで今やるとなれば、複雑なリーガル問題を取り上げていくのは、まだまだ難しい状況だと思いますが、今後はその壁を乗り越えていきたいと思っています。

シュテフェック：司法へのアクセスは万人にとって可能であるべきです。もちろ

んお金さえ出せば、法律的なアドバイスはいつでも受けられるようになっていますが、それができない場合は、どうしたらいいかという話になるのではないかと思います。ホリィさん、ありがとうございました。では、次に移りたいと思います。

ヴォイテック・バッチンスキ（Wojtek Buczynski）さんをご紹介します。ヴォイテックさんは、フィデリティ・インターナショナルのシニアマネージャーとして、主に進行技術であるクラウドや AI をカバーするコンプライアンス、倫理審査の仕事をされています。また、夜間は、ケンブリッジ大学の博士課程で、資産運用管理における AI 規制について研究をしています。では、ヴォイテックさん、よろしくお願い致します。

金融業界に規制を強いるべきか

ヴォイテック：皆さん、こんばんは。バッチンスキ（Wojtek Buczynski）と申します。今ご紹介いただいた通り、日中は投資会社のコンプライアンス部で働いて、夜間は PhD の学生として、金融サービスにおける倫理と AI 活用の在り方について研究しています。

法律にはずっと関心を持っていました。私の母も弁護士ですので、家系的に法律の DNA が流れているのでしょう。私が取り組んでいる PhD の研究プロジェクトは、かなり学際的なものです。いくつかの分野にわたって、チームが取り組んでくれています。現在のプロジェクトで私が見ているのは金融サービス、特に私の業界である資産運用における AI の規制です。

先ほどのホリィさんの研究プロジェクトは理想主義的で、人権に関するものでしたが、私の研究プロジェクトはもっと商業的なものになります。AI をめぐる規制環境を金融サービス、中でも特に投資運用に焦点を絞って研究しています。

金融サービスは、人工知能に対して非常に楽観的で、多くの期待が寄せられている業界の 1 つです。しかしながら、私たちにとってチャレンジングなことは、AI に関する明確な規制が存在していないことです。ご存知のように、2008 年の金融危機以降、金融サービス業界は規制に非常に敏感になっているのに、です。そのため、どのような規制が適用されるのか、あるいは規制があるのかどうかがはっきりしないという奇妙な状況になっています。一見、何の規制もないように

見えても、この不明瞭さが問題で、規制への懸念から AI の実装が思うように進まないという事態が起きています。ここに私の研究の意義があると思っています。

　私は、規制の問題解決へのアプローチを 3 つの観点から見ています。1 つ目は、今ある規制の分析です。例えば、プライバシーに関する GDPR（一般データ保護規定）、投資や資産運用に関する MIFiD-II（第 2 次金融商品市場指令）など、すでにあるものについてです。

　2 つ目は、いくつかの提案されている規制の分析です。世界には 15 ほどの異なる規制案があります。金融サービスの分野や投資運用の分野での AI に関するものです。ちなみに、日本はハイテクな国、非常に革新溢れる国と見られていますが、実は、この 15 の国に名を連ねてはいません。日本の金融庁は、金融サービスでの AI 規制に関して、少なくとも現時点では何かの立場や考え方を明らかにしていません。これは憂慮すべきことかと思います。しかし、世界には 15〜16 の規制当局があり、金融における AI に関する様々な規制案を発表しています。

　そして 3 つ目は、私からのオリジナルな規制提案です。既存の規制や提案された規制から浮かび上がる様々なテーマを見て、共通性があるかどうかを確認し、私自身の視点と経験から、金融サービスにおける AI のための質の高い、包括的な、A to Z の規制に何を含めるべきかを提案する予定です。

規制を明確化するために必要なこと

ヴォイテック：図表❷〔→170 頁〕は、私の研究でこれまでに浮かび上がってきた規制に関するテーマのほんの一例です。中には、透明性、説明可能性、セキュリティといった皆さんがよくご存知のものもあるかもしれません。これらの用語は、金融サービス業界にとって重要なものの列挙ですが、実は、ほとんどすべてが極めて普遍的で、他の業界にも適用可能であることがお分かりいただけると思います。金融サービスにおけるスキルに関心と注目が集まっているのは、テクノロジー全般、特に AI に関するスキルが圧倒的に不足していることを誰もが認識しているからであり、実際、金融サービスにおける AI のスキルは劇的に不足しています。そのため、規制当局は、AI を使用する人々が実際に AI を理解しているかどうかを確認するために、この点にかなりの関心を持ち、そして、懸念もしています。

図表❷　規制に関するテーマ

interconnectedness 相互接続性
proportionality 比例性
agency エージェンシー
skills スキル
complexity 複雑性
neutrality 中立
autonomy 自律性
transparency 透明性
privacy プライバシー
quality data クオリティデータ
outsourcing アウトソーシング
security セキュリティ
explainability 説明可能性
governance ガバナンス
predictability 予測可能性

出典）筆者（Wojtek Buczynski）作成

　実は、研究を進めれば進めるほど、扱うべきテーマが増えていきます。グローバルベースでは、約10から20の規制のテーマが、様々な国における議論から浮上してきていますが、その中で、最近よく話題になっているのが、AI倫理です。差別やバイアス、人種差別といった残念な例が色々あります。例えば、AIは白人の男性を好むとか、AI採用において、黒人あるいは女性の顔を認識し、差別があったという残念な話も聞きます。

　ただ、ここで必要になるのは、規制と倫理の区分けです。両者はよく混乱されたり、同じような意味で使われていたりするのですが、2つは違うものです。倫理は、どちらかというと普遍的な価値観に近く、「正しい」か「間違っている」かという感覚で、文化、宗教にかかわらず、我々が共有し、持ち得るものです。一方、規制は、「すべきである」または「してはならない」という、ルールを前提とした制限です。規制と倫理の間には、重複する部分もありますが、ここでは明確に区別し、私は規制にフォーカスしたいと思います。

　ところで、金融サービスの分野でも、テクノロジーの規制がないわけではありません。例えば、クラウドアウトソーシングの規制、少しだけではありますが、サイバーセキュリティやテクノロジーリスクに関する規制を挙げることができます。

テクノロジーの変化のスピードはとても速く、現実に対応したテクノロジー規制を作るのは、なかなか大変です。そのため、あまり手が付けてこられませんでした。しかし、規制することは可能です。そして、それが難しく、まだあまり手が付けられていない分野だからこそ、私はやってみたいと思います。金融業界でもその他の業界でも、AI倫理に関しては、優れたものがあるのに、規制に関しては、あまりない、あるいはほとんどありません。なので、私の手で、規制を明確にして、ギャップを埋めたいと考えています。

今日は学生さんに向けた講義になりますが、金融業界に限らず、他の業界でのAIの規制についても、学界が担える役割は大きいと思っています。AIが担う世界は非常に大きく、非常に学際的なものです。規制を、金融業界だけで、あるいは特定の業界内で考えようとすると、汎用性は限られてしまいます。

関連団体の規制当局も頑張りはするのですが、時と場合によっては、知識が足りず、残念な結果になりかねません。なぜなら、テクノロジー分野、特にAIは、複雑で、変化が急速だからです。でも複雑で変化が急速だからこそ、素晴らしい分野でもあるので、学界には、是非この分野にご参加いただきたい。大学には知識がありますし、業界のために多くの価値を付加していただけると思います。最終的には社会のためにもなります。大学には、業界や規制当局以上の、専門知識がありますから、規制に関するコンサルをされるべきです。学界の皆様は、積極的に関与を求めるべきです。

現在、金融業界では、規制当局は学者に相談しています。私も、これがベストプラクティスだと思いますし、国際的にもやっていくべきです。規制を作るときにはエキスパートからのインプットが必要です。もっと言えば、それなしでは作るべきではないと思います。

簡単なプレゼンテーションとなりましたが、私からは以上となります。私に連絡したい場合、あるいはご質問がある場合、私はテクノロジー、AIに関する、ブロガーでもあるので、こちら[5]をご覧いただいても結構です。何かコメント、ご質問がありましたら、是非ご連絡ください。皆さんからの質問も是非お受けしたいと思います。

5）wbuczynski.com

異業種との連携はルール作りから

角田：とても面白いプレゼンテーションありがとうございました。最初に私から質問させていただいてよろしいでしょうか。実は明日のセッションでは、AIガバナンスについてゲストをお迎えする予定になっています。また、私はAIガバナンスの検討会のメンバーとして勉強もさせていただいているのですが、常々、金融で言われている「どのようにAIの問題を規制したらいいか」という話と、AIガバナンスの議論の両者の関係をどう整理したものかと思っています。あるいは、業界別に縦割りになっているようにも感じています。金融の世界は金融の世界で規制改革に関する議論が進んでいて、AIガバナンスというのは、どちらかと言うと、人権の問題、データガバナンスとのコネクションは結構強いのですが、金融の議論とどう関連付けたらいいのかというところが、なかなか見えにくく、うまく整理できていないというか、日本では、まだ上手にコネクションされていないように思います。ヴォイテックさんは、金融の世界でAIガバナンスと金融規制をどうcoordinationしようとしているのでしょうか？

ヴォイテック：ありがとうございます。多分、答えとしては、いくつかのレベルでの規制といった整理が必要かと思います。

　まず、AIには、一般的な、普遍的な規制が必要です。これらは、どちらかというと原則あるいは倫理に近いものになります。人権、あるいは、人間中心であるということ、そしてバイアスを避ける、公平であること、などです。そして、金融業界だけでなく、すべての業界に推奨、あるいは課されるべきものです。

　この大きな普遍的なルールが、いわゆる普遍的な法律と同じレベルとなり、次に、それとは別に、より詳細なルール、特定の業界に向けたルールがあるべきです。細かく、具体的な規制です。

　業界に向けた細かなルールとは、例えば、安全に自動運転できるよう、自動運転の車に関する規制のようなものを指します。似たようなレベルでの規制が金融業界にも必要です。より業界にフォーカスして、特化させます。例えば、データガバナンスや、透明性や、個人情報の扱い、広告やマーケティングに関連するものです。

172

そこでも、一般的なルールと特別のルールがある形で機能すると思います。一般的なルールは、誰にでも、業界全般に当てはまるもの、特別のルールは、それとは別の業界ごとの特有のルールで、各業界の特定の性質にあったものでいいと思います。

　AIガバナンスは、金融業界においては新しいものかもしれませんが、ガバナンス自体は、新しいものではありませんよね。そこで、金融業界にすでにあるもの、コンプライアンスや、法務や、マネジメントや、もちろんガバナンスについてもそうですが、まずそこにAIを当てはめて、実施できるか検討し、そのうえで、もっと新しいものは必要か、新たに作るべきものは何なのかを考えてみる、それが成功への道になると思います。

角田：きれいな整理をありがとうございました。学生より早く質問してしまいすみません。ほか、どなたか質問したい人いらっしゃいますか？

データの秘匿性をどう扱うべきか

学生D：今日のスピーカーの皆様にお聞きしたいのが、AIの進化のためには、たくさんのデータを集めることが大事だということですが、公的な情報だけでなく、プライベートな情報、例えば、消費者にサービスを提供している会社の内部的なプライベートな情報や、法律事務所が持っているけど、オープンにされていない情報など、そういった情報を集めるのは、おそらく次の課題になるのだろうと思います。それに関する取り組みをされていたら、具体的に何をされているのかを、教えていただきたいです。

角田：ありがとうございます。お答え可能な範囲で、まずルードヴィヒさん、お願いできますか？　データのアップグレードのために、公的な情報ではなく、民間の情報等を収集するような取り組みは、されていますか？

ルード：いい質問ですね。パブリックデータはたくさん使いましたが、実は、私的なデータはほとんど扱っていません。一緒に働いたクライアントのシステム

データくらいです。クライアントがたくさんいても、それは個人データになるので、シェアはできません。ですから、プライベートデータは使ったとしても、それはクライアントのもとで使用するに限られていて、私たちの会社では使えないのです。そこは課題ですね。けれども、将来的には、多くの法律事務所は、anonymized（匿名化された）データをシェアするようになると思いますし、そのデータ量が多くなるほど、人工知能は、大きく成長すると思います。

角田：ありがとうございます。もし時間が許すようでしたら、もう一人位質問してくださいますか？

学生 E：ホリィさんに質問したいと思います。〈鍵となる関係図〉**図表❶**〔→165 頁〕では、AI システムの提供者はスタートアップ企業だというように書かれていました。法律に関する AI システムを私企業が運営することのリスクがあると思うのですが、そのあたりの管理は何か方法がありますでしょうか？

角田：では、ホリィさん、お願いします。

ホリィ：はい、ありがとうございます。素晴らしい質問です。実際問題として、国によって対処方法が異なっているため、議論が活発化しているところです。もちろん、弁護士として活動するためには、一定の資格が必要であり、これは一般的には、どの国においても法律業務への参加を認めるものです。現在、いくつかの国では、弁護士業務の定義を拡大し始めています。英国では、他の国に先駆けて、いくつかの法的基準のもとで法律サービスを提供できるサービスプロバイダーがいます。英国、それからシンガポールでは、大きなリーガルテック産業があって、スタートアップや AI システムが法律業務に関わることができるようにルールを拡大しています。これは非常に興味深いことですし、それによって何らかの保護が提供されることを期待しています。ただし、この分野で、こうした一般的な提供方法や AI による法的サービスの提供に必要な保護を提供するために、さらに多くの検討課題があるとも考えています。いい質問、ありがとうございました。

角田：ありがとうございました。それでは、そろそろセッションを閉じたいと思うのですが。お若い三人から、exciting なプレゼンテーションをいただきまして本当にありがとうございました。AI という難しい問題に若い方々が果敢にチャレンジしている姿に触れられる機会は、学生の皆さんにも非常にいい刺激になったのではないかと思います。多大な労力で協力していただき、ありがとうございました。それでは、本日のセッションを閉じたいと思います。

シュテフェック：ロンドンに拠点を置くCourt Correct社の創業者兼CEOであるルードヴィヒ・ブルによる、テクノロジーを活用して司法アクセスを向上させるという起業家としての個人的なビジョンを説明した講演、大変面白かったです。個人的には、彼が自分の仕事に対する情熱と、自分が達成しようとしていることに対するビジョンを持つことの重要性を強調していたことが、とても強く印象に残りました。

角田：そのルードヴィヒのビジョンには、私も非常に感銘を受けました。とりわけ、最初の起業で十分「やっていける」だけの成長を遂げて軌道に乗っていたのに、それとは袂を分かち、「テクノロジーによって司法アクセスにイノベーションを起こす」という気概をもって、新たに起業をされたところ。このビジョンはまさに「自社が儲かればよい」というよりも次元の高い、「共通善」です。だからこそ、Court Correct社もビジネスとして成功させながら、ルードヴィヒには私たちの研究プロジェクトにも本格的にコミットしていただいているわけだ、と感服しながら聞いていました。

シュテフェック：興味深いことに、ルートヴィヒは、自分のビジネスの核心は、人々に法律を教えることだと語っています。一般的には、法律は大学や専門学校で教えられるものだと考えられているので、これは非常に示唆に富んだ発言だと思います。この発言は、一般の人々の日常生活の中に法律の市場があることを示しています。

角田：まさに新たな市場の創出というものですね。

それからもう１つ、日本側企画者としては、ルードヴィヒが同時通訳を介さずに日本語でセッションを敢行したことも特筆に値する点として指摘しておきます。彼は、ドイツ人ですからドイツ語、英語はもちろんですが、他にもフランス語、中国語、ロシア語も話せるそうです！そんな彼の法律観として、その人々の日常生活で起こる法律問題の根っこはつながっているから、容易に国境

を越えられるという発言も印象に残りました。法律家が他国の法律をみる場合には、「制度」を始点とするために国ごとの色々な違いが気になるものですが、「問題」を始点として捉える彼の発想は斬新だと思いました。

シュテフェック：そうですね。ただ、根っこが同じ法律問題が法律問題すべてを網羅しているわけではないのではないでしょうか。

角田：確かに、それはそうですね。ところで、私たちの共同研究プロジェクトでは、一橋大学とルードヴィヒの会社である Court Correct 社とで、AI というテクノロジーを用いた比較法研究という新しい研究に挑んでいます。そこでは、一つの「問題」を起点として、日・英・米の判決データを AI に学習させているところです。

シュテフェック：日英共同研究プロジェクト内で日英4チームが紛争解決結果予測 AI の開発に挑んでいますので、後半では色々な実験ができるのではないかと楽しみにしています。ところで、ルードヴィヒが発言の中で、起業家としてイノベーティブであるためには、実験と改善を続けること、そして、人の意見に耳を傾けること、という2点の重要性を強調していたことも非常に興味深いと思いました。起業家がイノベーションを起こすためのプロセスや要素を理解したいと思っていたからです。ルードヴィヒはさらに、フィードバックは時に正しくないこともあると注意を促していましたね。曰く、『患者が医者にある症状を訴えても必ずしもそこに原因があるとは限らない。医者のように、病気を見つけなければならない』のです。

角田：経営学のイノベーション理論ではありますが、野中郁次郎＆竹内弘高のSECI モデル理論によると、持続的なイノベーションを実現する土台として、知識を「知恵」に、そして実用に役立つフロシネス（実践知）にすること、そして創造的な相互作用を引き起こす「場」の創出が鍵になるとされています。「知恵」は、単なる論理的な「知識」ではなく高次元の暗黙知を駆使して「ものの本質を見抜く」ことを可能にします。医者のメタファーは、まさにこの表現と

言えるのではないかと思います。そして、「実験」を繰り返すというのは、実用に役立つ「知恵」、フロネシスを原動力にダイナミックに SECI スパイラルを回していると受け止めました[1]。

シュテフェック：ルードヴィヒの「データ利用の可能性」を改善すべきとの主張には、強く賛同します。彼は、将来の進歩のための主な課題は、良質なデータを多数集められるか、そしてそれらを利用できるかだと考えています。これは厳密に言えば、人工知能の問題ではなく、データの問題です。将来的には、AI が現在よりも複雑な質問に答えられるようになると彼は期待しています。立法者は、魅力的なエコシステムを提供することで、スタートアップや研究コミュニティをサポートする積極的な役割を果たせるのだと理解することが重要だと思います。法的データの利用の可能性をサポートすることは、そのようなエコシステムが重要な要素だということです。

角田：最後の点については、私たちの研究協力者である AI 研究者である東工大・徳永ラボの山田研究員も同じ主張をしていますし、日本でも法務省が中心になって検討が進められているところです〔→**集中講義❷**142 頁〕。

　それから、次世代の AI×法の研究者たちの研究の着眼点も実に斬新でした。

シュテフェック：ホリィさんの関心は、AI システムの開発、使用、展開に関連して最適な結果を得るために、法的枠組みをどのように適応させるべきか、という点にあります。彼女の分析で重要なのは、AI システムのサプライヤー、その投資家、データブローカー、プラットフォーム企業、AI システムの買い手、消費者など、様々なアクターとその関係性を見ることです。AI システムが社会に役立つかどうかを理解するためには、これらの関係を理解することが不可欠であるという点には同意します。特に、プライベート・エクイティ投資家の関心が、LawTech スタートアップ企業の開発する製品にどのように影響するか

1）Nonaka, I. & H. Takeuchi, *The Wise Company*：*How Companies Create Continuous Innovation*, Oxford University Press, 2019（野中郁次郎＝竹内弘高（黒輪篤嗣訳）『ワイズカンパニー——知識創造から知識実践への新しいモデル』東洋経済新報社・2020 年）9 頁，103 頁以下。

を追跡する必要があります。

　また、ヴォイテック氏は、資産運用業界での勤務経験を生かして、非常に動きの速い分野において、顧客や消費者を保護しつつ、技術の進歩を阻害しない規制を模索する研究を行っています。私自身も、この分野でのAIアプリケーションの有益な利用を改善するための彼の提案を聞くことを楽しみにしています。

角田：このセッションで登場してくださった英国の若き法律家の新たなロールモデルに、学生たちは大いに興奮し、感化されたように感じました。とはいえ、日本でもLawTechの分野に果敢に挑戦する若者が出てきているところです。私たちの研究プロジェクトに協力してくださっている若いお二人にコラムを寄稿していただきました。

法律分野での機械学習への期待

弁護士〔中村・角田・松本法律事務所〕 小原隆太郎

1 機械学習の利用が当たり前になる未来

　法律分野において機械学習を利用しようとする動きは、もはや一過性のバブルではなく、不可逆的な時代の流れである。現時点でも、「AIを利用した契約書チェック」といった法律サービスが提供されている。近い将来、法律分野において機械学習を利用することは当たり前になるであろう。

　機械学習において行われるのは、大量のデータを学習データとして、それらのデータから読み取ることができる抽象的な思考パターンやルールを学習し、その思考パターンやルールを新たに生じた事例に適用し、結果を予測することである。このような予測は、法律家が日々行っている行為そのものである。しかも、人間である法律家の脳が学習できるデータの量は限られているから、人間よりも遙かに大量のデータを高速で学習できる機械学習は、人間の法律家よりも精度の高い予測を可能にすることが期待できる。

　機械学習の活用が期待される分野の1つとして、司法判断の予測がある。具体的な事例について、裁判所がどのような判断をするかを予測することは、法律家にとっても容易ではない。ただ、法律家であれば、先人たちの成果である過去の裁判例を参照することにより、どの論点についてどのような判断がされる可能性が高いのか、ある程度の予測は可能である。しかし、法律知識を有していない者がこのような予測を行うことは難しい。そのため、例えば民事事件であれば、紛争の当事者となった者は、裁判で争うためには相当のコストを費やして弁護士の意見を聞く必要があるし、弁護士費用に見合うメリットがないと考えて裁判で争うことを諦める場合も少なからずある。法テラスなどの支援により弁護士へのアクセスは以前に比べて容易になってきたものの、依頼できる弁護士を見つけられずに諦める場合もある。その意味で、当事者にとって、裁判で争うためのコスト

は高いものとなっている。

　もし、機械学習により過去の大量の裁判例を学習したモデルが、裁判所による司法判断を法律家と近いレベルで予測できるようになれば、法律知識を有していない者であっても、自らが当事者となった紛争について、法律上の請求を行う場合（あるいは自らに対する請求を受けた場合）の勝算とコストがどの程度かの判断を、現在よりもかなり安価に、かつ簡単に行うことができる。機械学習による予測で勝ち目が明らかな事案であることを相手方が理解すれば、裁判で争う必要がなく、双方が裁判をするためのコストを負担することなく紛争が終結する可能性もある。

　このことは、当事者が裁判で争うためのコストを大きく下げることになり、裁判所が提供する司法サービスへのアクセシビリティを大幅に向上させる。政府や民間企業の行動指針となっている持続可能な開発目標（SDGs）にも寄与する取り組みである。

2　乗り越えるべき課題

　本書の編者である角田美穂子教授がプロジェクトリーダーを務める「法制度と人工知能」プロジェクトでは、機械学習を利用した司法判断の予測を試みている。本稿の脱稿時点では、機械学習における学習データとして必要なデータセットの構築を進めている段階であるが、筆者がこのプロジェクトに参加して実感した、機械学習による司法判断の予測を行うために乗り越えるべき技術的な課題をいくつか述べる。なお、筆者は上記のプロジェクトに参加するまでは機械学習に関して門外漢であり、以下で述べる内容も、あくまで法律実務家の立場から課題になり得ると考えた事項である。機械学習の専門家の皆様からすれば見当違いの部分もあるかと思うが、どうかご海容いただきたい。

　第1に、日本の裁判例のデータを入手するのはハードルが高い。誰もがアクセスできる裁判所のデータベースは、民間企業の提供しているデータベースに比べ

て未だ裁判例の掲載数が少なく、機械学習に必要なデータの量としては足りない。政府や日弁連により、裁判記録のオープンデータ化が議論されているところではあり、迅速なオープンデータ化を期待したい。

第2に、データの性質として、判決書の文章は日本語の表現としてかなり特徴的であり、特別な配慮が必要と考えられる。まず、判決書は一文が非常に長い。当事者の双方の主張に配慮しつつ、なるべく一義的な文章とするため、長くなってしまうのだと思われる。そのような特殊な文章について、文意を正確に学習できるかという点は課題になる。また、判決書に限らず、法律家の文章では、文中で設けた定義が一貫して使用されるとともに、直前の内容を指すための「上記事実」とか「当該事実」といった表現が多用される。このような法律家の文章特有の、ある種の「ルール」を正確に学習できるかという点も課題になるように思う。

第3に、上告審や控訴審のデータの取扱いに注意が必要である。上告審や控訴審では、原判決の審査を行うので、原判決のデータも合わせて学習しなければ、正確な学習とはならない。また、控訴審では、「原判決の何頁の何行目から何行目までを次のとおり改める」といった表現が用いられ、原判決の表現の一部のみを修正する形式がとられるので、控訴審の判決文単体では文章として成立しておらず、原判決の表現と逐一照らし合わせる必要がある。このような特殊性のある上告審や控訴審のデータをどう取り扱うかも、今後の課題である。

第4に、裁判例を学習したのみでは、判決書には含まれていないものの裁判所の判断に影響を与えている事情を考慮することができない。例えば、当事者が巨大企業と個人の消費者であれば、裁判所は個人の消費者に有利な判決をする傾向があるかもしれないし、煽り運転のように社会的な批判が集まっている類型の事案では、行為者に厳しい判断がなされるかもしれない。法律家であれば、このような裁判外の事情も踏まえて予測をするのであるが、機械学習において裁判外の事情をどう学習させるかについては、技術的な課題がある。

以上のような課題はあるものの、いずれも技術的に対応が不可能というわけで

はなく、予測の試みを繰り返すことで克服されていくであろう。

3　新しい技術との付き合い方

　機械学習のような新しい技術によって、法律家の仕事が奪われるのではないかという懸念が示されることがある。実際に、機械学習の活用によって従前のような人手は必要なくなるという分野はあり得る。例えば、定型的な契約（例えば秘密保持契約など）のレビューのような仕事は、弁護士に依頼する仕事ではなくなるかもしれない。

　法律家の仕事に大きな影響を与えた技術の一例としては、判例データベースの登場がある。筆者が先輩弁護士から聞いた話では、判例データベースが登場する前は、担当した事件の論点に関して判断した裁判例の有無を確認するために、一晩中図書室にこもり、刊行されている判例集を片っ端から調べていたそうである。それが、判例データベースの登場によって一瞬でキーワード検索ができるようになり、判例集に埋もれて夜を明かす必要はなくなった。弁護士にとっては、裁判例の調査に要する時間が大幅に短縮されたことにより、依頼者に請求できるタイムチャージの金額は小さくなったかもしれない。しかし、その影響を上回る業務の効率化が実現されたことは疑いがない。

　機械学習の活用は、判例データベースと比べても遙かに応用分野が広く、その対象となる範囲はより広く、より深い。ただ、法律家にとって役に立つツールの１つにすぎないことは、判例データベースと違いはない。問題は、機械学習のような新しい技術とどう付き合っていくかである。

　法律分野における機械学習の活用は、未だ黎明期である。すでに定着したお作法があるわけではなく、法律家と機械学習の専門家がタッグを組んで研究・開発し、日々発見する課題に立ち向かい、新しいものを生み出していく領域である。筆者は、単純な好奇心から、機械学習について何らの知見も有しない弁護士であるものの、上記の通り機械学習を利用した司法判断の予測を行うプロジェクトに

飛び込んだ。その結果、失敗を恐れず難題に果敢にトライする胆力のある多彩なメンバーと議論をすることで、常に刺激を受けている。また、機械学習の視点から裁判例を解読する試みは、裁判例の奥深さ（例えば、裁判官が敢えて明確な判断を避けていると思われる論点が少なからず存在することなど）を改めて考えるきっかけにもなった。機械学習に限らず、グローバルで新たな技術が急速に浸透していく今日の社会では、新しい技術が創出する領域に積極的に関わることは、法律家の活躍の場を広げるように思う。新たな世界に飛び込んでくれる仲間が増えれば、より楽しい議論ができ、より良いものを作り出せる。

　機械学習の活用により法律家の仕事が奪われるのではないかという懸念についてであるが、機械学習によって、従前は人手で行っていた作業に要する時間が短縮されるのであれば、法律家は、よりクリエイティブな仕事に時間を割くことが可能となる。例えば、機械学習による司法判断の予測の精度が法律家と同レベルに達したとしても、訴訟弁護士の仕事がなくなるわけではない。相手方が同様の予測をしているとすれば、事件の筋によって勝敗が決するというよりは、訴訟弁護士の戦略によって勝敗が左右される局面が増えるのではないかと思う。機械学習による予測を利用して、特定の論点についての主張は避け、勝ち目のある論点に絞って戦略を練ることも容易になるかもしれない。

　受動的に受け入れるのではなく、どう使いこなしてやろうか、と先取りして考えてみるのが、新しい技術との上手な付き合い方のように思う。

イノベーションの核心：法制度と人工知能を考える面白さ

Xspear Consulting 株式会社　石原裕也

　いわゆる第3次AIブームの到来から幾許かの年月を経て、火付け役となった深層機械学習を筆頭に、様々な産業分野へ数理統計技術を使った意思決定の仕組みが適用・導入されてきた。この潮流を支えたのはコンピューターの性能あたりのコスト性の向上と、それら高性能・高機能な計算機へのより安価で即時的なアクセスを可能にしたクラウドコンピューティングなどの要素技術の拡充、またそれらを活用しシステムとして構築するエンジニアリング人的リソースの拡充ないし再配置であった。

　近年、人間の扱う言葉を対象に文脈や概念といった抽象的な知識を機械に獲得させ、言語によって記述される問題を解かせようという自然言語処理の領域において、Attention機構とその応用によって目覚ましい技術的な進歩があった。言語を取り扱ううえで機械によってできることの種類・精度が一段向上し、様々な応用が日々試行錯誤されている。

　法の世界においても、筆者が末席を汚させていただいている「法制度と人工知能」プロジェクトを始めとした学術的な取り組みや、リーガルテックを標榜するスタートアップが複数立ち上がるなど、先端技術による革新を目指した動きが広がっている。

　本稿は前述の学術プロジェクトに参加する中で、筆者が感じた面白さなどを伝えられたらと思い筆を執ったものである。筆者はあくまで技術者であり法学に関しては門外であり、専門である読者の方々にはいささか見苦しい点もあろうが、ご容赦いただきたい。

1　法の適用を数理的に記述する試み

　本稿のタイトルにあるプロジェクトでは法の世界にテクノロジーが浸潤し、法

判断のプロセスがどのように変わりうるのかを題材にした先進的な研究がなされている。学問としての法学や係争などとは無縁に過ごしてきた者であっても、AIによって司法がどのように変わるかを夢想せよと問われたならば、卑近な表現となるが異口同音に「裁判のAIによる自動化」を挙げるであろう。その意味で法判断へのAI適用の可能性を探る試みは、まさにイノベーションの核心と言える。

いわゆる法の安定性の観点からは、法判断に関わる情報が漏れなく出揃っているのであれば、そこから導き出される結論は再現性を持つことが望まれる。すなわち、検討すべき諸条件が同一であれば試行によらず同じ結論が得られるべきであり、したがって過去の類似した係争の結果から未知の結果を予測することが可能であるべきという立場である。1980年代の第2次AIブームでは、これらの法判断に関わる情報とその判定に関するロジックを書き下すことで法判断の明快な論理記述と自動化を実現しようという、司法版のエキスパートシステムも検討されていたと聞く。エキスパートシステムに代表されるように、法的推論における事実認定といったデータをフラグのような形で表現し、判断結果を分離する境界を計算する試みは古くから存在した。現在ではこの判断に用いるデータを自然言語処理技術による判例の解析から得る方法や、因果関係の表現方法として有向グラフが用いる方法など様々に試みられている。

しかしながら、安定性の要請とそこから期待される法判断の型化には本質的に限界がある。釈迦に説法であるが、法の運用には安定性と相反する個別事情の考慮や、社会構造や価値観の経年変化に適応するための解釈の余地が許されている。

2 法システムと人とAI

そのため、法判断に必要とされる一般常識のような知識や概念、その時々で妥当とされた判断を数理的な記号表現に落とし込むだけでは不足であり、社会の動態に対して適応的にそれら記述を改め、運用していくことが必要とされると考えられる。

近年、AI を用いたシステムの構築・運用に関して重要なトピックとなっている Machine-Learning Operations（ML-Ops）、特に Human In the Loop の概念を紹介したい。ML-Ops とは AI を用いたシステムの運用に関わるプラクティス全般を指す広い意味合いの言葉であり、Human In the Loop とはシステムの性能評価や、継続的な AI の再学習といったプロセスに人間の判断を関与させ、補完的に協調しながらシステム全体の運用を行うデザインを指す。例えば、AI の予測の妥当性や精度水準の評価、外部環境の変化に伴う識別能力の劣化のモニタリングなどが、人間が AI システムを補うポイントとなる。

　法の持つ動態や判断の説明性、妥当性を要求する性質を鑑みるに、AI といった数理的技術が適用され法判断を予測するアルゴリズムが実務に導入されたとしても、人間は依然として重要な役割を果たすであろうと考えられる。そこで重要となってくるのが、どこまでの判断を機械に行わせるのかの領域設計の問題と、人と機械の相互のフィードバックのプラクティス設計の問題である。前述の概念は AI 技術の導入が先行する産業分野で提唱された思想、設計論の類であるが、法制度のイノベーションを考えるうえでも重要となるであろう。

3　イノベーションのフロンティア

　テクノロジーによるイノベーションとは新しい技術によって何が可能になったかを評価し、それを用いて既存のプロセスを再構築する工程である。その試行錯誤の過程で前述のような方法論、プラクティスが提唱される。筆者が法制度における AI 適用というテーマに身を投じてみて感じたことは、この技術の正しい評価の実行と、適用のために必要なギャップを明らかにしながらそれを埋める新しい技術を探索するというプロセスが、まさに進行中であるということへの興奮であった。

　例えば裁判の自動化という例をとっても、それは、すなわち事実認定と推論、結論の決定というプロセスの自動化ということになる。事実認定と推論の要素か

ら結論の決定境界を求めることは単純だが、それゆえに、要素の正確さが問題となる。

　事実認定は人の手で行うことになるであろうが、推論を行うモデルは構築の余地があろう。事実認定からコンクリートな結論が導かれる推論であれば前述のエキスパートシステムのようなもので記述が可能であろうが、中には難しいものもあると認識している。昨今のギグエコノミーで論争の的となった「労働者」の認定や、古くからある問題としては「配偶者」の解釈などがそれに当たる。いわゆるコーナーケースにおける推論の論点を数理的に記述していくには、膨大な過去のケースを入力する必要がある。ナレッジグラフといった親和性の高いモデル・技術は登場しているが、依然としてもととなるケースデータの拡充や評価も必要なタスクとして残っている。

　技術で可能なことを夢想し、適用に必要なギャップを埋める別の方策の探索を繰り返すことが肝要であり、そのためには技術の知識だけでなく現状の慣習やデータのような資源についても詳しくひも解いていく必要がある。その探索・探究的プロセスこそがイノベーションの実体であり、知的興奮をもたらすものである。法の分野にはその可能性、イノベーションの余地が満ち溢れているように筆者には感じられる。

　技術によって新しいプラクティスが生み出される、その胎動が司法の世界にも訪れている。本稿を読まれた読者の方にも、私の感じる面白さが伝えられれば、そして技術に身を置く方であれば法分野に、法分野に身を置く方であれば技術の分野に興味を持っていただければ幸いである。

（2021 年 8 月　記）

◉ 起業家はどのようにしてイノベーションを促進するのでしょうか？ Law-Tech スタートアップでは、新しい商業アイディアを生み出す「スパーク」はどのようにして起こるのでしょうか？

◉ 商業的な環境として、リーガルイノベーションを促進する条件とはどのようなものでしょうか？

◉ スタートアップ企業の域を超えるようなリーガルイノベーションは、どこで起こるでしょうか？

◉ テクノロジーを使ってリーガルイノベーションを起こすための障壁としては、どのようなものが考えられますか？

◉ もし、テクノロジーによって司法が安価になったとして──最初の数年間はユーザー個人にカスタマイズされていないかもしれませんが──それは社会にとってどのような意味を持つのか、またそのような進歩は望ましいことなのでしょうか？

◉ LawTech スタートアップへの投資家の関心は、開発される製品にどのような影響を及ぼすでしょうか？

◉ LawTech には新しい手法の規制が必要でしょうか？ それとも従来の規制でLawTech を適切に規制できるでしょうか？

AI 時代で変わる
コーポレート・ガバナンス

◉ スピーカー

佐々木清隆（一橋大学大学院経営管理研究科客員教授/元金融庁総合政策局長）

小塚荘一郎（学習院大学法学部教授）

泉　卓也（経済産業省商務情報政策局情報経済課情報政策企画調整官）

◉ モデレーター

角田美穂子（一橋大学大学院法学研究科教授）

フェリックス・シュテフェック（ケンブリッジ大学法学部上級講師）

　イノベーションが法の分野に変化をもたらすとき、金融機関を含めた企業の内部統制、ガバナンスの在り方はどう変わるのか。金融当局の立場から、このテーマに精力的に取り組んでこられた経験をもとに、内部監査、会計監査、当局検査等を含めた「監査」の分野で disruptive な変化を予想する佐々木清隆先生に、法制度の抜本的な見直しとその必要性についてお話しいただきます。続いて、AI 利活用はどうあるべきかに関する原理・原則と、その戦略的なアクションプランについて、アカデミアの立場から学習院大学法学部の小塚荘一郎先生、政策立案者の立場から経済産業省の泉卓也情報政策企画調整官にお話しいただきます。

（2021 年 1 月 14 日収録）

これまでとは異色の金融危機

角田：集中講義「テクノロジーとリーガルイノベーション」の第4回のセッションを始めます。本日のテーマは、「AI時代のコーポレート・ガバナンスを考える」ということで、3名のゲストをお迎えしています。

　最初のスピーカーは、一橋大学大学院経営管理研究科客員教授の佐々木清隆先生です。先生は、1983年に東京大学法学部を卒業し、大蔵省、現在の財務省に入省されてから、OECDパリ本部に2度、そしてIMFワシントンD.C.に3年間など、合計10年近く海外で勤務されました。その後、2010年金融庁検査局総務局長審議官、2011年金融庁公認会計士監査審査会事務局長、2015年金融庁証券取引等監視委員会事務局長を経て、2018年には金融庁の総合政策局長を務められています。そして、2019年に退官された後、本学の経営管理研究科の客員教授、グローバル金融規制研究フォーラムの代表にも就かれ、今回の集中講義とも関わりのある、一橋大学・ケンブリッジ大学の研究プロジェクト「法制度と人工知能」の1つのチーム・リーダーをお務めいただいている野間幹晴先生率いるフィンテック研究フォーラムと連携した教育研究活動もしておられます。

　それでは早速ながら、佐々木先生、「Withコロナの時代のコーポレート・ガバナンスの課題」というスピーチ、よろしくお願いいたします。

佐々木：ただいまご紹介いただきました一橋大学大学院の客員教授の佐々木です。

　今日お話しする「Withコロナの時代のコーポレート・ガバナンスの課題」は、これだけ見れば、イノベーションとどう関係するのかと思われるかも知れませんが、コロナ禍、コロナ・ショックで明らかになったことの1つに、デジタル化、あるいはイノベーションの加速が挙げられます。ですので、Withコロナと言っていますが、この集中講義のテーマであります、「テクノロジーとイノベーション」に、深く関係があると言えます。

　私は、先ほどご紹介いただいた通り、もともとのバックグラウンドは金融の、特に監督、検査、レギュレーション、さらにこうした金融の分野でのグローバルな連携などを実務的にやってきています。今日はこれまでやってきた金融・証券市場の監督、監査法人監督の立場から、Withコロナにおけるイノベーションと

コーポレート・ガバナンスの関係について、お話ししたいと思います。

　今日のお話のポイントとして、まず最初はコロナ・ショック、今もまだ続いているわけですが、ここから得た多くの気付きを簡単にご紹介します。次に With コロナの時代のコーポレート・ガバナンスが、DX（デジタルトランスフォーメーション）とサステナビリティあるいはソーシャルの観点からどのように変化していくかについて、お話しいたします。

　アジェンダとしては 3 つです。コロナ・ショックを通じた気付きを最初にご紹介しまして、その後、今、申し上げました、まず 1 つは DX の加速によるコーポレート・ガバナンスの変化。そしてもう 1 つは、サステナビリティの観点からのコーポレート・ガバナンスの変化についてお話しいたします。

　まず、コロナ・ショックを通じた気付きですが、これはまだまだ現在進行中ですので、色々な見方があるかと思います。

　2020 年の初春から世界的に、コロナの問題が認識され始めました。私は金融庁時代に、2008 年にリーマン・ブラザーズの破綻をきっかけとするグローバル金融危機、いわゆる、リーマンショックに、遡れば、1998 年に大手の銀行や証券会社が破綻する日本の金融危機に直面しています。そうした事例とコロナ・ショックを比較しますと、過去 2 回の金融危機やリーマンショックとの違いは、改めて言うまでもなく、今回の原因はウィルス、COVID-19 であるということです。過去 2 回の金融危機が金融発、中でも、日本の銀行の不良債権問題、あるいはリーマンショックの場合には投資銀行のデリバティブ商品の取引と、金融商品に原因がありました。それが、今回はコロナウィルスが原因で、しかも、そのリスクは人の命と健康に直接関わるものです。このリスクを減らすため、隔離や人との接触の削減が行われたり、ヨーロッパではロックダウンする国もあり、我が国でも、緊急事態宣言が数度発令されています。

　こうした人の命と健康に対するリスクを減らすための措置が、実体経済の縮小を生み、これが金融市場にこれから波及する、あるいは今まさに、波及しつつあるというのが現状です。つまり、コロナ・ショックは過去 2 回の危機とは、原因もリスクの波及経路も違います。そして、原因がウィルスですから、一番の対応策は薬とワクチンの開発と接種、または、ニューノーマルと言われる新しい生活スタイルとなり、このような処方箋も過去 2 回の金融危機とは異なるところであ

ります。

コロナ・ショックにより顕在した問題とは

佐々木：コロナ・ショックは、様々な問題を浮き彫りにしましたが、そうした問題は大きく2つに分けられます。1つは従来からあった問題の顕在化で、特に日本の場合はデジタル化の遅れが指摘されます。もう1つは、コロナ・ショックに伴う新たな課題で、格差の問題がより明確化したということ。この2つに整理できます。

　さらに言えば、感染リスクの高いウィルス特有の新しい課題も出ており、その1つが非接触、非対面を含めた、新しい生活様式、ニューノーマルへの対応で、もう1つはDXの加速化です。先ほど触れた、日本のデジタル化の遅れを取り戻すためにも、DXを加速させる必要がありますし、進めないといけなかったわけですが、感染対策というニューノーマルな生活に対応するためという新たな理由もあって、DXの加速が予想されます。これを私はCOVID-19のCOVIDとDXを掛け合わせてCOVIDX（コビデックス）と呼んでおります。

　先ほどの、格差問題で言えば、報道されている通り、感染率、死亡率は国や地域によって、あるいは年齢層によっても異なり、フィジカル的な格差が言われています。また、実体経済縮小の影響が、弱者、あるいは中小企業に大きな影響を与える経済格差。これは、リーマンショックの時には、グローバルな大企業が特に影響を受けたのに比べて、今回のコロナ・ショックの場合は飲食、ホテル、中小企業など、大企業ではない経済分野にも大きく現れていると思います。

　それから、今日のようなオンライン授業もそうですが、教育の問題もあります。もともと教育においても、学校や地域によっての格差はありましたが、外出自粛によって、ZOOMなどのオンラインの授業にならざるを得ず、そうした時に、家庭の経済環境、IT環境で学ぶ機会に大きな差が出てきます。これらはあくまでも1つの例ですが、従来からあった格差が明確化し拡大する。これが今回のコロナ・ショックの特徴かと思います。

　そういった点から、Withコロナの時代のコーポレート・ガバナンスの影響は、2つあると思います。1つは、DXが加速することに伴う影響、もう1つは、サ

ステナビリティやソーシャルといった、特に ESG の変化に伴う影響。この２つで
はないかと思います。イノベーションの点からは、DX が中心となるかもしれま
せんが、私はサステナビリティの観点も同様に重要と考えます。

DX を進める 5 つの D

佐々木：では次に、コーポレート・ガバナンスの変化、中でも DX の加速、コロ
ナであれば COVIDX の加速による変化についてお話をしたいと思います。

　DX の必要性については、コロナ以前からよく言われていましたし、私も金融
庁時代に、仮想通貨（暗号資産）の業者の検査、監督をしており、金融のデジタル
化に伴う色々な課題の担当もしました。ですから、DX を進めるうえで、特に金
融の分野で私が申し上げたいのは、「5Ds」と名付けた 5 つの D が必要であるとい
うことです。

　1 つ目は、「Data」です。DX のポイントは、データ自体が価値を持つようにな
り、データの利活用が企業の今後の生き死にを決めるぐらい重要になってきます。

　2 つ目の D は、「Decentralization」。非中央集権化、分散化のことで、従来の
伝統的な金融の仕組みは、中央銀行、あるいは政府当局にあり、中央銀行は名前
の通り金融の中央、中心として貨幣を発行し、金融政策を司る存在です。それ以
外にも、例えば証券取引所にも、伝統的には中央集権的な仕組みであったわけで
す。ところが他方の、ブロックチェーンのように仮想通貨（暗号資産）で使われて
いる仕組みは、中央の管理者を意図的に置かない、分散システムになっていて、
こうした非中央集権化の、従来の centralize された仕組みに対する挑戦が加速し
てきています。これを、伝統的な中央銀行のような立場から見ると、例えば 2019
年 6 月に発表された Facebook 主導の Libra というデジタル通貨のような、中央
の管理者がいないという仕組みに対して、相当な反発を覚えるというわけです。
いずれにしましても、従来の centralize された仕組みに対して、「decentralize」と
いう動きが加速してくるというのが、2 つ目の D です。

　3 つ目の「Diversification」は、新しい非金融のプレーヤーを指します。従来の
金融のプレーヤーというのは銀行や、証券会社でしたが、伝統的な金融のプレー
ヤーに代わって、GAFA（米国の主要 IT 企業であるグーグル（Google）、アマゾン

（Amazon）、フェイスブック（Facebook）、アップル（Apple）の4社の総称）や Fin-Tech、その他ノンファイナンシャルなプレーヤーがどんどん増えています。

　4つ目のDは「Democratization」、つまり民主化です。これまでは、基本的にはサプライサイド、金融サービスの提供者が、主権といいますか、力を持ってきたかと思いますが、このDXによって、インターネットもそうですが、カスタマー、クライアント、利用者の方がより主権を持つようになると考えます。

　最後の「Disruption」のDは、ここまで申し上げたような1つ目から4つ目までの流れそのものが、既存の金融のプレーヤーにとってまさに Disruptor であり、先ほどの Libra をめぐる問題にしても、従来の法制度や監督の在り方に固執している当局にとっては、非常に disruptive な動きなわけです。こういった変化の流れを「金融分野における5Ds」とまとめました。

DX に伴いガバナンスはどう変わるか

佐々木：こうした5Dsに代表されるDXに伴って、特にガバナンスといったところで申し上げると、3 Lines of defense という考え方に変化が生じるのではないかと思います。

　3 Lines of defense というキーワードが、どの程度、皆さん方に馴染みがあるかは分かりませんが、少なくとも金融監督の世界では、2008年のリーマンショック以降、世界中の監督当局は、これを共通の考え方として持っております。

　どういうことかと言いますと、金融機関には、ガバナンス、リスク管理、内部統制において3つの防衛ラインが必要で、1st line は、ビジネス最前線の営業部門、収益を上げるトレーダーとかディーラーを、2nd line は、リスク管理、コンプライアンスを、3rd line が内部監査、Internal audit を指します。こうした3つの防衛ラインが各金融機関には必要という考えが、リーマンショック以降の主流になっています。3 Lines of defense の中でも特に 1st line の、トレーダーやディーラーなどは、収益を上げる営業部門でありながら、ディフェンスの役割もあるのだという部分が、この考え方のポイントです。いずれにしろ、この3つの防衛ライン、3 Lines of defense を構築する責任は、取締役会、あるいはその企業、金融機関のガバナンスの役割であり、そうした3 Lines of defense ができているか、機能し

ているか、そうしたガバナンスを構築しているかどうかを検証するのが当局、レギュレーター、スーパーバイザーの役割になります。この考え方は金融機関だけではなく、例えば上場企業についても当てはまるのではないでしょうか。

ただこのような3 Lines of defense という考え方も、DX が進むに伴って、3 Lines of defense 全体がデジタル化する方向に、変わる可能性があると考えています。

具体的には、収益を上げるのがメインの 1st line も含めて3 Lines of defense 全体がデジタル化されれば、ビジネスの根幹がシステム管理され、システムなしには機能しなくなるわけです。そうなると、システムの設計上、不必要なリスクを取れなくすることが可能になります。つまり、システムの中に、リスクを回避するコントロールが埋め込まれれば、1st line のトレーダーやディーラーが、違法な取引やハイリスクを取ろうにも、システム上、統制がかかるようになるということです。そのおかげで、1st line でのコントロール、ディフェンスの能力が高度化することが、まず期待されます。

次に 2nd line のリスク管理、あるいはコンプライアンスですが、こちらもデジタル化により高度化すれば、これまで、リスク管理をする時に特定の取引、特定の部分をサンプルベースで、あるいは事後的にチェックしていたのが、100％のデータ、100％のポピュレーションをリアルタイムでリスク管理ができるようになります。これは現にもう、進んでいますし、今後、ますます加速していくでしょう。これまで 2nd line で時間と労力をかけてやっていたことが軽減されるので、1st line でもできてしまうかもしれません。そうなったら 1st と 2nd の差がどうなるのか、という問題が出てまいります。

さらにデジタル化が進めば、3rd line の内部監査の役割も変わる可能性があります。いずれにしても、3 Lines of defense のそれぞれがデジタル化により高度化することで、企業内部で完璧な財務諸表を作成することも可能になるわけです。

どういうことかと申し上げますと、これまで企業が財務諸表を作成する場合は、業務部門のデータを集め、リスク管理、コンプライアンスがチェックして、それを内部監査がチェックし、さらに CFO や取締役会がチェックしたうえで、会計監査がチェックするという、とてつもなく労力のかかる、幾層もの確認プロセスがありました。それでも会計不正が起きる、あるいは誤りがあったりもしたわけ

ですが、先ほど申し上げた 3 Lines of defense 自体がデジタル化してコントロールの機能が高度化すれば、企業自身で誤りのない財務諸表、100％完璧な財務諸表ができる可能性が出てくると思います。

変化するプロセスとポジション

佐々木：そうなった時に、では会計監査、External audit（外部監査）の役割はどうなるのか、もしくは、過去のリーマンショック、あるいは日本の銀行危機の時に噴出した不良債権のような問題を、当局がチェックしなくても、金融機関が自ら100％コントロールすることが可能になれば、当局の検査や監督の役割は、どうなるのかという疑問が出てきます。

　3 Lines of defense という考え方自体、1st line のビジネス、2nd line のリスク管理がやっていることは、金融機関でもほぼ同じような内容であると考えられ、しかも精度が相当向上するなら、3 line ではなく、2 line でよいではないかという話になります。一方で、3rd line の Internal audit（内部監査）、Audit（監査）というのは、独立性があることが重要ですので、この 3rd line すべてがなくなるということはあまり考えられないとは思いますが、1st、2^{nd}が融合した時に、では 3rd line の役割はどうなるのか。企業、金融機関の中で見た時の取締役会、特に監査の中で、会社法で義務付けられた監査役会・監査委員会の役割はどうなるのか。外部監査の役割はどうなるのか。金融機関の場合には当局の検査・監督の役割はどうなるのか。というように、金融業界における、3 Lines of defense の考え方と、外部監査や当局の Regulatory audit も含めた管理監督の役割が変わってくるのではないかと感じております。そうなれば、既存のガバナンスに関するフレームワーク、例えば日本の場合なら会社法や金融商品取引法、コーポレートガバナンス・コードなど、色々なものがありますが、こうした既存のフレームワークを見直す必要も出てくるのではないかというのが、私の問題意識であります。

　その中でも、私が特に懸念するのは、監査の分野です。なぜかといえば、伝統的な監査というのは基準に合っているかどうかを見るコンプライアンスの色彩が非常に強い。こういう従来型の事後的な、形式的な、Compliance audit（法令順守監査）的なものを今の監査の前提として考えますと、こういったものはまさに DX

によって淘汰される可能性があると思われるのです[1]。

監査が生き残るためには

佐々木：では、淘汰されない監査の意義とは何なのだ、ということが、特にガバナンスの機能の中では問われていることだと私は思います。私は金融庁時代に金融検査・監督の見直し、改革を担当しておりましたが、その時の問題意識と共通します。すなわち、従来の金融検査・監督というものが基本的には事後的チェックで、表面的で形式的なコンプライアンス中心でしたが、そういうことをやっている金融庁の存在意義とは、いったい何なのだと。あるいは、リーマンショックでも各国の当局は、なぜこういう問題が見抜けないのだと批判されました。こういうことが、これまで繰り返し、言われてきているわけですが、まさにこのDXによって、そうした従来型の当局の検査・監督。あるいは会計監査、あるいは内部監査を含めた部分が、淘汰されてしまうのではないか。

そうなった時に壊されない監査の役割は何なのかと言えば、従来型の過去、事後チェックではなくて、forward looking ではないか。あるいは部分的、表面的に見るのではなくて、ホリスティック（全体的）にそのルートコーズ（根本原因）を分析して、最終的にはその経営にとって付加価値が付くようなものにすべきではないか。でないと、もうDXによって破壊されるのではないかというのが私の問題意識です。

ですから、DXによるガバナンスへの影響は、3 Lines of defense の変化、特に2 Lines of defense になる可能性があるということと、そして、監査の存在意義と

1）取締役会、これはガバナンスの構造が日本、イギリス、あるいは欧米でもそれぞれ違うところはありますが、取締役会（Board of directors）の役割（Function）としては、当然経営判断なり新しいビジネスへのチャレンジであるとか、色々定型化されにくい部分が多いと思います。他方で監査（これは内部監査もそうですし、そしてAudit committee の監査もそうですし、またExternal audit もそうですが）は、基本的には何か基準があって、その基準が法律であったり、あるいはAudit standard であったり、Accounting standard であったり、色々基準があります。例えば自動車の分野ならMobility as a service、金融の分野にはBanking as a service という言葉がありますが、Banking というのは機能で、提供するのは銀行に限らず、むしろ今は、非金融のプレーヤーがどんどん提供している時代です。Commodity に commoditize するとよく言われるように、Audit as a service も、監査自体がこうした形式的な法令順守監査のままなら、例えばGAFA などによって淘汰される可能性があるのではないでしょうか。

役割について大きく現れるのではないかと思われます。

コロナで変化する ESG の優先度

佐々木：そしてもう１つ、コロナ・ショックを通じた気付きの中で、サステナビリティの観点からの「コロナ・ショックの３Ｓ」（トリプルＳ）についてお話ししたいと思います。

　３つの「Ｓ」うちの１つ目のＳは人の重視、「Social」「society」のＳです。２つ目は、従来から世界、日本も含めて、SDGs（Sustainable Development Goals）の議論、推進が高まっておりますが、今後もますます重要視される「Sustainability」のＳになります。こうなれば、３つ目のＳを何にしようかなと。こういう時は２つではなくて、たいてい３つにした方が格好良かったりするので、３つ目のＳは、団結、結束を意味する「Solidarity」にしました。前回のアメリカ大統領選挙では、Divided であると、社会の分断が問題視されていましたが、この分断に対して、バイデン次期大統領は United の重要性を説いていました。ですので、本来 United の方がよいのかも知れませんが、この３つのＳということで、敢えてここは「Solidarity」という言葉を持ってきました。いずれにしましても、コロナ・ショックを通じてこの３つのＳ、トリプルＳという考え方が重視されてきていると私は思います。

　この延長で、いわゆる ESG、環境（Environment）、ソーシャル（Social）、ガバナンス（Governance）という考え方が金融の分野、あるいはガバナンスの分野でも、国際的に注目、あるいは進展してきていると思います。

　コロナ以前は ESG の中で、日本で一番進んでいたのがガバナンスでした。コーポレートガバナンス・コードの策定を含めてガバナンスが最初に進み、次が環境への取り組み、特に気候変動、温室効果ガスの問題への意識の高まりです。

　この２つに比べ、かつてはソーシャルの部分というものは、日本は遅れていたように私は思います。ソーシャルの分野の中には、人権（Human rights）であるとか、男女平等であるとか、ダイバーシティであるとか、色々な観点がありますが、いずれにしろ、従来のプライオリティからいうと Ｇ・Ｅ・Ｓ の順番で ESG は進んでいました。ところが With コロナになりますと、コロナのリスクがまさに

人の命と健康なため、人を重視した発想が求められます。こうして、健康や命の安全、広げて考えれば雇用、地域、教育を含めてのSが、一番上になりました。

　2つ目が、E。ヨーロッパでは以前から環境問題、特に気候変動、あるいはグリーンの問題、脱炭素と、活発に議論されていましたが、コロナの問題は、公衆衛生と気候変動と無関係とは考えられません。今回の日本の総合経済対策でもデジタル化と並んで脱炭素、グリーン、グリーン社会というものが盛り込まれていることから、E、Environment の要素はますます重要になってきます。

　では、ガバナンスは重要ではないのかといえば、そうではまったくなくて、これまでとはガバナンスの内容が変わることだと思います。

　コロナ以前の2019年にも、ビジネスラウンドテーブルというアメリカの経団連のような組織が、従来の株主（シェアホルダー）を中心とした考え方から、より広い multi-stakeholder の視点が重要だという考え方を公表しました。2020年のダボス会議でもこうした multi-stakeholder の視点に立ったガバナンスの重要性が言われています。ですので、先ほどの健康や命の安全、雇用、地域、教育を含めたSが重視され、さらに環境問題のEの要素が重要になるのを前提に、multi-stakeholder の観点でのガバナンスが推し進められることになろうと思います。つまり、順番で言うとS・E・Gの、Sがトップにくることは間違いなく、E、Gを合わせて multi-stakeholder の観点で考えれば、Sustainability を重視したガバナンスの変化が起こるのではないか、ということです。

　繰り返しになりますが、With コロナの時代におけるコーポレート・ガバナンスの変化は、DX の加速、3 Lines of defense から 2 Lines of defense へ、あるいは Audit の変化、そして Sustainability を含むSの要素がガバナンスにも影響してくる。こういうお話でございました。私からは以上で終わらせていただきます。

角田：素晴らしいプレゼンテーションをいただきました。ありがとうございました。シュテフェック先生、3CL：Centre for Corporate and Commercial Law の共同代表として、何かご質問かコメントをお願いします。

シュテフェック：はい、ありがとうございます。プレゼンテーションから非常に多くのことを学びました。私からですが、コメントとアイディアになります。

DXで経済的予測も可能に

シュテフェック：5つのD、Data、Decentralization、Diversification、Democratization、Disruption のお話をされていましたが、私が思うに、6つ目のDがあり得るのではないでしょうか。Design、設計のDです。

　テクノロジーが身近になって、広く行き渡ると、あらかじめ、予想を立てるようになって、予想外の出来事にびっくりするような事態が減ってくるのではないかと思います。また、テクノロジーを使えば先の予測が立てられ、経済的な予測も可能になるので、設計にも使えます。法的な関係、経済的な関係を計画することもできます。

　つまり、テクノロジーの普及により、人々が事前に計画を立て、もっと設計をするようになって、びっくりするような事態に見舞われることは減る、という意味で、6つ目に DesignのD というのはいかがでしょう。

佐々木：非常に新しいインサイトをいただき、ありがとうございます。

　おっしゃる通り、この5Ds、あるいはDXによって期待が高まる、あるいはよりプロアクティブに設計、計画、デザインに関与するようになる、それが可能になるし、それが重要になるというのはその通りだと思います。

　僕の中では、そこは、4番目の Democratization に入れておりました。サプライサイド重視の考え方に、そこも関係する部分だろうと思うのです。データを保有する個人、データ利用者、そうした一人ひとりが、プロアクティブに設計をすると。おっしゃる通りだと思います。

　この議論は後で出てくるかもしれませんが、日本でも経済産業省が Society 5.0 におけるガバナンスモデルの在り方について報告書を出しています。例えば金融の分野でも、ここで明示的に出してはいませんが、ルールメイクで言えば、DXの中で民間のマーケットは市場参加者の変化が非常に激しくなっているため、政府や中央銀行がルールを作り、それに従わせるというプロセスを踏んでいてはもはや、変化に追いつきません。従来の金融市場、あるいは金融監督のガバナンスではもう成り立たない時代になってきています。特に、変化が激しい証券市場の分野を担当していた立場から言えば、証券市場の場合には法律や政府のルールよ

りも、マーケットの自主規制、セルフレギュレーション、ソフト・ローと言われるようなものの重要性が増します。DX が進めば、そうしたセルフレギュレーションや、マーケット内での自主ルールメイク、あるいはデザインのこういう機能が、さらに、重要になってくると思います。そういう点で、今、ご指摘されたポイントはまさにその通りだと思います。

　ただ、私は、5 D とか 3S とか、だいたい奇数にまとめる傾向があって、6 よりやはり、奇数の方がちょっと格好良いなと思っていて……。ですが、6 つ目を付け加えるのも、当然ありだと思います。

シュテフェック：そうですね。では 7 つ目を考えましょうか。

佐々木：……それも良いのですが、大体人間というのは 3 つを超えると覚えられなくなるのです。5 がマキシマムかと思っています（笑）。

角田：（笑）ありがとうございます。では次のプログラムの方に、ちょっと時間が押しておりますので、次に移らせていただければと思います。

DX でこれまでと同じことを達成する？

角田：それでは続きまして 2 番目のスピーカー、学習院大学法学部の小塚先生にプレゼンテーションをお願いしたいと思います。小塚先生について、簡単にご紹介させていただきますと、東京大学法学部を卒業されて、千葉大学法経学部助教授、上智大学法科大学院教授などを経て学習院大学の法学部で教鞭をとられております。商法・会社法だけではなく、フランチャイズ契約の研究でデビューされまして、あとは宇宙ビジネス、宇宙法の世界でもご活躍されています。今回、講義を受講した学生さんには事前課題レポートを出していただいたのですが、先生の新書『AI の時代と法』[2] を読んでこの問題に興味を持つようになったという声が結構ありました。

　小塚先生には「AI 開発・利活用原則の事業者による実施とコーポレート・ガバナンス」というタイトルでプレゼンテーションをお願いしております。

小塚：ありがとうございます。学習院大学の小塚です。

　私の今日の話について、角田先生からお題をいただきました時、次に、泉さんにお話しいただく「日本の AI に関する原則」というものが実際に使われるようにするためにはどうしたらよいか、コーポレート・ガバナンスの中で、どうそれを位置付けていくかということをお話ししようと思ってお引き受けしました。ところがこのお正月の間に、AI に関する新しい論文を書いているうちに[3]、どうしても言いたいことが出てきてしまいました。そこで、題名とは少しずれるのですが、この集中講義には関係ある話題だと思いますので、そちらからお話しいたします。

　私はもともと商法や会社法が専門で、企業を研究の対象としておりますが、その企業組織のイノベーションとテクノロジーとの関係についての話です。

　抽象的に言いますと、先ほどの佐々木先生のお話にありましたように、技術が新しく進んでいく時には、組織も変わっていかなければいけない。DX（デジタルトランスフォーメーション）の D がいくつあるかはともかく、とにかく新しいことを取り入れて会社も変わっていかなくてはいけないという考え方が、当然求められます。

　ところが、他方で法律の分野では、特にデジタル技術に関して、デジタル以前の時代に行われていたのと同じ機能を実現するということが言われる、英語では functional equivalence、日本語では機能的等価性などと言いますが、要するに今まで紙や物で行っていたのと同じことをデジタルで実現しようとしてしまうわけです。同じことといっても、紙や物はないので、今まで行われていた機能、function と同じことを実現しようとする。このようなことが法律の分野ではよく言われています。

　国際的な場面でいうと、デジタルの商取引について、UNCITRAL（国連国際商取引法委員会）で国際的なルールを作る時にも、よくこの機能的等価性という考え方が出てきます。これは、DX 以前と同じことをわざわざデジタルを使って実行しようというわけで、それで、技術の進歩を使って変わっていこうというつもり

2）小塚荘一郎『AI の時代と法』（岩波書店・2019 年）。
3）小塚荘一郎「AI とデジタルで変わる『法』」会報 THINK　司法書士会論叢 119 号（2021 年）10 頁。

なのか、実は法律家は、変わりたくないと言っている抵抗勢力なのではないかと、気になってくるわけです。

その1つとして、佐々木先生が言われるCOVIDXではないですが、このコロナの時代の中で、日本の会社がハンコを使いすぎるという問題です。ハンコを押すためにリモートワークができなくて、会社に来なければいけないという人がいる。本当にそんな人が何人いたか分かりませんが、そういうことが言われて、もういい加減、デジタルに移行したらよいのではないかとなったわけです。

ハンコの電子化が簡単にはできない理由

小塚：デジタルの世界では、サインをデジタルで行う電子署名、electronic signature というものがあります。日本のハンコというのは欧米でいえばサインですから、ハンコを電子署名にするという考え方は当然出てきます。ところがその日本の電子署名法が、古いのです。なぜなら、日本の電子署名法は、2001年にできたもので、クラウド技術というものはまだなかった頃ですから、この電子署名法の3条の中で符号（これは公開鍵暗号という「暗号」と思っていただいたらよいかも知れません）と物件、「物」とを使って電子署名をすると書かれています。では物件＝「物」とは何かというと、ICカードなどのことを指していて、それを読み取って「ああ、Aさんだな」ということを確認したうえで、Aさんの「暗号」で電子署名をする、と考えているのです。ですから、カードなしで、クラウド上で電子署名をすることに対応できていないのではないかと指摘され、電子署名法の規制改革をしなければいけないという問題提起がなされました[4]。

確かにカードなしで電子署名することの何がいけないのかと言われればそうなのですが、それ以前に、なぜこれまで日本の企業が、署名ではなくハンコを使ってきたのか、なぜ電子署名にならなかったのか、その理由を考えずに進めると、今までと同じことさえできなくなるのではないか。実はそんな懸念も生じるわけです。

4）「規制改革推進に関する答申」（令和2年7月2日）。内閣府ウェブサイト https://www8.cao.go.jp/kisei-kaikaku/kisei/meeting/committee/20200702/200702honkaigi01.pdf

企業では、どうハンコを使っていたかというのは、企業にいらっしゃった方、社会人の人はよくご存知かと思いますが、今日は基本的に学生の皆さんと、オンラインの向こう側にはシュテフェック先生もいらっしゃるので、少しだけこの説明をします。

　個人のハンコは、学生でもよく知っていますが、会社のハンコというのは、個人のハンコとは少し違います。そもそも会社のハンコには2つあり、1つが**図表❶**の「丸印」です。この丸印をよく見ると、外側の丸の中にもう1つ丸がありまして、2つの丸の間に会社名が書いてあり、真ん中の丸の中には代表取締役印と書いてあります。ということは、この印鑑は、会社の代表取締役が使うということです。会社が会社の名前で契約して拘束される契約、法律用語でいうと法律行為をする時に使うものなのです。

図表❶　会社の印章　丸印と角印

丸印（法律行為に使用）　　　角印（法律行為以外に使用）

　他方の「角印」の方は、「株式会社何々之印」となっていて、契約などの法律行為には当たらない、領収書とか、請求書に使うものです。会社には、この2種類のハンコがあって、これを使い分けています。

　どう使うかというと、ハンコを勝手に使われないように、保管して、誰がどういう時に押してよいのかというルールが、会社の中にあるわけです。特に契約をする時は、会社の代表者、代表取締役などが押さなければならない。それがルールです。けれども、実際に代表取締役が全部の契約書にハンコを押せるかというと、とてもそんな暇はないし、手も疲れてしまうので、普通は、ある程度の大きさの会社では、代表者ではない人でも、例えば組織の部長とか課長が、手続を踏んで、ハンコを出してもらって、自分の担当部署の契約書に丸印を押す、そういったルールになっています。そして、契約書にハンコを押し終わったら、ハン

コはもとの保管場所に戻す、これでいわばセキュリティを守っているわけです。

　電子署名になってICカードがあれば、それと同じことができます。ICカードをしまっておいて、必要な時だけ出してきて、代表取締役でない人がそれを使って、電子署名することができる。ところがクラウド技術によって、「物」なしで、パスワードだけでそうしたことができる世界になりますと、パスワードというのは教えるか教えないか、知っているか知らないか、ですから、一旦、パスワードを聞いてしまえば、契約が完了した後も、「保管場所に返す＝知らなかった」状態に戻すことが、できなくなる。つまり、今までよりもコントロールが緩くなってしまうわけです。

　これは機能という点からいうと、今までとは違うものになってしまいます。ですから、日本企業は今のハンコ社会の在り方でいるうちは、電子署名、特にクラウド型の電子署名には、簡単には進めないだろうと私は思います。

　ならばどうしたらよいかというと、実は解決策もありまして、代表取締役以外の人にもこういう契約は締結してよいという権限を与えればよい。条文にも書いてあります。代表取締役社長でなくても、課長でも部長でも、ある特定の事柄について権限を与えられれば、その権限の範囲で契約を締結できるという条文があります（会社法14条、商法25条）。

　ところが、この条文に関する判例がほとんどないのです。会社法や商法を勉強した人は、条文の存在は知っていると思うのですが、日本企業は多分この条文を使っていないのだと思います。なぜ使っていないかというと、日本企業では、いわゆるメンバーシップ型と言われる、個人の仕事の責任と権限がはっきりしていない雇用形態が主流で、この人にこういう権限を与えますという形では、多分書かれていないのです。こういうことが書いてあるのは、欧米の企業などの、ジョブ型という雇用形態が前提になっているのです。

ハンコに見る日本の雇用形態

小塚：日本で使われている会社法の条文というのは、もとはドイツ法の条文です。ヨーロッパの企業は従業員一人ひとりの権限の範囲がはっきりした雇用形態ですから、「権限の範囲で契約を締結できる」といった条文が生きていると思うのです

が、日本企業は会社法の条文がそうでも、実際の雇用形態がメンバーシップ型のままで、「Aさんの権限は、ここからここまでです」ということが書かれていませんから、ハンコを押すことができない。そこで、「ハンコを押す人は代表取締役です」という建前のまま、「今日だけ代わりにハンコを押してね」と、ハンコを押す部分だけを代わってもらうというやり方になってしまうのです。

　ということで、この雇用形態自体を変えていかないと、本当の意味でのハンコ社会からデジタル署名へという話には、ならないのではないかと私は思うのです。さらに言えば、雇用形態を変えずに、権限の移譲だけ進めば、パスワードを知る以上の権限が個人に付与されてしまい、万が一、その権限を踏み外したらどうするのか、という問題も出てくるでしょう。もちろん、踏み外した人には処分が下り、場合によっては解雇となりますが、そうなればなったで、今度は労働法のルールに照らし合わせて、どういうケースなら労働者を解雇してよいか、新しく与えられた権限を外れた場合にどうするのか、などと、今度は解雇の条件も変えていかなければなりません。ですから、実はハンコの話というのは、ハンコを電子署名にすればよいという単純なものではなく、コーポレート・ガバナンスの話、労働法の話、雇用形態の話、全部整えて、初めて機能の等価性というものが出てくる。機能的等価性というのは、一つひとつの小さな事柄だけを見れば、極めて保守的な考え方に見えますが、そうではなく、組織の在り方、会社の在り方のような大きな捉え方が必要で、その大きなものの機能的等価物は何かという認識から変えていかないとDXは進まないのではないかと思っているわけです。

「AI美空ひばり」の責任者は誰か

小塚：次は、AIのようなものが出てきた時に、日本企業のコーポレート・ガバナンスの中でそのAIをどうコントロールしていけばよいかという話です。ここでも、組織の側がどう変わっていくかという話になります。日本は今、人間中心のAI社会原則というものが基本にあって、それに基づいてAI開発原則、そしてAI利活用原則というものが作られています。私はこのAI利活用原則を作るところを、少しお手伝いしました。こういうものは作るだけ作って、「日本はすごいね」と言って、そのまま誰も使わないのでは意味がない。日本企業がAIを開発し、AI

に基づく製品やサービスを提供する時に、こういう原則に基づいて実施していますというのが、スタンダードにならなければいけない。この考え方はヨーロッパでも同じで、ヨーロッパではAIエコシステムという言葉で、同じようなことを言っています。

そうしたことを考える手がかりとして、「AI美空ひばり」の話が面白いと思います。2019年にNHKが「AIでよみがえる美空ひばり」という番組を放映しました。「AI美空ひばり」は、その年の紅白歌合戦にも登場したので、覚えている方もいるかも知れません。

美空ひばりさんというのは、昭和の歌手、大スターです。第二次世界大戦後の、日本がまだ苦しかった時代に天才少女として登場して、昭和の時代とともにヒット曲を歌い続け、昭和の時代が終わったその年に亡くなったという昭和の大歌手です。その没後30年の企画で、2019年に美空ひばりさんが生きていたら、こういう歌を歌ったであろうというものを、AIで作ってみたというプロジェクトが企画されました。インターネット上に5分ぐらいの短いムービーがありますので[5]、興味がある人は見てください。

このプロジェクト自体はものすごく面白いのですが、これが紅白歌合戦で流された時に、有名なアーティストの人から「あんなものを流すというのは美空ひばりさんに対する冒瀆だ。許せない」という発言が出ました。色々な意見があるとは思いますが、それを聞いて私が思ったのは、このAI美空ひばりプロジェクトのガバナンスはどうなっていたのだろうということでした。誰が最終的な決定権を持ち、誰が責任をもっていたのか、そういうことはきちんと決まっていたのか、ということがすごく気になりました。

そこで改めて、紅白歌合戦の前の、もとになったNHK特集の番組を見ると、色々な人に相談して皆で決めました、と語られています。美空ひばりさんの後援会、かつてのファンで毎年欠かさずお墓参りをしている後援会の人にも見てもらって意見をいただいた、息子さんにも見てもらった、そして美空ひばりさんに歌詞を書いたことがあり、このAIのためにも歌詞を書いた秋元康さんが「これはまだ美空ひばりらしくない」とか、「これはすごく似てきた」とか、そういうこ

とを言って、皆に聞いて納得してもらいました、というのですが、皆で決めるというのは、結局誰も責任を取っていない、そこにガバナンスがなかったということになるのではないか、ということが非常に気になるわけです。

問われる AI 原則の位置づけ

小塚：それではいけないだろう、AI に関する原則というものを、コーポレート・ガバナンスの中にきちんと位置づけないといけない、そう思うわけです。社会学の分野でハーシュマンという人が、何か集団でものを決める時に exit（退出）、voice（抗議）、loyalty（忠誠）という 3 つのやり方がある、という議論をしました[6]。決めたことには従いましょう、文句を言わずに従うというのが、loyalty＝忠誠。反対に同意できない人には出て行ってもらいますというのが、exit＝退出です。その間に voice＝抗議という対応があって、「いや、それは違う」というように意見を言う。

　AI のケースでいうと、例えばこの AI 製品はおかしいのではないかという意見が出てきた場合に、売れずに市場から最終的になくなってしまいます、というのが exit の原理に基づく選択。Loyalty なら、もっとこういうふうにしなさいという法律を作って、守ってもらえるようにする。AI 原則の一部は、この法律に対応しています。

　一方で法律ではない、しかし人間中心という価値[7]を大切にして、日本はこれ

6）A.O. ハーシュマン（矢野修一訳）『離脱・発言・忠誠』（ミネルヴァ書房・2005 年）。
7）AI 原則の中で「人間中心」（human-centered, human-centric）という言葉が使われる場合には、人間が AI に使われるのではなく、あくまでも人間の生活を豊かにするために AI を利用するのでなければならないという考え方を意味する。100 年近く前に、チャップリンが「モダン・タイムズ」という映画を作り、機械文明の中で人間性が奪われていくことの問題性を訴えたが、それと同じ問題を AI によって再現してはならないという趣旨である。有名なアイザック・アシモフの「ロボット法原則」でも、「ロボットは人間に与えられた命令に服従しなければならない」とされており（アイザック・アシモフ（小尾芙佐訳）『われはロボット〔決定版〕』早川書房・2004 年）、こうした「人間中心」の考え方はロボットや AI との関係では、一般的に認められたものと言える。ところが、自然環境（エコロジー）との関係では、「人間中心主義」（anthropocentrism）は、むしろ人間の利益が自然に優先し、機械文明による自然の改造を肯定するという考え方として批判の対象とされることが多い。この両者の関係は十分に整理されていないが、AI が高度化して「強い AI」となり、それに法人格を認めるような時代に

を守っていきましょう、そして同じような価値を守る国、例えばイギリスとかドイツとか、そういう国とは一緒にやっていきましょう、ということが、原則の基本に据えられているわけです。そうすると法律で決めてしまうというのではないやり方で「人間中心という価値」を確保していかなければいけない。そうなれば、企業がコーポレート・ガバナンスの問題としてこれに従うという選択をして、また消費者などにもそういうことを訴えて、AI原則に従っていない商品よりも従っている商品の方を使ってください。あちらの方が安いかもしれないが、こちらは人間中心の社会というとても良い考え方に基づいたものだからコストがかかっていて少々高いのですが使ってくださいと、そういうことを一つひとつの企業が、責任を持って発言すべきではないか、ということです。

　このあたりの話は、先ほどの佐々木先生のお話にあったコーポレート・ガバナンスの問題でいうとどこに当たるのか。法律で決める部分はコンプライアンスの問題ですが、そうでない部分、コーポレート・ガバナンスの中で法律を守る以外の部分はいったい何なのか、よく分からないわけです。日本企業はよく分からないものをまとめて、企業の社会的責任（CSR＝corporate social responsibility）、法律的にではないが社会的に責任を負っていますという位置づけにしてしまう傾向があります。上場企業であれば、どこの会社のウェブサイトもこのCSRというページがあって、そこにこの手のよく分からない話が全部押し込められてしまっています。ただ、先ほどちょうど佐々木先生が話をしてくださいましたが、ここ数年、「ESG」という言葉が聞かれるようになりました。

　「ESG」とは何かといえば、簡単にいうと、株主の利益だけを追求していてはだめでしょうということなのですが、日本の場合、他の国と少し事情が違っています。日本企業はもともと株主の利益をあまり考える習慣がなく、2010年頃から始まった日本のコーポレート・ガバナンス改革とは、欧米諸国とはむしろ逆で、株主の利益のことを考えてくださいということでした。そうした文脈の中で「ESG」が出てきたので、会社の経営者の中には少し勘違いをして、やはり日本のやり方は正しかったではないか、株主の利益優先ではだめなのだ、と言っている方もお

なったら自然環境と同じように「AIの利益」も考慮されなければならないのかとか、逆にエコロジーの関係でも、窮極的には、人間が人間らしく生きられる社会を実現するための自然改造は許されるのか、などの深遠な問題が潜んでいる。

られるのですが、そうではありません。

　これはイギリスなどで言われていることなのですが、基本的に株主の利益なのです。ただ「利益」の意味が、金儲けをすればよいという、欲に踊らされた株主利益ではなく、enlighten された、きちんと啓蒙、啓発され、見識ある株主の利益でなければいけない。イギリスやフランスではそういう文脈の中で、取締役は、例えば社会問題、奴隷に近いような状態で働いているような労働者がいないかという問題に配慮して、具体的にはそういう企業から材料などを買ったりしないとか、あるいは環境に配慮しなさいとか、そういった責任を言うようになっています。アメリカは法律で何か作るのが嫌いな国なので、これも佐々木先生の話に出ましたが、ビジネスラウンドテーブルという業界団体で、同じようなことを言っているわけです。

　私は、AIが人間中心の社会を作っていくためのものでなければいけないということも同じなのだと申し上げたいわけです[8]。プライバシーやセキュリティに配慮し、差別がない適正なデータに基づいたものでなければならない、酷い労働条件で作られたものを買わないというのと同じ話なのだと位置づけると、コーポレート・ガバナンスの中にきちんと収まる問題なのです。

企業の責任はどこまで問われるか

小塚：もう1つ、実はこの話はコーポレート・ガバナンスといっていますが、1つの会社の中だけで終わる話ではありません。すでにヨーロッパなどの、enlightened shareholder value、啓発された株主価値の話ではすでにそうなっていて、自分の会社はきちんとしているけれども、自分の会社が使っている下請け企業はとんでもないブラック企業です、というようなことでは、社会問題の解決にはならないので、いわゆるサプライチェーン、原材料とか部品とか、あるいはこれからAIの時代になれば、データセットやプログラムを開発する取引相手にもAI原則を守ってもらわないとなりません。例えば、有名な大企業がAI製品を作ろうと

8）小塚荘一郎「AI原則の事業者による実施とコーポレートガバナンス」情報通信法政策研究　4巻2号（2021年）25頁。

なって、AIを開発している小さな会社にAIプログラムを書いてもらおうとなった時には、契約書の中でAI原則を守ってくださいということを書かなければいけない。そのためには、守っていなければ契約解除しますとか、守っているかどうか当社から立入検査に行きますとか、そういう「守らせるためのルール」も契約に書かなければいけなくなるので、多分、日本企業の契約の書き方自体を大きく変えることになるだろうと思うのです。ですから、AI時代のコーポレート・ガバナンスの話というのは、究極的にはこのサプライチェーンを含んだ契約関係のガバナンスという話にもなっていくわけです。

　実際、会社というもの自体も実はコントラクト、契約なのではないかという考え方があって、そうなればコーポレート・ガバナンスも契約のガバナンスと連続性があると考えられ、そういうふうに物事を見ていく必要があるのではないかということです。

　結局のところ、ハンコの話もAI原則の話も原点は同じことで、テクノロジーによる改革で組織が変わっていく。その変わっていった組織、狭い意味での会社という組織、広い意味での取引関係などを含めた組織の中に、こういうESGのSに当たるような問題があるわけです。その大きな価値の現れとして、AI原則というものを位置づけていくことが大事になるのではないか。そうすることが、今までと同じような社会を今後も作り続け、ますます発展させていけることになるのではないか。そして、これこそがAI時代のfunctional equivalenceだと私は思います。これが、今日、私からお話ししたかったことです。

シュテフェック：はい、ありがとうございます。まず最初にお礼を申し上げます。非常に楽しいプレゼンテーションでした。私からは2つコメントさせていただきます。

　1つ目は、functional equivalenceについて取り上げていただいた中で、テクノロジーがこれまでのやり方をどう変えるのか、電子署名、ハンコの代替がもたらす問題と、どのようにテクノロジーが変化を起こすのか、機能的な等価性ではなく、新しいものになるかもしれないというお話が在りました。先生の分析をもとに考えれば、テクノロジーが会社の組織そのものを変えていくように思います。

50、60 年前にノーベル経済学賞を受賞したロナルド・コースが教えてくれたのは、企業という組織あるいはビジネスの組織の在り方を決めるのは取引費用だということです。そして今日、テクノロジーが私たちの協力の仕方を変え、新しい協力の方法を提供するのであれば、1930 年代、40 年代に行われたロナルド・コースのオリジナルの分析が今日どのように変化するのかを考えてみることは、非常に興味深いテーマなのではないでしょうか。

　またこれは、佐々木先生がおっしゃる民主化（Democratization）の考えにもつながっていると思います。企業はヒエラルキーがなくなって、ビジネスにおいてもっと分散化した（decentralized）意思決定プロセスが可能になるかも知れません。ロナルド・コースは、「会社という階層的なビジネス組織は取引費用の問題に対するソリューションであり、協調・協力の困難に対応するものである。そこでは契約ベースではなく、会社という階層的組織を社内に形成することでビジネスを組織立てていく」と言っています。しかしテクノロジーがより良い協力を促進するのであれば、階層的な組織が必要ではなくなるかもしれません。そして中央集権的ではない、分散型の仕組みの方がより効率になるかも知れないと、そんなことを考えました。

基本原則を絵にかいたモチにしないために

シュテフェック：また、2 つ目は、AI 利用の基本原則として、人間中心であるということを強調されていました。AI を使う目的は人、個人のためであって、AI が人よりも重要になってはいけないとありました。しかし、AI の適用に関して策定された倫理ガイドラインが、絵にかいたモチになっていたのではないかと思わせる事態を目の当たりにする機会もしばしばあります。なぜかというと、ガイドラインを策定する人とその実装をする人が別の立場にいるからではないでしょうか。

　倫理ガイドラインの実装はコンピューターの専門家、プログラマー、コーダーによって行われます。彼らは、コンピューターのエキスパートですが、倫理ガイドラインを読んだり、ガイドライン遵守に取り組むことには慣れていません。それをするのは弁護士であって、プログラマーでないことがほとんどです。しかし、

AIにとってコーディング、プログラミングが重要であることはいうまでもありません。そこで、私のところにいる博士号の学生が今、どのようにデザインすれば倫理ガイドラインがAIのコーダー、プログラマーによって実装されやすくなるかを研究しています。ですので、小塚先生が「こういう原則を作るだけ作って、誰も使わないのでは意味がない、携わる者たちが、この原則に基づいてやっていますとならないといけない」とおっしゃる通りだと思いました。

角田：1点目に関しては、シュテフェック先生は「会社の未来（The future of the Firm）」という出版企画をリードされていますので、その観点からこういう問題意識にインスパイアされたのかなと興味深く伺いました。

　そして2点目のご指摘については、この後ご登壇いただきます経済産業省の泉様を、勇気づけるメッセージになったのではないかと思います。

　それでは三人目のスピーカーの方にプログラムを進ませていただきたいと思います。経済産業省商務情報政策局情報経済課情報政策企画調整官の泉卓也様に、「我が国のAIガバナンスの在り方」についてのプレゼンテーションをお願いしております。よろしくお願いいたします。

泉：角田先生、ご紹介いただきありがとうございます。経済産業省の泉と申します。本日は短い時間ではありますが、「我が国のAIガバナンスの在り方」をテーマに、お付き合いいただきたく思います。

　AIガバナンスというものは、今まさに答えを探している最中の課題ですので、皆さんと一緒に考えていければと思っております。今日お話しする内容は、経済産業省で検討しているものであり、角田先生にも有識者として参画していただいております。

　政府では、毎年、様々な目標を定めております。例えば、統合イノベーション戦略2020やAI戦略2019フォローアップでは、「AI社会原則の実装に向けて、国内外の動向も見据えつつ、我が国の産業競争力の強化に資する、社会受容の向上に資する規制、標準化、ガイドライン、監査等の我が国のガバナンスの在り方について検討する」という目標が掲げられております。**図表❷**をご覧ください。

図表❷　政策目標：AIガバナンスの在り方を検討せよ

AI社会原則 の実装に向けて、国内外の動向も見据えつつ、我が国の産業競争力の強化と、AIの社会受容の向上に資する規制、標準化、ガイドライン、監査等、我が国の **AIガバナンス** の在り方を検討する。【CSTI・総・経】（統合イノベーション戦略2020（AI戦略2019フォローアップ））

AI社会原則＝人間中心のAI社会原則（2019年3月決定）

- 基本理念
  人間の尊厳が尊重される社会（Dignity）
  多様な背景を持つ人々が多様な幸せを追求できる社会（Diversity & Inclusion）
  持続性ある社会（Sustainability）
- AI社会原則
  (1)人間中心の原則、(2)教育・リテラシーの原則、(3)プライバシー確保の原則、
  (4)セキュリティ確保の原則、(5)公正競争確保の原則、(6)公平性、説明責任及び透明性の原則、
  (7)イノベーションの原則

AIガバナンス（経産省の検討会で用いている定義）

- AIの利活用によって生じるリスクをステークホルダーにとって受容可能な水準で管理しつつ、そこからもたらされる正のインパクトを最大化することを目的とする、ステークホルダーによる技術的、組織的、及び社会的システムの設計及び運用。

　図表❷の目標の後ろに【CSTI・総・経】とあり、「経」が含まれています。これは、この目標にしたがって、経産省が仕事をしてくださいということを意味します。この目標には、キーになるアイディアが2つあると思います。1つは先ほど小塚先生が若干触れられましたAI社会原則であり、もう1つはAIガバナンスです。このあたりを少し整理しながら、先に進めます。皆さんにも一緒に考えていただきたいと思います。

法が現実に追いつけない

泉：日本のAI社会原則は、2019年3月に決定・公表された「人間中心のAI社会原則」[9]という文書の中に記載されています。この文書では、3つの基本理念と7つの社会原則が掲げられています（**図表❷**参照）。基本理念は、「人間の尊厳が尊重される社会」、「多様な背景を持つ人々が多様な幸せを追求できる社会」、「持続

9）内閣府ウェブサイト https://www8.cao.go.jp/cstp/aigensoku.pdf

性ある社会」の3つです。そして、社会原則は、「人間中心」、「教育・リテラシー」、「プライバシー確保」、「セキュリティ確保」、「公正競争確保」、「公平性・説明責任および透明性」、「イノベーション」の7つです。これらをしっかり実践していくことが重要になります。

　ではなぜAIガバナンスが課題として挙げられているかというと、AI社会原則だけでは解決できない問題があるからです。このようなAI社会原則が決められる背景として、AIというのはとても有用な技術である一方で、その影響の大きさゆえに、社会に悪影響を及ぼす可能性もあることが挙げられます。そうした悪影響を抑え、AIを正しく使うためのゴールがAI社会原則であり、これをどのように実践していくかが、AIガバナンスの課題となります。

　経済産業省の検討会では、「AIガバナンス」を「AIの利活用によって生じるリスクをステークホルダーにとって受容可能な水準で管理しつつ、そこからもたらされる正のインパクトを最大化することを目的とする、ステークホルダーによる技術的、組織的、及び社会的システムの設計及び運用」と定義しています（**図表❷**参照）。簡単に言えば、政府が掲げた目標は、AI社会原則を実践するために、このようシステムの設計および運用について検討せよ、ということになります。

　ではそれの何が難しいのか、というと、AIガバナンスの設計自体が難しいのです。社会のスピードや複雑さに法が追いつけない、という課題があるのです。AI技術の水準は日々高まっています。また、AIシステムの設計によって、色々な応用の可能性があります。そして、それぞれの具体的な応用に応じて、リスクの特徴や大きさも変わります。ですので、それをどのように制御するのか、どうガバナンスするのか、というのは難しい課題になるのです。

AIのバイアス問題の複雑さ

泉：ここでは、皆さんにとって馴染みがあり、関心の高そうな事例として、就職の選考過程へのAIの利用を取り上げてみましょう。米国のアマゾン社は、履歴書を機械学習を用いたシステムで審査して5点満点でランク付けするというシステムを開発しましたが、それを選考に使ってみたところ、なぜか特定の職種では女性に不利だということが判明し、アマゾン社は利用を停止しました[10]。AIガバ

218

ナンスの記事などを読んでこられた方は、この事例をご存知かもしれません。このニュースは、かなり広く拡散して、バイアスの問題として広く認識されました。就職活動は、若い人にとっては、非常に重要なプロセスなので、バイアスによって不利益をこうむる事態は避けなければなりません。

　他方で、人材選考過程に AI を用いることで、無意識のバイアスを排除できていた可能性もあるのではないかという指摘もあります。例えば、10 年ほど前に話題になった *Freakonomics*（日本語版著書名『ヤバい経済学』）[11]という本の中では、履歴書の内容を同一にして、名前の部分だけ、白人らしい名前と黒人らしい名前に変えて、多数の企業に送る実験をしたら、白人らしい名前の方が、面接に呼ばれやすいという結果が得られたという事例が紹介されています。この事例は、このような無意識のバイアスが人間側にあるかもしれないので、AI を選考過程に活用することで、人の無意識のバイアスを排除できる可能性を示唆しています。

　この問題を考えてみるだけでも、AI ガバナンスの答えが簡単に出せるものではないということが分かると思います。他にも関連する記事があります。例えば、Harvard Business Review[12]には、「AI は、採用時のバイアスを取り除くための有望な技術である。人間の無意識のバイアスを取り除く可能性があるとともに、スクリーニング対象を増やすことができるためである」という記事がありました。また、「近年、コンピューターサイエンティストたちは、バイアスの問題に対処できる公正なアルゴリズムを開発している。多くの場合は、1 つのセンシティブな属性の影響を緩和するだけであるが、コペンハーゲンで開催されたカンファレンス（2020 年 4 月）では、複数のセンシティブな属性の影響を同時に緩和できる方法が公表される予定である」という IEEE（I トリプル E）の記事[13]もあります。バ

---

10) このケースは、以下の文献のケース E として簡潔にまとめられている。パーソナルデータ＋α研究会、プロファイリングに関する提言案付属中間報告書、NBL No. 1137、第 68 から 79 頁。
11) Levitt, Steven D. and Dubner, Stephen J.(2006), *Freakonomics*, Penguin Books（スティーヴン・D. レヴィット＝スティーヴン・J. ダブナー（望月衛 訳）『ヤバい経済学——悪ガキ教授が世の裏側を探検する』東洋経済新報社・2006 年）。
12) Frida Polli, Using AI to Eliminate Bias from Hiring, Harvard Business Review（October 29, 2019), available at https://hbr.org/2019/10/using-ai-to-eliminate-bias-from-hiring
13) Matthew Hutson, Algorithm Groups People More Fairly to Reduce AI Bias, IEEE Spectrum (February 12, 2020), available at https://spectrum.ieee.org/algorithm-groups-people-more-fairly-reduce-ai-bias

イアスの問題にどう対処するか、ということが問われています。そして、これは
AI ガバナンスの課題の一部だと考えております。

ガバナンス・イノベーション：ルールベースからゴールベースへ

泉：それでは、社会の変化のスピードや複雑さに法が追いつけないという問題を
どのように解決すべきでしょうか。ここで手がかりになるのが、先ほど佐々木先
生も言及されていた経済産業省の「GOVERNANCE INNOVATION：Society 5.0
の実現に向けた法とアーキテクチャのリ・デザイン」という報告書[14]です。この
報告書は、法規制を、細かな行動規制を示すルールベースから、最終的に達成さ
れるべき価値を示すゴールベースにすることが好ましいと指摘しています。それ
と同時に、ゴールベースの規制を導入した場合には、規制と企業のオペレーショ
ンとの間にギャップが生じるため、ゴールを目指す人たちが参照できるような非
拘束的なガイドラインを作ることが望ましいとも指摘しています。AI ガバナン
スでも、規制とオペレーションのギャップという同じ問題が存在しますので、何
らかのガイドラインを示すということが、1 つの解決策になるのではないかと考
えております。

　ゴールベースの規制というお話をしましたが、角田先生のクラスを受講されて
いる方は、もしかしたらコーポレート・ガバナンスと似ているのではないかと感
じられているかもしれません。ゴールベースのアプローチはコーポレート・ガバ
ナンスのプリンシプルベース・アプローチに類似しています。AI ガバナンスに
ついては、ガバナンス・イノベーションの示唆に導かれながら、先ほど小塚先生
からもお話がありましたように、うまくコーポレート・ガバナンスに融合させて
いくべきであると考えております。例えばコーポレートガバナンス・コードの参
考資料には、「本コード（原案）は、会社が取るべき行動について詳細に規定する
『ルールベース・アプローチ』（細則主義）ではなく、会社が各々の置かれた状況
に応じて、実効的なコーポレート・ガバナンスができるよう、いわゆる『プリン

14）経済産業省ウェブサイト https://www.meti.go.jp/press/2020/07/20200713001/2020071300
　　1-1.pdf

シプル・アプローチ』（原則主義）を採用している」とあります。また、とても面白かったので紹介するのですが、國廣先生は、『企業不祥事を防ぐ』[15]という本の中で、「変化の激しい現代では、ルールが社会の変化に追いつけないというのが実際だ」と述べています。要するにステークホルダーは何を見ているかというと、ルールベースではなくて「この会社は真っ当か」というプリンシプルベースで見ているのだ、ということを言っています。この本は AI を意図しているわけではありませんが、「変化の激しい現代社会では、ルールが社会に追いつけない」という分析は AI を念頭に言っていると思えるくらいです。

先人の知恵に学べ

泉：話題が少しそれてしまいますが、一橋大学の名誉教授であられる中谷巌先生が 2001 年の日経新聞「半歩遅れの読書術」という記事で、量子力学の生みの親でノーベル物理学賞を受賞したハイゼンベルクさんが書かれた『部分と全体』[16]という本を紹介されています。そこには、「自然科学では、よりよいそして実りある革命は、まずある狭い輪郭のはっきりとした問題を解くことに限ったときに、しかも最小限の変更にとどめるように努力したときだけ、そのときだけ遂行され得ます。今までのすべてのことを放棄してしまって、勝手に変更するような試みというのは全くナンセンスです」と記載されています。理系の私はこの一節が好きです。

　AI の話になると、どうしても特別な雰囲気が出て、何か新しいことをしなければいけないような空気になることがあるのですが、ハイゼンベルクの功績が量子力学で微小世界の物理学を書き換えただけで日常生活のニュートン力学を書き換えるようなことをしたわけではないように、AI が登場したからといって、これまでのガバナンスの議論の大部分が否定されるわけではなく、コーポレート・ガバナンスのような先人たちの知恵をうまく使って、それと馴染むように進めていくことが求められているのではないかと思えるのです。コーポレート・ガバナンス

15）國廣正『企業不祥事を防ぐ』（日本経済新聞出版社・2019 年）。
16）Heisenberg, W. (1969), *Der Teil und das Ganze*, R. Piper & Co. Verlag（ハイゼンベルク，W.（山崎和夫訳）『部分と全体——私の生涯の偉大な出会いと対話』みすず書房・1974 年）。

だけではなく、例えばプライバシーの問題などもすでに色々なところで整理されていますから、それとうまく整合する形で整理していくことが正しい方向性ではないかと思っています。もっと言えば、AI原則については、世界的にも共有が進んでいます。フェアネス、透明性、説明責任など、AI原則の要素については各国で概ね共有されていますから、他国の例を参考にすればよいのではないかという話も当然出てくるわけです。

現実に即した融合アプローチとは

泉：経済産業省では、AIガバナンスのアプローチを2つに分けて考えております。1つは解説アプローチというものです。ヨーロッパの専門家がまとめたEthics Guidelines for Trustworthy AI[17]には付属チェックリストがあり、例えば、透明性はどういうものであるかとか、透明性を満たすためにはどうしたらよいかとか、そういった解説が書かれています。しかし、コーポレート・ガバナンスとの融合は考えられておりません。

　もう1つが、融合アプローチというものです。経済産業省では、こちらの方が望ましいのではないかと考えているところです。例えば、Explaining decisions made with AI[18]というイギリスのガイドラインでは、データ保護責任者とか、コンプライアンス責任者とか、技術部門とか、上級管理部門とか、それぞれがどういったことをすべきかということが指針としてまとめられています。AI原則の解説ではなく、コーポレート・ガバナンスに溶け込みやすくなっているわけです。融合アプローチのもう1つの例が、シンガポールのModel AI Governance Framework[19]です。こちらは日本でなぜか知名度が高いのですが、AI原則の解説を前面に出すのではなく、企業内部のガバナンス構造と手段、人間の関与の度合いの決定、運用マネジメント、ステークホルダーとの相互作用・コミュニケー

---

17) The High-Level Expert Group on Artificial Intelligence（AI HLEG）, "Assessment List for Trustworthy Artificial Intelligence（ALTAI）for self-assessment"（July 17, 2020）.
18) UK ICO and The Alan Turing Institute, "Explaining decisions made with AI"（May 20, 2020）.
19) Info-communications Media Development Authority and Personal Data Protection Commission, "Model Artificial Intelligence Governance Framework Second Edition"（January 21, 2020）.

ションというような形で、実例を交えながら実務に溶け込む形式になっています。こういった方向性というのは参考になるのではないかと私は考えております。

　最後に、最初にお話しした政府の目標に戻ってみましょう。経済産業省に与えられたテーマは、「我が国の AI ガバナンスの在り方について考えなさい」でした。そして我々は、角田先生をはじめとする有識者の方々にご協力をいただきながら、今まさにそれをまとめているところです。詳しく知りたい方は、今後公表される報告書をご覧ください[20]。英語でも同時に公表する予定ですので、海外の方にも是非読んでいただきたいと思います。

日本独自のガバナンスを作る目的

泉：社会のスピードや複雑さに法が追いつけないという問題を克服するためには、ゴールベースの AI ガバナンスを目指すべきです。幸運なことに「AI 社会原則」というゴールを我々はすでに持っているわけです。そうすると、このゴールに向かってどのように走るべきかが問われることになり、これが、先ほど述べた、規制とオペレーションの間のギャップという問題になります。この問題を解決するために、企業向けの非拘束ガバナンス・ガイドラインを作っていくべきではないか、コーポレート・ガバナンスとの相性を意識し、企業実務にうまく融合させるべきではないかと考えおります。

　そういうことなら、イギリスやシンガポールにある例を持ってくればよいではないかと思われるかもしれませんが、それぞれの国にはそれぞれの強み弱みというものが当然あるため、それほど単純ではありません。参考までにシンガポールの例を見てみましょう。シンガポールの Model AI Governance Framework の巻

20）経済産業省は、令和 2 年度に AI 社会実装アーキテクチャー検討会を開催し、令和 3 年 1 月 15 日に「我が国の AI ガバナンスの在り方 ver. 1.0」を公表し、意見募集を開始しました。経済産業省は、寄せられた意見を参考にしながら、その後も議論を継続し、令和 3 年度には、AI 原則の実践の在り方に関する検討会を開催し、令和 3 年 7 月 9 日に「我が国の AI ガバナンスの在り方 ver. 1.1」を公表するとともに、「AI 原則実践のためのガバナンス・ガイドライン ver. 1.0」を公表し、意見募集を開始しました。令和 4 年 1 月 28 日には、寄せられた意見を踏まえ、「AI 原則実践のためのガバナンス・ガイドライン Ver.1.1」が公表されました。これらの資料は、経済産業省の AI 原則の実践の在り方に関する検討会のウェブサイトなどから入手可能です。https://www.meti.go.jp/shingikai/mono_info_service/ai_shakai_jisso/index.html

末に協力企業名が出ています。Apple、Facebook、Google、Microsoft、IBM、Salesforce、AIG、Mastercard 等々が並んでいて、日本企業の名前はないのです。テックジャイアントの名前が見られますので、もしかするとそういったビジネスに特化した、特定の業界のリスクをうまく吸い上げたようなガイドラインになっている可能性があるのではないかと推測するわけです。

　日本の場合は、IT よりは OT、Operational Technology というところに強みがあるという指摘があります。AI の応用領域が違ったり、抱えているリスクが違ったりするかもしれません。そういったところを丁寧に掘り下げるような形で、コーポレート・ガバナンスにうまく融合していけるようなガバナンス・ガイドラインというものを作り、企業を支援できればと考えています。

　ガバナンス・ガイドラインを提供した後も、検討すべき課題は残ります。ガイドラインは非拘束ですので、ガイドラインを作った後に、そのガイドラインを皆さんにどう使っていただくかが重要になります。例えば、政府調達においてこのガイドラインを遵守しているから少しポイントを上げるなど、利用を促すインセンティブに関する色々なアイディアが出ています。日本の AI 技術や製品が世の中に出ていくにあたり、リスクを最低限に抑えながら社会的な利益を最大化する方向に導けるように、今後も検討を継続したいと考えております。本日のお話が、AI ガバナンスを考えるきっかけになったとすれば幸いです。ありがとうございました。

角田：泉様、貴重なプレゼンテーションをいただきましてありがとうございました。それでは、まずパネリストの小塚先生が一番密接に関連していると思いますので、小塚先生、コメントをいただけますでしょうか。

小塚：分かりました。先ほどのシュテフェック先生からのお話からつなげてしたいと思います。

　シュテフェック先生が先ほどお話しになったロナルド・コースは、第二次世界大戦前から活躍した経済学者で、企業ができる理由、なぜ市場の取引で終わらせず、企業という組織にするのか、という問題を立てました。そして、取引を続けるうえで組織化する方が効率的だという時に企業ができるという考え方を提示し、

それを後の人たちが取引費用、transaction cost という形で分析をしました[21]。それが時代が移り、取引コストは、実は情報の問題、つまり取引に必要な情報が足りない状態で判断しなければならないとか、取引相手と自分との間に情報格差があるといった問題から発生する部分が大きいのではないかと、1980 年頃から言われるようになってきました[22]。これが、情報経済学という考え方で、その話が AI の時代にも非常に大きな意味を持つと思われます。つまり人が、必要なすべての情報を手に入れるのは、ほぼ不可能ですから、どの段階かで行動を決めなければいけない。その決定の際に、AI が人よりも多くのデータを分析して、なんらかのサジェスチョンを示してくれると、情報の問題を克服することが可能になったり、逆に AI の判断に引きずられ、行動に悪い影響を与えることもある。そこでもし、悪い面が出るとすれば、それはどのように是正していったらよいか、また、情報の問題を克服する側のメリットというのものを、どう引き出したらよいか、という点で、AI ガバナンスという話が出てくるのだと思います。

　泉さんが「ゴールベース」を強調されていましたが、これも AI に非常に適合的な話で、AI は、結果までのプロセスがブラックボックスになってしまうので、このデータを使ったからこうなった、という判断の基準を 1 つずつを追いかけることは、多分できません。一方、データが原因で、差別や偏見が AI に入り込むようになってはいけない。ではどうするかというと、入り込まない仕組み、ガバナンスの構造を作る必要があるわけです。それには、一つひとつを押さえていくのではなくて、仕組みで受け止めることが大事になってきますから、そういう意味でいうとむかしの経済学の大先生の分析から、最先端の、それこそ明日公表される報告書に至るまで、議論はつながっているのだなと感じたということです。

角田：ありがとうございました。佐々木先生、何かございますか。

佐々木：はい、ありがとうございます。
　2 点コメントがあります。まず、ガバナンスといった時に、私のプレゼンはど

21）ロナルド・H. コース（宮澤健一＝後藤晃＝藤垣芳文訳）『企業・市場・法』（東洋経済新報社・1992 年）。
22）オリバー・ハート（鳥居昭夫訳）『企業　契約　金融構造』（慶應義塾大学出版会・2010 年）。

ちらかというと組織、企業、金融機関における、ガバナンスの在り方を中心にお話ししました。一方で泉さんも小塚先生も、AIを含めた世の中全体のルールのあり方、規範の在り方をどうするのかを話されました。もちろんその中に、個別の企業や組織や金融機関の話も入ってくるわけですが、そういう社会全体のガバナンスの在り方、Society 5.0のゴールベースの在り方、これにつながっている。ですから従来のコーポレート・ガバナンスを超えて、社会全体、日本だけではなくて世界全体のガバナンスをどうするのか、そういうガバナンスの議論になってきているということが1点目です。

AIを使って何をやるのか

佐々木：もう1つは、これもお二人の議論の中でも出ていましたが、私はイノベーションにしろ、DX（デジタルトランスフォーメーション）にしろ、それらは道具や手段の1つで、最終的にそれを使って何をやるのか、何を実現するのかが、目的（パーポス）が重要だと思っています。何のためにやるのか、存在価値は何なのか、パーポスがよく理解されずに、日本の議論の場合、パーポスとツールがごちゃ混ぜになって、ツールを取り入れるだけの議論になってしまいがちです。私の経験からも、専門家が増えれば増えるほど、蛸壺化しやすく、いったい何のためにやっているのかを忘れ、話の本筋から離れていってしまうことが多々あります。ですから繰り返しになりますが、最終的にはAIはツールですから、それを使う人だったり、使って世の中をどう良くしていくか、S、Socialという考え方が、特にコロナでますます重要になってきているのだろうと思います。

さらに言えば、法律も最終的には道具だと思っています。私も法学部の出身ですが、法律家は法律を使って、何をするかです。小塚先生がおっしゃっていた通りで、法律という道具で、社会を変えていく、社会を良くしていかないとなりません。人間が法律に使われてはいけないのです。人間は法律を使って、世の中を良くしていく、それを大前提として、最終ゴールが何なのか、ゴールベースであり、パーポスが何なのか。こういうことを、特に学生の方は、これから法律を勉強されていけば、細かい何条であるとか、あるいは過去の判例の何だとか、そういうテクニカルな、もちろん、これはこれで大事なのですが、それを何のために

やるのかというパーポスをよく認識いただくことの重要性が、改めて今日の議論でよく分かったというのが私の感想です。

角田：ありがとうございます。学生の方、どなたか是非質問してみたい方、いらっしゃいますか。

社会的価値を無視した AI 開発とは

学生 A：小塚先生にお聞きしたいです。テーマから少し離れてしまうのですが、総務省か何かのプレゼンの中に、「社会的価値を無視した AI 開発」について書かれていたのを拝見したのですが、それは具体的にどのようなものを指しているか、是非教えていただければと思います。

小塚：例えば、激しい民族対立があるような国があったとして、もっと言うと、片方の民族だけを識別するような顔認証 AI を、もう一方の民族の独裁者が使う、といったことは十分に考えられることです。そういった場合に「お金を払うから開発してください」と言われた企業の経営者の中には、「それは儲けになるな」と考える人が出てこないとも限らない。そういうことを私たちは阻止しなければいけないわけです。

　もう 1 つ、今、リアルに問題になっているのは AI 兵器です。ドローンのような無人機に AI を搭載して、「あそこがテロリストの拠点だ」などといって攻撃するようなことが、すでに現実として起こっています。もっとも、現実に使われているものは人間の監視が残る「半自律型」の兵器で、完全に AI だけで判断する殺傷力の高い兵器（いわゆる「致死性自律兵器システム」(lethal autonomous weapon system：LAWS)）はまだ開発されていないそうです。そして、そのような完全自律型の AI 兵器に対しては、開発や使用も禁止するべきではないかという議論が行われています[23]。

---

23) 新保史生「自律型致死兵器システム（LAWS）に関するロボット法からの考察」IEICE ESS Fundamentals Review 13 巻 3 号（2020 年）217 頁。

そういった紛争の中での開発に、少なくとも日本の企業が関わるようなことは
あってはならないと思いますし、そういうことをさせない輪を世界に広げていか
なければならないと思います。

角田：ありがとうございます。実は、今、お話しいただいたような兵器に関する
問題についてどう考えたらよいのかという事前質問もかなりいただいていたので、
言及していただいたことに感謝です。

forward looking で AI に勝つ

学生 B：はい。佐々木先生に質問なのですが、企業の監査をその企業が単独で行
うことができるようになるというお話があったのですが、その場合、監査が適正
であるか、そういったことを担保する仕組みとしてはどのようなものが考えられ
るでしょうか。

佐々木：ご質問ありがとうございます。これは、今の AI に関する議論と少し別
の話なのですが、そもそも企業の財務諸表が正しいかどうか、それを担保するた
めに会計監査があったり、当局の検査があります。その時に、正しいと判断する
基準があって、それは法律であったり、監査基準であったりするのですが、問題
は、その基準に則って正しいかどうかを判断するだけでは、もう不十分だという
ことなのです。

　先ほどの泉さんのご説明にもありましたが、世の中の変化にルールが追いつか
なくなってきて、監査がルールや基準に合っているかどうかを確認する、これま
でのコンプライアンス的なやり方では監査しきれなくなってきているのです。

　では将来どうすればいいのかというと、1 つは、今日お話しした通り、ルール
がない状態で考えていくということ。ルールを待っていたのでは追いつかないか
らです。もちろん、ルールがない状態が正しいのではなく、先ほどの泉さんのご
説明の通り、従来のように、政府が法律という形で規制するのではなくて、ゴー
ルベースで、プリンシプルベースで、方向性は示しますが、どう落とし込んでい
くかは主体的な取り組みに委ねる。これが重要になってきます。とはいえ、その

プリンシプルだけでは、正しいかどうかということは判断できなくなりますので、そこをどう担保するのか。これは非常に難しい問題です。

　ただ、私が１つ考えているのは、監査というのは、先ほどforward lookingという言葉を使いましたように、色々なものを見ることが求められる仕事です。１つの企業、あるいは１つの部署だけではなくて色々なものを見ます。そうすると、個別に単体で見るだけでは見えない、多数見ることで共通して出てくる課題というのが、見えてくるのです。もっと言うと、見えてこなければいけないのです。「ミクロからマクロ」といつも言っているのですが、個別の話を踏まえた上で抽象化される、あるいは共通のインプリケーションというものが分かってくる。こういう能力こそ AI が持てない価値だと思います。AI というのは、基本的に過去のデータを分析して、将来を予測することに長けているわけですから、ここについての人間のジャッジメントはものすごく重要だと思います。

　ですから、こういうことを教育でやらなければいけないと、私は思うのです。法学教育などは、過去の判例や条文を暗記した先に、では次の課題は何なのか、そこから共通して出てくる法制度上の課題とは何か、あるいは法律以外の分野に、どんな課題があるのか、考えるべきことが色々出てくると思うのです。こういうものをある意味予測する、ミクロからマクロに抽象化して共通のインプリケーションを見つける、それを次のアジェンダセッティングにつなげる。こういったことは AI が代替できない能力で、ルールがない時代になっても、監査の存在意義を主張できるものになるのではないかと思います。なかなか難しい問題だと思いますが。

角田：よい質問だったと思います。ありがとうございました。そして、まさに学生の皆さんに今、学んで欲しいこととして大事なメッセージまでいただきました。最後にフェリックス、何かありますか。

シュテフェック：ありがとうございます。では非常に短くお話をします。
　佐々木先生や泉さん、そして小塚先生のおっしゃったことをまとめますと、世の中の変化にルール改正が追いつかず、規制についてルールベースからゴールベースにしていこうという時代に、では、ゴールとはいったい何だろうかという

話になるのだと思います。私が答えるとすれば、その出発点は、人々とその利益であるべきです。テクノロジーと法律は、人々が利益を得る手助けをすべきですし、時として人々の利益が相反して、互いに衝突してしまう時にソリューションを見出せるような仕組みを提供しなければいけないと思います。このトピックは、非常に重要で丸一日かけて議論できそうなぐらいですが、この辺でやめておきます。とてもインスピレーション溢れるセッションを、ありがとうございます。

角田：それでは、本日は大変充実したプレゼンテーションと、そして大変インスパイアリングな質疑ができたと思います。受講生の皆さんからも面白い質問をしていただきまして、大変ありがとうございました。それではこれをもって本日の第4セッションを閉めたいと思います。

角田：一橋大学経営管理研究科客員教授の佐々木清隆先生には、金融庁で検査、監督の改革を主導してこられた経験を踏まえて、コーポレート・ガバナンス改革の本質は何なのか、それがテクノロジーの進化とコロナ危機を経てどのように変貌を遂げようとしているのかについて、お話いただきました。多岐にわたる法令や様々な規範のテクニカルタームは一切用いずに、幾次のコーポレート・ガバナンス改革は何を成し遂げようとしてきたのか、その実現の鍵は何かが明解に語られました。また、嵐の中にいるような感覚に陥りかねないコロナ禍で起きている変化も、佐々木先生の明快な分析によって、まるで、羅針盤と海図を手に入れたようでした。例えば、コロナ禍はこれまでの「金融危機」とは異質で変化をもたらすベクトルも逆であること、明らかになった社会の分断などの危機の深刻さを踏まえれば、企業価値の創出に求められるESGの重要性、その理解にも改訂が必要だという指摘は、説得力がありますし、また、関係者で共有しておくことも大事だと思いました。

　それから、特筆に値すると思ったのは、「テクノロジーによってリアルタイム監査が可能になりコーポレート・ガバナンスの向上に資する」といったシナリオを大きく超越する「その先」の考察であったことです。つまり、3 Lines of Defence の 1st と 2nd が「融合」し、かつ、プラットフォーマーが提供するサービスと化する可能性があること、3rd が独自の意味を持ち続けるためにフォワードルッキングな監査が必要で、それこそヒューマンがやらねばならないという「その先の世界観」が極めて具体的に語られたことです。これは法令遵守や監査の考え方、また、コーポレート・ガバナンスの法体系を刷新する可能性を秘めた主張ですが、説得力に圧倒されました。

シュテフェック：私は、佐々木先生のアプローチが非常に興味深いと思いました。会社内部のコーポレート・ガバナンスと外部のコーポレート・ガバナンスを区別し、テクノロジーがコーポレート・ガバナンスの両側面に与える影響を論じていた点です。

　彼は、この２つの分野における大きな変化を予測し、それを「５つのD」、す

なわち、データ（Data）、分散化（Decentralization）、多様化（Diversification）、民主化（Democratization）、創造的破壊（Disruption）と結びつけました。この5つの側面がコーポレート・ガバナンスの革新を促進するという点については、私も非常に同意します。

　ディスカッションの中で、私は「デザイン」というもう1つの「D」を加える必要があるのではないかと提案しました。私は、企業とその取引相手が、テクノロジーを利用して、ライブのデータや人工知能に基づく予測に基づいて関係を設計することが増えていくのではないかと思っています。そうすれば、より良い情報に基づいた契約ができ、後から驚くような事態も少なくなるでしょう。言い換えれば、コーポレート・ガバナンスが情報的制約を受けにくくなり、紛争が起こりにくくなるということです。

角田：それから、最後の学生さんからの質問は、まるで、AI時代のガバナンスをどうやって担っていったらよいのか戸惑う現場の声のようでしたね（笑）。佐々木先生から Forward looking な判断という、リーガルイノベーターにとって非常に大事なキーワードが語られました。「ミクロからマクロ」という、蛸壺化しないで時にズームアウトしろというアドバイスもいただきました。まさに受講生にはリーガルイノベーターになってもらうためにこの講義を企画したので、我が意を得たり、と心の中で喜んでいました。

シュテフェック：続いて、学習院大学法学部教授の小塚荘一郎先生が「企業におけるテクノロジーの導入とコーポレート・ガバナンスへの影響」について講演しました。小塚先生のアプローチは、「機能的等価性」に焦点を当てたもので、非常に参考になりました。機能的等価性とは、新しい技術が古いやり方に取って代わるかどうかを意味しています。例として、日本で20年ほど前に法律で規定された電子署名が、物理的な印鑑（ハンコ）に取って代わる試みを挙げていました。このような背景から、先端的なテクノロジーがビジネスにおいてどのような作業を代替するのか、それがコーポレート・ガバナンスにとってどのような意味を持つのかを問いかけたものでした。

角田：私は、小塚先生の分析は、**集中講義❶**〔→61頁〕で幸田博人先生が強い危機感とともに、くっきり、はっきりと浮かび上がらせてくださった、日本の大企業が抱えている構造問題というものに対して、別の角度から光を当てたものと受け止めました。

　ただ、実はその、私には、小塚先生が「機能的等価性」という概念を導入され、将来像を含めて、この概念でお話を総括された理由が今一つクリアでなかったのです。なんとなく静的な比較というか、何か1つの要素を変えるときに働く力学を明らかにするための概念であって、佐々木先生がおっしゃったDの最後のDisruption、創造的破壊が起きる状況で用いるべき概念なのか、と疑問が沸いたところでした。機会があれば、是非、議論したいテーマです。

　そう、「脱ハンコ」の話題は、確かに、我が国におけるデジタル化の象徴的なトピックスだったのです。電子署名はもう20年ほど前に法制化されていたのに、なかなかハンコ実務が変わらなかった。だから、2020年のコロナパンデミックになっても、ハンコを押すためだけに出社しなければならないという問題が露呈して社会問題になりました。脱ハンコ社会は2020年の日本の重要テーマでした。そういった日本のデジタル化が遅れてきた理由のようにも聞こえてしまいました。

　シュテフェック先生は、この辺のゲストの間でスタンスに違いがあったのではないか、という点については、どのような感触をもたれましたか？

シュテフェック：私は、テクノロジーがどのような機能を持っているかを理解しようとするアプローチと、テクノロジーが起こす変化や破壊力を理解しようとするアプローチの両方が有効だと思います。1つ目の機能的なアプローチは、テクノロジーがタスクレベルで何をするのかを理解するのに役立ちます。2つ目のダイナミックなアプローチは、時系列での変化を見るのに役立ちます。これを踏まえて、私も、テクノロジーが既存の機能を代替するだけなのか、それともテクノロジーがビジネスをより根本的に変革するのかを問いかけたいと考えました。さらに、環境の変化がコーポレート・ガバナンスにどのような影響を与えるのかを考えたいと思います。テクノロジーの影響を受けるのは、企業だけではありません。テクノロジーは、社会、人々の生活、ビジネスの在り方

をも変えていきます。これはコーポレート・ガバナンスにも影響を与えるのかという問題です。

角田：「AI美空ひばり」の話題もありましたが、日本には世界に誇るアンドロイド研究者やロボット演劇の演出家もおられます。日本人であれば誰でも知っているような文豪のアンドロイドを作り、偉人を蘇らせる権利を持つのは誰か、アンドロイド演劇で表現させてよい内容に縛りはあるのか、「アンドロイド基本原則」は必要か、といった挑発的な問題提起もしています[1]。データは生命を超えて残りますし、データをめぐる権利関係は法学にとってはまだまだ未開の分野です。ルールが固まる前に現実が先行しているので、プリンシプルベース、ソフト・ローという選択肢しかあり得ない、という本音も透けて見えたように思えました。

シュテフェック：本セッションの最後を飾ったのは、経済産業省 情報・政策企画調整官の泉卓也氏でした。泉氏は「日本におけるAIガバナンス」の最終報告書を発表しました。泉企画調整官が発表したAIガバナンスのアプローチの中核となる原則は、人間中心のアプローチです。彼は、優れたAIガバナンスは、人々の問題を解決するビジネスに貢献すると強調しました。これ以上の同意はありません。人々が抱えている真の問題を解決することに基づいたビジネスモデルは、持続可能なものとなるでしょう。また、その逆も然りで、最終的に人々が必要としていないのに製品やサービスを市場に押し出しても、長期的には持続しません。また、「人々の利益、関心事は何か」という視点もあります。人々の利益とは、人々の問題の裏返しです。この意味で、経済産業省のAI規制の考え方を貫く理念は、良い方向に向かっているといえるでしょう。例えば、OECDは、法律や紛争解決が人々を中心としたデザインに従うべきであることなどを提言する際に、非常に似たデザインアプローチをとっています。

1）漱石アンドロイド共同研究プロジェクト編『アンドロイド基本原則──誰が漱石を蘇らせる権利をもつのか？』（日刊工業新聞社・2019年）。https://robotstart.info/2019/02/26/suse-ki-android-symposium.html

◙ コーポレート・ガバナンスは、意思決定がされた瞬間に社内外のガバナンスに関わるデータが包括的に更新されるようになれば、十分に機能するようになるでしょうか？

◙ もし、金融局などの外部のコーポレート・ガバナンス機関が、過去のデータではなく、ライブデータに基づいて介入できるようになったら、実務はどのように変わるでしょうか？

◙ 人工知能はコーポレート・ガバナンスにどのような役割を果たすことができるでしょうか？　人工知能だけで管理された「自動運転」の会社が登場するでしょうか？

◙ テクノロジーは企業の内部組織をどのように変えるのでしょうか？　階層的な組織（ヒエラルキー）はなくなるでしょうか？

◙ テクノロジーは企業の規模にどのような影響を与えるでしょうか？　テクノロジーが内部組織のコストを最小限に抑えることを可能にするため、企業は大きくなるのでしょうか？　それとも、テクノロジーによって契約による他者との協力が容易になるため、企業は小さくなるのでしょうか？

◙ 立法者が策定する規制に対応する人間は、これからも法律家が中心であり続けるでしょうか？　法律や規制を読むことにあまり慣れていないコンピューターの専門家によって遵守されるようにするには、どうすればよいでしょうか？

テクノロジーで挑む法執行

◉ スピーカー

池田宜睦（東京大学公共政策大学院特任教授）

◉ モデレーター

角田美穂子（一橋大学大学院法学研究科教授）

フェリックス・シュテフェック（ケンブリッジ大学法学部上級講師）

◉ コメンテイター

佐々木清隆（一橋大学大学院経営管理研究科客員教授/元金融庁総合政策局長）

野崎 彰（金融庁総合政策局組織戦略監理官/フィンテック室長）

人間とロボットの共存が進む金融分野では、革新的技術分野の推進に向けた施策（規制のサンドボックスなど）を導入した我が国・諸外国の経験、金融分野における RegTech/SupTech に関する調査報告が公表されている[1]。金融庁から東京大学公共政策大学院に特任教授として現在出向中の池田宜睦先生、元金融庁政策総合局長の佐々木清隆先生、金融庁フィンテック室長の野崎彰様に、そこから読み取れる現状課題や原因分析、さらには法執行の現場での経験、今後の展望などを語っていただきます。

（2021 年 1 月 18 日収録）

---

1) 三菱総合研究所デジタルイノベーション本部委託調査「革新的技術分野の進展に向けた施策および金融分野における RegTech/SupTech に関する調査報告書」令和 2 年 6 月 26 日、https://www.fsa.go.jp/common/about/research/20200903.html

金融庁が IT 技術を必要とする理由

角田：本日も豪華なゲストをお迎えしております。大変専門性の高いお話ですが、まさに最先端のお話をお伺いできる貴重な機会になると思います。これもこのセッションのコーディネーター役まで務めてくださった東京大学の池田先生のお陰です。ありがとうございます。それでは、本日のゲストをご紹介させていただきたいと思います。

　お一人目のゲストは池田宜睦先生で東京大学公共政策大学院の特任教授であられます。池田先生は、1999 年に金融監督庁（現金融庁）に入庁されて、証券取引等監視委員会事務局総務課総括調整官、その後ベトナム国家銀行派遣 JICA 専門家、金融庁総務企画局市場課市場企画管理官等を経て、2019 年、金融庁監督局証券課資産運用管理官、2020 年より現職でいらっしゃいます。

　それでは早速でありますが、池田先生、よろしくお願い致します。

池田：「テクノロジーとリーガルイノベーション」の第 5 回「テクノロジーで挑む法執行」に、角田先生からのご指名で参加させていただきます。実は、私は一橋大学法学部の卒業生でして、今日の角田先生とは、実はゼミの先輩後輩になります。今、政府税制調査会長をなさっている中里実先生のゼミの下で、時期的にはすれ違いになっておりますが、大学卒業前後から大変親しくさせていただいて、金融庁が関係するテーマの時には、お声掛けいただいているということでございます。ですので、本日は一橋の先輩が話すというふうに、ご理解いただけたら有難いと思います。

　さて、本日は、アジェンダとして
　　①RegTech と SupTech
　　②FinTech サポートデスクと FinTech 実証実験ハブ
　　③デジタルフォレンジックおよびインターネット巡回監視システム
の 3 つを予定しております。

　まずは、RegTech と SupTech のお話を、その後、自分の実体験なども交えながら、残り 2 つを付加的にご説明するという流れでいきたいと思います。

皆さんは FinTech という言葉は聞いたことがあっても、RegTech と SupTech とは、そもそも何であるか、よく分からないのではないでしょうか。

　RegTech とは、Regulatory Technology の略で、民間金融機関が IT 技術を活用して、金融庁の課している金融規制に、効率的に対応するというものです。もう 1 つ SupTech とは、Supervisory Technology の略で、民間企業側の RegTech とは反対の、金融庁や日銀といった当局の人たちが、検査や監督を高度化・効率化させるために活用するテクノロジー、IT 技術という意味で用いています。要するに、RegTech は規制を受ける側、SupTech は監督する側が使う IT 技術、というように覚えていただけたらと思います。

　では、なぜ今、RegTech や SupTech の必要性を、とりわけ金融庁が声高に訴えるかについてになりますが、まず背景に、ちょうど今のタイミングで、金融庁が検査・監督の見直しを進めていることがあります。

　過去に金融庁は、1990 年代のバブル崩壊後に、融資先の事業の失敗や、担保にしていた不動産の価格暴落で、融資金の回収が十分に図れない、不良債権問題という状況を経験しており、こうした問題への対応から、1 年に 1 回とか、2 年に 1 回とか、そのような定期検査を中心にして、金融機関のモニタリングを行ってきました。

　人気ドラマ「半沢直樹」の中で、黒崎検査官が、「お久しぶりね」とか言いながら銀行に入っていったりした、まさにあのイメージが、モニタリングです。ところがここ最近は、不良債権などの融資先の問題よりも、銀行自身の収益力の確保の方が問題になってきて、これまでのように不良債権だけのチェック、変な貸し出し先がないかを見ているだけでは、足りなくなってしまいました。一言で言うと、銀行があまり儲からなくなって、収益を確保するために、もっとしっかりやらなくてはいけないとなってきたわけです。そうなると、「変な融資してないよね」というところを見るだけでは足りません。銀行がきちんとしたビジネスモデルを持って、収益性の高い商売をやれているのかというところまで把握して、話し合う必要が出てきました。そうした深度ある対話をしようとすれば、これまでのように、たまに行って、ちょっと資料を見せてもらって、「この会社もっと本当は経営が傷ついているんじゃないの」と、ドラマのように「駄目駄目」と言うだけの検査では、とてもやっていけない状況になりました。もっと金融機関の業務

に関して多くのデータを収集して分析することが不可欠になってきたのです。

　定期検査中心のモニタリングでやってきた頃も、立ち入りの時には詳細なデータをたくさんもらっていましたが、モニタリング期間外の、オフサイトの間は、監督局の人たちが基礎的なデータを定期的に入手していました。定期的な自己健康診断の結果を提出してもらうみたいな、そういうイメージで、通常営業時のデータをきちんと銀行から提出してもらうためのシステムを作っていたわけです。

金融機関のデータをどう集めるか

池田：それが、正確に実体把握をしていかなければいけないとなると、オフサイトで継続的に情報を収集する、あるいは、より細かく、精度の高いデータを集めて来なければなりません。ですので、今度は、銀行に立ち入る人とそうではない人が共同作業して、しっかりとモニタリングしていく、オン・オフ一体の継続的なモニタリングが必要になってきます。検査官が「おじゃまします」と立ち入り調査している時だけではなく、それ以外の期間もずっとオフサイトの人たちと連携しながら見守りましょう、というのが、ここで言っている継続的なモニタリングのコンセプトです。

　そうなると、今度はそれにあったシステムが必要になります。例えば、最近ビッグデータを分析できるようになって、細かい情報処理が可能になったのでそれを活用するとか、官民協働の「エコシステム」を構築するなど、様々な面で当局と銀行が協力し合いながら、このような問題に当たっていかねばなりません。

　また、デジタル化が進み、細かいデータを処理できるような技術ができたことで、RPA（Robotic Process Automation）と呼ばれる、これまで人間が自ら行う必要があった業務、作業、対応などが、ロボットを使って自動的に作業ができるような仕組みや、AI、クラウドの活用などで、金融機関や金融庁の現場でもデジタル化が進んできました。現状では、代替は単純なものだけのようですが、これまで人手を使って一生懸命やっていたことが自動化できるようになったわけです。

　さらにもう１つ、API（Application Programing Interface）の導入というものがあります。これは、あるアプリケーションの機能や管理するデータ等を他のアプリケーションから呼び出して利用するための接続仕様・仕組みを指しますが、こ

の API を他の企業等に公開すること（オープン API）によって、FinTech 企業など銀行以外の者が、外からアプリケーションを使って銀行のデータを安全に活用してサービスを提供できるようになります。

　というわけで、金融機関や監督当局の現場で、IT 技術が導入され、デジタル化が進んできており、モニタリングを高度化しなくてはならないタイミングであることと、テクノロジー自体が進化してきたということがセットになって、金融庁ではちょうど今、RegTech や SupTech を進めていこうということになっているのです。

　モニタリングを高度化・効率化させるためには、データの収集・蓄積・分析機能の高度化と効率化が必須で、両者は一体不可分になっています。IT 技術が進み、デジタル化の流れを踏まえれば、金融モニタリングを高度化・効率化するためには、SupTech の導入は欠かせないということです。

　こうしたデジタル化の流れから、平成 29 年度に機が熟して、「このようなものをしてしっかりやっていきましょう」という目標が金融庁の方で示されました。

　実際に取り組む内容としては、次の 3 点が挙げられます。

　・日本銀行との徴求データの一元化・システム連携
　・粒度の細かいデータの利活用
　・分析業務等の自動化

　金融機関の情報のデジタル化と、金融機関からもらった情報を金融庁で収集・蓄積・分析を進化させていくためには、当局と金融機関がそれぞれ独自に技術を進化させるよりも、両方が手を携えて、連携していく必要があるということです。その理由については、後で説明しますが、まずは上記 3 つにおいて、取り組みやすそうな所から、官民で協力して、実証実験しながら実用化していこうとなっています。

金融庁と日銀の徴求データを統一する

池田：では、実際の 3 つの取り組み状況がどうなっているかですが、「日本銀行との徴求データの一元化・システム連携」から説明すると、まず前提として、金融庁が金融機関から徴求しているデータとは別に、日本銀行が金融機関から徴求し

ているデータもあり、それらの中に重複している、あるいは類似しているものがあります。実は、この類似している、というのがくせものなのです。重複していれば、徴求書類の作成作業は1回で済みますが、類似というのは、似ているが少し違うということですから、少し違っているがために、金融庁用と日本銀行用に、ほとんど同じような内容にもかかわらず、微妙に違うものを、金融機関は2つ作らなくてはなりません。出し先が2つあって、しかも、類似しているのに微妙に違うものを2つ作るには、コストもかかりますから、コストを抑えるために、「類似しているけれど少し違う」部分については、何で違うのかを確認して、極力一元化していきましょう、そうやって整合性をとって同じものにできるのなら、作業は1つで済むのですから、極力一元化しましょうとなってきたわけです。

データが1つにできれば、次は、金融庁と日銀の間で安全にデータを共有する仕組みを作って、報告先を一本化したい、となります。そうすれば、金融庁と日銀それぞれに出していた報告書を、どちらか片方に出すだけでよくなります。例えば、日銀に出して、それが金融庁にも自動的に送られる仕組みがあれば、わざわざ2カ所に出さなくて済み、より効率化が期待できます。

それで、まずは金融庁と日本銀行の間で類似しているデータを一元化する調整から始めて、2種類のデータを一元化しました。もちろん、こうした"同じようなデータ"は山ほどあって、2つだけでは全然足りないのですが、とりあえずはできるものからというスタンスで、類似データの一元化から始めた次第です。

金融庁と日銀の間での、こうした「データシェアリングの在り方」は両方でタスクフォース（task force）みたいなものを組んで、現在も継続して検討している状況です。**図表❶**〔→244頁〕は、金融機関が日銀と金融庁の両方に出している報告を一本化していくイメージをまとめたものです。

貸出先の細かな情報を金融庁と共有

池田：2番目の「粒度の細かいデータの利活用」とは、より細かいビジネスモデルにまで及ぶようなモニタリングの必要性が増してくると、通り一遍のデータでは足りず、例えば、貸出金額だけでなく、どういう人に貸しているのかなど、細かい背景となるバックデータまで採っていく必要が出てくるということです。も

図表❶　日本銀行との徴求データの一元化・システム連携

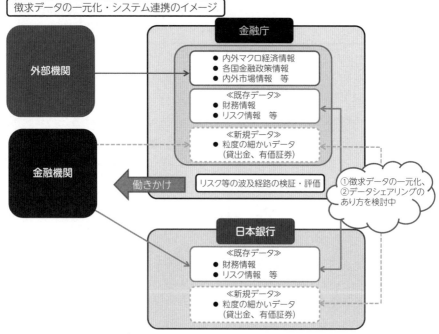

出典）金融庁「金融モニタリングにおけるデジタライゼーションの取組状況」（令和元年6月）6頁

　しまだITが進んでいなければ、そんな情報を山ほどもらっても、金融庁の方で消化できませんから、「そういうのは採れないよね」となりますが、今のようにデジタル化が進展し、少なくともデータの処理能力が上がっている中では、こうしたより細かいデータを分析する余地があるわけです。それならば、特に地域銀行との間で、このような細かいデータを採っていきましょうという作業も始めています。

　具体的には、**図表❷**に列記したように、金融庁と金融機関が対話をする時に、個別金融機関のポートフォリオや地域特性をきめ細かく理解していくことになります。貸出先はどこなのか、どういう業態か、どの位の規模か、どういう貸出先がいるのか等、貸出額の数字だけではなく、背景を知るためのバックデータをしっかり採っていくためには、貸出先そのものの情報というものが必要になってきます。

244

図表❷　粒度の細かいデータの利活用

明細データの協働検証作業の概要①(データ授受方式)

○ 今回の協働検証作業では、地域銀行側の負担低減の観点から、従来の徴求計表のように金融庁でフォーマットを指定せず、比較的柔軟に銀行側が保有する明細データを受け入れ、金融庁でデータの正規化を行う方針。

【データ授受方式とデータ活用の概要】

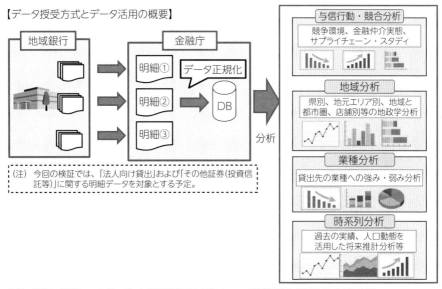

(注) 今回の検証では、「法人向け貸出」および「その他証券(投資信託等)」に関する明細データを対象とする予定。

出典) 金融庁「金融モニタリングにおけるデジタライゼーションの取組状況」(令和元年6月) 8頁

　また、色々な金融機関から金融庁が情報を集めた結果、金融庁から金融機関に対して、「おたくの金融機関の経営状況はこうですよ」といったフィードバックをすることがあるのですが、そのような場合にも、質の高い情報を提供すれば、金融機関側も「自分たちはこの辺が足りてないんだからもっとこの辺を強化していかなくてはいけないな」と気づきを与えられるような対話ができると思います。そのような価値の高いフィードバックにするためにも、質のいい情報を得たいと考えています。

「データの正規化」で銀行の負担を軽減し情報を得る

池田：さらに「同種のデータを必要とする関係機関等との間で効率的なデータ活

用をする」ため、例えば、貸出情報など、それこそ信用情報機関など、金融庁と金融機関以外の他の機関にも出しているデータがあります。似たような与信管理データを複数作っているなら、先ほどの金融庁と日銀の徴求データの一本化と同様の話になります。金融庁に出すデータと信用情報機関に出すデータに違いがあれば、こちらも2種類作らなくてはいけない面倒が生じるわけで、極力一元化していくというものです。

　また、データの中には、「定例化されていない随時データ」というのもあり、これは世の中が注目したり、話題になったものに対し、情報を急いで把握する必要が生じた時に、金融庁から金融機関に「明日までに分かる限りの情報をくれ」というものです。そうした至急案件は、通常業務とは異なるイレギュラーなものですから、企業側の、提出にかかる負担が結構高くなります。「そもそも出せるのか？」「調べるのにどれ位かかるのか？」と、金融庁で監督をしていた頃は、私も現場に聞きながらよくやっていたものです。こうした企業の提出負担の軽減みたいな話も、今後は大いに検討しなければいけない部分です。

　こうした問題意識のもと、数行の地域銀行さんを選んで、「こういう問題意識を持っているんですが、どこまで細かいデータを採れますか」ですとか、「そのデータ作成にどれくらいの労力が必要となりますか」などを確認しつつ、極力銀行側の負担を抑え、現状あるデータを、そのままもらえるような方策を検討してきています。こうした検証作業の結果を踏まえて、今後どうやって詳細なデータを採ったらいいか、を話し合っていくことになります。実は、競争環境やサプライチェーン、金融仲介実態や地域分析情報を得たいとなった時に、県の中のどの辺なのか、農村の方なのか都市圏なのか、都市圏に比べて、山の方の過疎化が進む地域になると店舗が減ってくるなどの、地域によるばらつきがあったりします。例えば山奥の田舎になると、10キロ先の支店と取引しているとか、そういう状況が分かってくるわけです。業種、時系列についても、細かいデータを採れれば、今はこうだけど、昔はどうだったか、様々な角度から分析できるようになると思っています。

　ではこうした細かいデータをどう採るかというと、これまでは定期的に金融庁から「このフォーマットに埋めてくれ」と既定のフォーマットで提出してもらうのが普通でした。受け取る金融庁側のシステムに合ったフォーマットの形に埋め

てもらうことは、システム管理する金融庁側には不可欠であり、また他行との比較ができるという点でも有意義ではあるのですが、今回の協働作業では、そこを見直しました。

なぜなら、ここまでに述べたような非常に細かいデータを分析するのに合わせた、そんなに都合の良いフォーマットが、金融庁にあるわけがなく、もちろん地銀側も金融庁が望むような形式で情報を保管しているわけがありません。だったら、地銀さんが使用している自分たちのフォーマットのまま出してもらえばいいですよ、となったわけです。

金融庁側でシステム処理できるような形に直すことを、「データの正規化」と呼んでいますが、「金融庁でデータは正規化しますから、取り敢えずそのままで出してください」と出してもらう。そうしないと、細かな一つひとつの情報を金融庁のフォーマットに合わせて入れるということになって、山のような作業が必要になりますから、まずはお持ちの情報のまま出してくださって結構です、ということです。

そのように、粒度の細かいデータの検証作業の中で、そもそもデータの収集とか加工がどのくらいできるのか、そこでの分析を踏まえて、どういうフィードバックができるのか、実際データをどのように活用するのかについては、**図表❸**〔→248頁〕にまとめました。

法人マイナンバーの有効活用法

池田：このほか、「粒度の細かいデータの利活用」というところで検討している事項としては、「法人マイナンバーの利活用」というのがあります。法人マイナンバー（法人番号）とは、13桁の番号で、ネットで調べれば、この会社の法人番号はいくつという具合に出てくるものです。商号は商法で「同一地域で同一商号はだめ」と決まっていますが、同じ名前でも業種が違えば問題がないはずなので、そうすると同姓同名ではないですが、会社名は一緒だけど違う企業というのがあり得てしまうので、法人マイナンバーで確かめれば、同一の貸し先かどうかが分かるわけです。

金融機関にも当然、法人マイナンバーは有益ですので、金融庁がデータをも

図表❸　粒度の細かいデータの利活用

> 明細データの協働検証作業の概要②（主な内容）

○ 地域銀行等との協働検証では、(1)データ収集・加工の実現可能性、(2)分析を踏まえた情報のフィードバック、(3)データの利活用について検証する予定。

【予定している検証作業の概要】

検証事項		関係者	検証内容
(1) データ収集・加工の実現可能性	①収集	地域銀行 ➡金融庁	地域銀行で、データ提出が可能か以下の観点から検証。 ➤ 明細データの保有状況 　※ 情報の有無、保有システム名等 ➤ 明細データ提出に係る時間及び負荷
	②加工	金融庁	クレンジング、マッピング、マスター管理のようなデータ加工に係る業務の詳細手順を整理。金融庁がどの程度の負担で実現可能かなどを検証。
(2) 分析を踏まえた情報のフィードバック	①分析	金融庁、日銀	分析に必要な情報の十分性や分析のあり方を検証。
	②フィードバック	金融庁 ➡地域銀行	分析結果を踏まえ、地域銀行でのデータ利活用やリスク管理の高度化に資する情報のフィードバック手法を検討。 ➤ 法人マイナンバーの利活用 ➤ 地域を俯瞰した分析資料の還元
(3)データの利活用		金融庁・地域銀行 ➡業界団体など	業界団体等との連携など、データの効率的な活用の可能性を検討。(エコシステム＜データ・リサイクリング＞)

出典）金融庁「金融モニタリングにおけるデジタライゼーションの取組状況」（令和元年6月）9頁

らった際には、この法人マイナンバーを付けて返します。すると、それまで法人マイナンバーを使っていなかった金融機関も、金融庁が法人マイナンバーを付けてくれたのをきっかけに、与信先情報と法人マイナンバーを紐づけるという作業が定着していくようになり、一方の金融庁の方も、法人マイナンバーを使って照会すれば、A銀行はこのように貸しているけど、B銀行は、もっといい金利で貸しているとか、色々な比べ方ができるようになって、最終的に与信管理の高度化みたいな話が実現することが期待されます。

　つまり、法人マイナンバーの紐づけができれば、金融機関の与信体制とか金融仲介機能発揮の体制等を見比べたり、そういうことに応用できる可能性があって、大変有用なのです。そうした実務を定着させるためもあり、今回協力してくれた金融機関のうち、法人マイナンバーをつけて管理していない金融機関に対しては、法人マイナンバーを付記してデータを還元してあげるみたいなことをやっているということです。

　さらに、貸出情報が異なる関係者にも出されている場合は、前述の日銀と金融

庁からの徴求データを合わせるのと同じよう、当局のデータとすり合わせて、できる限り共通化して、1つのデータであちこちからの要求に応えられる形に、すり合わせを始めていく。そういうことを進めながら、より細かい情報が色々な所で活用できるようにする、そのための実験を今進めているという状況です。

収集した詳細データはロボットが整理

池田：このように、粒度の詳しいデータ情報を集めようとすれば、受け取る金融庁側も作業が増えます。しかも、提出側の労力軽減を念頭に、各銀行それぞれのフォーマットでいいとなれば、それを収集・分析する際の作業が、さらに煩雑になるわけですが、金融庁でデータを取り扱う人の作業量も減らしていかなくてはなりません。そこで、取り組みの3本柱の3つ目「分析業務等の自動化」、RPA（Robotic Process Automation）の推進が必要となります。

　RPAによる代替時間は、最初の頃は200時間もいかない位しか使っていませんでしたが、年を追うごとにどんどん増えていきました。色々な作業をプログラム化して代わりにやってもらうことで、人の打ち込み作業にかかる時間が減って、それまでその仕事をやっていた人には、人間にしかできない作業に注力してもらえるようになりました。役所も昔と違って、長時間残業に対してだんだんと厳しくなってきているので、そういう流れになっているということです。

　どのような業務をRPA化しているのかというと、これまで庁内システムから、担当者がポチっと押して、データをダウンロードして、所定のフォルダーに保存するためにそのフォルダーの場所を探して、またクリックする、ということをしていたのですが、そういう部分を自動でデータをダウンロードして、格納できるようになります。地銀・第二地銀で100行くらい、信用金庫と信用組合で400くらいありますので、それを項目ごとにダウンロード等をしていくことは、ルーティンな作業ながらすごく大変で、そうした作業を全部自動化すれば、浮いた時間は人間にしかできない業務に充てられるわけです。

　RPAの活用例としては、金融機関へのメール、資料作成、地方の財務局や金融機関から提出された資料の整理などの業務は96%がすでに自動化できています。昔は、そうしたものは全部、若い職員が手作業で一生懸命フォルダーに格納して

おり、それだけで半日過ぎてしまうという状況でしたが、自動化のおかげで職員もRPAが作成した資料の分析に、力を入れられるようになったわけです。こう見ていただくと、自動化されている業務はまだ割と初歩的なものが多いのですが、これから複雑なものもできるようになれば、人間が考え、分析することなどに、さらに時間を使えるようになるので、これからもどんどん進めていく必要があると思います。

金融機関と当局が連携してシステム開発を進化させていくエコシステム

池田：こうしたRegTechやSupTechをどんどん進めて、デジタル化が進展していけば、金融機関の方もデジタル化された情報を活用し、データに基づいた経営になっていくでしょう。もちろん当局もデータに基づいた監督にならなければなりませんが、現状はそこまで進んでおらず、情報収集の収集・蓄積に留まっていたり、部門単位での活用に留まっていたりしていて、金融機関全体では、まだまだこれからなところがあります。金融機関側でも、法人マイナンバーを使っていないところもありますし、それだけではありませんが、まだまだ不十分です。

　それでも金融庁は、ここまでに述べた金融機関情報を利活用するのに、デジタル化されたデータをうまく使いながら、モニタリングをしていくのですが、金融機関の情報活用のレベルが上がっていけば、金融庁の分析レベルもどんどん上げていく必要があります。ただ、金融機関の情報活用レベルが上がっていくのに対して、「金融機関が随分進んできたようだから、こちらもデータシステムを開発するぞ」と後追いになってしまうと、システムを開発するのに平気で例えば3年など年単位の時間がかかってしまいます。その間も金融機関のシステムが進化しているので、金融庁のシステムがようやく完成した時には、「もう金融機関はそんなシステムは使っていません」みたいなことが起きてしまうかもしれません。

　このあたりについては、後ほど佐々木先生からもご説明いただきますが、金融機関と金融庁が連携して、情報収集・蓄積・利活用などの課題を解決していかなければなりません。両方が循環して回していくエコシステムで、RegTechとSupTechのレベルを同時に高度化させていかないと、お互いなかなか進まないと考えられます。というわけで、このRegTech/SupTechエコシステムというのは、

こうした金融機関と金融庁の二者が足並みをそろえて連携していく考え方が大事なんだよということになります。

　では、具体的に、エコシステムをやっていくうえで、何が必要かということを図表❹にまとめてあります。まず実効性、これはモニタリングの精度の向上を言っています。次に効率性、こちらは何度も述べているように２か所に出すデータを一元化しなくてはいけないとか、微妙にずれているものは整合性を取って直さなくてはいけないという話です。それから柔軟性、新しい技術に対してきちんと対応できるとか、非金融プレーヤーにも柔軟に対応できるみたいな、そうしたフレキシブルさです。そして速報性・リアルタイムですね。参加者が情報をリアルタイムに把握することで、何か変更があれば、直ちに皆に伝わる。続いて、双方向性というのは、金融機関から当局へとか、当局から金融機関へとか、一方通行のレポートではなくて、両方のシステムとして存在していること。それから簡易性。重厚長大なシステムは、開発に時間がかかって、できた時にはもう遅れて使い物にならない、となってはどうしようもないので、簡単なシステムでアジャイルにすぐに開発できるようなシステムの方がいい。そして、簡単で柔軟性があっても、情報が漏れるような脆弱なシステムではいけないので、日銀と金融庁

図表❹　RegTech/SupTech エコシステム

- RegTech/SupTechエコシステムは、金融機関にとってのメリットが必須であるとともに、様々なニーズ等に機動的に対応する必要があることから、現時点で考えられるコンセプトは以下のとおり。

実効性	金融機関の内部管理、当局の金融モニタリングの向上
効率性	金融機関の経営・当局報告コスト、金融機関・当局のシステムコストの低減
柔軟性（連結性）	新たな技術、非金融分野のplayerへの対応も可能
速報性（リアルタイム）	参加者が情報をリアルタイムに把握
双方向性（データシェアリング）	報告するためだけの一方通行のシステムではなく、参加者が共有
簡易性	従来型の重厚長大なシステムではなく、簡易なシステムでアジャイルに開発
機密性	共有される情報については機密性を確保

- 今後、こうしたコンセプトを具現化するため、金融機関と金融庁間における情報の収集・蓄積・分析（利活用）の高度化・効率化について、金融機関からのニーズ等を募集し、取組可能な分野から官民協働で実証実験を行う。

- こうした取組みを通じ、官民協働でシステム構築を進めることが適当と認められる事例については、対象分野・業態等を拡大しつつ、実現化に向けた検討に着手する予定。

出典）金融庁「金融モニタリングにおけるデジタライゼーションの取組状況」（令和元年６月）13〜14頁

と提出金融機関が入るシステムであれば、共有情報が関係ない人には流出しないように、しっかりと機密性を確保することが必要になります。このようなコンセプトのもとに、目標を明確に置いたうえで、先ほど申し上げた官民協働の実証実験を行っていきましょう、ということになっています。

効率改善の実験は、どこから始めるか

池田：実証実験をスタートさせるとしても、限られたテーマに絞らないと、いきなり全方位的にはできないものです。初めは対象分野や業態を小さくスタートさせる。そこから徐々に、官民協働でシステム構築を進めることが適当と認められる事例があれば、対象分野・業態を拡大していき、こうしたコンセプトがより広く実現されることを目指す。そういった、小さいところから大きなところに、そして進めながら検討していくという方針が示されています。

　具体的に実証実験の分野として検討されているのは、「API 連携によるデータ共有」です。API 連携とは、よく FinTech の中でも銀行のデータを使って FinTech 企業が商売するみたいな話がありますが、それと同様の仕組みを使って、銀行のデータを役所に提出するという話です。つまり、役所と金融機関を API でつなげて、金融機関が登録しているデータを変更すれば、すぐに役所からもそれを見られるようにする。そうなれば、金融機関はいちいち報告の必要がなくなり、自分たちのシステムを変更すれば、自動的に変更の登録も完了できてしまうことになります。役所も常に直近の、最新のデータが見られるわけですから、大変効率が上がります。

　あとは、アンケート等も Web ベースにすれば、これも報告負担が軽減されるとか、KYC（Know Your Customer）、顧客確認のデータを与信判断の向上等に活用したらどうですかとか。お客様データは、きちんと活用すれば、金融機関側もある種のリスク管理に付加価値が出てきます。「こういう背景のお客さまだから、こういう融資ができます」というエビデンスがより効果的に示されるようになるなら、こうした分野で実験をしていけばいいのではないかという方針になっています。ここまでが RegTech/SupTech のあたりで金融庁が考えている中身ということになります。

FinTech を活用したイノベーションにむけて

池田：その他のところでは、あと 2 つテーマがあります。1 つは、FinTech サポートデスクと FinTech 実証実験ハブです。

まず、FinTech サポートデスクというのは、平成 27 年 12 月に、FinTech に関する一元的な相談・情報交換の電話窓口として、金融庁が開設したものです。

FinTech 関係のビジネスは、「このビジネスってそもそも法律的に言ったら何なんですか」という、大変分かりにくい、新しいサービスだったりします。ですから、そのサービスが、現行法では何に該当するのか（銀行法に関係するのか、金融商品取引法なのか、資金決済法なのか）判断しづらく、メールでの一方通行的な相談では、何ともよく分からないので、電話での直接ヒアリングで、「それはこうかもしれない、ああかもしれない」というように、お互いやりとりしながら、しっかりと対話したうえで、アドバイスができるようになっています。また、Web サイト開設以来多く寄せられた相談内容を FAQ として公表もしています。電話をかけるほどではないのだけれど、関連した商売をやろうと思って、もう少し詳しく知りたいと思った時にこのような FAQ は参考になるわけです。

FAQ の項目として、「業登録の方法」、「取引時確認に規定に関するもの」、「暗号資産をやりたい」、「オープン API・電子決済等代行業に関するもの」、ほか Fin-Tech 企業が関連が深いあたりで、ロボアドバイザーや、電子マネー・ポイント、資金移動業だったり、最近よく一般のテレビでも見るクラウドファンディング（資金集めの目的を示し、不特定多数の人から、小口での出資を募り、目的を達成する資金調達の手法）に関するもの、保険の中でも InsurTech みたいなテクノロジーを使った保険商品といったもの、問合せが多くあったものが項目として挙げられています。

もう 1 つ、FinTech に関しては、実証実験ハブというのがあります。これは平成 29 年 6 月に閣議決定された「未来投資戦略 2017」の中で、FinTech を活用したイノベーションに向けて、チャレンジは加速させるべきであり、金融庁において「FinTech に関する実証実験を容易化するため」、こうした措置を講じると、方針として出されています。そして、「容易化させるため」の措置の一環で、Fin-Tech 企業や金融機関が前例のない実験を行う時に、躊躇しそうなところを払拭

しようと、窓口として、FinTech 実証実験ハブを平成 29 年 9 月に置きました。

　この実証実験ハブでは、FinTech 企業と金融機関が実験を通じて整理したいと考えている論点、特にコンプライアンスや監督対応上のリスク、一般利用者に対してサービスを提供する際に生じ得る法令解釈に係る実務上の課題についてなど、個々の実験ごとに庁内で担当チームを組成して、継続的に支援を実施していくという方針が示され、実際にいくつか対応しています。

　実は私はこの月に、ちょうど前職の資産運用監理官をしていた時だったので、この担当チームに入っていました。その時に、新生銀行さんと、それ以外のいくつかの金融機関と取り組んだ話を少し紹介させていただきます。

PC 版目論見書がスマホになって問題に？

池田：どういう話かというと、投資信託では目論見書というものを交付しなくてはならないのですが、電子的に交付する場合には紙と同一の大きさにしなければいけないので、普通は PDF にします。PDF は、PC での閲覧を想定して作られたものと考えられますが、今だと皆さんそれを、スマホで見ています。ところが PC とは違ってスマホの画面は小さいので、紙のレイアウトをそのままの形で表示する PDF ファイルでは、全体的に収縮されて、文字が大変小さく、読みづらくなってしまいます。ですので、PDF ではなく、HTML 形式にしておけば、スマホで見ても、最適な大きさになって表示されて読みやすいわけです。ただ、画面は紙版とは少々違って、拡大した時に字の改行の位置がずれたりするのは、ご存知の通りです。

　PDF がいいか、HTML がいいか、普通に聞けば、読みやすい方がいいですから、HTML 形式にすればいいじゃないか、そんなの、問題ないに決まっているじゃない、と思うのですが、金融機関から見ると、このようなところも問題になったりします。

　金融機関にしてみれば、昔 PDF の時に極力紙と同じにしろと言われていたので、紙とは見せ方が違ってくる HTML 方式にすると言うだけで、びっくりしてしまうのです。でも、取り組みの主旨からいえば、大きく見やすい方がいいので、「是非やってください」と、我々から後押しして、こうした実験をやってもらう、

そういう流れで進んでいるということです。

　今は、金融庁だけでなく、日本銀行さんの方でも、FinTech センターというのを作っていて、平成 28 年 4 月に決済機構局内に置かれています。黒田総裁が、この FinTech センター開設に寄せて、「FinTech を発展させ、経済全般に最大限寄与するものとしていくうえでは、伝統的な金融業にとどまらない幅広い企業や、さらには学界などとの間での、建設的かつインタラクティブなコミュニケーションが求められ」ることから、「FinTech センターが外に開かれた拠点として、金融実務と先端技術、調査研究、経済社会のニーズなどを結び付ける「触媒」としての役割を積極的に果たすよう、努めていきたい[1]」というコメントまで出された、大変力が入ったものです。どのような活動をしているのかというと、Fin-Tech フォーラムみたいなものを開催したり、欧州中央銀行との共同調査や、寄稿・講演活動も幅広くやっておられて、海外やアカデミックなところで、かなり活躍されているような状況です[2]。

本当はばれていた半沢直樹のデータ消去

池田：そして、これが最後のテーマになりますが、ここから先は少し毛色が違う、取締りのような話になります。デジタルフォレンジックという、日本語でいうと電子鑑識になるのでしょうか、パソコンやスマホの中に保存されている電磁的記録を保全し、証拠のために使うという活動についてのことです。金融庁では、金融商品取引法違反行為、インサイダー取引、相場操縦等の不公正取引や有価証券報告書虚偽記載などの開示ルール違反等といった金融商品取引法違反行為を調査する証券取引等監視委員会（証券監視委）という部署があり、そこを中心に専用機材の調達や専門人材の確保が行われています。金融検査でも一定の体制が、証券監視委の取り組みを見ながら、整備されているところです。半沢直樹のドラマで、証券会社の社内ネットワーク上のデータを消すシーンがありましたが、デジタルフォレンジックチームがいたら全部ばれてしまうだろうと、テレビを見ながら

---

1 ）「FinTech センター開設によせて」（黒田総裁）。同コメントは次注にて入手可能。
2 ）同センターの活動状況については、https://www.boj.or.jp/paym/fintech/index.htm/

思っていました。

　具体的な活動としては、調査で確保した電子機器から、電磁的記録を写しとり、場合によっては、消去された記録の復活みたいなこともできます。それを調査官が閲覧や検索を行い、場合によっては裁判等の場面で訴訟の証拠等として活用できるように適した形でデータを確保する作業も行っています。

　こうした場面でも、デバイス側は進化していて、最初の頃はスマホ等なかったでしょうが、今ではスマホもどんどん使われています。加えて、色々なデータ技術の革新と、フォレンジック自体の手法もアップデートされていくので、機材やソフトウェアは常に更新していく必要があります。

　また、機材やソフトウェアがバージョンアップしていけば、それを扱う人材も、知識をアップデートしていかなくてはいけません。最新の技術を習得できる人材を内部育成したり、外部から獲得して、その人に最先端の技術を学べる研修に参加して組織としての知識を蓄積させ、常に最新鋭の機材を使えるようにしておく必要があります。金融庁のSupTechの範疇に入るかどうかは分かりませんが、テクノロジーを使った法執行という意味では、このようなことも行っているということです。

　それから、これも主に証券監視委についてになりますが、「インターネット巡回監視システム」というものもあります。インターネット上には金融商品取引に関する様々な情報が溢れていて、中には、いわゆる「風説の流布」、有価証券の価格を変動させる目的で虚偽の情報を流したり、「特定の株式の株価を吊り上げているやつがいるぞ」などの相場操縦みたいな話も書き込まれることが少なくありません。ですので、証券監視委は、常にネット上を監視していますが、そうした書き込みは簡単に更新・削除されてしまうので、証券監視委は、見落とさないよう、削除して逃げられないよう、書き込まれそうなSNSにはフラグを立て、データを保存しては、検索を行う、そうしたインターネット巡回監視をやっています。ちょっとした書き込みをして、すぐに消したとしても、きちんと記録が残るようなシステムなので、誰がやったか後々まで分かり、小さな虚偽情報もしっかり見ているんだぞという、抑止力の利いた巡回監視システムです。

　取り留めなく色々と話してしまいましたが、私の説明はこれぐらいにして、佐々木先生にバトンタッチします。ありがとうございました。

角田：多岐にわたる大変高度な話題について、また、まさに内部者の視点から分かりやすく説明していただき、ありがとうございました。

　続きましてプレゼンテーションに対するコメントをいただきます。最初にお話しいただくのは、前回ご登場いただきました佐々木先生です。佐々木先生のご紹介は前回させていただいた通り、東京大学法学部卒業、大蔵省（現財務省）に入省されて OECD、IMF ご担当後、2018 年に金融庁総合政策局長に就任、2019 年に退官されて、現在は一橋大学の経営管理研究科の客員教授であられます。それでは、佐々木先生、よろしくお願い致します。

ブロックチェーンはどこにある？

佐々木：ありがとうございます。ただ今のお話の中で、SupTech/RegTech の話がありましたが、私の方からも 3 つお話させていただきます。

　1 つは、デジタル化、DX（デジタルトランスフォーメーション）を含めたイノベーションの進展によって、enforcement（執行）の在り方を変えないといけないということ。ここで言う enforcement とは、今の池田先生のお話の中では、金融分野での監督・検査・監視が中心でしたけれども、金融の分野に限らず、例えば、警察とかその他の当局を含めて、enforcement の在り方を変えざる得ないと思います。

　前回の私の講義でご説明した通り、イノベーションが進むポイントは、データのデジタル化です。あらゆるものがデータになり、データになるということは、evidence が残るということです。そうなりますと、当局の課題は、そのデータをいかに入手するか、入手したデータをいかに分析するか、そしてその分析結果に基づいて、どんなアクションをとるかになります。

　従来はデータ化されていない情報がたくさんあって、それらを入手するために色々な人から話を聞いたり、紙の資料を分析したりしていましたが、これからはあらゆるものがデータ化され、ビッグデータによる分析が可能になります。ですので、データを入手するやり方も分析の方法も、変わらざるを得ません。

　具体的な話を少ししますと、私が金融庁を退官する 2 年ほど前、仮想通貨、暗号資産（crypto-asset）の監督・検査をしていました。皆様方はご存知でしょうか、

crypto-asset という財産的価値の取引の記録というのは、ブロックチェーン上にあります。

私は今から3年前にこの仕事を担当することになった時、crypto-asset について全く素人で、こういう質問をしました。

「ブロックチェーンってどこにあるんだ？」

銀行取引のデータであれば、銀行のコンピュータ内のサーバに記録データが保存されていますので、金融当局はそこから入手できますが、仮想通貨の取引の記録が残されているブロックチェーンは、言うまでもなくヴァーチャルなものです。物理的にどこかに存在しているわけではない。crypto-asset がブロックチェーン上にあると言っても、どうやってデータにアクセスすればいいのかと思ったわけです。

当局は、データにアクセスする権限はあるので、検査・監督を通じて、ブロックチェーン上のデータを入手できるよう、仮想通貨交換業者に対してデータの提出を求めるわけですが、ブロックチェーン上のデータをどうやって入手するのか、メールなのか、ファイルなのか、あるいは他のツールがあるのか。また、仮に入手できても、入手データを金融庁の IT システムで分析できるのか。

つまり、「ブロックチェーンはどこにあるんだ？」と聞いたのは、ブロックチェーンにどうやってアクセスして、どうデータを入手し、どのように分析するのか、それが金融庁のコンピューターでできるのか、それが聞きたかったのです。

答えは No でした。

権限があるのに、行使できない矛盾

佐々木：法律上、監督をし、検査をし、データを入手する権限はあります。権限はあるのに、その権限を実効的に行使して、責任を果たすためのインフラが整っていない。これが典型的な enforcement 上の課題です。したがって、これは日本に限らず、どこの国でもそうですが、当局は、法律・法令に基づく権限を持っていても、権限を与えられただけでは、enforcement の実効性は担保されないということになります。では、それはどうやって執行するのかが、次の課題になります。

つまりこれは、法律だけでは解決できない問題です。法律はいかに執行するかが重要であるわけですが、デジタル化の中でそのチャレンジがより大きくなってきています。具体的には、法律を作るだけでなく、それを執行するための、システムが必要になってくる。それが、SupTech、当局としてのテクノロジーになるわけです。

　ところがここでも、ただテクノロジーを入れるだけではだめなのです。テクノロジーを使って、分析をし、結果に基づいて判断を下すのは人間になります。これは、あらゆる国、当局でも現状、議論されていますが、仮に当局が AI 等を入れて、情報、データを入手して、分析して、違法であるという結果が出た時に、それが AI の判断だけとなると、裁判所は違法という処分を下せないでしょう。AI のみの判断では、裁判には耐えられないと思います。したがって、SupTech、AI 含めて、高度化が必要なのはもちろんなのですが、最後は、そのデータ分析に基づく当局としての判断（judgment）、あるいはそのアクションの根拠を説明しないといけない、アカウンタビリティが問われるということです。それは、当事者に対しても、社会に対しても、あるいは国会（Parliament）に対しても、すべて含めてです。

　ですからテクノロジーの高度化と、アカウンタビリティをどう担保するのか、特に AI のような、ブラックボックスのリスクがあるようなテクノロジーを使う場合は、当局にとってもプラスの面が大きいものの、使うことについてのアカウンタビリティを国会や国民にどう果たすのかという、非常に大きな問題があると思います。ですから、enforcement の在り方そのものを相当変えなくてはいけない、これが 1 点目です。

スマートフォンの中の GPS 機能は何のため？

佐々木：2つ目は、先ほどのお話でもありましたが、エコシステムが重要になってくるということ。従来は、金融機関がシステムを開発すると、当局はそのシステムの利活用の目的を十分理解したうえで、それを監督・検査するシステムを、開発するという図式でした。要は、民間の後追いで、当局がシステムを開発するというビジネスモデルでしたが、もはやこのビジネスモデルは成り立たなくなり

ました。そこで、民間のシステム開発と当局のシステム開発が一体となって、同時並行で進める、エコシステムという考え方が必要となっています。私が数年前から言っていたことです。

　具体的事例を出すとすれば、スマートフォンの中のGPSです。GPSの機能はスマートフォンに不可欠で、GPS機能のないスマートフォンはありません。では、なぜGPSがスマートフォンに入っているのかというと、法律で義務付けられているわけではなく、GPSが入っていないとスマートフォンにならないということらしいのですが、私も細かいことは知りません。ただ、犯罪が起きれば、必ず警察などの捜査機関は、スマートフォンを押収して、その位置情報を確認します。もちろんスマートフォンを入手して分析するための権限は、法律上警察当局に与えられているわけですが、スマートフォンの中にGPS機能を入れることは、法律で求められているものではないのです。

　このように、スマートフォンは民間主導で開発された物ですが、そこに入っているGPS機能が警察や捜査当局の捜査にも非常にプラスである、これがエコシステムなわけです。スマートフォンのユーザーである我々個人にとってもプラスですし、それを捜査にも使える。もちろん、権限は必要ですが、当局にとってもプラスになる。このように民間の技術の発達の中で、当局にとってもプラスになる観点が民間の主導で入るのが望ましく、これを、例えば、GPSを法律で義務付けるということになると、エコシステムとはなかなか言えないだろうと思います。要は、ユーザーにとっても、市場参加者にとっても、あるいはマーケットそのものにとっても、それから当局にとっても、win win winで、すべてに利益があるという環境を作り出すことが、必要ではないかと思っています。これが2点目です。

裁判所が阻むデジタル化問題

佐々木：それから3点目。ここまでで、捜査当局の在り方とenforcementの在り方を、法律上の権限だけではなく、システム、人材あるいは仕事のやり方を含めて変えなくてはいけないということを申し上げましたが、もう1つ大きいところで、私は、裁判、裁判所の在り方も変えなければならないと思います。enforcement する側、特に金融当局や警察は、一定のテクノロジーを導入して、データを入手し分析して、最後は人が judgment（判断）したものを、処分として相手金融機関に科す、あるいは訴追することになるわけですが、こういった動きは、最後の裁判所の在り方にも大きく影響してくると思います。

　こうした RegTech/SupTech の議論というのは、enforcement サイド、具体的には金融当局や警察、あるいは検察当局（prosecutors）でも、今こうした RegTech の動きに対応しようとしていますが、裁判所においては、まだまだこうした議論が進んでいないと思います。私の見方になりますが、裁判所は、デジタル化以前のまだまだ紙ベースの仕事をしていて、DX よりももう1段前の、もっと遅れた段階にあると思います。今、世の中全体がデジタル化しようとしていて、enforcement のデジタル化も進みだしているのですから、次は court（裁判所）がデジタル化にどう対応するのかを、早急に検討する必要があるのではないでしょうか。

　そもそも、私はテクノロジーというのは、道具だと思っています。ですから、テクノロジーを取り入れることが大事なのではなく、テクノロジーというツールを使って、何をするのかが問われています。要は、裁判の在り方そのもの、裁判所の在り方そのものが変わってくる可能性があるのではないか。そうなると、その根本である法律の在り方、裁判に関わる色々な手続も含めて、あるいは裁判官として求められる資質も含めて、変わってくるのではないかということです。

　この部分については、まだ日本でも議論されていないと思います。このコロナ禍の在宅勤務の中で、裁判所もようやく、オンラインやリモートで、当事者が議論ができるような体制になり始めました。とはいっても、従来の裁判手続そのものをデジタル化したのではなく、一部分、証拠の在り方などに関してです。ただ、裁判以前の、enforcement 機関の在り方ややり方が変わってくるとすれば、enforcement に関わる裁判の在り方はどうすべきか。法律、技術、それから裁判官を含めた人材についても考える必要があるのではないかということが3点目になります。以上がコメントです。

角田：大変重要な問題提起を含めて大変貴重なコメントありがとうございました。続きまして、金融庁総合政策課フィンテック室長の野崎彰様からもコメントを頂戴したいと思います。

野崎様は、2000年に金融監督庁（現金融庁）に入庁されて、内閣総理大臣補佐官付、金融庁総務企画局企業開示課課長補佐、OECDのシニア・ポリシーアナリスト等を経て、2020年より金融庁総合政策局組織戦略監理官兼フィンテック室長をお務めになっておられます。聞くところによると、今回のこの講義の題名に相応しく、東京大学で物理をご専攻された理系人材であられ、さすが文理融合であられるわけなのですが、本日のテーマの責任者をお務めになっておられます。

銀行がなくなっても、金融サービスはなくならない

野崎：金融庁のフィンテック室長の野崎です。

　本日は、このような機会を与えていただきましてありがとうございます。先ほどの池田先生と佐々木先生の話で非常に重要なポイントはカバーされていると思いますが、特に今回RegTech/SupTechというデジタル化によって金融監督、規制対応の高度化を図っていくという話がありました。そもそも金融規制、監督は何のために必要なのか、という根本を改めて問い直していくフェイズに来ているのではないかと思っています。

　FinTechという言葉は2015年頃から頻繁に耳にするようになり、金融とテクノロジーの融合によって、顧客体験、UXの向上など社会課題を解決する流れが民間ベースで広がってきました。FinTechが台頭してきている中で、既存の金融機関の在り方を考える時がきているように感じます。Bankは要らなくて、機能としてのBankingさえあればいいという人もいます。「Banking as a Service」、「BaaS」と書いて「バース」と読むのですが、金融監督当局の役割も今一度考え直す必要があるのかなと考えています。

　金融監督当局の役割の中には、金融システムの安定性や顧客保護やクロスボーダーの監督の対応など、色々な切り口があります。金融システムの安定性においては、例えば、P2Pのレンディングプラットフォーム（lending platform）で、プラットフォーマーが引き起こし得るモラルハザードや逆選択の問題など、新たなリスクに対してどう対応するのかという話。利用者保護の観点からは、従来型の画一的なサービスではなくて、顧客の個人データをビッグデータやAIで分析して、テーラーメイドされたサービスを提供していくうえで、佐々木先生が仰った

アカウンタビリティや説明の可能性、データ倫理の問題への対応など、そうした ケースについて金融当局としても問題意識をもって取り組んでいく必要があると 考えています。

　特に今日のテーマである「テクノロジーで挑む法執行」との関係では、先ほど 佐々木先生が仰ったブロックチェーンの問題、特に分散型金融をどう見ていくの か、という部分は当局にとって大きな課題だと思います。

　ブロックチェーンそのものには将来性があります。ブロックチェーンというと、 ビットコイン等の暗号資産を思い浮かべる方が多いかと思いますが、それ以外で も、例えば、食品や貿易等、トレーサビリティが確保された信頼性の高い取引記 録を作ることができたりもします。過去どのような取引があったのか、履歴をす べて見られるトレーサビリティを確保できる意味は非常に大きく、それと金融を どう組み合わせるかで、大きな利便性向上につながる、そういうメリットもあり ます。

　一方で、マネーロンダリングや消費者保護、あるいは法的責任の曖昧性などの リスクもあり、また今回のテーマに関係があることでいえば、規制の実効性の担 保が難しいのではないかというのもあります。このようなリスクにどう向き合っ ていくのかということに、我々も問題意識を持っています。

自由でオープンなブロックチェーンには課題が山積み

野崎：リスクの具体例でいうと、例えば、分散型金融システムでは、金融仲介機 能みたいなことを果たす仲介者が不在で、ブロックチェーンの場合、ビットコイ ンなど、すべての人が同じデータを持っています。今、インターネットで bitcoin. com と検索すれば、全ての人が同じデータを見ることができます。そのような中 ですと、仲介者がおらず自由な市場が維持される反面、規制のターゲットが曖昧 になる懸念があります。ブロックチェーン上で取引をしている人全員を規制する わけにいかず、では誰を規制していくのか、規制のターゲットが限定できなくな るということです。

　2点目は、autonomous（自律性）です。サードパーティーの介入によっても停 止することはできませんから、ビットコインはひたすら取引され続けます。金融

庁が、「これは法令違反なので業務停止すべき。」とか「直ちに取引を停止すべき。」と禁止しようとしても、それこそ、世界の金融当局がこぞって禁止しようとしても、誰も止められず、粛々と取引され続ける、もうこの自律性はどうしようもないものです。

3点目は、匿名性（anonymity）です。ブロックチェーンは、すべて見られる部分がメリットではあるのですが、一方で、技術を使えば高度に匿名化することができます。そうなると、追跡の可能性も失われてしまい、当局も全く見ることができない状況が出てくるわけです。

4点目は、耐タンパー性（tamper resistance）です。ネットワーク参加者が合意なく修正削除ができないため、例えば、業務停止命令ではなく、「これは間違った記録なので直しなさい」とか、「これから先の取引は違法なので巻き戻してやり直しなさい」ということができません。事後補正ができないということです。

5点目は、グローバル性（international）で、デジタルの世界では、歯止めなくグローバルな取引が実現されてしまうので、国境をどんどん越えてしまいます。日本の金融庁とドイツの連邦金融監督庁（BaFin）やイギリスの金融行為規制機構（FCA）が協調して規制に取り組んだとしても、中東やアフリカの国でやられてしまえば、手の打ちようもなくなることがあり得ます。

6点目の開放性（openness）は、許可を得る必要がないということです。パソコン、Mac を持っていれば、誰もが開発可能で、いくらでもこのような分散型金融システムを構築でき、金融庁にいちいち許可をとる必要もないため、責任の所在が不明になるというリスクです。

このような課題がすでに認識されている一方で、有効な解決策はまだなく、佐々木先生も仰っていたように、なかなか悩ましいところです。当局だけで、あるいは、法律だけですべての課題に対応しようとするのではなく、当局と民間の技術者も含めて、世界中の様々なステークホルダーが協働してどのような対応ができるのかということを、2020年の2月から議論を始めています。それが「ブロックチェーン・ガバナンス・イニシアティブ・ネットワーク」というもので、このようなネットワークを日本主導で立ち上げており、議論も進めているところです。

デジタルイノベーションで金融市場の求人資質はどう変わるか

角田：本当にありがとうございました。様々な観点から貴重な情報提供のうえで問題提起等も出ていましたが、1つ教えていただきたい点がございます。

　金融庁は、デジタル化の問題に向き合ってこられた歴史をお持ちの当局として、経験を共有いただきたいのですが、組織として、人的体制なり、カルチャーなり、あるいはマインドセットを変えようといった場合、求める人材像について、どのような形で改革をしてきたのでしょうか？　経験についてお話いただけますと有難く存じます。よろしくお願い致します。

野崎：ご質問ありがとうございます。今のご質問は、佐々木先生が金融庁にいらっしゃった頃に、非常に強い問題意識を持ってされていたので、もしかしたら佐々木先生からお答えいただく方がいいのかもしれません。佐々木先生は、金融庁にいらっしゃった時代から、ブロックチェーンの課題にいち早く取り組まれ、実態把握に向けた職員のリテラシー向上、マインドセットの改革を強く推進されました。

　また、金融庁では、民間出身のプロフェッショナル、例えば、サイバーセキュリティの専門家などを数多く採用しています。これは、金融庁発足以来の特徴でして、弁護士、会計士をはじめとして、民間出身のプロフェッショナルな職員が全体の3割位います。

　金融庁の職員自身のスキルアップとしては、特にデータサイエンス分野の強化などが中長期的な課題と考えています。このように、民間の即戦力と職員の中長期的なスキルアップの双方でデジタル化に向き合っていく必要があるかと思います。佐々木先生、何かありましたらお願い致します。

前向きな失敗を良しとする文化に

佐々木：野崎さんが仰ったことがほとんどかと思います。

　私は大学の時は法学部で法律を勉強しており、テクノロジーの技術については全くの素人です。スマホも使いこなせませんし、パソコンもそれ程使いこなして

おらず、素人です。けれども、金融の分野は、特にこの 20 年の間に経験してきた金融というもの自体が、もともとヴァーチャルで、かつ、グローバルなわけです。そのグローバルでヴァーチャルな金融を支えてきている大きなものが、やはり技術、イノベーション、デジタル化で、そのような金融ビジネスの監督をする以上、法律も分からなくてはいけない、経済も分からなくてはいけない、同時に、技術も分からなくては駄目だということは分かりました。

ブロックチェーンや AI のテクニカルな部分、ブラックボックスの中身については、私は分かりません。分かりませんが、少なくとも AI やブロックチェーン、イノベーションが金融にとって相当大きな変革をもたらす、と同時に、相当大きなリスクになる、そして当局にとってもリスクになるということは分かりました。

リスクの可能性とそれが重要だということは分かっても、自分では分からない分野なので、分かる人を連れてこよう、分かる人間がどこにいるか、金融庁の中にいなければ外から連れてこよう、となるわけです。ですから私がやったことは、野崎さんが仰った通り、野崎さんも含めて理系の人材や民間の人材をどんどん採用したということです。

それから、法律の学生、あるいは皆さん方、法律を学ぶ専門家が多い中で、こう言っては恐縮ですけれども、法律の考え方は、基本的に過去に起きた事について事後的な分析をして、それを次の課題にどう当てはめるかというアプローチになるわけです。ところが、イノベーションの分野は、私は技術の専門家では全くないにしても、何が起きるか分からない、過去があまり参考にならない部分もあると思うので、そういう意味では法律を学ぶ発想は変えないといけません。

金融庁の改革の中でも、アジャイルに取り敢えずやってみる、できるところから始めることが大事になります。従来の仕事のやり方は、失敗がないように、詰めて詰めて、色々細かい部分を検討して、し尽してからアクションに移るわけです。ところが、今は、詰めているうちにどんどん世の中が変わっていってしまう時代です。これではもう駄目なのです。とにかく動いてみる。できるところから動いて、駄目ならばすぐ変えるというアジャイルな仕事のやり方、これは、霞が関でも、日本の官僚組織の中でも、まだまだ少数派だと思いますが、このような仕事のやり方が必要になってきます。

それからマインドセットについて言えば、アジャイルな仕事をして失敗しても、

それを良き失敗として評価する、もしくはチャレンジしたら、チャレンジすること自体を評価する、という人事の評価体系も変えようとしています。まだ100%ではありませんが、少なくとも伝統的な役所の中でも、そうした前向きな失敗は良しとする、あるいは、それを評価する人事評価の在り方を金融庁は随分と変えてきているところです。

角田：ありがとうございました。大変ためになる、若者たちにとっても勇気づけられるようなお話でした。それでは、フェリックス、何か質問あるいは問題提起ありますか？　コメントでも結構です。

データ収集のフォーマットは必要か

シュテフェック：ありがとうございます。色々な質問やコメントをさせていただきたいところですが、2つの問いに絞りたいと思います。

　最初に伺いたいのは、お三方とも重要性を強調された「データ」についてです。特に興味深く思ったのは、データの重要性を強調されつつ、データ収集の実践的な側面にも触れてくださったところです。そして、お話を伺いながら、ふと、データ収集やデータのフォーマットを確立するための新しいプロセスが必要なのではないかという疑問が沸いたのです。そこで伺いたいのは、どのデータを収集するかをどうやって決めるのでしょうか。例えば、銀行ごとに独自のデータ収集システムがあり、さらに金融庁と日銀があり、データを調整する必要があるとのことでした。そこで、データ収集のフォーマットやデータ収集のプロセスをなんとか統一できないのだろうか、という疑問をもったのです。しかし、問題は、統一されたデータや標準化されたデータはデータ流通の基盤を整備するうえでは望ましいかもしれませんが、民間のアクターが新しいデータを収集できるような柔軟性も必要だと思います。そこで質問なのですが、より良いデータ収集プロセスを実現するために、革新的な方法はないものでしょうか？

　例えば、私が考えたのは、公的機関と民間の代表者、例えば銀行などが協力してデータ収集の基準を考える機関を作ることです。ただ、この方策には、統一や標準化のメリットがある一方、金融機関が新しいデータを収集するための柔軟性

を確保することも必要で、その調整もまた一つの問題でしょう。

　法執行プロセスの現実を具体的にお話しくださったのが大変興味深かったので、データ収集のプロセスについて、もう少し伺ってみたいと思いました。

池田：では、私が一応分かる範囲でお答えします。日本語の通訳が入らなかったのですが、新しいデータはどのように選んでいるのかという質問で、大体いいのでしょうか。

シュテフェック：そうです。ただ、それだけでなく、革新的な新しい方法で情報を収集できないだろうかと。情報の標準化と金融機関の情報収集の柔軟性を両立させるには、例えば、官民が協力して、データの収集のフォーマット化やプロセスを改善させる、何か新しい方法が必要なのではないかということです。

池田：私の限られた経験でお答えします。後で佐々木先生、野崎室長にそうでないだろうというところは訂正していただければ。

　ある地域の、例えば、ブラジルで何かまずい事が起こったら、ブラジルのエクスポージャーをとれなど、初めはそうした危機があって、拾わなくてはならない、すぐに説明しなければいけないデータを、最初はアドホックにとってみる。そして、それが継続的に必要となったら、フォーマット化して取り続ける。そのうちに、「そんなのいつまでもとっているなよ」みたいな話が持ち上がり、最近では「このデータは何でとっているんだ」、「使っていない、必要ではないデータは取得対象からどんどん外していきましょう」みたいな話になり、フェイドアウトとなる、むしろそっちが多いと思っています。そうした感じで、新しく取り出すということは、何かが起こったので、それを契機に取っていることが多いのかなと思います。すみません。経験している場面がそれ程たくさんないので、適宜、佐々木先生や野崎室長にフォローしていただけると有難いなと思います。

角田：どのようなデータを収集するのかの決定が当局内部でどのようになされているのかについて、生々しいプロセスをご披露いただき、ありがとうございます。フェリックス先生の質問が広範囲にわたるものでしたので、フォローするコメン

トもいただけるとありがたいのですが、いかがでしょうか？

野崎：ありがとうございます。まず、フェリックスさんのデータ収集についての
ご質問についてお答えします。日銀と金融庁が、金融機関のモニタリングで必要
なデータをお互いに連携しながら徴求するようになって、より効率化が進んでき
ている、というのが一般的な回答になると思います。

　それ以外にも、従来型の財務のデータ等を採るだけではなくて、よりビッグ
データ的なデータも分析していく必要があると思っています。そこは金融監督と
いうよりは、私が開発研究室長というR&D関係の担当もしている関係で、大学
の先生と一緒にそうしたデータ分析プロジェクトを検討しているのですが、例え
ば、クレジットカードの利用履歴や帝国データバンクの個別企業のデータ等に金
融機関が持っているデータを組み合わせてみると、何らかの示唆が得られるので
はないかなど、ビッグデータの解析も進めていく必要があると思います。このあ
たりは、まだまだ工夫の余地があって、日々進化していくところです。

角田：ありがとうございました。フェリックスさん、他に質問があれば、聞いて
いただけますか？

金融サービスは顧客主義のテーラーメイド化に

シュテフェック：他にも聞きたいことはたくさんありますが、1つだけにしてお
きます。

　今伺ったお話になりますが、データ収集やデータ分析に関しての変化は、金融
機関のビジネスをどのように変えていくでしょうか？　ここまで、金融庁など規
制当局の仕事がいかに変わるかについての話でしたが、最終的な関心は、優れた
エコシステムを作りたいということです。金融機関にとっても、アクターにとっ
てもいい環境を作りたいということだと思います。

　そこで、将来、金融機関の枠組みはどのような形に変わるのでしょうか？　将
来の予測はなかなかできませんが、しかし、規制当局サイドではなく、規制の対
象者にとってはどのような変化がありそうでしょうか？

野崎：データ分析等のテクノロジーが進化していく中で、金融機関なり金融サービスがどう変わっていくのかというご質問だと思いますが、今までは、決められた金融機能、例えば、ローンや資金決済や預金の受入れといったようなコアな金融機能は、金融機関が重厚壮大で安定的なシステムを構築して、その枠組みの中でサービスを提供していくものでした。例えば、ATM の端末を見ると、未だにボタンが５つくらいしかない、昔風の画面が出て来て、それを押して、暗証番号入れて、お金を出すというような状況が続いています。

　一方で、皆さんが持っているスマホは、どんどん機能的に進んでいます。なので、今までのように、金融機関が作ったシステムにお客さんが合わせるというような金融サービスの提供の仕方は変わっていかなくてはならない、まさに変わりつつあるというのが今の状況です。実際、今はもうスマートフォンで、預金、資金の移動もできますし、家計簿ソフトというのも非常に発達してきて、皆さんの資産をスマホで確認ができ、将来どのような取引が好ましいかまで、AI でリコメンドされるようなシステムもでき、金融機関中心のサービスから顧客中心、顧客一人ひとりにテーラーメイドされたサービスの提供の仕方に変わっていくのではないでしょうか。

　そうなれば、金融機関という institution（機関）という形にこだわらずとも、function（機能）をどう実現していくかになるのではないでしょうか。つまり、銀行というものが、預金とローンをセットで提供しなくても、決済にたけた業者とローンにたけた業者が別々にあってもよく、それをお客さんが自由に組み合わせて使えるような形になっていく、金融の在り方そのものが変わっていくことだと思います。そうすると、われわれ監督当局も、institution レベルで金融機関をじっと見張っていれば金融サービスがうまく回るというわけにはいきません。色々な人が色々なサービスを提供するので、全体としてどのような function（機能）、サービスが提供されているかを institution レベルから、プラットフォームレベルに変えて、見ていく必要があると感じております。

角田：ありがとうございます。では、学生の方で質問したい方、いらっしゃいますか。

金融庁の取り組みへの自己評価は？

学生 A：ありがとうございます。

　簡単な質問が 2 点あります。1 点目は、本日ご紹介いただいた金融庁の 3 つの取り組みについて、言い方は悪いのですが、素人目には、技術的にとても難しいことをやっているというよりは、当たり前にやるべきなのに、面倒くさかったからやらなかったことを今やっているというように見えました。これについて当事者の皆様はどう認識していらっしゃるのでしょうか。

　もう 1 点は、デジタルトランスフォーメーション（DX）という言葉の認識についてですが、今回の金融庁の取り組みにあったような RPA やデータを一元化するというようなシンプルなデジタル化だけでもデジタルトランスフォーメーションと呼んでいいのでしょうかという質問です。

角田：実に若者らしいエッジのきいた質問ですね。ありがとうございました。

佐々木：今のご質問には、100％その通りです、とお答えいたします。

　私も、もう 20 年来金融庁のデジタル化にも関与していますが、仰られた通り、先ほどの RPA の話にしろ、それから私が 15 年前に始めたデジタルフォレンジックの話にしろ、日銀とのデータのやり取りにしろ、デジタルトランスフォーメーション以前の話です。

　私が金融庁にいた、2015、2016 年の頃から言っているのですが、これはデジタイゼーション（digitization）の話で、DX ではないのです。デジタイゼーションは、単に紙ベースをデジタル化することで、紙を使わないというだけの話です。これは、もうとっくのとうにやっていなくてはいけなかったのです。DX 以前、デジタライゼーション（digitalization）ですらありません。仰る通りで、これはデジタイゼーションで、それができてないというのが問題です。

　先ほど申し上げた仮想通貨の話、これは、紙をデジタル化する digitization というよりは、対象がそもそもデジタルなので、やや違うところもありますが、2 つ目のご質問にあったように、デジタルトランスフォーメーション（DX）というのは、単に紙をなくすということではなくて、仕事のやり方そのものを変えなくて

はいけない。先ほども申し上げたように、デジタル化というのは道具です。デジタル化によって何をするのか、あるいは、DXによって何をするのか、それが十分明確になっていません。

　私が金融庁の改革をやりました時も、最終的には、金融機能の強化なのです。このDX、金融機関のDX、それに対応した金融庁の仕事のDXを経ることで、単なる金融機関の監督ではなくて、金融機能がいかに社会のためになるか、社会課題の解決に貢献する金融であるか。より金融の付加価値、金融機能の価値、社会への貢献、そのように変えないとなりません。それが最終目標ですが、まだ至っていない。

　今やっていることは、DX以前のデジタイゼーション、プラスアルファで若干DXに近いこともやろうとしているところですが、仰る通り、非常に遅れています。私が金融庁にいる時から非常に痛感しておりまして、それを、今、池田さん、野崎さん含めてやっていただいているところなのですが、それでも遅れているというのが実感です。

　ここは、当局だけでは解決できない部分があって、特にシステム開発あるいは監督の仕方を含めた当局のビジネスモデルを変えないと変わらないので、まずはツールの問題として、従来型のデジタル化、情報をデジタルでもらいましょう、ということです。それによって何をするのか、監督の在り方全体を変えないといけない中での、まだ進行途上だということで、ご指摘の通りです。

角田：ありがとうございました。

池田：前者についてはその通りではあるのですが、金融庁のオン・オフでのモニタリングの高度化のタイミングに、テクノロジーがまさに追いつくと言うか、ちょうど条件が整ったので、このタイミングでしっかりやろうということだと個人的には理解しています。

　日銀とのデータ一元化というのは、今に始まったことではなくて、佐々木先生が金融庁におられたときに大分昔からずっと要望されていて、色々な制約や他に優先してやるべきことがあったために、なかなか実現できなかったのですが、それがこの時代になって、さすがに放置されているのが許されなくなったので、よ

うやく重い腰が上がったのが現状ではないかと思います。

　粒度の高い情報については、コロナの影響で民間になかなかお金が回らない状況を改善するという金融仲介機能の強化の必要性もあって、今まさに、使おうとしているようですが、ちょうどこの数年の間に、金融機関も当局も技術の進歩で、細かいデータでも分析できるようになったのとタイミングが重なった、という面は多少なりともあるのかなと思います。ですから、今までは、取り敢えずもらったたくさんのデータの中には入っていたけれど、全然活用できずに埋もれていた、それこそデジタル化はされているけれども、佐々木先生が仰るように、「使えていないじゃん」という状況だったのが、だんだん使えるようになったし、使わないといけなくなってきたのではないかと、個人的には思っています。

角田：時間も押しておりますが、せっかくの機会なので、次の方もお願い致します。

金融監視システムの内情

学生 B：ありがとうございます。少し金融系の話からはそれてしまうかもしれないのですが、お話の中にデジタルフォレンジックや金融関連の犯罪を取り締まる時に SNS 等を常に監視して保存していく方法も、必要になってくるのだというお話がありました。それがもし、ずっと監視されているようなものだとしたら、何て言うか、自分的には怖いものだなと思ってしまいます。自由にものを言ったりする権利が保障されていないような気がして。そこのところは、どのような法的な担保ができているのかなと少し気になったので聞いてみました。すみません、ちょっと拙い質問で申し訳ないです。

角田：いえいえ、ありがとうございます。では、ご回答いただけますか？

池田：インターネット上の何かいけないものを監視したり、手作業で保存するのではなくて、自動的に巡回してバックアップというか、保存していく仕組みになっていますので、厳しく監視しているのとは少し違うという気がします。また、

Web上の悪意ある書き込みや画像の流出などによる被害者をサポートしている弁護士の方からすれば、一旦web上に書き込まれたものやアップロードしたものが、いくら削除要請してもなかなか完全には消せず、いつまで経っても残っていて対応に苦慮するということは、とてもよくあることだと思います。そういう意味では、当局だけが先ほど申し上げたようなデータ保存をやっているわけではなく、一般の人もやろうと思えば保存ができる程度のもので、それを多少システム的に収集しているに過ぎない、ということだと理解しています。

角田：はい、ですので、プライバシーの観点から少し不安を覚えた質問だったのでしょうかね。監視社会になっているのではないかというような質問だったのでしょうか？

学生B：そのような質問でした。拙い質問で申し訳なかったです。ありがとうございました。

池田：あと、皆さんが書き込んでいるものを、なんでもかんでも保存できるリソースがあるわけではなく、株価に関する書き込みサイトのようなものをいくつか絞って、不適当なものが書き込まれそうなところを見張っているという感じで、ありとあらゆるところに監視カメラを置いているというイメージではありませんので、特にマークされているとかいう人でなければ、そんなに気にしなくても大丈夫ではないかと思います。

角田：ありがとうございました。
　本当に本日は大変貴重なお話をありがとうございました。率直なご感想あるいは大変重要な問題提起を含めて本当に貴重な機会だったと思います。
　それでは、本日は大変素晴らしいプレゼンテーションとコメントを本当にありがとうございました。これで本日のセッションを閉めたいと思います。

シュテフェック：このセッションでは、金融庁に所属し、東京大学特任教授でもある池田宜睦氏が、テクノロジーが金融セクターや金融セクターを規制する人々に与える影響について語ってくれました。池田先生のプレゼンテーションは法執行、つまり法律や規制は書かれているだけでなくリアリティを伴っていなければならないのですが、そのリアルな現場に焦点を当てるもので、とても面白かったです。

角田：それにしても、このテーマの本質をくっきり浮かび上がらせたという意味では、金融行政を率いてこられた佐々木先生の「テクノロジーへの対応という意味では法執行のチャレンジがより大きい」というコメントは実に印象的でした。当局はデータを入手する権限を「法律上」は持っていたとしても、スキルなしにはデータを入手し、分析し、判断を下してアクションをおこすことができない。仮想通貨の問題が発生したとき、取引記録を解析しようと「ブロックチェーンはどこにあるのか」を問うたという、あのエピソードは、まさに象徴的だと思いました。もちろん、答えは No だったわけです。ブロックチェーンはどこかに存在しているのではなく、それを金融庁が入手し、分析することもできなかったという話でした。

　そういう意味では、金融セクター自体、もともとデジタル化がいち早く進展したといってよいと思いますが、なかでも法執行という局面はまさにフロントランナーを強いられてきたというのは大事なポイントですね。

シュテフェック：そう思います。リアリティに対峙するので考えてみれば当然のことかもしれません。ただ、私は、法執行こそ、テクノロジーを導入することで大幅に事態を改善できる可能性を秘めた分野ではないかと考えています。

　あと、金融庁のような規制機関の今後の方向性を探った部分も非常に興味深いものでした。池田先生は、金融庁のミッション自体が大きく変わりつつあることを強調されていました。これまでの金融庁は、すべての債権を満たすだけの資産を持たない銀行など、問題のある状況を特定することを目的としていま

したが、今後は、金融機関のビジネスモデルを成功させることが目的なのだという話です。言い換えれば、金融庁は、債務超過を発見する代わりに、収益性を確保することを目指していることになります。

角田：そうそう、金融庁の検査・監督のミッションが、不良債権問題への対応から、金融機能の強化に向け、ビジネスモデルにまで遡った深度ある対話の実現へと大きくシフトしたということでした。オン・オフ一体の継続的なモニタリング、きめ細かい実態把握など多くのデータの収集・分析が必要になっているという話でした。

シュテフェック：まさに、成功の鍵を握るのはデータだということです。池田先生のプレゼンテーションでは、データ収集と分析のための課題と可能な解決策についても検討がなされました。私が特に重要な課題だと思ったのが、データプロトコルの問題です。例えば、金融庁のデータプロトコルと日本銀行のプロトコルが類似しているだけでは不十分で、データに互換性があることが必要です。データの収集や分析は自動化する必要があることも考慮に入れる必要があるでしょう。

　つまり、人間が関与するにはデータが多すぎるのです。データの調整に貴重な人間の労力を投入すべきでしょうか。個人的には、池田先生のプレゼンテーションの最大のポイントは、技術革新のデータを扱う人は、粒度の高いデータ問題を解決する必要があることを明らかにした点にあると考えています。これは、法律家は互換性のあるデータの生成をサポートできるのだろうか、という興味深い問題につながると思います。

角田：それは極めて面白い問題提起ですね！

　ところで、この間の日本の動きとして、2021年9月1日に日本ではデジタル庁という新しい行政機関が創設されています[1]。金融に限らず、日本政府をあげてデジタル化に大きく舵を切ったところで、シュテフェック先生の問題提起に対する検討がまさに進められようとしているということです。

　それから、このセッションの隠れたヒーローはゲストに果敢に挑んだ若者

だったかもしれませんね（笑）。池田先生にお話いただいた「日銀との徴求データの一元化・システム連携」は、確かに「本来もっと前にやるべきだった単純なデジタル化」という印象もあるかもしれませんが、「レポーティング・ダッシュボード」という、より大きな文脈で捉える必要もあるように思います。折しも金融庁に対するあらゆる申請・届出・報告をオンライン化する「レポーティング・ダッシュボード」のシステム開発が進められていることも補足しておきたいと思います[2]。

シュテフェック：一橋大学客員教授で元金融庁総合局長の佐々木清隆氏は、コメントの中で、データ収集に関するさらなる課題を指摘しました。例えば、データプロトコルが異なるのは公的機関だけではありません。例えば、データのプロトコルが異なるのは公的機関だけではなく、個々の金融機関も時間をかけて独自のデータフォーマットを開発しています。そこで同氏は、データエコシステムの必要性という興味深い問題を提起しました。さらに、このエコシステムには、理想は、規制当局以外の裁判所やその他の公的機関も含まれるべきだとも述べています。また、同氏のコメントの中で、「究極的にはすべてのものがデータになる」という指摘も非常に興味深いものでした。次のステップは、有用であるにもかかわらず、現在はデータとして提供されていない情報があるかどうかを考えることです。

角田：そのエコシステムですが、そこに「官民協働」というキーワードがつく点も大事なポイントではないかと思います。

　その官民協働のエコシステムという考え方をとった背景に、官主導のシステム開発では間に合わないという問題意識が語られた点も印象的でした。スマートフォンの GPS は民間主導で導入され、普及しているものですが、犯罪が起きれば当局がアクセス可能になり、捜査において大きな意味を持つことは、読者

---

1 ）https://www.digital.go.jp/policies.
2 ）鬼頭武嗣・水井大「金融分野における昨今の RegTech/SupTech の動向」金融法務事情 2150号（2020 年 11 月）24 頁以下。

の皆さんもよく知っているはずです。

　そして、ご指摘の通り、この「官民協働」がデータ整備でも行われていることに私も注目しました。実例として、池田先生から、法人マイナンバーの話をご紹介いただいたところです。この法人を特定するナンバーには利用制限がないことから、地域銀行から受領した貸出明細データに金融庁が法人マイナンバーを付加して還元しているという話でした。これにより取引先の実態把握、さらには与信管理の高度化・効率化に寄与できるか検証しているということでしたね。地味にみえるかもしれませんが、データ整備という意味で大事な、着実な一歩だと思いました。

シュテフェック：金融庁フィンテック室長の野崎彰氏は、新たな視点からのコメントを紹介しました。特に興味深かったのは、彼がブロックチェーンなどの進歩によって促進される分散型のアプローチにおけるリスクを指摘したことです。野崎氏は、ブロックチェーンなどを利用した分散型サービスには仲介者がいないと指摘しました。そのため、規制の対象が不明確で、規制が難しい。また、金融庁などの規制当局は、分散型システムを完全にコントロールできない。つまり、例えば、金融庁が分散型システムの取引を停止しようにも手が出せない、といった問題があります。このように、分散型システムは規制機関にとって特別な問題があることも学びました。

角田：あと、Felix の「デジタル化によって監督される側、あるいは市場はどう変わるだろうか」という視点の転換によって、テクノロジーがもたらした変化の本質が浮かび上がったと思います。野崎フィンテック室長の回答によって、デジタルトランスフォーメーションとは何かが具体的に像を結んだと言えるのではないでしょうか。

　このとき、私自身は初日の「日本の 1990 年代の司法制度改革の意義についてどう考えればよいか？」という幸田先生の問題提起を思い出しました〔**集中講義❶**→92 頁〕。つまり、司法制度改革論議で問題となっていたのは法曹の数、国民と法曹の人口の割合、弁護士という人間の数、所在であり、その担い手である人間の養成システムの改革がなされたが、あれをいまどう評価するのかとい

う厳しいご指摘でした。21 世紀の世界は、銀行口座を持てない多くの人々をどう社会に包摂するかという課題に、どう向き合っているでしょうか。ご存知の通り、それは、金融機関を増設しようとか、金融機関で働く人を増やすための教育システム改革ではありません。決済アプリをインストールしたスマートフォンを配布している現代からみると、たしかに、隔世の感は否めないなと思いました。司法サービスの担い手の皆さまと一緒に、大きな宿題として、引き続き考えたいと思った次第です。

◙ 規制環境下でのデータ収集やそのフォーマットを決定するにあたって、新しいアプローチを開発する必要があるでしょうか？

◙ 規制機関のデータに関する課題を解決するために、立法に携わる機関はどのような貢献ができるでしょうか？

◙ データ流通基盤の整備を進めるには，様々な徴求データを仲介し，統一されたデータプロトコルを開発・管理する，新たな機関が必要でしょうか？

◙ 規制当局が、問題を特定するデータだけでなく、企業の中核的なビジネスモデルを定義するデータも収集するようになると、新たなデータ機密保持の問題が生じないでしょうか？

◙ 規制当局が収集したデータの一部を公開することは、検討に値するでしょうか？　例えば、すべての企業が恩恵を受けることができ、それによって社会全体の福祉が向上するようなデータについて、そのような可能性はあるでしょうか？

◙ データとテクノロジーは、今後、市場関係者と公的規制当局のパワーバランスを変えていくのでしょうか？

◙ 金融庁のような規制当局は、どのようにすれば分散型システムを効果的にコントロールできるようになるのでしょうか？

日本型ロー・ファームは AI 時代も
生き残れるか

◉ スピーカー

酒向真理 （オックスフォード大学サイード・ビジネススクール教授）

◉ モデレーター

フェリックス・シュテフェック （ケンブリッジ大学法学部上級講師）

角田美穂子 （一橋大学大学院法学研究科教授）

◉ コメンテイター

岩倉正和 （一橋大学大学院法学研究科ビジネスロー専攻客員教授/弁護士
〔TMI 総合法律事務所〕/ニューヨーク州弁護士）

AI の導入で、弁護士に求められる資質や役割は変わるのか。企業間取引の国際比較研究のほか、高度専門サービスのビジネスモデル、アウトソーシングの研究で知られる経営学者であるオックスフォード大学の酒向真理教授に、AI がリーガル・サービス市場にもたらすインパクトに関する最新の研究成果をお話しいただきます。続けて、米国法律事務所勤務、ハーバード大学客員教授も歴任するなど国際事情に精通しておられる岩倉正和先生に、英米と日本を対比しながら、リーガル・サービス市場の変化の解説と持論を展開いただきます。

（2021 年 1 月 19 日収録）

経済学者から見た AI 導入とその影響

角田：第6回「AIがリーガル・サービスにもたらす新たなビジネスモデル」を始めます。本日は、日本が誇るグローバルな先生お二人をゲストにお招きしております。それでは、このセッションのモデレーターを務められるシュテフェック先生にバトンをお渡しいたします。シュテフェック先生、よろしくお願いします。

シュテフェック：はい、東京では今晩は。そして、ケンブリッジではおはようございます。本日、酒向真理先生をご紹介できることを嬉しく思います。彼女は英語も日本語もご堪能ですが、私は英語しか話せないので、英語でご紹介いたします。しかし、この講義では素晴らしい通訳がついてくれています。よい機会なので通訳にもお礼を言いたいと思います。

　さて、酒向先生は、オックスフォード大学のサイード・ビジネススクールの経営学の教授です。法律家ではないのですが、エコノミストとして Law Tech 関係者の行動を研究しておられます。ご専門は、グローバル戦略、比較制度分析──今日はそのエッセンスをお話いただく貴重な機会で楽しみです。そのほかにアウトソーシング、オフショアリング、そして今日のもう1つのテーマであるプロフェッショナル・サービスです。酒向先生によると、最近はとりわけ、プロフェッショナル・サービスとそのビジネス、そしてアウトソーシングの研究に取り組んでおられるそうです。先生のご研究は政策立案者の注目も浴びており、リーガル・サービスのグローバル化と、それが弁護士に及ぼす影響に関する研究によって、先生は英国のリーガル・サービス委員会研究戦略グループ（UK Legal Services Board Research Strategy Group）のメンバーとしてもご活躍です。ご本人は、あまり法律については詳しくないとおっしゃいますが、そのようなことはありません。法律家とも活発にやりとりされ、共同で素晴らしい論文も公表していらっしゃいます。

　では早速ですが、バーチャルフロアを酒向先生にお渡ししたいと思います。これから1時間程お話いただきますが、要所要所で質疑応答の機会をいただけるようです。受講者の皆様、質問、コメントができるように準備をしておいてください。では、よろしくお願いいたします。

酒向：角田先生には、このような機会をいただき、日本の皆様の前でお話ができますことを、嬉しく思います。これから60分間程、AI導入をめぐる色々なトピックを取り上げながら話をしていきたいと思います。

　まずは「AIがもたらす弁護士の仕事へのインパクト」、次に「AIで可能になるリーガル・サービスの新たなビジネスモデル」、3つ目に「リーガルテックのスタートアップにとって、新たなビジネスモデルによって価値を創出するチャンス」について、最後に、これが最も重要だと思いますが「AIの導入は弁護士および法律事務所の未来にどのような意味を持つのか」をお話しいたします。私見になりますが、この問題にはグローバル性があると考えておりますので、米英において今起きていることは、いずれ日本で起きてくることになると考えています。

　フェリックス先生がおっしゃったように、それぞれのセグメントの終わりに質問があればお受けします。このトピックで日本の方々に向けてお話をするのは、初めてなので、法律を勉強している若い方々、弁護士や日本のリーガルテックのスタートアップがどんな反応をしてくださるのか楽しみにしています。

　まずは手始めに、このセッションのコアになる中心的な問題を考えてみましょう。私の、「人工知能というテクノロジーへの関心」の基礎にあるのは、それが弁護士が実際に行っている業務にどのような影響を与えるかという問題に他なりません。そこで、新しいビジネスモデルと組織デザインという観点から、リーガル・プロフェッションの世界で実際に起きている変化を読み解いていきたいと思います。

　また、私は経済学の素養を持つ研究者として、実証研究を行っており、ここ1年間で、70件以上のインタビューを実施してきました。法律事務所で働く弁護士だけでなく、インハウス、いわゆる企業内弁護士、もしくは新しい形のリーガル・サービスの提供企業の関係者にもです。

　2020年にはイングランドとウェールズの事務弁護士のアンケート調査、また別の研究プロジェクトになりますが、ロンドン、ニューヨーク、サンフランシスコといった異なる場所にあるリーガルテックとフィンテックのスタートアップ起業家や投資家へのインタビューも実施し、相互の比較もしてきました。これらの研究は、オックスフォードのロースクールや経済学部、私のようにビジネススクールで教えている人たち、それから深層学習や自然言語処理といった最先端のコン

ピュータ科学を専門としている人たちと共同で行いました。こうしたテーマに関心のある方は、是非こちらのウェブサイト[1]をご覧になってみてください。教育学部の人たちも、どういった教育コンテンツの開発が今後の法曹教育に必要かといった研究をされています。今回、角田先生が一橋大学で企画されたレクチャーシリーズなどは、先端的な取り組みとして非常に重要なものと考えており、こういったことこそ、私たちはもっとしていくべきだと思います。

AIのインパクトはタスク単位の分析が大切

酒向：では早速、AIが弁護士の仕事にどんなインパクトをもたらすのかですが、この問題を考えるにあたっては、AIの導入により可能になるリーガル・サービス提供パイプラインという概念にフォーカスしたいと思います。ここでは、AIとは何かという定義についての詳細は割愛しますが、人間の頭脳が必要とされてきた作業を自動化するもの＝AIとしてください。

リーガル・サービスへのAIの適用例も、例えば、契約文書の分析からM&Aをする時のデュー・ディリジェンス、訴訟支援、法務調査など多様です。使われているAI技術にも、一方ではエキスパートシステムのようなルールベースのトップダウン型のものもあれば、ボトムアップ型の機械学習のようなものまでありますが、近時のAIへの関心が非常に高まっているのは主に後者です。それはデータによるアプリケーションの進化、そして適用領域の拡大が進み、リーガル・サービスもその1つだということを押さえておけば十分だと思います。

ところで、AI技術は、人々が「やっていること＝仕事」に、2つの側面で影響を与えることになるのですが、大事なのは、「やっていること＝仕事」を職種ではなく、タスクで考えることです。なぜかというと、仕事はいくつかのタスクに分解でき、AIが代替できるのは、分解された一つひとつのタスクだからです。

つまり第1の影響としては、AIが人間に代わって何かを行うとしたときに、その代替はタスクレベルで、かつ、当該タスクに限られるということです。

次に第2の影響は、AIによって人間の作業能力が拡充される場合です。例えば、

1）「イギリス法のために人工知能のもつ潜在的可能性を解き放つ研究プロジェクト」https://www.law.ox.ac.uk/unlocking-potential-artificial-intelligence-english-law

Richard Susskind の本のタイトルのように「弁護士の終焉？[2)]」といった挑発的な見方もあって、過去にも、鍛冶屋、ろうそく職人、反物屋さん等の職業が終焉を迎えてきたように、弁護士としての仕事の隆盛は終わるのではないかというような恐怖を持つ人もいますが、そのようなことはありません。こうした代替というのは、ストーリーの一部であって、もちろん一部のタスクについては AI による置換は起きるでしょうが、それだけではなく、AI によって弁護士の仕事が拡充されることもある。つまり、AI のアウトプットを活用して、より良い弁護士になれるという話です。このケースでは、弁護士は AI 消費者（コンシューマ）ということになります。また、弁護士が AI の機能を強化する場合は、AI プロデューサになり得ることもあります。

　そうした例を挙げてお話をしてみたいと思います。**図表❶**〔→巻頭口絵⓫〕の真ん中にあるのは、AI による代替、つまり AI によって置き換えられるタスクです。反復的で拡充可能なテキストベースのタスクがそれに当たります。アメリカのニューヨーク等で若いジュニア弁護士がホテルルームに缶詰になって山のような書類（例えば特定の訴訟において関連する紙ベースの文書）を処理する、そのようなイメージのタスクが AI で代替できるようになるのです。重要な作業ですが、AI が得意とする作業でもあります。

　図の左側にあるのは、弁護士の仕事の拡充をするものです。AI を上手に使うことで、弁護士のクライアントへの助言の質が高まり、強化されるようになるので、弁護士はクライアントのより良き助言者になり得ます。特に、非常に重要な M&A や大きな訴訟などの場面で、弁護士の助言の精度が向上することは、助言者としての信頼を高めることになります。これが AI の効果です。

　そして、AI についての造詣が深い、一部の弁護士の中には、図の右側のように AI プロデューサになれる人も出てくるでしょう。この場合、弁護士は、プロジェクトマネージャーやデータサイエンティスト等と一緒のチームの一員として、リーガル・サービス提供パイプラインへ参画することになります。そういった際に、分野横断的なチーム（multidisciplinary team）、略して MDT と言わせてもら

2）Richard Susskind（2008）, *The End of Lawyers*, Oxford University Press；Richard Susskind and Daniel Susskind（2017）, *The Future of Professions*（邦訳、リチャード・サスカインド＝ダニエル・サスカインド（小林啓倫訳）『プロフェッショナルの未来』朝日新聞出版・2017 年）参照。

いますが、そのMDTの一員として指揮する立場になり得るということです。

組み立てラインのようなリーガル・サービス

酒向：ところで、**図表❷**〔→288頁〕はサービス提供パイプラインを表したものですが、組み立てラインのようなものと考えてください。私がかつて研究していた自動車業界では、自動車工場に組み立てラインがあって、様々な部品を組み込みながら最終的に車が出来上がります。過去、といってもおそらく20世紀の初めの頃までは、職人が一人で車を完成させていました。そして、それは法務にも当てはまり、今でも最初から最後まで自分ひとりで仕事をされている弁護士もいらっしゃるかと思います。ですが、自動車工場の組み立てラインを、弁護士の仕事に応用して考えてみると、様々な部品が組み込まれていくのと同じように、タスクごとに様々なステップに分けて、進めていけるようになります。実際に、機械学習のようなAIを使ったリーガル・サービスを念頭に、ステップを1つずつ見ていきましょう。

　まず、一連の工程を通して何をしたいのかという要求事項（requirements）を指定する必要があります。例えば、**図表❷**の左側を起点にし、どんな契約や項目が紛争のきっかけになるかを予測し、その予測を改善するためのプロジェクトで考えてみましょう。まず、そのプロジェクトで実現すべき事項を具体化する弁護士、場合によって、プロセスマッピングの専門家やプロジェクトマネージャーの「インプット」によって、プロセスのステップを特定し、プロジェクト・マネジメントの範囲を決められるようになります。次に、AIのモデルを設計し、この特定のプロジェクトをそのモデルを使って行います。この時、データサイエンティストのインプットが重要になるのと、データを選択して取り込む際、情報セキュリティなどとの整合性がきちんと担保される必要があります。

　ここで再び、AIプロデューサとしての弁護士と、データサイエンティストとの協同作業が必要になります。そして、データのラベリングも必要です。ラベリングは、以前はパラリーガルあるいはジュニア・アソシエイトがしていましたが、これもAIプロデューサとしての弁護士の仕事になります。この後の、アウトプットを生成する作業は、機械が代替して行い、完全自動化されます。一旦そこまで

図表❷ AIが可能にするリーガル・サービス提供パイプライン（組み立てライン）

要求事件の指定	AIモデルのデザイン	データの取り込みと完全性の確保	データのラベリング	アウトプットの生成	アウトプットのレビュー	アウトプットの説明
AIプロデューサとしての弁護士	データ・サイエンティスト	AIプロデューサとしての弁護士	AIプロデューサとしての弁護士	機械	AIプロデューサとしての弁護士	AI消費者としての弁護士
プロセスマッピングの専門家		データ・サイエンティスト			データ・サイエンティスト	
プロジェクト・マネージャー						

出典）筆者作成

できると、アウトプットのレビューという、再び人間のインプットが必要になります。予測の精度を向上させるには、アルゴリズムの改善、あるいはラベリングの変更といったプロセスを繰り返し、最終的にはAIコンシューマとしての弁護士が、その予測を用いてクライアントに助言を提供できるようになります。

　このパイプラインでは、ほとんどすべてのステップで、弁護士はチームの一員として働くことになります。弁護士が、データサイエンティスト、あるいはプロセスマッピングの専門家、あるいはプロジェクトマネージャーと協力しながら、MDTの一員として働く、これがリーガル・サービス提供パイプラインの考え方です。自動車産業のような他の産業を考えれば、弁護士の世界に置き換えても、そう違和感のない考え方ではないでしょうか。この考え方がすべての業務分野やあらゆる種類の法律業務に適用されるべきとは言いませんが、今の典型的な弁護士が採っているやり方よりは、多くの状況に適用できると思います。

MDTで働く弁護士の実態調査

酒向：さて、ここからは、このようなMDTは、いったいどこで見ることができるのか、お話ししようと思います。我々が行った調査方法としては、弁護士個人へ、AIを含めて、リーガルテックをどのように使っているか、どのようなトレーニングを受けてテクノロジーを使えるようになったかなど、2019年11月から2020年1月にかけてアンケート調査を実施しました。調査は、イングランドとウェールズの法曹協会に協力してもらい、法曹有資格者353名から回答をいただきました。どこで働いているのか、という問いに対して、回答者の3分の2、67%が様々な規模の法律事務所に、28%が企業内弁護士（インハウス）とのことでした。

　実は、Alternative Providers、Law Tech Solution Providersもターゲットにしたかったのですが、十分な数の回答が得られなかったため、それは断念し、回答率の高かった、法律事務所で働いている人と、企業内の法務部で働いている人を比較していきたいと思います。

　大まかな結果としては、法律事務所で働いている弁護士の方が企業の法務部に勤務する弁護士に比べてMDTで働く割合が低く、AIの導入は、MDTで働いている弁護士の割合と正の相関関係にあります。

細かく見ていきましょう。まず１つ目、**図表❸**〔→292頁〕は「どんな専門家と働いていますか」を聞いたものですが、質問は、時々ではなく、「日常業務で」とし、複数回答ありで、弁護士に選んでもらいました。上の２つ、パラリーガルと他の弁護士を選べば、弁護士が弁護士とだけ働いているということになります。その下には４つの弁護士や法律とは違うカテゴリーを入れました。リーガル・プロジェクトマネージャー、プロセスマッピング・エキスパート、データアナリスト、データサイエンティスト、IT・リーガルイノベーション・エキスパートなど、今台頭しつつある新しい仕事です。ラベルは様々な異なる名前がありますが、似たような役割もあるかと思います。例えばリーガル・エンジニア、あるいは、リーガルプロダクトアーキテクト、どちらも新しい職名ですが、このような選択肢にしました。そして、パラリーガルあるいは他の弁護士さんだけとしか一緒に働いていない弁護士は、MDTで働いていないとみなし、下の４つの中から１つ以上選んだ弁護士は、MDTで働いているというふうに分類をしました。かなり大まかなMDTの定義になりますが、下の４つのMDT、すなわち法務のプロジェクトマネージャー、プロセスマッピングの専門家、データアナリスト、データサイエンティスト、IT・法務のイノベーションの専門家のどれかを選択した場合には、「あなたは、弁護士ではない人と働いている」MDTの一員としました。

MDT経験者とAI利用の相関関係は

酒向：こうした分類により、法務部で働いている企業内弁護士と法律事務所で働いている弁護士、MDTで働いていると働いていない場合とでは、どういう違いがあるのかを明らかにしようとしたのが、**図表❸**です。企業内弁護士の48.5％がMDTで働いていたのに対して、法律事務所で働いている弁護士のそれは35.6％でした。どちらの場合も比率は高いといえるかと思いますが、企業内の方がMDTで働いている率が高いことが分かります。なぜかは後で説明します。

　また、興味深いのが、**図表❹**〔→292頁〕のAIの使用状況に関するデータです。ここで言うAIとは、機械学習、エキスパートシステム、その他のものを指しており、ご覧の通り、法務調査以外でのAIの導入率は比較的低いことが分かります。このことは英国に限った話ではなく、他の組織が実施した調査、例えばアメ

リカ法曹協会が行った調査などでも似通った結果が出ています。

MDTの一員の弁護士によるAIの使用と弁護士全体のAIの使用状況を比較した、**図表❹❺**のチャート〔→292頁〕を各グループごとに見ると、弁護士の中でもMDTで仕事をしている人は、法務調査では33.8％がAIを使うと言っています。一方、弁護士全体でAIを使っているのは27.2％で、こちらの方が低いです。デュー・ディリジェンス（Due diligence）で見ても、MDTの一員として働いている弁護士の40.5％がAIを使っている一方、すべての弁護士でAIを使っている割合は18.2％に留まりました。

また、MDTの一員として働いている弁護士は、法律事務所よりは企業内弁護士としてやっている人たちが多く、MDTの一員であることとAIの使用には、相関関係があることが分かりました。因果関係については、まだ十分であるとは言えませんが、これらの調査から、職場によってAIの使い方に差が見られ、MDTであるかないかによっても差があることが、示唆されると思います。

ここまでで、MDTの持つ意味合い、またAIの使用において重要な示唆が得られたかと思いますが、ここで一旦、質問もしくはコメントをいただければと思います。

シュテフェック：ありがとうございました。では早速ですが、私からコメントと質問をさせていただきます。

タスク（task）と仕事（job）の違い、これは非常に重要な違いです。また、科学的な調査も興味深いものがありました。

職業の将来について議論をすると、しばしば、仕事を盗られてしまうのではないかということに軸を置きがちなのですが、そうならなかった点も良かったと思います。ケンブリッジの学生たちも、3年前にAIを使った金融オンブズマンの紛争処理結果を予測するコンペを、ロンドンの弁護士相手に行ったのですが、その後のコンファレンスでも、仕事の置き換え（job replacement）の話ばかりになってしまいました。マスコミが47％の仕事が置き換えられるというような報道[3]を

---

3) Original source of media reporting：Frey, C. B., & Osborne, M. A. 2017. The future of employment：How susceptible are jobs to computerisation? *Technological Forecasting and Social Change*, 114：254–280.

図表❸　分野横断的なチーム（MDT）で働く機会の調査/組織別

	企業内法務部	法律事務所
他の弁護士	81.8%	90.3%
パラリーガル	41.4%	58.9%
IT/リーガルイノベーション・エキスパート	26.3%	21.6%
その他	21.2%	13.1%
リーガル・プロジェクトマネージャー	12.1%	10.2%
データ・アナリスト	8.1%	2.5%
プロセス・マッピングエキスパート	6.1%	3.4%

	その他	企業内法務部	法律事務所
	18	99	236
MDT経験	50.5%	48.5%	35.6%

図表❹　AI にアシストされたリーガル・テクノロジーの使用状況/組織別

	企業内法務部
法務調査	32.3%
デュー・ディリジェンス	12.1%
eディスカバリー/eディスクロージャ/テクノロジーにアシストされたレビュー	13.1%
規制コンプライアンス	10.1%
契約書分析	8.1%
その他	10.1%
手数料・報酬の利用状況分析および/または予測課金	2.0%
訴訟の予測分析	1.0%

	その他	企業内法務部
サンプル数	18	99

図表❺　MDT における AI にアシストされたリーガル・テクノロジーの使用状況/組織別

	企業内法務部
法務調査	38.1%
デュー・ディリジェンス	28.6%
eディスカバリー/eディスクロージャ/テクノロジーにアシストされたレビュー	14.3%
規制コンプライアンス	23.8%
契約書分析	23.8%
その他	14.3%
手数料・報酬の利用状況分析および/または予測課金	9.5%
訴訟の予測分析	0.0%

	その他	企業内法務部
MDTにいる人のサブサンプル数	9	48

出典）M. Sako, R. Parnham (2020 Lawtech Adoption and Training: Findings from a Survey of Solicitors in England and Wales.
https://www.law.ox.ac.uk/sites/files/oxlaw/oxford_lawtech_adoption_and_training_survey_report_18_march_2.pdf

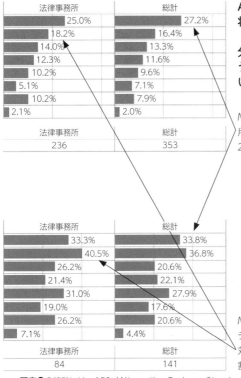

法律事務所で働いている弁護士は、企業内弁護士よりも分野横断的なチームで働く機会が少ない

総計
87.3%
53.0%
23.8%
15.3%
10.5%
4.2%
4.2%

総計
353

39.9%

* **図表❸❹**の統計には、ABS（Alternative Business Structure, 新しい形態の法律事務を行う組織）やリーガル・テクノロジー・ソリューション提供者に勤務する回答者を含む、すべての有効回答が含まれている

AI の導入は比較的控えめといってよい状況

分野横断的チームで働く弁護士は、そうでない弁護士よりも AI 使用頻度が高い

MDT の弁護士の 33.8％は法務調査に AI を使用するのに対して、全弁護士ではその割合は 27.2％

法律事務所	総計
25.0%	27.2%
18.2%	16.4%
14.0%	13.3%
12.3%	11.6%
10.2%	9.6%
5.1%	7.1%
10.2%	7.9%
2.1%	2.0%

法律事務所	総計
236	353

法律事務所	総計
33.3%	33.8%
40.5%	36.8%
26.2%	20.6%
21.4%	22.1%
31.0%	27.9%
19.0%	17.6%
26.2%	20.6%
7.1%	4.4%

法律事務所	総計
84	141

MDT の法律事務所で働く弁護士の 40.5％がデュー・ディリジェンスに AI を使用するのに対して、法律事務所で働く全弁護士では、その割合は 18.2％にとどまる

* **図表❺**の統計には、ABS（Alternative Business Structure, 新しい形態の法律事務を行う組織）やリーガル・テクノロジー・ソリューション提供者に勤務する回答者を含む、MDT 内におけるすべての有効回答が含まれている

したためか、弁護士は非常に戦々恐々となったのです。

　それから、組み立てラインの話も非常に参考になります。弁護士の、他の専門職との関わりに加え、弁護士業に新たなる仕事が生まれてくることを適切に表現できているからです。アウトプットの一部は、弁護士の手から離れることになるかもしれませんが、他の職業も生まれてくるわけです。社会という観点で言えば、弁護士という仕事は大切ですが、他の職業も同様に大切で、こういった観点を持ち続けることは重要だと思いました。

AI 裁判官が生まれる可能性はあるか

シュテフェック：それでは、質問に移ります。まず 1 つ目、紛争解決のための司法判断（legal decision making）に関わることです。酒向先生の研究は、いわゆる外部の助言提供者、それからインハウス（企業内）の助言提供者としての弁護士に関するものですが、今後 AI は、例えば、オンブズマンや仲裁人といった司法判断を下す側の役割も代替することになるのか、判事の仕事、もしくは仲裁人は、AI に取って代えられるのかどうかについてお伺いしたいと思います。それぞれ立場が違っており、助言提供者というのは、多くの場合、当事者の一方についており、他方当事者には興味がありません。また他方当事者に歩み寄ることに、インセンティブはつきません。対して、司法判断を下す者は中立であることが求められます。これについてお考えを伺ってみたいと思います。

酒向：ありがとうございます。とても有益な質問だと思います。ビジネススクールで教えていると、こういった分析は、リーガル・マーケットのセグメント、つまり、企業がクライアントとして受けるリーガル・サービスの話に終始しがちで、コーポレート・リーガル・サービスの研究というべきかもしれません。

　ただ、ロースクールの同僚と私は、現在、もう少し視野を広げて、かつて Bill Henderson が「人民の法（People Law）」と呼んだ領域[4]、つまり、クライアント

---

4 ）Henderson, W.D. 2018. Legal Market Landscape Report：commissioned by the State Bar of California. https://board.calbar.ca.gov/docs/agendaitem/Public/agendaitem1000022382.pdf

が個人（消費者）や中小企業、つまり、企業内弁護士を抱えるコーポレート・クライアントほど法律の知識がない領域に注目して、研究を進めているところです[5]。AI で自動化できないところには意思決定のループの中の人間（human in the loop）が存在し、自動化できるところは機械が人間を代替しループの外に人間（human out of the loop）がいることを念頭に考えてみますと、人間の弁護士がループの中に介在し続けると思います。特にコーポレート・リーガル・サービスにおいては、究極の弁護士、信頼できるアドバイザーといった人間が、機械学習のアウトプットを解釈する仲介者として存在します。

　一方で人々の暮らしに関わってくるようなピープルの法（People Law）の領域では、もしチャットボットやロボットが、譲渡や遺言書の作成などにおいて、簡単でも重要なアドバイスをしてくれるとしたら、出費を大幅に削減することができます。技術的に今はまだ無理だとしても、少なくとも需要はあると思います。技術的な限界以外に、AI に必要なデータを集めるのは本当に大変です。そう考えると、人間の弁護士は最終的に「意思決定のループの中」に存在し続け、一般市民の司法需要の一部は満たされないままの状況が続く可能性があります。

　ここで、シュテフェック先生がおっしゃった司法の分野について再び考えてみますと、サイエンスフィクションでは例えばロボットの判事やロボットの弁護士等が出てきたりしますが、もっとシンプルな紛争解決であれば、今後、可能性としてあり得るかもしれません。そうなれば、最終的には AI コンシューマとしての弁護士も、自動化もしくは半自動化といった方向に行くことがあるかもしれません。

訴訟ファイナンスにおける AI の役割

シュテフェック：「ピープルの法」は、司法でのテクノロジーの使用と司法アクセ

---

5 ）John Armour and Mari Sako（2021）*Lawtech*：*Levelling the Playing Field in Legal Services?* SSRN working paper. https://papers.ssrn.com/sol3/papers.cfm?abstract_id=3831481
Mari Sako and Richard Parham（2021）*Technology and Innovation in Legal Services*：*Final Report to the Solicitors Regulation Authority.*
https://www.sra.org.uk/globalassets/documents/sra/research/full-report-technology-and-in-novation-in-legal-services.pdf?version=4a1bfe

スの改善について考える明日のセッションにも関わってくる話だと思います。高額の出費を選択できない、あるいはお金がないために、一流のリーガル・サービスへのアクセスを持たない人々の存在と、そのような人々の司法に対するアクセスの問題については、明日、より深く掘り下げます。

　もう1つ、質問です。AIの法律に関する使用について、弁護士ではない人々がAIを使うことに対してどう思いますか？　先生の研究の特徴であり、興味深いポイントとして、弁護士を組織内部のリソースと外部のリソースとを比較している点があると思いますが、弁護士ではない人々もAIを使えば、弁護士的な機能を果たすことはできるかもしれませんよね。AIによって弁護士の能力が高まるのと同様に、一般の素人が弁護士を使う代わりにAIを使えば、何百ポンドも払わずに「自分でできるよ」というような人々も出てくるのではないでしょうか。

　例えば訴訟ファイナンスにおいては、訴訟資金の提供者が請求の価値を予測することができるかにかかっています。裁判を起こすのに、どれだけお金を投下できるかの判断は、結果次第と言えるでしょう。どれくらいのコストで、どれくらい時間がかかり、どの裁判所で行われ、どれだけの回収が見込めるかで決まるからです。ですので、訴訟ファイナンスは、ある意味AIによって変わってくるのではないでしょうか。そして、最終的には、弁護士がAIを使うのではなく、ファイナンスの人たち自身が、弁護士に頼むより、AIの方がいいだろうとなれば、自分たちでAIを使いだす可能性があります。今までは、請求を見て、それから弁護士の所に行き、弁護士にどのような結果が出るのか予測をしてもらっていましたが、AIのコスト効率がよいとなれば、今後はAIを使って、裁判所で請求をした場合の結果を予測するかもしれません。

　もう1つ、英国あるいはアメリカで見られるのは、訴訟ファイナンスが開拓した新しい分野は司法アクセスに関わる問題だということです。小さな請求は、このような紛争ファイナンスにとってあまり魅力がありませんでした。弁護士に結果の予測を出してもらうコストがかかり過ぎるからです。しかし、AIはスケーラブルなので、AIの利用で、新しいビジネスの側面が見えてきます。そこで、先生、弁護士ではない人がAIを法務で使うということに関して、どうお考えでしょうか？　そして、先生のご研究とどのようにフィットするでしょうか？

酒向：そうですね。次のセクションへのよい導入になるかと思いますが、重要なのは、消費者あるいはクライアントが何に価値を見出すかです。法律の分野全般において、AIが実現するであろうことは、リーガル・サービスの市場を再定義することになるのではないかと考えています。そもそもですが、クライアントが抱えているのは「法的な問題」ではなく「問題」で、その「問題」を法律の分析を使って解決されることを、弁護士に求めているのです。そして、クライアントは企業でも個人でも、ワンストップでの解決を求めています。企業の分野においては税務かもしれませんし、個人であれば移民に関することかもしれませんが、「問題」には法的な側面もありますが、法的ではない側面もあります。

　AIは何を実現するかですが、法的なものと法的でない解決策を1つのパッケージにして提供することではないでしょうか。そうすれば、クライアントにより早く、最終的な解決策を提供することができます。これを、弁護士が主導して提供するのか、あるいは別のプロフェッショナルが主導して提供するのか、それは今まだ分かっていないことです。兆候としては、1つ、2つ、方向性がみえつつありますが、その話は後でします。よろしければ、先を続けます。

ビジネスモデルの概念

酒向：では後半の、ビジネスモデルに関するお話に移りたいと思います。

　まず、このビジネスモデルという概念は、ビジネススクールで使っているものですが、特別重要なものなので簡単にご説明したいと思います。これは、誰であっても、どのような組織であっても、法律事務所であろうとなかろうと採用することができる概念です。ですから、ビジネスモデルについては、これを誰がやっているかということは度外視して、色々と考えることができますし、組織という観点からすると、様々な組織があります。**図表❻**〔→298頁〕の図の下の方にあるのが法律事務所──Allen & Overy や Clifford Chance や Linklaters です。他、Barclays や BT のような多国籍企業の法務部もあります。従来は、これらがリーガル・サービス提供のメインのパイプラインでした。しかし、新しいプレーヤーが登場しています。Elevate、UnitedLex といったロー・カンパニー。左の方には、投資家、インキュベーター（incubators）、そしてデータベンダー（data vendors）

図表❻ リーガル・サービスのエコシステムにおいて、様々な企業が多様なビジネスモデルを採用

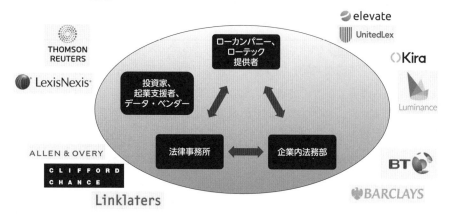

――例えば、Thomson Reuters や LexisNexis などです。聞いたことがあるところもあるかと思います。

　ビジネスモデルとは、これら組織とは無関係に採用可能なものです。ビジネスモデルという用語は、様々な形で使われていますが、基本的には「企業がいかに活動し、そして価値を創り、獲得するか」というものです。

　ここで大事なのは、カスタマー価値提案、カスタマーが何を大切に思うか、を中心に据えて考えてみることです。これは提供側からみると、どのようにして価値を創出するのか、そしてどのようにして価値を獲得するのかを考えるということになります。これについては、すでに発表した研究成果ではありますが、私たちはリーガル・サービスについての、4つのビジネスモデルを明らかにしました[6]。

　1つ目は、伝統的な法的助言のビジネスモデルです。カスタマー価値は、テイラー・メイドな法的助言、そして1時間当たりいくらという形で価値が創出されます。その価値はどのように獲得されるかですが、信用のある素晴らしい評判の

6）Armour, J., and Sako, M. 2020. AI−enabled business models in legal services：from traditional law firms to next−generation law companies? *Journal of Professions and Organization*, 7（1）：27−46.

弁護士、あるいは弁護士事務所が、それを活用してビジネスを獲得します。経営学では「組織的補完」（organizational complementarity）という概念を使い、専門家（弁護士）同士のパートナーシップは、このビジネスモデルを組織的に補完するには典型的かつ、最適な形態です。なぜなら、同業者である弁護士はお互いをよく知っており、倫理や規範を設定し、お互いをよく監視することができるからです。同時に、合意形成と意思決定もうまくいきます。

　また、弁護士へのフィーが１時間当たりの課金である理由は、１時間当たりの法的助言が、信頼財（credence good）であると考えられているからです。これは、消費者が、商品を使用した後であっても、その効果をなかなか確認することができない場合にあてはまるもので、例えば、患者さんが、ある医薬品を医者から処方されたとします。患者さんは、医者を信じてそれを服薬しますが、実際に薬の効き目が出るまでには時間がかかるので、支払いの段階では、本当に効くかどうかは分かりません。また、きちんと理解するだけの専門知識を患者は持っておらず、なぜその処方された薬が機能するのかは分かっていません。この場合、患者は医者から信頼財を買っているわけです。頓服が、うまく効くかもしれませんし、効かないかもしれません。これと同じことが、法的助言にも当てはまるということです。

　２つ目は、AI を使った新しいビジネスモデルの出現を前提に考えると、まずリーガル・オペレーションと呼ばれるビジネスモデルがあります。ここでのカスタマー価値は、プロセスの効率化とプロジェクト・マネジメントで、価値は、アウトプットベースでの価格設定です。固定料金（fixed fee）にすることで、価格の予測がぐっと容易になり、プロセスとプロジェクトのマネジメント能力を通して、価値も獲得されます。ここでの組織的補完は、１つ目の伝統的助言の時とは異なり、弁護士ではない人と弁護士が共同して、より良い AI ツールを使うインセンティブを与える組織構造です。

　３つ目も、同じく AI によって可能になるビジネスモデルで、リーガル・テクノロジーと呼ばれているものです。これは極めてシンプルで、カスタマー価値は、テクノロジーベースのソリューションに、料金はサブスクリプション（定額固定）、あるいはライセンス料として支払われ、価値は、特許や著作権といった知的財産権により創出され、あるいはプラットフォーム・プロバイダーという形でプロバ

イダーが獲得します。そしてここも、２つ目のリーガル・オペレーションと似たような形の組織的補完があります。

　最後のモデルの重要な点は、コンサルティングを別の価値提案として捉えていることです。カスタマー価値は、例えば、どのようなテクノロジーを採用すべきなのかといった助言で、興味深いことに法的助言と同じく、ふたたび１時間当たりの課金によって価値が創出されます。ですが、こちらは、特定のテクノロジーを使った専門性、そういう専門知識を持っていることに基づいています。

生き残りをかける法律事務所

酒向：このように多彩なビジネスモデルがあると、様々な組み合わせを考えることが可能で、どれとどれを組み合わせるのか、あるいはすべてを組み合わせるのかという選択も出てきます。今は、多様なプレーヤーが、まさにこれらのビジネスモデルの組み合わせをめぐって、激しい競争を展開している状況だと理解しています。

　法律事務所の観点から言えば、この先も伝統的な法律事務所のままであり続けるところもあります。組み合わせなどは考えずに法的助言を提供するだけ、それ以外は全部アウトソース、自分たちの手で作るのではなく、買ってくることもできるのです。そうすれば、ビジネスモデルの組み合わせに伴う複雑なもの——とりわけ多様な人材の採用と管理——は、すべてアウトソース、外部から調達できます。

　一方、リーガル・オペレーションの組織を社内に持っている法律事務所もあります。少し前に、インドやフィリピン、イギリスの北アイルランドなどで作られたナレッジセンターの記事を読んだ方もいらっしゃると思いますが、そういったものが良い例でしょう。Simons & Simons のような法律事務所は、実際にリーガルテックのスタートアップ Wavelength Law を買収しており、リーガルテックの技術または企業買収の可能性もあります。また、Pinsent Masons のように、法律事務所の中にインハウスのコンサルティングの部門を作った例もあります。これらの展開も大変興味深いものです。

　次に、ロー・カンパニーという観点から見てみましょう。UnitedLex、Elevate、

Axiom などの企業は、リーガル・オペレーションやコンサルティングの専門知識から始まって、リーガル・テクノロジーにも精通していますが、それに留まらず、より野心的に法的助言にも目を向けており、企業グループ内に法律事務所を作っているところもあります。例えば、UnitedLex は、法律事務所 Marshall Denning を作りました。ロー・カンパニーが法律事務所を作って、サービスの分野を広げていこうとしているわけですが、そうなれば、それぞれの領域で競合していく状況にあるというのが現状です。

リーガルテックの起業家に必要なキャリアとは

酒向：次に、スタートアップ創業に関心の深い受講生の方も多いかと思うので、リーガルテックのスタートアップのビジネスモデルについても見ていきましょう。法律の様々な分野で、様々なタイプのリーガルテックの起業が話題になり、盛り上がっていると思います[7]。

　私たちはアカデミックな立場から、ロンドンとニューヨークという 2 大金融センターと、フィンテックやリーガルテックにとどまらない、広く技術系のスタートアップのメッカとして知られている場所サンフランシスコ・ベイエリアの、3 つの場所でリーガルテックとフィンテックを比較しながらスタートアップの分析を試みました[8]。

　スタートアップの社会的なつながり、創業者が卒業した大学、スタートアップ前に創業者がどんな仕事をしていたのかなどのデータを集め、また専門知識としても、そもそもの専門がプログラミング系なのか、金融系なのか、弁護士なのか、ビジネススクールで学んだマネジメント系なのか、315 のベンチャー企業のサンプルとして 600 人以上の創業者を集めました。そして、エコシステムにおいてスタートアップの成長が速い理由、例えば、創業者の専門知識領域、創業者間の学

7）数ある図、インフォグラフィックの中の 1 つとして、以下を参照。
https://www.legalcomplex.com/wp-content/uploads/2019/02/tnw-deloitte.jpg
8）Sako, M., Qian, M., Verhagen, M., and Parnham, R. 2020. Scaling Up Firms in Entrepreneurial Ecosystems：Fintech and Lawtech Ecosystems Compared. https://papers.ssrn.com/sol3/papers.cfm?abstract_id=3520533

歴と職歴に基づいた人脈の相関も見ました。

　図表❼〔→巻頭口絵⑩〕で、色々な色の点は知識領域（knowledge domain）を示す
ものです。赤の点はプログラミングのスキルがある人々、青は弁護士系の人々で
す。サンフランシスコでは、赤がかなり多いですが、驚くにあたりません。ニュー
ヨーク、ロンドンを見ても、複数の色があり、この図から色々な知識領域、得意
分野の違う人たちが集まっていることが読み取れます。

　また、図表❽は、リーガルテックとフィンテックにおける各チームの拡大のス
ピードを比べたグラフですが、リーガルテックとフィンテックどちらにしても、
プログラマーのみの（プログラミングのスキルしかない）創業者チームが一番早い
成長を遂げています。逆に、一番右端の、弁護士だけで創業したチームが、成長
率に関しては一番遅いです。その理由を確かめるために、インタビューをしてみ
ました。

　　「私は20年間、パートナーとして活動してきました。率直に言って、外部の
　　投資家を募って、自分たちでインフラを整備するなどということは、あまり
　　にも面倒すぎた。」

　これは代表パートナー（Managing Partner）を引退して、リーガルテック企業を
創設した方のインタビューの一節です。対象のスタートアップは、「引退ベン
チャーとしてやっており、かなり満足のいくお金も得られたので、スケールアッ
プに関しては私の狙いではなかった」という答えでした。

　これとは対照的に、非常に野心的な、オックスフォードで物理のPhDを取得し
た創業者のインタビューからの一節は、以下のようなものでした。

　　「私たちのビジョンは、企業がデータの価値を引き出すお手伝いをすること
　　です。私たちは、法的なワークフローではなく、データで勝負しており、私
　　たちのプラットフォームは業界を問いません。」

　彼がターゲットとする市場は、法律だけではなく、金融、さらにその他の業界
であり、データを使う所であればどこでもターゲット市場になるということです。
プログラマーのみと、弁護士のみのチームのほか、グラフの間に色々なスキルの
組み合わせ企業があるように、色々な野心、色々な企業戦略があってのスタート
アップなのだということがお分かりになると思います。これも職歴や経験、知識

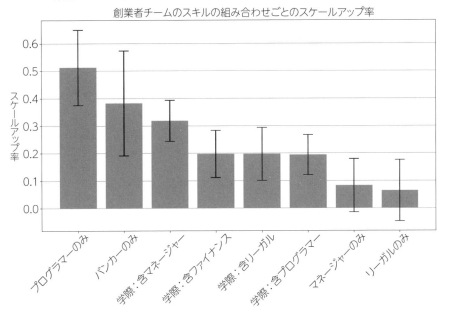

図表❽　創業者チームのスキルが成長のスピードを左右する：プログラマーのみの創業者チームが最速でスケールアップ

創業者チームのスキルの組み合わせごとのスケールアップ率

- ■ プログラマーのみの創業者チームが最も高いスケールアップ率を示した
- ■ フィンテックでもローテックでも同一の結果が確認された
- ■ マネージャーのみと弁護士のみの創業者チームは最も低いスケールアップ率であった

　領域が違う人たちが、それぞれ違った考え方でスタートアップをやっていることが分かる、非常に面白いデータだと思います。

　まとめますと、リーガルテックのプロバイダーの観点では、ビジネスモデルとしては、リーガル・テクノロジーから始めても、法律事務所への販売、法律事務所との提携、法律事務所への販売、データ・プロバイダーへの販売など、様々なことが可能で、現に Thomson Reuters や LexisNexis のような企業が、これらのリーガルテックのスタートアップ企業を買収したことで、業界再編も進んでいます。ただ、リーガルテックスタートアップのシーンで、私が考えるより興味深いポイントは、一部の企業がリーガル・サービスの展開後にそこに留まることなく、さらに幅広い市場を念頭に活動しているところがいくつもあるということです。

法律事務所における法律家以外の人材はどう育てるか

角田：ありがとうございます。ここで、学生さん、コメントか質問はございませんか？

学生 A：ありがとうございました。法律事務所の戦略選択に関して、ビジネスモデルを合わせることによって生まれてくる複雑性について、もうすこし説明していただけますか？

酒向：ここで言う複雑性というのは、組織的な運営、キャリア管理の複雑性を指します。ご存知の通り、法律事務所というのは、大抵は、弁護士だけのパートナーシップになっていて、キャリアのルートは、ジュニア・アソシエイトから始まって、シニア・アソシエイトになって、パートナーに昇格という、とてもシンプルなパターンです。ちなみに、パートナーというのは、いわゆる、法律事務所の株を持っているメンバーのことです。イングランドとウェールズを除く多くの国では、法律事務所の株を持とうと思えば、弁護士でなければなりません。

　しかし、もしその事務所が、法的助言を超えて、リーガル・オペレーションやリーガル・テクノロジーのビジネスモデルを組み合わせようとすれば、データサイエンティストなど、弁護士ではない専門家を雇用し、インセンティブを与える必要が出てきます。キャリアパターンが非常に複雑になるということです。

　つまり、弁護士以外の、異なる才能・人材を採用しても、法律事務所の経営トップを弁護士に限定すれば、それ以外の人材は昇格する機会がなくなり、そうなった場合、どうやって従業員を維持していくのかという問題です。他にも複雑さはありますが、1つは、そういった人材の管理という意味です。様々な違うプロフェッショナル、そして人材をどうやって社内で管理していくのか。もしくは、社内ではリーガル・オペレーションなどの別のビジネスモデルの採用はせずに、第三者を通じてアクセスし、リーガル・テクノロジーを購入するのか。そうだとしても、それらの人々を雇用し、インセンティブを与えるのは他の誰かに頼ることになります。

角田：ありがとうございます。もう一人学生が手を挙げています。

なぜ、弁護士の起業は、事業拡大が遅れるのか

学生B：先生、ありがとうございます。素晴らしいプレゼンテーションでした。先生の調査で創業者の比較に非常に関心があります。なぜ弁護士のみの創業者の場合はスケールアップが小さくなるのでしょうか？　その理由についてお聞きしたいと思いました。

酒向：分かりました。ありがとうございます。ご質問は、ベンチャーの創業者が弁護士のみの場合と、そうでない場合を比較すると、弁護士のみの方がスケールアップがゆっくりになった、その原因は何かという話ですね。インタビューでは、弁護士はより慎重であると考える人もいますし、あまりリスクをとらないと考える人もいます。そして、実際にそういうこともあるかと思います。しかし我々の調査で判明したことは、他にも理由があるかもしれませんが、原因はターゲット市場にあるというです。

　弁護士が創業者の場合、ベンチャー企業がターゲットとするのは法律関係の市場のみになります。そこはスタートアップがあまりたくさんない市場ですので、例えば、契約分析にフォーカスするものでもいいですし、リーガルリサーチにフォーカスするものでもいいですし、オンデマンドの弁護士さんでもいいですし、色々市場を作ることができます。弁護士さんをプロジェクトベースで雇用するなどもありかと思いますが、そうは言っても、対象は法律の市場のみになります。市場が限定されれば、スケールアップしたい場合に制約が課されてしまいます。一方、スタートアップとしての出発点で、テクノロジーというツールを持っていれば、様々な種類の市場で使うことが可能です。リーガルはもちろん、ファイナンスでも使える、マーケティングでも使える。そういったツールを持っていた場合には、マーケティングに関してはSalesforceとパートナーになれますし、あるいはe-signature（電子署名）に関してはDocuSignとパートナーになれますし、様々なドキュメントの署名、法律の書面だけではなく、様々な種類の書面に適用することができます。

弁護士だけのスタートアップの規模についての説明になったでしょうか。

角田：ありがとうございました。それでは、次に進んでいただけますでしょうか。

弁護士として生き残るために必要なこと

酒向：では、まとめとして、弁護士の未来、将来を見据えるお話をしたいと思います。聴いていらっしゃる皆様、法学部の学生さん、未来の開業弁護士さんもいらっしゃるかと思いますが、皆さんのキャリアをどう考えるか、法律事務所をどう考えるかです。弁護士はもう終わりだ、法律事務所は終わりだ、などという話や、白か黒かという将来の予測は避けたいと思いますが、研究者として、何が残り、何が消えるのかについては、重要なニュアンスがあると考えています。

　まず、伝統的な法的助言を提供する役割、もちろん弁護士の意味合いとして、非常に価値があると思われる助言をクライアントに提供するというタスクについては、これからも残ると思います。さらに、助言の「質」はより高まり、けれども、「量」ということで言えば、減少するでしょう。法的助言も一部機械に代替されると考えられ、そうなれば、助言提供に特化した弁護士による助言の機会／時間は減少することになります。

　他方で、テクニカルなシステムを強化するものとして、MDTの新しい役割は、重要性が増していくと考えています。これには、新しいトレーニング、新しいキャリアパスが必要となり、弁護士の中には、「弁護士」とは呼ばれなくなる人も出てくるかもしれません。MDTのように複数の専門分野にわたるチームは、様々な形で円滑化し、弁護士が弁護士ではない人とチームでシームレスに協力することもあります。なぜならば、彼らは同じ言語を話し、お互いに理解することができるからです。弁護士自身がテクニカルなスキルを獲得するということもあります。プログラミングができる弁護士です。

　ここで話をアンケート調査に戻すと、私たちは、「私は弁護士ではないテクノロジストと働くよりもプログラミングができる弁護士さんと仕事がしたい」という文を見せ、回答者に「そう思うか」「否か」を聞きました。**図表❾**はその結果です。企業内法務部にいる弁護士の約11％が自分は「そう思う」と言っています。非常

に低い数字です。真ん中の法律事務所の回答では、27％～28％が「そう思う」と答えており、法律事務所で働いている人の方が「そう思う」人の割合が高くなっています。

図表❾　企業内弁護士よりも法律事務所の弁護士の方が、非弁護士の技術者よりもプログラミングスキルのある弁護士と仕事をすることを好む

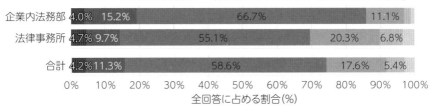

「私は自分の仕事を弁護士でないプログラミングのスペシャリストよりもプログラミングのスキルをもつ弁護士と一緒に組んでやってもらう方が好ましいと思う」

企業内法務部	4.0% 15.2%	66.7%		11.1%
法律事務所	4.7% 9.7%	55.1%	20.3%	6.8%
合計	4.2% 11.3%	58.6%	17.6%	5.4%

全回答に占める割合(%)

■全くそう思わない　■そう思わない　■どちらでもない
■そう思う　　　　　■強くそう思う　■無回答

＊　「全回答」には、ABSやリーガル・テクノロジー・ソリューション提供者に勤務する者からの回答も含まれる
出典）Lawtech Adoption and Training Survey 2020.

　では、法律事務所で働いている人のキャリアパスはどうなっているのか、どのようなキャリアパスがあるのかを見ていきます。法律事務所内の、人事の難しさは、以下の引用から分かると思います。

　　「当事務所は、ブランド力のある非常に優れた企業であることは言うまでもありません。ただ、若い人材へのアクセスといった意味でいうと、ソフトウェアの分野にいる人たちは法律事務所に入りたいとは言いません。クールなソフトウェアの会社に行きたいと、皆さんおっしゃいます。」

　ソフトウェア業界の技術者に、Amazon、Googleで働くのか、それともトップの法律事務所で働くのか、と聞けば、そこがどれだけトップの法律事務所であっても、データサイエンティストなら、Amazon、Googleを選ぶのは明白なことと思います。

ロー・カンパニーにあって、法律事務所にないものは

酒向：他方の、ロー・カンパニーはどうでしょうか。

「当社の人材は多様です。法務に精通した経験豊富な弁護士もいれば、法務顧問の経験が長くリーダーシップや経営判断を熟知した人材、他社でファイナンス、IT、人事部門で大規模のアウトソーシング事業の経験を有する人材、黒帯の情報処理技術者、それから、チェンジマネジメント（企業変革担当者 change management）あるいは金融アナリスト等もいます。」

このように、ロー・カンパニーは、様々な人材を受け入れており、これは、法律事務所との大きな違いだと思います。

次に、ロー・カンパニーの観点から、MTD として何が必要かと言えば、それは、「弁護士がプログラマー（coder）になる」ことではなく、プログラマーの考え方を理解し、プログラマーとの共通言語を持つことになります。このロー・カンパニーのインタビューでは、「弁護士はコードを書くべきではなく、その必要もないと思う。やるべきは、そうしたことができる人との接し方を身につけ、好奇心、柔軟性、順応性を持つこと。これはテクニカルな側面ではなくて、仕事の種類や相手によって、どう相互作用を起こすか、臨機応変に変化するといった意味で、です。」との回答がありました。これは、どうすればMDTにおいて効果を発揮できるのかという観点で、今までとは違う考え方だと思います。こうした話は、これから様々に展開されていくと考えられます。

ところで、プロフェッショナル・サービスの道筋を決めるのは何でしょうか。最後にこの点を考えてみましょう。1つは、プロフェッショナル・コントロールとはどういったものかです。何が法曹資格を持つ弁護士の管轄区域内にあり、何が管轄区域外にあるのかということです。例えば、法律業務を行うための資格（弁護士資格）がありますが、裏を返せば、弁護士資格を有さない者は法律関連業務はできないということです。しかし、特に人間の弁護士のタスクが自動化された時、このような概念を再定義し、再検討する必要があります。

そして、プロフェッショナル・サービスの道筋の決め手の2点目は、法律事務所のガバナンスです。この2つについて、それぞれ詳しく説明をしたいと思います。

これからの弁護士が描く 3 つのキャリアパス

酒向：1 点目、弁護士の管轄については、20〜30 年後の未来を考えると、3 つの
シナリオが描けます。1 つ目のシナリオは、今現在の、多くの法律事務所の現状
です。人材のメインは法曹資格を有する弁護士で、データサイエンス、情報処理
やプロジェクト管理のエキスパートといったスペシャリストがアシスタントをし
てくれていますが、サポートスタッフとしてで、法律事務所のコアのヒエラル
キーには入っていません。

　2 つ目のシナリオは「包含型」と呼んでいるもので、法曹資格を持つ弁護士の
一部がコードが書ける弁護士（Lawyer-coder）になったり、マネジメントができ
る弁護士（Lawyer-manager）になるというものです。彼らは、新たなスキルを身
につけても、依然、弁護士であり続けます。

　そして 3 つ目が「分岐型」と呼ぶ、法曹資格を持つ弁護士が、他のスペシャリ
ストと協力するシナリオです。協力し合う他のスペシャリストは、例えば、リー
ガル・オペレーション、あるいはリーガル・エンジニアリングにおいてなど、そ
れぞれ法曹資格とは違った資格を持ったプロとなります。

　これら 3 つのシナリオでは、それぞれの弁護士にはどのようなキャリアパスが
描けるでしょうか。**図表❿**〔→310 頁〕の左はこれまで通り、BAU（Business as usual）
で、法曹資格を有する弁護士のキャリア目標として、アソシエイトからパート
ナーへの昇進がメインラインであり続けるでしょう。一方で、サポートスタッフ
としてデータサイエンティストやマネージャーに法律事務所で働いてもらうには、
金銭的な報酬を得られるようにする必要があります。しかしながら、彼らはおそ
らく、より自分で管理できるキャリアパスを考えなければならないでしょう。

　図表❿の真ん中は、コーディングができる弁護士の台頭です。例えばスコット
ランド弁護士会（Law Society of Scotland）は、Legal engineer という弁護士のテ
クニカルスキルの認定を導入しました。これも面白い展開かと思います。しかし
問題は、リーガル・エンジニアリングに特化した弁護士が、法律事務所のパート
ナー弁護士になれるのかどうかです。

　図表❿右端の「分岐型」は、法曹資格を持っている弁護士は、基本的に枝分か
れしていくパターンです。リーガル・オペレーションの専門家になる人もいて、

図表⑩　法曹のキャリアパスの未来予測

弁護士&非・弁護士

アソシエイトからパートナーへの昇進がメインラインであり続ける

非・弁護士は従業員または派遣業者として金銭的な報酬は得られるもののキャリアパスは与えられない

プログラミング・スキルのある弁護士の台頭

テクニカルスキルを取得する弁護士の出現

弁護士会によるリーガル・エンジニア・スキルの設定(例：スコットランド弁護士会)リーガル・エンジニアでも法律事務所のパートナーになれるかが問題

専門家の分岐

リーガル・プロフェッションが法律助言やリーガル・オペレーションといった下位区分ごとに分岐していく(例：コーポレート・リーガル・オペレーション・コンソーシアムといった独自の専門団体)

リーガル・エンジニアやリーガル・オペレーションのエキスパートは必ずしも法曹資格のある弁護士である必要はない

CLOC（Corporate Legal Operations Consortium）という独自の専門団体もあれば、リーガル・エンジニアになる人もいます。今後は、リーガル・オペレーションの専門家やリーガル・エンジニアになるためには、弁護士資格を取得することは、必要条件ではなくなることも考えられます。どういうことかというと、イラストのグレーゾーンは、弁護士資格を持っている人がオペレーションやエンジニアリングに転職するのではなく、弁護士資格を持たずにリーガル・サービスで働く人たちの可能性を表わしており、複数の参入ポイントを生み出します。

　そして法律事務所にとって、何度もいうように、私は法律事務所に残された時間は限られているなどとは言いません。法律事務所によっては生き残る所もあると思います。アメリカには、ABA（アメリカ法曹協会）の「弁護士の行為に関するモデル規定」（ABA Model Rules of Professional Conduct）があって、同規定の5.4に基づき、法律事務所とは、弁護士のみがオーナーとなれる、そしてユタ州、アリゾナ州、カリフォルニア州で行われている特定の試みを例外として、アメリカでは、基本的に弁護士でなければ法律事務所のオーナーになれません。英国は少し進んでいて、オルタナティブ・ビジネス構造（Alternative Business Structures：ABS）というものがあり、弁護士は弁護士ではない人と共に法律事務所の共同オーナーになったり、共同経営をすることができます。

弁護士と非弁護士はなぜ組めないのか

酒向：政策上の関心事の多くは、法律事務所がリーガルテックへの投資を含むイノベーションに、外部から資金調達できるようにするためのルールの緩和にあります。しかし、我々のインタビューからは、重要な関心事であるリーガルテック導入のための外部・内部の資金不足について、実際に懸念を表明している人はいませんでした。対照的に、重要な懸念は、弁護士以外の人材の採用と維持にあるようで、先ほどお話ししたキャリアパスの問題に人々の目を向けさせるものです。つまり、弁護士であればトップになれるが、弁護士でなければトップになれないという問題です。これは、弁護士以外の人材にとって、明らかにインセンティブにダメージを与えるものです。

　ただし、ここで立ちはだかる難問として浮上する事実があります。弁護士と非弁護士が共同で所有し、共同で管理できるという、新しいオルタナティブ・ビジネス構造を許容した英国の状況において、可能になった法律サービス法（2007年）のスタートから10年経っても、大規模な法律事務所は単一専門職のパートナーシップのままで変化が起きていない――未だに弁護士のみがオーナーであるという――ことが判明したのです。Allen & Overy、Clifford Chance、Linklaters、Freshfields に行きますと、彼らは、ABS（Alternative Business Structure）を求めてはいません。なぜなら、ABS という形態は、弁護士というコアな無形資産の評判や価値を、薄めてしまうリスクがあるからだと思います。

　その結果、最も可能性として高いのは、法律事務所の中には法的助言ビジネスモデルに特化するものが出てきて、その多くがパートナーシップを維持し、AI を活用したリーガル・サービスの優れたコンシューマになるよう、注力すること。一方、社内にリーガル・サービス部門を持ち、AI が可能にするリーガル・サービスをプロデュースしたいと考える法律事務所も出てくると思われ、それらは ABS になる可能性が高いと思われます。以上が私たちの予測です。

　今現在、英国における政府の統計では、約35万8千人のフルタイム同等の労働者がリーガル・サービスのセクターにいます。そのうち、法律専門家の人は12万2千人、非法律系の職業の人たちは11万3千人と、均等に分布しています。非法律系の職業とは、データサイエンス、人事、ファイナンスなどの分野に関連して

いると予想されます。つまり、すでにそのように均等に分布しており、これは興味深いことだと思います。もちろん、法務分野以外で働く法律家もいますが、これらは、おそらくほとんどが企業内の法務部門ではないでしょうか。これが、イギリスの状況です。

　ではまとめとして、皆様にリマインドしたいと思います。AIのインパクトを考えるときには、サービス提供パイプラインをベースに考えてみてください。弁護士の終焉を口にする人もいますが、弁護士が終わりを迎えることは決してありません。AIが自動化するのは仕事（job）でなく、タスクです。弁護士は、AIコンシューマであると同時に、MDTで働くAIのプロデューサでもあると考えられます。リーガル・サービスにおいてAIを活用したビジネスモデルには様々なものがあり、法律事務所、ロー・カンパニー、リーガルテック・プロバイダーなど、あらゆるプレーヤーが、一同に様々な方法での組み合わせを行う実験をしています。これは、弁護士のキャリアや法律事務所の将来にも深い影響を与えることになります。しかし、私は、法律事務所はニッチなプレーヤーとしてここに残り、将来的に3つの異なる種類のシナリオの可能性を予想していますが、規制当局や政府だけでなく、法律プロフェッショナル自身がどのシナリオを実現させたいかを考えなくてはなりません。

　ありがとうございました。そして、質疑応答もとても楽しみにしています。

シュテフェック：ありがとうございました。素晴らしいトークでした。私としてはたくさんの質問、またコメントもしたいところなのですが、ここでは、岩倉先生にお話を伺っていきたいと思います。コメント、その他、特に日本の現状を踏まえてのお話をしていただければと思います。では、角田先生に岩倉先生をご紹介いただきましょう。

米英に 30 年の後れをとる日本の Business Law

角田：本日二人目のゲストは、TMI総合法律事務所パートナー弁護士、つまり弁護士事務所の共同経営者でいらっしゃる岩倉先生です。実は、酒向先生から日本の学生さんのために、イギリスやアメリカで起きている変化が日本にとってどう

いう implication を持つのか、きちんと相対化ができて、世界の事情にも通じていて、日本の実務にも精通している方をコメンテイターにして欲しいという要請を受けておりまして、大変悩んだ挙句、これは岩倉先生しかいないということで、お願いいたしました。岩倉先生はハーバード大学でも M&A 等の授業もなされたこともおありで、一橋大学でも 2006 年以降 Corporate Law、M&A について講義をしていただいております。よろしくお願いいたします。

岩倉：角田先生、過分なご紹介をいただきましてありがとうございます。ここからは、下手な英語でもいいのですが、受講者の方は日本語の方が多いということなので、酒向先生、シュテフェック先生には申し訳ないのですが、日本語でお話しします。

　先ほど角田先生からご紹介いただきましたように、私は法律事務所のシニア・パートナー弁護士でして、弁護士になって 34 年になります。また、母校のハーバード・ロースクールを含めて大学、大学院でも、約 30 年教えております。先ほど酒向先生の素晴らしいプレゼンテーションを伺いながら、どちらかと言うと伝統的な法律事務所／伝統的なアカデミアの住人である自分は、これから新しいテクノロジー、特に AI が法律界を変えていくかもしれないという時代では、多分、時代遅れの側の、非常に保守的でコンサバティブなパートナー（共同経営）弁護士の側の立場にあり、私がコメントするのは適切なのか分からないのですが、ご指名ということでお話いたします。いただいた時間は 20 分ですが、なるべく簡潔に示したいと思います。

　いただいたテーマは酒向先生のプレゼンテーションに対する日本の法実務からのコメントということなのですが、最初に申し上げなくてはいけないのは、私は、決して Legal Tech の領域の専門家ではなくて、純粋なビジネスロー弁護士です。先ほど酒向先生のお話ですと、ビスポーク（bespoke）的なリーガル・アドバイスをずっとしてまいりました。M&A や知財法の分野を専門としてきましたので、本当に最先端の技術のことは、分かっていない人間ですが、今回勉強させていただき、将来の法律事務所の運営についても勉強させていただいたと、こういう次第です。

　ビジネスローの世界でよく言われるように、日本のビジネスローは、本当にア

メリカ、イギリスに 20 年から 30 年位は、遅れています。多分、AI に関連する分野も、Legal Tech 自体も、相当遅れていて、原始的であるという評価を受けていると思いますが、逆手に取れば、先進国のすごく進んだ部分から今後いいとこ採りできるチャンスがあるということです。もしかすると、日本でもすぐに良い所は使えるかもしれないと思っています。今日酒向先生から伺ったお話も日本の法律事務所、法律家、あるいは法学者にとって、非常に参考になるのではないかと考えています。

Big Five が始めた独立事業とは

岩倉：さて、酒向先生の Central Question に対しては、基本的には同意しますというのが私のコメントです。ただ、ここで申し上げるべきことは、日本においてAI を法律の世界に浸透させるには、いや、そもそもそれを採用するどころか、その考え自体が、イギリスやアメリカ、そして、私は詳しくはないですが中国にも比べると、圧倒的に日本のスピードは遅いだろうと思います。遅い原因として、いくつかの事情が日本にはあって、そこが将来の課題なのかなと思います。

　まず、日本の法律事務所の現在の状況から説明しますと、日本には法律事務所はたくさんあるのですが、それはビジネスローの世界に集中しています。世界では、Big Four だとか、昔は Big Eight と言っていた、大きな会計事務所がありますように、日本には Big Five と言われる 5 つの大手法律事務所があります。大手法律事務所と言っても、日本の中の話ですから、Big の定義は、400 人以上の弁護士が所属している事務所、という意味で、5 カ所すべて東京にあります。

　後ほど説明しますが、日本の法律事務所のほとんどは、中小の法律事務所で、2、3 人で構成している法律事務所や、たった一人で弁護士業をやっている法律事務所もたくさんあります。ですので、中小の法律事務所と Big Five とは、根本的に運営の仕方も仕事のやり方も違います。

　私自身は、現在は Big Five の 1 つ、その前の職場も Big Five の 1 つだったので、今日はそこでの経験をベースに、AI に関連する話が少しできるかなと思い、Big Five の説明から入りました。

　その Big Five Law Firms では、徐々に、とはいえ、先ほど申し上げたように、

イギリス、アメリカに比べると本当に遅々たるものですが、AIを取り入れつつある状況だと言えます。Big Fiveはどこも、国内の仕事だけではなくて、クロスボーダーの、あるいは国際的な仕事をしている関係で、必然的にAIのコンセプトなり、技術を使わざるを得ない。特にイギリスとアメリカの法律事務所とも毎日のようにやりとりする必要があるので、そういう必然性から導入されているという面が否めません。そこでは主に

  (a) legal research

  (b) e-Discovery (cross-border cases)

  (c) due diligence review

  (d) contract drafting

  (e) others

の5つの分野において使われているのだろうと思います。(b) の e-Discovery のところは、日本の民事訴訟法には、英米法のディスカバリー制度に当たるものはなく、日本の業務でこれを使うことはないのですが、クライアントの日本企業が、例えば海外で訴訟に巻き込まれたり、仲裁を海外で行うという場合には、e-Discovery が使われることになります。その際にサポート業務で必要になることもあって、関与しているという具合です。それ以外は、酒向先生のご報告にもあったように、legal research であったり、due diligence の review であったり、contract drafting であったり、これらの分野で微々たるものですが、AIが使われていると言えます。

　私が知っている限りでは、Big Five の中のいくつかの事務所が、Legal Tech プロバイダーとAIに関連したビジネスを行い、独立的な事業を始めています。私が現在所属している TMI 総合法律事務所では、「TMI プライバシー＆セキュリティコンサルティング株式会社」という独立の組織を作っています。これは法律事務所自体とは別個に、広く Legal Tech を扱おうという意図を持って設立した会社です。Privacy & Security Consulting という名前がつけられ、この分野にフォーカスはしています。

　他の事務所でも、例えば、長島・大野・常松法律事務所は、別の Legal Tech プロバイダーと共同の合同事業かと思いますが、MNTSQ（モンテスキュー）株式会社という、Legal Tech の会社を作りました。このように、Legal Tech プロバイ

ダーとの共同により、法律事務所自体から独立した組織を設立する日本の法律事務所も出てきたということを、まずは申し上げたいと思います。

　ただ、先ほど申しましたように、中小の法律事務所にとってAI導入のインパクトは、このセミナーで申し上げるのは日本人として少し恥ずかしいのですが、ほとんどないだろうというのが正直なところです。2019年の統計では、10人以下の構成員の法律事務所は日本で98%を占めており、さらに、一人ないし二人の弁護士、場合によってはたった一人で構成している法律事務所が、全体の80%を占めている。これは日本弁護士連合会の統計[9]ですので間違いないと考えられます。そういう意味でも、組織的な、機構的な法律事務所がイギリスやアメリカに比べて、日本は非常に少なく、AIの導入はコストの面でもなかなか難しいところかと思います。将来構造基盤が変わって、中小の法律事務所に対するAIのサービスの需要が高まり、AIが普及するために必要なインフラやデータが整えば、Legal Techを備える中小の法律事務所も出てくるのかもしれませんが、現状の日本では、AIの、特にLegal Techに関するインフラは揃っているとは言えませんので、ほとんどの中小の法律事務所には、まだほとんど影響がないといえると思います。

　ただ、特に酒向先生も最後のまとめでおっしゃっていましたが、Big Fiveの出身者で、若手の非常に意欲的な弁護士に新しい動きが見られ始めています。それは、Legal Techを中心とした法律事務所、私の事務所であるTMIがLegal Techプロバイダーと作った合同事業のような形ではなくて、若手の弁護士が独立した法律事務所を作り、従来の運営に加えて、新たなLegal Techのサービスも提供することを意図している所です。ただ、残念ながら、彼らもそのような目標の意向を表明しているに留まり、まだ特別な存在意義を出しているようには見えませんので、そこは将来の課題かなと思っています。

司法界におけるAI導入は進んだか

岩倉：次の、裁判所については、最高裁判所に怒られてしまうかもしれませんが、

9）日本弁護士連合会編著『弁護士白書〈2019年版〉』72頁。

正に今、日本の最高裁は、遅ればせながら「IT化」を非常に強調しています。ITを裁判所の様々な場面に適用したいと、実は最高裁だけではなく、政府も後押しをしているという背景もあって、急速に進めてはいます。しかしながら、刑事事件ではなくて、主に民事訴訟の手続、民事訴訟法の実務に、重点が置かれていると思いますし、AIというよりは、もっと基本的な、デジタルサービス（DX）を導入するような段階ですので、正直申し上げて、司法界において、裁判所のAIをテーマに語られることは、まだほとんどないと思っています。

では、法学界ではどうかというと、AIのことを勉強されて、AIに対して非常によく精通していて、かつ関心が深いという学者の先生方もいらっしゃいます。が、私が知る限り、まだまだ、少ないように思います。ただ、多くの学者の先生方も、AIと法律の関係、そして今後AIがどのように法分野に影響を与えるかについては、非常に重要であるという認識は、広く持たれていると思います。特に若い学者の先生方は、新しいテクノロジーを使うことに対して、我々世代よりは非常に慣れていますので、将来、Legal Techのサービスを備えた法律事務所を若手の弁護士が立ち上げたように、学者の世界でも、この分野は段々増えてくるのではないかと思います。

一方で、トラディショナルな一昔前の学者たちは、現状、「何をしたらいいんだろう」、「どのように使ったらいいんだろう」、「自分たちの研究にどのように関係するのだろう」と模索しているところで、具体的な方向性がまだ見えていないというところではないかと思います。

New Players の出現

岩倉：それから、先ほどの酒向先生のプレゼンテーションで、New Players という概念が出てきましたが、決してアメリカやイギリスのようにたくさんあるわけではないものの、日本でも Legal Tech Provider と呼ばれている人たちが、いくつか新しいビジネスを始めています。具体的には、以下のような会社があります。

KK Legal Force

KK Hubble

KK Legalscape

KK Holmes

GMO Global Sign

　私は特別にはどことも関係があるわけではないのですが、多分これらが代表的な Legal Tech Provider と言われている日本の New Players ではないかと思います。いくつかの法律事務所、特に Big Five の法律事務所と色々なビジネスをしたり、In-house Counsel の方々と企業におけるサービスや、効率を高めたり、便宜性をよくするために、こうした Legal Tech Providers が使われています。

　また、酒向先生のプレゼンテーションで非常に重要なポイントであると思われるのが、multidisciplinary teams（MDTs）です。酒向先生がおっしゃるように、日本でも、in-house lawyer に比べれば、法律事務所において、MDT と一緒に、あるいはMDTの中で働く機会は少ないと思います。ただ、Big Five では、パラリーガルだけではなく、データサイエンティストの方々とも協働します。先ほど挙げた私の事務所である TMI 総合法律事務所と長島・大野・常松法律事務所等は、独自の legal tech provider との協働関係を持っていますので、その分野ではいくつかの共同の作業はあります。もっとも、それ以外の法律事務所、特に中小法律事務所では、MDT というのはほとんど存在しないと言えます。過去の日本は、In-house Counsel に関して言えば、弁護士数が非常に少なかったからです。

　ただ近時、司法制度改革が行われて、弁護士数が非常に増えてまいりました。例えば、私が司法試験に受かったのは、もう 40 年近く前になりますが、その時の司法試験の合格者数は約 450 人でした。今は、多少の増減はあっても、1500 人前後となり（一時は、約 2000 人でした）、急速に弁護士数が増え、それに伴って、In-house Lawyer になる人たちも増えました。合わせて、企業の側でも In-house Lawyer の意義を認識し、今や In-house Lawyer の協会等もできて、増えてきています。ただ、全体の弁護士数から見れば、まだまだ圧倒的に In-house Lawyer ではない弁護士の方が多いというのが現実です。

　つまり、法律に関連するビジネスは会社の中にあるので、AI の導入や IT 化をいつやるかは、自分たちで決められるということです。AI 関連のテクノロジーやツールが便利で使いたいと思えば、外部の法律事務所と協働する、あるいは In-house Counsel にやらせる、そうした変革は、周囲の状況に関係なく、business

firm 自身の判断で、AI に関係するテクノロジーやツールというのを使うように
なるかと思います。このあたりが日本の司法界の特殊性で、ですから、日本の場
合、MDT というのは、法律事務所の中からというよりは、企業の中でより多く
作られていくのではないかと思われます。Big Five 等の大きい規模の法律事務所
であれば、今後可能性もあるかとは思いますが、日本の場合は、法律事務所の中
で考えるというよりは、企業の中で In-house Lawyers を含めて MDT というも
のを考えていくようになるのではないかと思います。

日本がガラパゴス化する理由

岩倉：では、なぜ日本はこのようにイギリスやアメリカ、あるいは中国と状況が
違うのか？　これは、法律だけではなくて、テクノロジー、経済、文化も含めて、
あらゆる面でそうかもしれません。私も日本人ですので、日本がユニークである
ことを強調したいとはあまり思いませんが、客観的に見ても、1 つは、日本語の
特殊性にあるのではないかと思います。というのは、本来、法律用語というのは
厳格にできているものですが、アメリカの法律家（ニューヨーク州弁護士）でもあ
り、ハーバード・ロースクールで教えてきた経験からしますと、日本語の法律用
語あるいは法律の理論というのが、非常に多義的に使われると言えるからです。
　具体的に言えば、アメリカの判決では、ご存知のように哲学的な話を挟むこと
があっても、何が判例か、判決理由が何かということについては、非常に限定し
て考えます。ところが日本の場合は、判例は何か、判例の拘束力は何か、射程
（scope）は何かは考えても、アメリカに比べますと、判例の射程が裁判官自身が
言うほど厳しくなっておらず、一般的な弁護士あるいは企業で法律に携わってい
る人たちの間では、かなり多義的に使われているのです。その理由の 1 つが、日
本語という言語の曖昧さにあるのではないでしょうか。曖昧さが、一概に悪いと
言っているわけではないのですが、そのような性格を持ち、かつ、AI を発達させ
るうえで必要な基礎においても、英語や中国語のように世界中で非常にたくさん
の方々が使っている言語ではないために、AI 技術の遅れの面では足を引っ張っ
ている部分もあるのではないかと思います。
　もう 1 つ、先ほど、最高裁判所が IT 化を進めていると言いましたが、実はそ

れも相当に遅れています。新聞やニュースでも報道されている通り、日本には、全く他の国にはないというわけでもないのですが、ハンコ文化というものがあります。契約書を締結する時、あるいは公文書を作る時に、ハンコを押さなくてはいけないという、非常に無意味で非効率的だと言われる代物で、特に去年からの、新型コロナウィルス感染症の蔓延で、リモートワークが推奨された際、オンライン化の変化の指標になったのが、ハンコの存在でした。そして今、日本政府がIT化の最先端として進めているのも、ハンコの廃止で、AIを様々な分野にどう採用していくかの話は、おそらくこれが終わってからになるだろうと思われます。それが客観的な、今の日本の状況であり、このこと自体が、日本のIT化の遅れを如実に示しているのではないかと思います。

日本の法曹界は、いつ変わるのか

岩倉：そして、法律事務所、弁護士、法律界全体では、AIのどういう implications の可能性が考えられるかですが、単にコンシューマーとして使うだけではなく、プロデューサーとして AI を produce する芽、萌芽も、法律事務所のいくつかにはあると思います。多分そういう法律事務所、Big Five は、イギリスやアメリカの最先端のそうしたビジネスあるいは legal practice を学び、いいとこ採りするのも可能かと思います。ただ、日本の弁護士は、中小の法律事務所の中にいる割合が多いので、AIを取り入れる発想が出てくるまでに、まだ時間がかかるかもしれません。むしろ、酒向先生のプレゼンテーションにもあったように、若い人達、意欲的で GAFA に代表されるような new firm に行きたいと思うような人達が、AIを使って、もしかすると法律の世界を変えていくのではないかと思います。

　法律事務所の運営では、先ほど酒向先生もおっしゃった通り、クライアントの期待に応える価値のある助言を与えられるところは、そういうビスポーク的なものを求めるクライアントもまだまだ沢山いますので、日本では、将来も多分残ると思います。アメリカでは私も実践してきたのでだいたいわかりますが、UKについては、私はあまり明るくないので、後ほど、酒向先生にも意見を伺いたいと思います。また、訴訟の世界で考えると、日本では多分、裁判所、裁判官が訴訟にAIを使うということに、まだ相当抵抗感があると思いますが、紛争解決であ

れば、特に国際紛争解決の分野では、紛争の類型によっては、AIを使っていくようになるかもしれません。とはいえ、AIが予測を立てたとしても、裁判官は多分、「そんなこと考えられない」とか「とんでもない」と言うのではないかと思いますが、それを差し引いても、やはりAIの時代が来るのではないでしょうか。

　訴訟の場合、アメリカはもちろん、日本でも、事件の解決時には成功報酬というのがあり、時間単位の報酬に加えて、勝った場合には多額の報酬をもらえます。アメリカに比べると、その額は非常に微々たるものですが、日本の裁判がすぐにAI化しないとなると、多分、AIは裁判の中で用いられることはなく、裁判を動かす弁護士がAIの技術をツールとして使うケースが多くなることが予想されます。となれば、クライアントに価値ある助言を与えるアドバイザリーのビジネスだけではなく、訴訟においても、AIが便利だということで弁護士の方が使っていくことになるのではないでしょうか。ここがアメリカやイギリスと、もしかすると違う点かなと思っています。

　そして、法律界全体で言えば、若い弁護士も、若い学者さんも、新進気鋭と言われるような人たちは、テクノロジーにも非常に関心が高いですし、それを使って研究をしていく、あるいは、色々な新しいビジネスを見つけていくという世代だと思います。酒向先生やシュテフェック先生はご存知かどうか分かりませんが、日本の将棋の世界に、藤井さんという、まだ10代の若い棋士がいて、AIと言うのかどうかよく分かりませんが、ITやAIなどの技術を使って、強豪と呼ばれるベテランの人たちをどんどん負かして、今、7大タイトル戦のうちの2冠を取りました[10]。それと同様に弁護士も、そうした若い世代が色々な新しいことを起こし、そして多分、我々ロートルの世代は、そうした活躍を見ながら、援助すべきなのでしょう。でも我々も、まだまだよい部分は使わせていただきたいと、そんなふうに思っています。簡単ですが、以上で私のコメントは終わらせていただきます。

角田：ありがとうございました。酒向先生、何かコメントいただいたことに対するコメントございますか？

10）2022年2月段階では、8大タイトルのうち5冠を獲得している。

AI 普及の鍵はデータの入手

酒向：はい、どうもありがとうございます。非常に思慮深い、そして洞察力のあるコメントをいただきました。私も非常に狭い見方しかできていませんが、日本の企業の法務部について、少しだけ研究しており、そこで分かったのが、そこで働くほとんどの人は実は弁護士資格を持っていないということでした。この点は興味深いものです。そして、インハウスの方がlaw firmに比べて、MDTをスムーズに組み込める点では優位性があるというのはご指摘の通りではないかと思います。

　また、日本が先手を打てるかどうかという観点から、マーケティングや財務などを含む、すべての企業機能と法務部門のデジタルトランスフォーメーションが話題になっていると思いますが、もしかしたら、日本は、大手企業のデジタル化を先行して推進することができ、また、弁護士がその一翼を担うことができるかもしれません。

　それと、アメリカに比べて英国はどうなのかというご質問がありました。私は多くを語れる立場にはありませんが、ロンドンは特に訴訟ファンディングの中心となっています。つまり、裁判を予測するために AI を使うことへの、エクイティや金融資本からのニーズがあるのは、明らかなのです。

　司法サイドからは、Richard Susskind がよく AI の適用に関して、仲裁に使っていきたいという話をしているかと思いますが、ほとんどが、国際仲裁、小さな商事紛争解決で起きている商事分野の話かと思います。

　しかし、英国とアメリカの大きな違いは、データの入手可能性ではないでしょうか。学界においても学者等が分析できるものがあるかないか。フェリックスさんの方が私よりもよくご存知かと思いますが、この点についてはアメリカと大きなギャップがあると思います。裁判所ベースのデータにアクセスできるのか。中国、アメリカとも、また違います。イギリスの方がより閉じられています。デジタル化の問題ではなくて、どちらかというと、データに関して、公開できるのか、公表できるのかです。

　今日は、お話を聴いて非常に楽しかったのと、このように英語でお話ができて嬉しかったです。ありがとうございました。

若手の法律家が変化を起こすためにできること

角田：受講生の中でご質問等ある方いらっしゃいますか？

学生C：プレゼンテーションをしていただきありがとうございました。1つ質問がございます。若い新進気鋭の法律家がこれから AI を導入していく可能性があるとおっしゃっていたと思います。以前の講義で、日本はデータが公開されていないがために、なかなか AI を導入できないというお話しがあったと思うのですが、そうした状況の中でも、日本の若手の法律家が動いていくためには、単純に期待する以外に、何か変化が必要なのではないかなとは思っているのですが、どのようにお考えでしょうか？

角田：岩倉先生、まずお答えいただけますか？

岩倉：はい。私はアメリカのことしか分かりませんが、日本ではアメリカに比べて、重要なデータが圧倒的に公開されていない状況です。中国はよく分かりませんけれども、UK も同じだと思います。それでも昔は全く公開されず、公開するかどうかも裁判所の判断だった裁判例が、今では最高裁判所も、かなり公開するようになってきました。もちろん、プライバシーの問題になるときには匿名にしてですが、それでも過去よりは随分よいと思います。

　ただ、おっしゃる通り、まだまだ公開されないケースの方が多いです。そして、私の専門分野の、M&A 取引で言えば、アメリカは、一定基準ですが、あらゆる、特に上場企業に関する M&A 取引の契約はすべて開示されます。

　けれども日本の場合は、契約自体を開示することが、まだ法律でも東証の規則でも規定されていません。私は昔から、アメリカのように開示すべきだと言っているのですけれども、色々な理由があるようで、いまだに開示されていません。徐々に開示する企業も増えてはきていますが、そのため、AI を使った Contract Drafting の世界や Legal Research の世界では、どうしても日本は遅れてしまっていると思います。

　けれども、ここでそれを口にしても仕方がないことなので、例えばさっきお話

ししした Big Five を辞めて、新しい事務所を立ち上げた若い人たちのように、Big Five で我々がやっている最先端の M&A 取引の契約を学んだうえで独立すれば、裁判例が公開されていなくても中身を知っているわけです。元の事務所で実践において、学んでいるわけですから。そういうことを通じながらやっていくことはできるかなと思います。

　アメリカに比べれば、圧倒的に不利ではあるものの、日本の場合は確かにおっしゃる通り、データが十分に利用できるという世界ではなく、そこは今はまだ、変えられないので、そのうえで頑張っていくしかないのではないかと思います。

角田：大変有益なアドバイスありがとうございます。すみません。少し時間が過ぎているのですが、もう一人、質問したい方がいらっしゃいます。

オープンソースでの AI の開発は可能になるか

学生 D：お時間過ぎているのにすみません。AI の開発手法について質問があります。もし政府、公的機関から法律に関するデータセットが提供されたならば、例えば Linux のような OSS と同様の手法で開発したり、Kaggle のようなデータコンペティションで法律に関する AI を開発するということは可能なのでしょうか？

角田：どなたにお答えいただきたいですか？

学生 D：開発手法についての質問になりますので、プレゼンの中で、例えばインセンティブの問題であったり、専門性の問題を紹介されていた、酒向先生にご意見を伺いたいです。

酒向：私の理解が正しければ、ご質問は制約ですね。データの収集、まとめ、集約に関する問題だと思いますが、これは日本だけの問題ではないと思います。リーガル・マーケットでは、世界中で問題になっています。

　まず、区別しなくてはならないのは、テクニカルな制約とテクニカルではない

制約があることです。インセンティブを提供してデータを公開してもらう、オープンソースにしてもらうためのインセンティブは、到達可能だと思いますが、何らかの集団的なアクションが必要になります。テクノロジーの側面からは、encryption のようなもの、暗号化、そしてテクノロジーの進歩によって、個人の懸念を緩和し、自分の個人情報を共有してもいいと感じてもらえるかもしれません。

しかし、テクノロジーがそういった面を解決したとしても、今度はビジネスの面から、商業的な感性が働く可能性もあります。データが競争優位性の中心である中で、データを共有すれば、M&A 等もそうかと思いますが、ある企業の競争優位性に影響することになり、共有は難しくなります。

さらにもう 1 つ、データの集約の問題の多くは、標準化がされていないということにもあります。テンプレート（template）がなく、データを仕組み化して、集約ができるようになっていない、そういう問題もあると思います。

簡単にお話しますと、英国では、イニシアティブが複数あって、例えば、Engine B というものがあります。これは、一連の Big Four の監査会社、会計会社が集まって、データ共有のための標準を作ろうとして、できたものです。お客様のデータの共有が目的です。日本でも、Big Five のようなイニシアティブがあって、集団的なアクションがあれば、あるいは英国の magic circle firms であれば、データの集約は可能になるかもしれません。それには、合意形成した基準を作り、それをもとにアクションを起こせば、大きな進歩が見られるかもしれません。ただ、まだこのようなイニシアティブは法務のリーガルな世界ではまだ起きていないと思います。

角田：大変面白い、有益な質問をいただいて大変楽しいセッションになりました。お二人の素晴らしいゲストに改めて感謝いたします。ありがとうございました。それでは、明日が最終回になりますが、また明日 5 時 10 分、ロンドンでは 8 時 10 分にお会いしましょう。

シュテフェック：オックスフォード大学ビジネススクール教授の酒向真理先生には、経済学と経営学の視点から、LawTech アプリケーションの利用に関するプレゼンテーションをしていただきましたが、多くの点でこれまでの議論に新たな角度から光を当てる、本当に素晴らしいものでした。

角田：今回、酒向先生を本学の集中講義にお招きできた時点で企画者として大興奮でしたが、先生の授業のプロデュース能力もまた圧巻でした。日本側のコメンテイターに対するリクエスト、学生との対話を楽しく実現させるための講義の進行方法についてのアイディアも酒向先生によるものでした。

　それにしても、文字通りの最先端の研究内容のエッセンスを、これだけ凝縮して分かりやすくお話いただいたうえに、学生の質問にもフレンドリーに応じていただけて、本当に贅沢なオンライン授業でした。

シュテフェック：酒向先生のプレゼンテーションの第１のポイントは、AI が法曹界に与える影響に関する議論を啓発するという点だと思います。弁護士は AI アプリケーションの消費者になるか、プロデューサになるかのどちらかであることを明らかにし、AI アプリケーションが使用される場合にも、弁護士のサービスの増強につながる場合もあれば、そのようなサービスの代替につながる場合もあります。そして、後者であれば、反復的でスケーラブルな「タスク」に関わる可能性が高いことを明らかにしました。酒向先生の分析は、AI が人間の弁護士に取って代わるかどうかという単純な問題を超えて、弁護士はどこでテクノロジーの消費者となり、どこで AI サービスをプロデュースすることができるのかという、より差別化された質問をする必要があることを示すものでした。

角田：私が驚いたのは、自動車産業をご研究してこられた酒向先生が、自動車の組み立てパイプラインをリーガル・サービス提供に応用したという、その研究手法でした。

ところで、酒向先生が用いられた「タスク」という言葉ですが、これは、リーガル・サービスが提供されるまでの工程を、実に細かいレベルの「タスク」に分解して解析するもので、私にとっては新鮮でした。情報通信技術の労働へのインパクトを分析した労働経済学の研究[1]で導入された、繰り返し型／双方向・認知型／肉体労働型といった分類も、「タスク」に着目していたと記憶します。ですが、その研究は「職種」の分析をする際に「タスク」に着目したものでした。議論の粒度が異なることは、見落とせないポイントではないかと思います。

シュテフェック：その通りです。酒向先生は、リーガル・サービスを提供するために必要な個々の「タスク」に目を向け、それが AI の利用によってどのような影響を受けるかを問うことを提案しています。結果として、特にアウトプットの生成は強い影響を受ける反面、新たなタスクも生まれること、とりわけ、データサイエンティストやプロジェクトマネージャーといった非法曹の協力が必要とされ、将来的にはより高い関連性を持ってリーガル・サービスに貢献することになると指摘しています。

　このように、タスクに焦点を当てることは、AI が法曹界に与える影響をより深く理解するうえで有益だと思います。この観点から、AI が人間の弁護士に取って代わるかどうかという質問は、AI が新しい仕事を生み出す可能性があることを見落としていることが分かりました。

　企業がどのように活動し、価値を獲得していくのかというビジネスモデルの分析も非常に興味深いものでした。例えば、法律事務所は伝統的に1時間あたりの課金であるのに対し、LawTech スタートアップはサブスクリプションフィーに応じて課金するという違いがあります。また、法律事務所の組織形態は伝統的にパートナーシップであるのに対し、LawTech スタートアップ企業

1）Autor, Levy and Murnane（2003）, *The Skill Content of Recent Technological Change*, The Quartely Journal of Economics, Vol 118（4）. 著名な研究で、機械代替される仕事のリストなどのベースになっていると思われる。川口大司「人は機械に仕事を奪われる？」角田美穂子＝工藤俊亮編著『ロボットと生きる社会――法は AI とどう付き合う？』（弘文堂・2018 年）73 頁以下。

は資本会社として組織されています。将来的な課題としては、これら2つのタイプの企業の提携、あるいは、事業を統合していくかどうかでしょう。

角田：伝統的な弁護士のビジネスモデルである法的助言について、なぜ時間単位のフィーなのかの説明で、「信頼財」で医者の処方と同じで本当に効いたのかは全く不確かだ、という指摘にはドキリとしました！　新しいビジネスモデルが出現して競争にしのぎを削っている中で、この価値を守っていく難しさが浮き彫りになったと思います。

シュテフェック：酒向先生のプレゼンテーションを聞いた後、AIアプリケーションがリーガル・サービス市場にもたらす価値を理解するには、どの専門家グループが最も適しているのかと考えました。それは、弁護士自身なのか、それとも訴訟金融の専門家のような非弁護士なのか。この質問に対する回答は非常に示唆に富んでいました。

　人々は「法的な問題」を抱えていることはほとんどありません。人々は「問題」を抱えているのであって、その問題を解決するのに法律を役立てる可能性はあるかもしれません。

角田：それは、私にとっても大変印象に残る言葉でした。この観点こそ、市場を再定義していくという発想を支えていると思います。翌日のワークショップでも話題になった、ワンストップ・ソリューションで、法的・非法的ソリューションズをいかにパッケージ化していくか、という問題意識にもつながるものだと思いました。

シュテフェック：さらに私が考えたのは、LawTechアプリケーションに関して、地元の法律家が地元のリーガル・サービス市場を国際競争から効果的に守ることができるのかということです。また、そのような保護主義が不可能な分野はあるのでしょうか？　誤解のないように申し上げますが、私は、国が国際競争から市場を守るべきだと提案しているわけではありません。むしろ、そのようなことが可能なのかどうか、仮に可能でないとして、法律家が法律サービスに

おけるテクノロジーの使用にオープンではない国のプロフェッショナル・サービスにとってどのような意味があるのかを考えています。これは、弁護士とプログラマーの共同事業を認める法域がある一方で、部外者が金融サービス会社の株式を保有することを認めない法域があることを指摘した、酒向先生のプロフェッショナル・サービスの道筋に関する分析と関連しています。

角田：その問いには、テクノロジー側の事情として海外のAIアプリケーションと言語といった問題も関係するでしょうか？　岩倉先生のコメントに、日本語の壁という指摘もありました。その日本語の壁がどの位高くて厚いのかは、私たちの共同研究プロジェクトでも検討しているテーマになります。

シュテフェック：岩倉正和氏は、酒向真理氏の洞察を日本の状況と比較し、日本の大手法律事務所がLawTechに対応するための子会社を設立しているなどの注目すべき展開を指摘し、非常に興味深いものでした。また、日本のLawTechの将来を考えるうえで、英米に比べて日本には小規模な法律事務所が圧倒的に多いことが看過できないという指摘も重要だと思いました。これらの法律事務所がどのようにLawTechと関わり、導入していくのかは注目トピックスでしょう。

　そして、日本ではLawTechの普及が遅れているが、AIによるリーガル・サービスの拡大が期待できるという、先の講演者の評価を確認しました。

角田：岩倉先生には、日本におけるMDT弁護士について、大手法律事務所（Big Five）ではすでに始まっているが、それを別とすれば、インハウスで進むという指摘もいただきました。弁護士キャリアという面ではその通りかと思いますが、もう少し広くみるとすれば、日本におけるMDTアクターとして、データベンダーとしての判例データベース企業を挙げることができるのではないかと思いました。判決情報のオープンデータ化などデータのアベイラビリティ環境の変化への適応が最も先行して求められているといえそうです。もちろん、日本のデータベース企業だけではなく、海外のデータベース企業も日本に進出しているので、先ほどのシュテフェック先生の問題提起にも関連するかもしれ

ません。

　あと、学生からの「データ入手困難な日本において革新的なリーガル・サービスに携わるためにどう動いていけばよいか」の質問に対する岩倉先生のエールも印象的でした。Big Five で経験を積んで、アメリカの M&A の契約がすべて開示される（日本ではそのようなルールはない）実務を経験し、知見を修得したうえで最先端のサービスに打って出て欲しい、というものでした。

◉ 政府は LawTech の利用に干渉すべきでしょうか、それとも商取引や市場の「見えざる手」に任せるべきでしょうか？

◉ 非弁護士が将来的に法律分野での AI 活用の原動力になるのでしょうか？　その条件としては、弁護士がこの分野に十分早期に進出しない場合などが考えられるでしょうか？

◉ 法律事務所が AI に取り組むために必要な環境とはどのようなものでしょうか？

◉ AI の普及が遅れている理由として、提供されているサービスに魅力が欠けているからだということはないでしょうか？

◉ 将来、自分が起業したとき、弁護士資格を持たない人材へのインセンティブをどう考えますか？

◉ 司法サービスの市場は、他の国で AI が使用されたとしても自国では全く無関係であるというように、断絶されたままでいることができるでしょうか？

◉ 今後の法曹界の発展とテクノロジーとの関係において、立法者はどのような役割を果たすべきでしょうか？

デジタル化が、法の外に置かれた 51億人の民を救う

◉ パネリスト

フィリップ・ショルツ
（ドイツ連邦司法・消費者保護省「リーガルテックと司法アクセス」プロジェクト部長）

吉川 崇 （法務省大臣官房秘書課長）

タチヤナ・テプロヴァ
（OECD SDGsのための政策部門長/ジェンダー、司法、包摂性担当上級参事官）

マイケ・デ・ランゲン
（パスファインダー（Pathfinders）「すべての人に司法を」プログラム・リーダー）

イグナシオ・ティラード （ユニドロワ（私法統一国際協会）事務局長）

アンナ・ヴェネチアーノ （ユニドロワ（私法統一国際協会）事務局次長）

◉ モデレーター

フェリックス・シュテフェック （ケンブリッジ大学法学部上級講師）

角田美穂子 （一橋大学大学院法学研究科教授）

◉ 質疑・議論参加

山本和彦 （一橋大学大学院法学研究科教授）

竹下啓介 （一橋大学大学院法学研究科教授）

小塚荘一郎
（学習院大学法学部教授/ユニドロワ（私法統一国際協会）コレスポンデント）

「すべての人に司法アクセスを届ける」。2015 年に国連が採択した持続可能な開発目標にはこう定められています。パンデミック下の世界では、テクノロジーを駆使して、様々な取り組みが進められています。フィナーレ・イベントとして、EU 理事会議長国を務めたドイツや日本、OECD など、世界各所で「法律の外側」にいる人々と向き合うイノベーターたちに、最前線から生リポートをお届けします。

（2021 年 1 月 20 日収録）

司法へのアクセスはデジタル化で改善される

角田：講義も最後になり、本日は司法アクセスをイノベーションするというテーマで、国際ワークショップを開催いたします。今までの、講演会ライブというスタイルとは変わり、皆さんには国際ワークショップにライブで参加いただきます。お招きしておりますゴージャスなゲストの方々には、タイムテーブルに沿ってプレゼンテーションいただき、その後の議論には、ケンブリッジと一橋大学の日英共同プロジェクト「法制度と人工知能」にもお力添えいただいている、本学の民事訴訟法の山本和彦先生と、国際私法の竹下啓介先生、そして学習院大学の小塚荘一郎先生にもご参加いただきます。

シュテフェック：このようなワークショップを開催できることを嬉しく思います。今日は、角田先生と私が考えるドリームチームのような、素晴らしい顔ぶれでお送りする最後のセッションになります。ではスピーカーの方々をご紹介します。

　最初にお話しいただくフィリップ・ショルツ先生は、ドイツの政府を代表するお一人です。今日のワークショップは、ショルツ先生を含む、お二人の国家政府の代表と、国際的な組織を代表する三名のスピーカーで構成されます。

　さて、ショルツ先生は、ドイツの連邦司法・消費者保護省の「リーガルテック（Legal Tech）と司法アクセス」プロジェクト部長で、ドイツの司法省において様々な活動の監督もされています。昨年は、ドイツが欧州連合（EU）の理事会議長国として主催した「デジタル時代における司法へのアクセス」というイベントにおいて、様々な観点から課題を出されました。今日は、ヨーロッパの視点から、デジタル化、そして司法へのアクセスについてお話いただく予定です。ショルツ先生、パネルに参加していただき光栄です。プレゼンテーションを楽しみにしております。では、お願いいたします。

ショルツ：皆さん、こんにちは。今日の参加を嬉しく思います。今日は、デジタル化と司法へのアクセスについて、EUでどのような議論が行われているのかをお話させていただきます。

　ここ半年ほど、ドイツはEUの理事会の議長国をしておりました。議長国は、

EU加盟国で6カ月ごとの持ち回りとなっているのですが、期間中の重要なミッションとして、EUの仕事がきちんと継続するように、テーマごとに優先事項をきちんと押さえることがあります。

　ドイツの司法省は、司法制度のデジタル化をアジェンダのトップに据え、加盟国との協議を経て、いわゆる理事会の結論を採択しました。それが、EU理事会議長国としてのドイツの提案に基づく、今後のデジタル開発のためのガイドラインの策定です。加盟国が司法手続全体でデジタルツールの使用を増やすことを奨励し、欧州委員会に包括的な司法デジタル化のためのEU戦略を策定するよう求めるものです。そして2020年12月、欧州委員会は通達を出しました。デジタル化に向けた、具体的な立法上、行政上の措置を概説した声明文です。

　これら2つの行為を、新型コロナ危機に対する単なる受動的な反応である、もしくは、危機的状況がもたらしたデジタル化へのさらなる要求と見なすことは簡単ですが、そうした見方は短絡的です。司法制度のデジタル化は、いわゆる司法へのアクセスの側面、つまり「法の支配」[1]の基本的原則の礎になるものだからです。

　EU基本権憲章には、

　　「全ての人々が効果的な救済を独立した公平な裁判所で受ける権利がある」

　　「自分の権利と自由の侵害を開かれた法廷で審理してもらう権利がある」
と書かれています。司法制度の受容を改善し、「法の支配」への信頼を強化するために、十分な法的保護を受ける権利は、DX（デジタルトランスフォーメーション）がもたらした条件下でも、保障されなければなりません。つまり、司法部門がデジタル化されても、司法制度の基本原則である、裁判所の独立性と公平性、そして効果的な法的保護の保障は担保されるということです。

　一方で、こちらの方が私にとってより重要な側面になりますが、デジタルテクノロジーを司法制度に活用すれば、「法の支配」の遵守と基本的権利の行使、および尊重は、促進できるでしょう。さらに言うと、司法のデジタル化を強化することは、ラグジュアリーなことなどではなく、基本的権利を十分に担保するために

---

1)「法の支配」とは、権力者・専制君主が権力を用いて、恣意的な法の運用をする「力の支配」
　に対し、議会で制定した法律に則る近代国家原理で確立した考え方を言う。

必要不可欠なことかもしれません。デジタル化が進めば、市民は移動せずに手軽に司法制度にアクセスできるようになります。交通の便が悪く、裁判所に行くのを諦めていた人々も、オンラインで訴訟手続ができるようになりますし、ビデオ会議での司法手続が普及すれば、手間と費用のかかる出張が大幅に減り、手続はぐっと楽になるでしょう。

EU 加盟国で進む司法のデジタル化

ショルツ：つぎに、EU 加盟国における司法制度のデジタル化の進捗についてお話したいと思います。デジタルテクノロジーは常に進化しており、情報の管理、保護、交換の分野では、新しいアプローチやソリューションが、次々と生まれています。このような面も、デジタル化がもたらす利点の1つです。

　すでに多くの加盟国において、デジタル法廷での裁判の進行、当事者・裁判所・当局間の電子通信、文書の電子送信、音声・映像による審理・会議の利用などの措置は、効率的な司法行政の重要な要素となっていますが、実際の進捗状況は、加盟国間で差があります。ドイツの立場は、このデジタル化の進展という面では、決してフロントランナーとは言えません。我々がこの分野でやるべきことは、まだまだたくさんあります。

　とはいえ、のんびりしたことを言っている暇はありません。EU の司法・法務分野においては、デジタルテクノロジーのダイナミックな進化が見られ、人工知能システムを含む新技術を司法のために開発・利用する計画が次々と生まれています。司法制度のさらなるデジタル化が、市民の司法へのアクセスの利便性を改善させることは間違いないでしょう。デジタルツールで、司法へのアクセスの手順を改良し、標準化、統一化できれば、タスク処理の自動化が可能になります。そうすればデジタル化が加速されて、裁判所手続の有効性や効率が高まります。このように、デジタルツールが裁判所をしっかりサポートできれば、裁判所は本来の業務の根幹であり、テクノロジーが取って代わることができない、審理と法的分析に専念できるようになるわけです。

　さらには、デジタル化によって、市民や法律家が、広く、いつでも法的情報にアクセスできるようになることも、大きな利点で、このことは強調に値します。

法律や匿名化された裁判所の決定、さらには自分が関わる訴訟の進行状況などの情報が常に得られるようになるのです。しかしながら、同時に、デジタル技術と電子通信技術を利用することによって、公正な審理を受ける権利、特に、武器対等の権利と対審手続の権利、公開審理を受ける権利を損なうべきではないということも、また、明白です。そこには影響を受ける当事者が現実に出席して口頭で審理を受ける権利も含まれます。

新型コロナで明らかになったデジタル化の有用性

ショルツ：最初の方で少し触れた、新型コロナ危機の影響についても、詳しく見ていきたいと思います。新型コロナ危機によって、非常時の司法制度の機能が明らかになり、司法制度のレジリエンス（resilience）をEU全土で強化しなければならないなど、課題やリスクが浮き彫りになりました。図らずも、私たちの社会がデジタル技術を採用する大きなきっかけとなったのです。デジタル化は、今回の問題を解決するツールとして受け止められました。将来、同じような困難な事態が起きた時に、それを回避し、今回の危機で生じたバックログ（backlog）を解消するには有効なツールです。

　結果的に、新型コロナによって、デジタル化とテクノロジーの利用を拡大させることが、効率化とレジリエンスを強める鍵になると、認識されたのです。加盟国とEUはこの分野のデジタル化への取り組みを推し進め、すべての人々が平等にデジタルサービスにアクセスできるようにするべきです。これは、非常に重要なことで、司法のデジタル化は「人間中心」で進めていく必要があり、司法はすべての人に平等にあるべきだからです。この点を私は特に強調したいのです。

　ですから、裁判手続のデジタル化への方向転換は、司法へのアクセスを容易にし、市民の福利になるよう注力すべきです。市民が法の利用者であれば、司法制度に新たなデジタルソリューションを構築するのに、このアプローチは、重要な役割を果たします。プロセスを成功させるには、市民と市民が何を求めているかを主軸に置くべきで、手続の制度化を優先してはなりません。そして、市民のことを思えば、新しいデジタルツールを用いた手順に変えた後も、従来の非デジタルの手続を維持しておく必要もあるでしょう。デジタル化に追いつかない、テク

ノロジーを使いこなせない市民を想定し、一人残さず包括的に法的保護をし、司法へのアクセスを守るためです。合わせて、市民に対しては、分かりやすく、伝わりやすい方法で広く情報を出さないとなりません。デジタルサービスの使用方法や自分たちの権利をデジタルでどう主張したらいいのか、情報を発信するのです。

デジタル弱者ゼロのデジタル参加に

ショルツ：そしてもう1つ、デジタル化のプロセスにおいて、弱者の存在を忘れてはなりません。デジタルテクノロジーは今後ますます、より使いやすいものになり、年齢や教育レベルや障害の有無に関係なく、多くの人が利用できるようになるでしょう。けれども、すべての市民が、デジタル化がもたらす恩恵を受け、デジタルアクセスによって、平等な司法と公正な手続を享受できるようにするには、すべての社会集団が、無条件で差別なく「デジタル参加」できるよう、保障されなければなりません。特に脆弱な立場にある子どもや高齢者、障害者の声には耳を傾け、彼らのニーズを勘案していく必要があります。いずれにしても、司法制度にデジタル技術を使用するのなら、デジタル技術に縁のない人々とどう接点を作り、彼らが取り残されないようどう保護するのか、そこへの対策を忘れてはなりません。

　最後に、簡単な結論になりますが、司法制度のデジタル化は、司法制度へのアクセスをさらに拡充する機会を与えてくれます。でも、そうした利便性は、「法の支配」を基軸にテクノロジーを開発し、配置すること、そして、市民のニーズを中心に考えた、技術の開発が条件になるということです。ご清聴ありがとうございました。

角田：素晴らしいプレゼンテーションをいただきましたが、1つ私から質問させていただいてよろしいでしょうか。EUの方針を取りまとめられたドイツのショルツ様から、ドイツは必ずしもEUの中で司法制度のデジタル化のフロントランナーとして牽引しているわけではないというお話がありました。一方で、ドイツはテクノロジー先進国としても知られています。その理由とか背景について、ドイツについてのお話をお聞かせいただけますか。

ショルツ：ドイツの司法分野におけるデジタル化の進展が比較的遅れているという私の見解は、ドイツが16の連邦州（Bundesländer）で構成されていることに関係しています。ドイツ連邦共和国は16の連邦州が自治権を持つ連邦制になっていて、司法はこれら各州が責任を持つ事項に属する、つまり、非中央集権的に組織されているのです。そのため、連邦政府の方で物事を一気に押し進めるのは難しい場合があります。州によって、別個のシステムを利用したいときに、連邦政府が「みんながこのシステムを使うべきだ」と言うことができません。それは各連邦州が責任を持つべき事項だからです。連邦政府とそれぞれの州の間にあるやり方の違いが、フロントランナーではない1つの理由かもしれません。

それでも、AI等を司法制度に使っていく、またSNS上でのヘイトクライムの検出、機械翻訳サービス、そして裁判所決定の匿名化等、いくつかの研究プロジェクトは進められています。自国を悪くは言いたくないので、そのように言っておきましょう（笑）。また、民事や商事事件の審理では、ビデオ会議等のテクノロジーを使えるようになりましたし、オンラインで手続を開始したり、申立ても行うことができるようになりました。

ただ、連邦制をとっているのがフロントランナーになれない理由の1つだとしても、もう少し進められるとよいとは思っています。

司法のデジタル化が遅れている理由

角田：ショルツ先生、ありがとうございました。

それでは、次のプログラムに移りたいと思います。日本の法務省から吉川崇様をお迎えしております。日本の法務省は、国の基本法である民事法や刑事法の立案、出入国・在留管理業務、刑務所等の矯正施設の管理業務等、幅広い分野の業務を扱っており、吉川様は、現在（2021年1月20日）、法務省大臣官房秘書課長として、法務省の国会対応業務等を統括されると共に、本日のテーマでもある情報システムの整備・管理についても統括をされています。

ご経歴としては、1995年に検事に任官され、東京地方検察庁等で様々な刑事事件の捜査や公判を担当された後、法務省において、刑事訴訟法の改正等の立法担当参事官、司法法制課長や刑事局総務課長等を歴任されています。それでは、プ

レゼンテーションをお願いいたします。

吉川：本日はお招きいただきありがとうございます。

　「司法アクセスのイノベーション」に関連して、法務省における司法制度のデジタル化に向けた取り組みを中心にお話ししたいと思います。これまでの集中講義の中で、多くの方々が、日本社会でのAIやIT等の技術の導入の遅れを指摘されていましたが、まさにその通りで、司法分野はその最たるものだと思っています。司法分野は、現在、デジタイゼーション（Digitization）に取り組みつつある状況であって、デジタライゼーション（Digitalization）、ましてや、デジタルトランスフォーメーション（Digital Transformation）の段階には至っていません。

　日本でAIやIT等の技術の導入が遅れている理由として、社会が成熟していることがよく指摘されます。つまり、国民の多くが、今の日本社会に満足していて、各種制度を大きく変革させようというモチベーションが低いからだと言われています。ですが私は、司法分野での遅れには、更なる理由があると思っており、そこからお話ししていきます。

　まず、AIやIT等の技術に関する法のアプローチは、実体法としてのアプローチと手続法としてのアプローチの2つに分けることができると思います。実体法のアプローチというのは、AIやIT等の技術を使った社会活動に対し、法がどのような効果を与えるか、あるいはどのように規制するかといった問題です。例えば、公道で自動車の自動運転が実現する場合に、事故に対する責任は誰が負うのかとか、どのような規制やルールの下で自動運転を許すのかということです。言い換えると、AIやIT等の技術が関係する事案に対して、法がどのように対峙していくのかという問題です。

　他方、手続法のアプローチというのは、裁判を始めとする司法手続において、AIやIT等の技術をどのように活用するかということです。言い換えると、AIやIT等の技術をどのように司法手続の中に取り込んでいくのかという問題です。

　この2つのアプローチは、進化の速さに違いが生じます。実体法は、基本的には他律的で、社会の変化に追いつくことが求められます。日本社会に、AIやIT等の技術が取り入れられれば、その対応に迫られ、実体法が作られます。仮想通貨に対するルールや規制も、その一例と言えるのではないでしょうか。

一方の手続法は、基本的には自律的です。世の中でデジタル化、IT化が進んでも、司法分野でそれを進めなければならない理由はなく、少なくとも期限はありません。その上、司法制度は、まさに社会の基盤であり、日本では、裁判所の判断を含めた司法制度に対する国民からの一定の信頼も保たれています。そのため、むしろ司法手続のデジタル化、IT化によって生じ得るネガティブな面が強調される傾向にありました。これが司法分野でデジタル化、IT化が進んでこなかった根本的な理由ではないかと思います。

司法のデジタル化の後押し

吉川：もちろん、民事訴訟法や刑事訴訟法を始めとする手続法も、これまで社会の変化に応じて、侃々諤々の議論の末に改正されてきました。しかし、デジタル化、IT化へのハードルはひときわ高いものであったように思われます。学生の皆さんから見ると、「便利なものは早く導入したらいいのに」という感想を持たれるかもしれませんが、新たな制度を作ろうとすると、同時にネガティブな面を洗い出して、その対処も考えなくてはなりません。また、長く維持されてきた制度を大きく変えていくためには、相応の原動力が必要となるものです。

　先ほどショルツ先生も指摘されたように、司法制度は人々が容易にアクセスできなければなりません。特に日本は、法テラス等のワンストップ相談窓口が整備され、弁護士等の代理人が機能していることなどにより、司法アクセスの程度は他国と比べても決して低くないのが現状です。拙速にデジタル化を進めることにより、デジタル弱者の司法アクセスを低下させては本末転倒です。また、デジタルの持つ脆弱性を考えると、紙ベースで管理することにも一定の合理性があります。さらに、司法手続は、裁判官が事実を認定する手続なので、オンライン化するより、face-to-faceの方が優れている面もあります。こうしたデジタル化、IT化のネガティブな面に焦点が当たり、一歩踏み出していくモチベーションが高まりませんでした。

　ところが近年、民事裁判手続からIT化に向けた検討が進み始めました。その大きな原動力の1つが、国際化への対応です。日本の民事裁判手続は、もはや国民だけのものではありません。日本の民事裁判手続が利用しにくいと国際的に評

価をされると、経済活動にも影響します。そうした外的要因が強く政府を動かして、民事裁判手続のIT化を後押しして、やっと重い車輪が動きだしたと認識しています。前置きが長くなり恐縮ですが、こうした前提を共通認識としてお持ちいただければと思います。

民事裁判手続のIT化の現在地

吉川：現在、法務省の法制審議会では、民事裁判手続のIT化に向けて、2022年の法案提出を目指して議論が進められています。これは、まさに日本の司法分野のデジタライゼーションの出発点です。今後、AI等の新たな技術の活用を可能にし、司法の在り方を大きく変化させる可能性を持っており、日本の司法制度において画期的な一歩となるものと断言できます。本日の講義に参加されている山本和彦教授には、この法制審議会の議論をリードしていただいています。

　検討中の概要は、「民事裁判手続のIT化（中間試案）」**図表❶**〔→344頁〕の通りであり、コンセプトとして、訴えの提起から判決までの全面的なIT化を目指しています。柱としては、まず、訴状や当事者の主張を記載した書面等をオンラインによって提出できるようにするなどの「e提出」、当事者双方が口頭弁論等の期日にウェブ参加できるようにするなどの「e法廷」、さらに、記録を電子化し、当事者がインターネットでいつでも裁判所のサーバにアクセスして閲覧・ダウンロードできるようにするなどの「e事件管理」に整理されています。これらについて、現在、より具体的な制度設計が行われています。

　その中では、判決書もデータ化し、裁判所のデータシステムにアップロードして、当事者がダウンロードできる仕組みが検討されています。この集中講義の中でも、判決のオープンデータ化が課題として指摘されていますが、判決書のデジタル化と一元管理を行い、これをオープンデータ化できれば、その活用の可能性は一気に広がります。

　現在も、裁判所のホームページ等で、民事判決等の情報が公開されていますが、先例性の高い事件や社会的に関心の高い事件に限られています。現在、日弁連の検討会において、民事判決のオープンデータ化に向けて、データの管理、利用の在り方などについて検討が進められています。

図表❶　民事裁判手続のIT化（中間試案）

民事裁判手続のIT化(中間試案)

中間試案の概要

訴えの提起から判決までを全面的にIT化する

1. 訴状等のオンライン提出 "e提出"
   (1) 訴状等のデータをインターネットでサーバに記録
   (2) データがサーバに記録されたことをメールで相手方に通知
   →裁判所のサーバにアクセスして閲覧（システム送達）

2. ITを活用した口頭弁論期日 "e法廷"
   (1) 当事者双方が口頭弁論等の期日へのウェブ参加可
   (2) ウェブ尋問の要件を緩和し、利用場面を拡大
   (3) ITツールを利用した新たな審理モデル
   →当事者の意向が合致すれば原則6か月以内に審理を終結

3. 訴訟記録の電子化 "e事件管理"
   (1) 記録を電子化し、当事者はインターネットでいつでも裁判所の
     サーバにアクセスして閲覧・ダウンロード可
   (2) 判決データに改変を防ぐ措置を施すなどして記録化

スケジュール（目標）　（2020.7 閣議決定「成長戦略フォローアップ」より）

2022年度　・部会における要綱案決定、法制審議会答申
　　　　　・改正法案の国会提出
　　　　　・ウェブ会議等を用いた双方不出頭の争点整理の実現

2023年度　・ウェブ会議等を用いた口頭弁論の実現

2025年度　・訴状を含めたオンライン申立て、記録の電子化の実現

我が国の現状

2004　オンライン申立て等を認める法改正
　　　（最高裁判所規則で認められた範囲のみ）
2006　支払督促についてオンライン申立てを導入
（現状）
① オンラインでの訴えの提起はできない
② 裁判所へのウェブ参加は限られた場面のみ
③ 訴訟記録の管理は紙ベース

※ 諸外国では 裁判手続のIT化が進展

諮問までの経緯

2017.6
　閣議決定「未来投資戦略2017（成長戦略）」
2018.3
　内閣官房「裁判手続等のIT化検討会」報告書
2019.12
　「民事裁判手続等IT化研究会」報告書

法制審議会（現在）

2020.2
法務大臣が法制審議会に諮問
① 訴状等のオンライン提出　"e提出"
② ITを活用した口頭弁論期日　"e法廷"
③ 訴訟記録の電子化　"e事件管理"
　　　↓
民事訴訟法（IT化関係）部会の調査審議
（計9回）
　　　↓
2021.2（予定）中間試案の取りまとめ
　その後　パブリックコメント

出典）法務省ウェブサイト（https://www.moj.go.jp/content/001349055.pdf）

また、ADR（Alternative Dispute Resolution）という手続についても、IT 等の技術の活用が検討されています。ADR というのは、民間等の公正な第三者によって民事上の紛争の解決を行うもので、例えば、交通事故の損害賠償請求などで、民間の紛争解決機関が調停を主催し、当事者の合意によって紛争を解決するという手続などです。この ADR をオンラインによって行うことを ODR（Online Dispute Resolution）と呼んでいます。学生の皆さんにとって ADR は馴染みが薄いと思いますが、民間の活動であるため、裁判手続よりも柔軟な手続を設計可能であり、IT 等の技術を取り入れて、利便性や迅速性等を高めることにより、様々な利用者のニーズに合った手続を構築することが期待できます。現在、ADR の関係機関共通の専用プラットフォームの新設を含め、考え得る手続の在り方が検討されています。なお、裁判のオープンデータ化によりデータが集積されて、AI が裁判の結果を予測できるようになれば、ADR での紛争解決の支援にもつながることが期待されます。

　このように、現在、民事裁判手続の IT 化や ADR の IT 化の検討が進められていますが、その先には、家事手続や執行手続の IT 化なども課題となってきます。これから順次司法分野のデジタル化、IT 化を進めていくに当たっては、当然のことながら、全体として、現在よりも良いシステムにするべきです。つまり、人々のニーズや紛争の内容等に応じ、より迅速かつ適正に紛争が解決されるようなシステムとするべきです。そのためには、当事者の法律相談から始まって執行の段階まで、トータルデザインしていくという思考が重要だと思います。

　図表❷〔→巻頭口絵⓮〕の資料は、その際の視点について、あくまで個人的な見解として作成したものです。簡単に説明しますと、まずは Accessibility です。誰もが容易に紛争解決手続にアクセスできること、多様な紛争解決手続が利用できること、デジタル弱者へのサポートが必要です。次に、Reliability です。紛争解決手続は、裁判手続であれ ADR であれ国民や利用者の信頼の上に成り立っています。正しい判断が可能で、十分なセキュリティが確保され、各手続をシームレスに利用できることが求められます。さらに、Realizability です。判決等の内容がスムーズに実現される必要があります。そして、このような視点をもって、具体的にどの手続をデジタルオンリーとするのか、デジタル化を進めつつ従来の方法を併存させて選択できるようにするのか、それともデジタル化しないのか、と

いうことをきめ細かく検討していく必要があるのだろうと思います。

デジタル化が司法制度にもたらす変化

吉川：ここまでの内容は、民事関係でしたが、刑事手続についても IT 化の検討がまもなく開始されます。刑事事件における捜査・公判の実情を踏まえて、電子データによる書類の作成・管理、令状の請求・発布等でのオンラインによる書類の発受、オンラインを活用した公判など、幅広く議論が行われると思います。

　また、法務省は、司法関係のみならず、矯正、更生保護、出入国在留管理、訟務など多岐に渡る業務を行っております。まずはデータのデジタル化を徹底し、それを用いて AI 等の技術を活用して、より効率的で適正な業務とすることができないか、現在、有識者の方々と共に検討を進めているところです。

　駆け足で述べてまいりましたが、改めて、我々も、AI や IT 等の技術は、司法分野において大きな可能性を有していると認識しています。まずはデジタル化、IT 化を進め、さらに AI 等の技術が活用されていけば、司法手続の在り方に大きな変化が生じてくると思いますし、デジタルに合わせた新たな司法制度になっていくかもしれません。現在地は、まさにそういう変化の入り口だと思っています。

　また、社会のデジタル化が進めば、スーパーコンピューター等によって、様々なシミュレーションも可能になって、法律を作る際にも、事前にその効果を一定程度予測できる日が来ると思います。そうなれば、立法の仕方や法律の在り方も変わってくるかもしれません。

　角田先生を始めする先生方には、デジタル化を前提として、AI 等による活用など一歩先の検討をしていただいておりますし、Law Firm などでも、様々な検討や取り組みが進んでいて、非常に心強く、有難いと思っています。

　私自身は、スピード感はとても大事だと思っていますが、他方で、やはり司法制度は社会の基盤ですので、性急な変化によって、司法制度の網からこぼれ落ちる人が生じたり、司法制度に対する信頼が損なわれるようなことがあってはならないと考えています。他国の検討や実践結果なども参考にしながら、少し遅れる形で日本の司法分野のデジタライゼーション、さらにはデジタルトランスフォーメーションを進めていく、そういう時間感覚でもよいのではないかという思いも

あります。いずれにせよ、この官民を挙げた大きなプロジェクトに、今後、この集中講義を聴いている学生の多くが参加していただけることを切に望んでいます。ありがとうございました。

角田：ありがとうございました。吉川様に質問したい方、コメントしたい方いらっしゃいますか。

学生A：素晴らしいプレゼンテーションありがとうございました。質問は、プレゼンの中で、手続法は割と自律的だというお話がありましたが、インターネットの普及により、紛争への対応が変化すれば、それによって手続の在り方も変わってくるのではないかと思うのですが、そのあたりについては、どう思われますでしょうか。

吉川：ご質問ありがとうございます。これまでも、紛争の多様化に応じて、各種の紛争の解決に適するよう、司法手続の在り方を変えていく、あるいは司法手続のメニューを増やしていく、ということが行われてきました。しかし、司法手続の中に、AIやIT等の技術を取り込んでいくということは、これとは少しレベルの違う話になると思います。

　ご質問のように、インターネットの普及により紛争に対する社会のアプローチが変わってきても、また、紛争の内容自体にAIやIT等に関係するものが増えてきたとしても、それを解決するために、必ずしも、AIやIT等の技術を利用した司法手続を導入しなければならないということにはならないと思います。司法手続にAIやIT等の技術を取り込むか否かは、やはり自律的なのです。

　もっとも、社会にAIやIT等の技術が浸透していけば、司法分野にもこれを取り入れるべきとの声が大きくなるのは必然であり、それがまさに今なのだと思います。これから司法分野のデジタル化やIT化が進み、さらにはAI等が活用されてくるなら、これまでとは全然違う形で、より迅速で、かつ、より一層当事者の納得も得られる紛争解決システムが構築されていく可能性があるのではないか、そんな期待をしています。お答えになっていますでしょうか。

角田：ありがとうございます。では次の方、お願いします。

学生B：貴重なお話ありがとうございました。導入部で、司法の公判の場では、face-to-face の必要性もあるのではないかというお話がありました。刑事司法の場などで、昨今マスクを着けての裁判となると、顔が見えづらかったり、表情が捉えられず、手続がうまくいかないのではという指摘もあるかと思いますが、そうした点を含めての、IT化における議論などありましたらご紹介願えれば幸いです。

吉川：ご質問ありがとうございます。報道によりますと、今回のコロナ禍において、米国では陪審裁判がストップしたため、それを打開するために、一部の州で、オンラインによる陪審手続が試行されたとのことです。そして、そのような取り組みに対しては、やむを得ない措置であるとはいえ、慎重論も提起されているようです。

　言うまでもなく、刑事裁判での審理は、事実の認定やそれに基づく判断に向けられたものであり、基本的に face-to-face が適しているということは、多くの国々で共通する認識ではないかと思います。

　先ほども申しましたが、民事裁判手続のIT化に続いて、刑事裁判手続のIT化についても、まさに議論が始まろうとしています。その際、どの手続でオンライン利用を可能とし、どの手続で face-to-face を貫くのか、ということは非常に大きな議論になるでしょうし、いったん制度ができ上がったとしても、技術の進歩に伴って、さらに改善されていくことになるだろうと思います。この講義に参加されている学生の方々にも、今後、そのような議論に是非関与していただければと思っています。

司法問題は至るところで起きている

角田：ありがとうございました。まだ手を挙げている方もいらっしゃるのですが、次のプログラムに移らせていただきたいと思います。

シュテフェック：ありがとうございました。それでは、タチヤナ・テプロヴァ博士をご紹介したいと思います。タチヤナさんは、2015 年にすべての国連加盟国が採択した緊急行動要請である「持続可能な開発目標」に関する OECD の政策部門長を務めています。また、ジェンダー・司法・包摂性担当の上級参事官でもあります。これは、司法へのアクセスを包括的かつ総合的に捉えることを意味します。また、OECD の公共政策局の一員として、国や政策立案者をご覧になる立場から、OECD の司法部のチームを率いてまとめた、司法へのアクセスに関するガイドやレポートがウェブサイトにも載っていますので、皆さんにも是非読んでいただければと思います。それでは、タチヤナさん、「すべての人に司法アクセスを」ということで、この新型コロナ禍の中での司法アクセスも含めてお話をしていただけたらと思います。

タチヤナ：ありがとうございます。角田先生にも、とても素晴らしいプログラムを組んでいただき、同時に OECD の参加と、ハイライトを紹介する場をいただき、御礼申し上げます。おっしゃるように私たちは、幅広いアプローチで司法アクセスを拡大しようとしています。それだけではなく、先ほどのドイツや日本のスピーカーにご指摘いただいたトピックスは、私たちも取り組んでいるところですので、より幅広くお話ができればと思います。

　図表❸〔→巻頭口絵❺〕にあるように、OECD において、司法へのアクセスは、政策アクション、包摂的な成長の一部であると同時に、繁栄と持続可能な発展を可能にする非常に重要な部分と捉えています。司法へのアクセスが閉ざされれば、収入格差と公平性に問題が生じるだけでなく、それが雇用や採用、教育の成果、住む場所などの人々の暮らし、さらには、寿命まで左右する問題になると考えられるからです[2]。

　司法へのアクセスは、「アジェンダ 2030」の重要な部分でもあり、SDGs のゴールです。具体的には、Target 16.3、誰も取り残されない形で司法にアクセスでき

2）以下の資料は、次の報告書に依拠している。the OECD White Paper on Building a Business Case for Access to Justice, https://www.oecd.org/gov/building-a-business-case-for-access-to-justice.pdf

るように各国が尽力すること、それがきちんと機能し説明される、包摂的な制度の構築が重要であるとして掲げられています。

　図表❹は世界司法プロジェクト調べですが、このグラフを見れば、法的な問題を持つことは珍しいことではないとお分かりいただけます。健康から雇用に至るまで、様々な人々の暮らしが、法的な枠組みに依存しており、法的な紛争が、こういったところから出てくるので、法律や規制等に照らし合わせながら、解決していく必要があります。

　またこのグラフから、法的問題というのが、いかに日々の生活の至る所で発生し、多くの人々が日常的に経験しているかが分かると思います。45 カ国で実施された調査によれば、2 年間で平均すると大体二人に一人が、司法判断があって然るべき法的問題に直面し、その 50％が未解決になっています。それは、司法アクセスに何らかの支障があって解決できなかった、もしくは何らか事情で訴えを断念した人が半分いるということを表しています。そして、この司法アクセスの支障、何らかの事情というのが、先ほど挙げた雇用や住まい、健康上の問題などを含んだループになっていて、弱い立場に置かれている人々をさらなる悪循環に陥れることになるのです。

　図表❺〔→352 頁〕は、司法へのアクセスを持たない人たちがいることを示しています。ドイツのショルツ先生もおっしゃっていますが、先住民、障害者、女性のひとり親家庭、高齢者は、法的問題に陥りがちです。なぜなら、法的に解決しようにも、簡単には越えられない壁があるからです。そして**図表❻**〔→352〜353頁〕は、こうした問題の深刻度を表しています。例えば、言語の問題、遠隔地などの居住地の問題、デジタルスキル不足などの問題などが原因となって、法的に訴えられず、またそうした原因は、今日のトピックにも深く関わっている部分だと思います。

　法的手続をテクノロジーに移行すれば、司法制度の効率も、効果も上がるでしょう。それはよく分かっています。ですが、一方で、デジタルスキルを持たない、「社会的に排除された人々」を生み出す可能性があるのです。そのために、あらゆる人々が真の意味で法制度に頼れる仕組みを作っていくことが、大切になるということです。

〜裁判にかけられるべき（justiciable）問題は非常に多く存在する

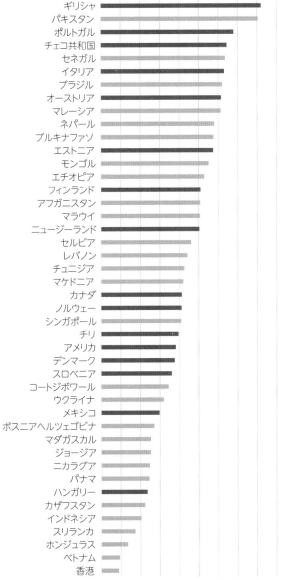

出典）World Justice Project, General Population Poll 2017＋計算は筆者による

図表❺　法的問題を抱える最も脆弱な人々〜オーストラリアの事例

2008年時点において、法的問題を抱えるもっとも脆弱な人々

| 障害者 | ひとり親家庭の親 | 失業者 | 公営住宅に住む人々 | 個人事業主 |

そのうち、2016年時点で依然として法的問題を抱えていた人

| 障害者430万人 | ひとり親家庭の親：約100万人 | 失業者70万人 | 43万世帯 | 200万小規模事業主 |

出典）Australia Law Legal Needs Survey 2008, New South Wales Law and Justice Foundation

図表❻　所得状況による法律問題の深刻度の違い〜特定の不利な立場の人々に影響がより深刻

法律問題の深刻度の違い－低所得者層と高所得者層の比較

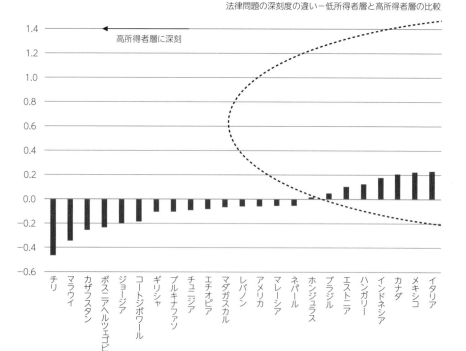

*所得水準が40％未満の回答者と40％以上の回答者との間の、問題の深刻度の平均値の差。深刻度4以上の問題を1つ以上報告した回答者に限る。

不平等な法的アクセスとコロナで巨額の損失に

タチヤナ：図表❼〔→354頁〕は、わずかながら、紛争解決のアクションをとった人の割合を表しています。司法制度などの「公式」以外の方法をとった人（グラフのうち色の淡い「その他」に持ち込まれた件数）が一定数いることから、人々のニーズや、直面している問題がどのようなものかによって、裁判に代わって利用できる、費用対効果の高い紛争解決メカニズムへのアクセスを増やす必要性が見て取れます。

　一方でなぜ司法に訴えないのかについては、色々な理由があります。コストの問題もその1つですが、司法制度が複雑であること、言葉の複雑性、ほかにも人々が直面している日常で起こる法的問題は、司法制度に訴えにくいということもあります。

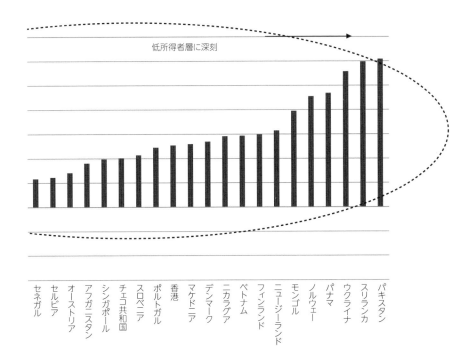

低所得者層に深刻

セネガル
セルビア
オーストリア
アフガニスタン
シンガポール
チェコ共和国
スロベニア
ポルトガル
香港
マケドニア
デンマーク
ニカラグア
ベトナム
フィンランド
ニュージーランド
モンゴル
ノルウェー
パナマ
ウクライナ
スリランカ
パキスタン

出典) World Justice Project, General Population Poll 2017＋計算は筆者による

図表❼ 各国・地域で法的問題が解決機関等に持ちこまれた割合
〜司法機関や代替的な紛争解決プロセスはほとんど利用されていない

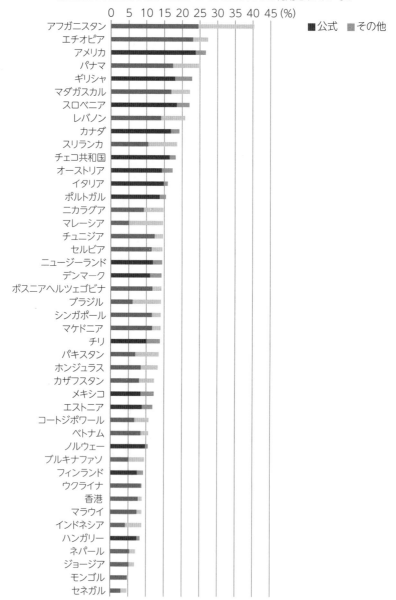

裁判にかけられるべき問題のうち、裁判所、政府機関や警察（公式）、又は、宗教団体やその他の調停者（その他）に持ち込まれたものの割合。

出典）World Justice Project, General Population Poll 2017＋計算は筆者による

また新型コロナは、人々のこういった法的ニーズだけにとどまらず、司法制度そのものにも影響を及ぼしています。司法へのアクセスに関して、様々な議論がなされている間も、新型コロナによって問題が増えています。例えば、失業の問題、ビジネスの係争、会社の倒産等の問題、医療、法律上の問題、健康上の問題は、保険や医療ケアにも関わっており、さらに新型コロナによって生まれたDVの問題等もあります。残念ながら、このDV問題は、多くのOECD加盟国において顕在化しています。

　また、法的ニーズが満たされず、人々がその問題について何のアクションも起こさない場合のコスト、つまり、失業、ビジネスの係争などを放置することで失われる利益が従来から非常に高いことも分かっています。コロナ危機以前から非常に大きく、OECD加盟国の平均でGDPの3％に達していましたが、危機の最中にこれらの法的ニーズが増加しているのであれば、当然、社会的コストも増加している可能性が高いと言えます。

　新型コロナは、司法制度そのものにも影響を及ぼしています。裁判所の閉鎖や手続の中断が起きたり、法律扶助（legal aid）が受けられなくなっていたり、このような問題が山積になっているので、このパンデミックが収まってからの後処理は膨大になりそうです。もちろん、反対に、明るい兆しとして、デジタル化が進展したことで、過去にないほどの多くのイノベーションを司法制度に起こしていることも事実です。

デジタル化革命のチャンスが到来

タチヤナ：次に、新型コロナ危機への司法制度の対応から、私たちが得た、いくつかの教訓についてお話したいと思います。

　第1に、世界的に見ても、個々の司法制度においても、この機会を逃してはならないと思います。通常、変化というものは、司法制度のガバナンス体制や法文化、デジタルスキルの開発など、様々な制約があって、遅々として進まないものです。このテーマに関する長年の議論から、司法分野におけるテクノロジーイノベーションの導入は非常に遅いことが分かっていました。しかし、コロナ危機は変化を促す機会を提供し、多くの国で、この変化はすでに起きています。起こっ

ているのです。大事なのは、この機会をいかに活かすかということです。

　それを可能にするのは、最初に、何を達成すれば誰が恩恵を受けられるのか、どんな状況が起こると、どんな事態を引き起こすのかをきちんと予測を立ててから、進めることです。テクノロジーがやみくもに採用されたり、すでに社会的に排除されているグループがさらに不利な扱いを受けるようなことは、あってはなりません。これは大きな問題です。データとエビデンスは、この分野で最も効果的な政策を立案するうえで重要な役割を果たすだけでなく、すでに不足している資源を可能な限り最適な方法で配分するうえでも重要です。

　その対応策として最も効果があると思われるのが、国全体で分野横断的なチームを作って、改革をリードしていくことです。司法制度が様々なニーズに対応し、応えていくには、チームは政府全体で、かつ司法制度全体も巻き込む形がよく、裁判所、司法省といった司法チェーンに、保健省や社会省、労働省やビジネス開発に関わる省庁等も横断的に加えられれば、大きな効果が期待できます。つまり、人々のニーズを最大限にサポートするためには、水平的連携（horizontality）が極めて重要だということです。また、市民への明確なコミュニケーションが特に重要であることも分かりました。これは、危機の中でさらに疎外される危険性のあるグループにとって、どのような法的救済手段があり、それをどのように利用すればよいかを確実に知るために特に重要なことです。

　テクノロジーには司法へのアクセスを容易にし、効率性を高める、非常に大きなポテンシャルがあります。そうしたメリットを最大化し、リスクと課題（challenges）を最小化して進めるには、きちんと質を担保しながら、法的な手続はできる限り簡素化することです。合わせて、OECD加盟国は「武器対等の原則」、「法の支配」、「公正な審理」など、法的なルールを守るという役割を全うし、そのうえで、不必要なステップを省く、省力化が必要です。そうして初めて、司法アクセスを拡大していけるようになります。

　図表❽は、この新型コロナパンデミックに対応する形で、各国が何をしたか、私たちの取り組みの一部をまとめたものです。コロナ危機という大きな不幸は、一方で、過去にないような変化とチャンスの機会でもありました。多くの加盟国が、テクノロジーの導入促進を含めた、革新的なアプローチの姿勢をとっており、コロナ危機が大きな変化の促進剤となったことは否めません。さらに、ADR

図表❽ 各国の成功事例の紹介

OECDの各国における取り組み概要報告書では、多様なシステムを通して以下のような効果的なソリューションが観察されています。

◎**危機的状況下での利用可能性とアクセス性の確保**
　─様々な技術的手段による法的サービス、裁判、法律扶助の継続（多くの国）。ただし、リスクも指摘されている。
　─裁判外紛争解決方法の利用の増加（例：チリはCOVID-19関連の契約紛争に対して無料で調停を行った）
　─マルチチャンネル・アプローチによる各集団に適した手段の使用（例：フィンランド）、およびプロセスの簡素化

◎**サービスの連携・統合による司法アクセスの向上**
　「間違いのないドア」または「ワンストップショップ」アプローチ；医療と法律のパートナーシップ；法律扶助と他の社会的給付の統合（例：米国のリーガルサービセズ社は、オフィスを閉鎖する際にビデオインターフォンを設置することで、間違いのないドア・アプローチを実施した）

◎**コミュニティが法的問題に対処できるようにすること**

◎**最も脆弱なグループを対象とした対策により、司法制度を通じた平等と包摂を促進する**
　─ドメスティック・バイオレンスの被害者（例：コロンビア、スペイン、アイルランドは新しいホットラインを設けた）
　─移民、高齢者、子ども（例：ポルトガルはパンデミック時に移民に国民と同等のサービスを受ける権利を与えた）
　─ビジネス、特に中小企業（例：韓国、スロバキア共和国は、破産制度をより柔軟にした。）

◎**エビデンスに基づいたプランニングで効果を高める**
　市民の法的ニーズに関するライブ調査（例：カナダ）
　リモート法廷の効果に関する調査研究（例：イギリス）

（Alternative Dispute Resolution）のより広い活用もあり、特にチリやポルトガルでは手続の簡素化が進められました。

　テクノロジーの面では、多くの国が、法的サービス、裁判、法律扶助（legal aid）などを維持するため、リモート裁判やビデオ会議や電話のベータ版の使用など、色々な技術に投資しました。しかしながら、すでに述べたように、これらの技術を使用する際のリスクについては当然留意する必要があり、マルチチャネルのサービス提供は依然として重要な優先事項です。この点については、フィンランド政府が特に積極的な取り組みを行っています。他の国の中には、司法サービスに「ワンストップショップ主義」を適用しているところもあります。

　例えばアメリカでは、「医療分野と法律分野の協働」（Medical-Legal Partnership）として、法律扶助とその他の社会的給付の統合が増えています。これは社会的支

援や失業保険を申請した時に、法律扶助（legal aid）をパッケージで提供するとい</br>うやり方です。

　図表❾にはOECDが各国を支援するため、どんなリソースを作っているかをまとめました。人々が法を身近に感じ、アクセスしやすくするための、各国の取り組みを支援するためのリソースです。「アジェンダ2030」の下でのコミットメントを実施するために、色々なリソースを作ってきました。

図表❾　成長と包摂のための司法：人間とビジネスを中心とした司法制度を目指して

◎SDGs目標 16.3.3のための新しい指標:
　過去2年間に紛争を経験し、公式または非公式の紛争解決メカニズムを利用した人口の割合（メカニズムの種類別）

◎ECDのツール

✓ **最も重要な報告書:**「包括的な成長（社会のすべての人に恩恵をもたらす）ための、司法への平等なアクセス:人々を中心に据えて」

✓ 司法格差是正のための**デジタル技術**の可能性を探る

✓ OECD-世界正義プロジェクト(WJP)白書「司法アクセスのためのビジネスケースの構築(Building a Business Case for Access to Justice)」を通じた、司法への**投資の事例の収集**

✓ **法的ニーズ調査**を実施するためのガイダンス（私たちのガイドおよび国連プライア・グループの「ガバナンス統計ハンドブック」の活用）

✓ **評価とモニタリング**のサポート
　✓ 司法のエコシステムの人間中心性とビジネスフレンドリー性の指標（進行中）
　✓ 市民の司法アクセスに関する国別指標のためのハンドブック(OSJIと共同、2020年)
　✓ 評価、費用便益分析、影響評価

✓ **ビジネスのための司法**に関するグッドプラクティスの収集と投資

　OECDは、司法アクセスに関する新指標の共同管理者（co-custodian）の一人です。法へのアクセスの機会から、誰も取り残さない、置き去りにしないための新指標です。こういった資料等をまとめていますので、是非チャンスがあればご覧ください。質問があればお受けします。ありがとうございました。

角田：ありがとうございました。私たちの視線を上げて、社会課題というものと司法アクセスというものがどのように結びついているのかということについて、大変分かりやすくお話いただきましてありがとうございます。

民間システムの利用にまつわる課題

小塚：ありがとうございます。テプロヴァさん、とても有意義なプレゼンテーションをしていただきました。司法のデジタル化を考える時に問題になるのが、民間のシステムもしくは私企業が所有するシステム（proprietary system）の利用だと思います。日本やドイツといった力がある国は、政府の資金で作ることができますが、国際機関の立場で考えると、すべての国が同じようにはできるとは限りません。国によっては民間のシステムを使うことになると思いますが、民間システムであると企業が財産権を主張するものであって、内容が公表されていなかったり、もしくはバイアスを持ったものであるなどの問題を有している可能性もあるのではないでしょうか。システムにおいて、民間の商業的性質をコントロールしながら、人々が平等に司法にアクセスできるように適切なデジタル化を進めるには、どのような考慮をしていけばよいとお考えでしょうか。

タチヤナ：ありがとうございます。残念ながら、はっきりとしたお答は差し上げられません。これも、ある意味各加盟国が直面しているジレンマの部分だと思います。

OECD の役割とは、加盟国と共同して原則を策定し、それを指針として、民間システムの使用の道筋をつけていくことだと思っています。公的なシステムを司法制度が使うとか、より幅広い公的部門の使用にあてる国もあるとは思いますが、大事なのは、政府の役割は何と考えるかです。テクノロジーソリューションの規制をするうえで、政府の役割はどうなることが良いのか、官民のインターフェースはどうあるべきなのかを考えていかねばなりません。官民パートナーシップにおいて、明確なガイドラインを作って、そのパートナーシップを促進していくというのも１つだと思います。

なので、１つのはっきりした解はありませんが、民間セクターは、これまでい

くつもの革新的なソリューションを提供してくれていますし、政府にとっても、そうしたシステムを活用するのは、メリットがあることだと思います。

とはいえ、公共の利益に資する形で使っていくことも、政府の責任ですから、明確な規制も必要ですし、データのプライバシーその他にも慎重であるべきです。そういったことも考えながら加盟国とやっていきたいと思っています。

2030年までに持続可能な開発目標の達成を目指す

角田：ありがとうございます。まだまだ議論したいところだと思うのですが、ちょっとプログラムの進行上、次のテーマに移らせていただきたいと思います。フェリックス先生、マイケさんのご紹介をお願いできますか。

シュテフェック：はい、タチヤナさん、ありがとうございました。非常に興味深い、豊かなプレゼンテーションでした。

次にご紹介させていただくマイケ・デ・ランゲンさんは、現在「すべての人に司法を（Justice for All）」のプログラム・リーダーを務めていらっしゃいます。「すべての人に司法を」プログラムとは、ニューヨーク大学の国際協力センターが主催する、パスファインダー（Pathfinders）[3]の取り組みの1つです。パスファインダーは、平和で、公正で、包摂的な社会実現のためのプロジェクトを推進していて、マイケさんは、国内および国際的なプログラムやチームの、ガバナンス、法の支配、そしてリーガル・エンパワーメント（legal empowerment）の分野で15年間以上の経験をお持ちです。オランダ、マリ、チャド、ニューヨークでお仕事をされています。現在の職に就かれる前は、ニューヨークの国連開発計画（UNDP）で政策専門官（policy specialist）として「貧困層のためのリーガル・エンパワーメント委員会」（Commission on Legal Empowerment of the Poor）の報告書を作成し、UNDP初の貧困層のためのリーガル・エンパワーメントに関するグローバル・プロジェクトの立ち上げにも携わりました。現在は、ニューヨーク市に住んでお

3）2030年までに、平和、正義、包摂のためのSDG目標の実現を加速させるため、国連加盟国、国際機関、市民社会、民間セクターの利害関係者で共同設立されたグループ。

られ、東京との時差が大きいため、本日の講義は録画していただきました。ニューヨーク市は眠らない街だと言われますが、マイケさんには、時々、睡眠が必要なようです。それでは、マイケさんが作ってくださったビデオを見たいと思います。

マイケ：おはようございます、マイケ・デ・ランゲンと申します。本日は「リーガルイノベーション」の講義の一環として「司法アクセスのイノベーション」についてお話しさせていただきます。私はニューヨークで暮らし、仕事をしています。今日はこのセッションに参加できることを嬉しく思います。

　まずは「司法へのアクセス」について、お話しいたします。世界中の人々が「司法へのアクセス」の改善を目指し、世界的な運動となっているというお話です。その次は、「パンデミック下の司法」についてで、今回のパンデミックが、人々が受けられる司法サービス、司法へのニーズ、そして司法へのアクセスに、どのような影響を及ぼしたのか、この文脈においてのお話をします。3つ目は、このコースのテーマである「テクノロジーとイノベーション」について、これを特に「人間中心の司法」の観点から、具体的に見ていきたいと思います。

　では1つ目、「司法へのアクセス」のイノベーションから始めます。ところで、「司法へのアクセス」とは何なのでしょうか。私たちの活動の背景として、国連の「持続可能な開発目標（SDG's）」の文脈からお話します。

　国連は、全世界が2030年までに達成すべき17のグローバル目標[4]を採択しました。「アジェンダ2030」と呼ばれる、普遍的で、世界のすべての国に向けた17の目標です。その中の1つ「SDG16」は、平和、正義、制度に関連する問題に焦点を当てており、その中心的な要素の1つが「すべての人に司法へのアクセスを提供する」ことです。2015年に世界中の国が集まり、「2030年までにすべての人が平等に司法にアクセスできるようなシステムを実現する」との決議をしました。この目標はグローバル開発アジェンダでも新しいもので、各国から集結したグループ、パスファインダー（私が働いている組織ですが）を作り、パスファイン

4）すべての人々にとってよりよい、より持続可能な未来を築くため、貧困や不平等、気候変動、環境劣化、繁栄、平和と公正など、私たちが直面するグローバルな諸課題の解決のための目標。

ダーは、目標達成のためのロードマップを作り上げました。平和で公正で包摂的な社会の実現を目指す、SDG16 を達成するための戦略と計画の、ロードマップです。

法に守られていない 51 億の人々

マイケ：司法は、目標 SDG16 を構成する 3 つの要素のうちの 1 つで、ロードマップの中でも優先度が高い項目でしたので、パスファインダー諸国はまず、「司法に関するタスクフォース」を設立し、「すべての人に平等な司法へのアクセスを提供する」という目標を達成するための戦略と計画を立案しました。タスクフォースのリーダーは、**図表⑩**に紹介する、アルゼンチン、オランダ、シエラレオネの大臣と長老たちです。様々な国、専門家と国際機関が集結し、取り組んだ結果、「すべての人に司法を」報告書5) などの一連の報告書につながりました。これは本当に協働的なプロセスでした。タスクフォース曰く、「すべての人が平等に司法にアクセスできるようにするには、現状認識から始めなければならない。現在どれだけ司法を受けられているかと、本来必要とされている司法との間に、どれだけギャップがあるのか、グローバル司法ギャップのデータを入手しなくてはならない」。

図表⑩　司法タスクフォース：平和、公正で包摂的な社会へのパスファインダー

共同委員長：

| ジェルマン・カルロス・ガラヴァノ、アルゼンチン法務・人権担当大臣 | ジークリッド・カーグ、オランダ対外貿易・開発協力担当大臣 | プリシラ・シュワルツ、シエラレオネ検事総長兼法務大臣 | ヒナ・ジラーニ、長老 |

出典）https://www.justice.sdg16.plus/report

5）この報告書はパスファインダーのご厚意により本書巻末資料として収録されている。また、日本語版 PDF は、他言語版とともに、https://www.justice.sdg16.plus/report に掲載され、いつでも入手可能である。

その結果、タスクフォースは衝撃的な結論に達しました。

　そして判明したのは、世界中で51億人が、正当な司法へのアクセスを持っていなかったということです。これが「グローバル司法ギャップ」です。51億人の内訳がどうなっているかというと、45億人が、法律の権利が及ぶ、社会的、経済的、政治的機会から除外されており、15億人が自分たちの力では解決できない、刑事、民事、または行政上の司法の問題を抱えています。そして、2億5300万人が極限の不当、不公正な状況下におかれ、守られるべき法的な守護が受けられていなかったのです。

　では、このグローバル司法ギャップはどうすれば解消できるのでしょうか。

　まず、エビデンスが必要です。人々の司法へのアクセスを改善するのに何が有効かについてのエビデンスを集めることが重要なステップです。詳細は割愛しますが、この報告書で私たちは、「人間中心の司法」という概念を打ち出しました。人々こそが司法制度の中心にあり、また、私たちが成し遂げようとしている目標の中心に据えられるべきだというものです。これは、私たちが「司法へのアクセス」を語る際に拠って立つ視点になっています。それは、まさに、人々が抱える司法上の問題を対象としていて、その解決だけでなく予防も含むものになっています。

コロナが引き起こした「影のパンデミック」

マイケ：つぎに、2点目の、パンデミックにおける司法と、司法アクセスへの影響についてお話します。パンデミックは人々の司法へのアクセスにどんな影響を及ぼし、司法の当事者、司法の活動や、部門に全体にどんな影響を与えたのでしょうか。これに関する一連のレポート**図表⓫**〔→364頁〕があります。左は公衆衛生上の緊急事態についてのものです。パンデミックが発生した2020年3月、4月には、どの国も国家レベルの対策を投じ、次々とロックダウンが課され、公衆衛生上の緊急措置がとられました。司法の当事者たちはこのパンデミックの最前線でロックダウンの執行の手助けをしました。ロックダウンなどの公衆衛生措置に反対する人々、または抗議する人々との間で緊張する事態が起こったり、虐待のリスクもありました。刑務所にも課題があり、囚人の安全性は確保できるのか

図表⓫　パスファインダーが制作したパンデミック下の司法に関する報告書

ⓐすべての人のための司法と公衆衛生上の緊急事態
ⓑすべての人のための司法と経済危機
ⓒパンデミック下における草の根の正義：正当な対応と復興のために
ⓓCOVID–19禍中の女性のための司法
出典）https://www.justice.sdg16.plus/justice-in-a-pandemic

といった問題から、可能な囚人は釈放されたり、また、全く別の問題として、家庭内暴力の増加も見られました。ロックダウン中、世界中から、家庭内暴力の大幅な増加が、広く報告されたのです。国連女性機関（UN Women）がこれを「影のパンデミック」と呼ぶほど、ひどい増加でした。

　パンデミックの2つ目の側面として、私たちは経済危機というテーマも取り上げました。経済危機により、司法アクセスと人々が直面する問題に変化が起きていることが分かりました。例えば、失業の増加に伴なって、立ち退きのリスク、離婚の増加、家庭内暴力の増加、様々な問題が起きました。それと同時に、司法関係者の側にも、パンデミック下の制約のために、業務に支障が生じていました。クライアントと会えない、裁判所の閉鎖、手続の変更が余儀なくされる等々です。そもそも司法部門は、どちらかといえば革新的という言葉とは無縁で、自ら手続を変更することは少なかったのですが、今回ばかりは、創造性を発揮しなければならなくなったのです。

　パンデミック関連の第3のブリーフィング[6]では、パンデミックがもたらす長期的な社会的・政治的悪影響を緩和し、その影響を受けた社会が「より良く再生

する」ために司法が果たす役割について評価・検討をしました。司法関係者は、国がパンデミックから立ち直るフェイズにおいては、危機に対する社会のレジリエンスを強化することに貢献すべきで、すべてのグループに属する人々に手を差し伸べ、人々にとって最も重要な問題を解決し、不正義に対する解決策の策定に人々を参加させることが必要だという結論になりました。

　私たちは、パンデミックの間に起こったことを「トリプル・クランチ」と呼んでいます。一方では、公衆衛生上の緊急事態、経済危機、ウィルスの社会的影響のために、司法の問題が増加し、しかも内容も変化しています。さらにそれと並行して、司法関係者も、対抗能力を制限するような制約に直面しています。直接会えない、正規の手続が進められない等の制約です。そのため、パラリーガル、弁護士、裁判官の活動はかなり制約されており、これまでやれていたことも、緊急事態、緊急措置のために制約されています。3つ目に、公共部門の資金調達も、経済危機によって、不足しています。公共部門を含め、イノベーションへの投資は困難となりました。

　つまり、こうしたトリプル・クランチのために、より少ないリソースで、より多くの司法アクセスを提供しなければならないという事態に陥ったわけです。しかしながら、このことは同時に、イノベーション、創造性、そしてコラボレーションにつなげる契機になりました。裁判所の手続はオンライン化しないと進みませんし、そうなれば、当然書類もデジタル形式で交換することになります。ケース管理システムは実装し、審問はZoomを使って、等々、技術的なソリューションの使用は、ほぼ一夜にして必須になったのです。

　そこでの具体的かつ、技術的なソリューションは、ここまでに議論されてきたかと思いますので、私からは、新しい技術を取り入れながら、いかにして人々のエクスペリエンスと司法アクセスを改善できるかについて、お話したいと思います。

6）Pathfinders, Justice for All and the Social Contract in the Peril, 2021.

「人間中心の司法」イノベーションにむけて：7つの原則

マイケ：では、人間中心の司法のイノベーションの原則とは何でしょうか。原則は7つに集約できると考えています。

① 人々を中心に据えること

これが冒頭で述べた「人間中心の司法アクセス」の基本原則です。これは人々の能力を理解しなくてはならない、ということでもあります。誰もが高度な教育を受けているわけではありません。また、誰もがコンピューターを使いこなせるわけでも、テクノロジーに精通しているわけでもありません。SDGsのもう1つの基本原則は「誰一人取り残さない」ということです。ですから、私たちは「司法へのアクセス」のソリューションを考えるときは、その2点を念頭に置いておかねばなりません。誰もが理解しやすいものか、誰もが容易にアクセスして、使うことができるものかという視点を忘れてはなりません。

② 人々の生活や経験のリアリティに焦点を当てること

人々が何に困っているのか。私たちが提供する司法サービスは、人々の抱えている問題にきちんと対処できているのか。司法の問題解決に焦点を当てるには、広い視野で捉えることが必要です。問題の集合体に目を向け、その根底にある問題を突き止め、矛盾や対立に気を配りながらのアプローチが必要です。あるアプローチやソリューションが、対立を悪化させることもあれば、反対に落ち着かせることもあります。大事なのは、設計段階でこのようなことも想定しながら、進めていくことです。

③ より良い司法アクセスの旅を作りたい

これも、「人々を中心に据える」と同じく、コアとなるコンセプトです。人々が紛争の解決に向けた旅に出るとして、それがどのような旅になるかを考えてみるということです。司法制度へのアクセスに勇気を与えるものとは？ 人々を中心に据えた司法サービスとは何か？ この意味を考えることは、非常に重要なことであるように思います。

これはつまり、既存のプロセスをそのままデジタル化しても、それは人々が望む形にはならない可能性があるということです。現状では正当な司法アクセスが及ばない人々が、51億人もいるからです。ですから、これからデジタルを用いて

新たなプロセスを作るのであれば、AI などの高度なテクノロジーを用いて、司法アクセスの旅がもっと良くなるような機会として利用し、人々にとってより良い司法制度になるよう改良すべきです。

④　異分野の関係者との交流を視野に入れること

紛争解決と聞くと裁判所の法廷に焦点が集まりがちです。もっとも、国によって多少の差はありますが、法的問題の解決に裁判所が役割を果たすことは、実はそれほど多くはありません。ですから、人々が抱えている紛争を解決するために司法へのアクセスを提供したいという目標を設定するのであれば、より広い、開かれた視野が必要です。

例えば、弁護士、パラリーガル、公務員、警察官、労働組合、その他の問題解決を支援する組織に目を向け、コラボレーションを考えてみてください。より良いサービスを提供するには、このような様々な関係者の間のコラボレーションが必要ですし、こういった異分野の関係者とのコラボレーションを支援するテクノロジーもあります。例えば、弁護士がソーシャルワーカーや精神科医と組んで司法にアクセスし、失業、離婚、または家庭裁判所の事案に対応するなど、案件に応じたコラボレーションも可能です。

⑤　標準的なソリューションを設定すること

標準となるソリューションは、デジタル化においては欠かせません。標準となるプロセスを開発すれば、従来の司法サービスの提供方法よりもはるかに効率化することができます。とはいっても、人間はいつも標準の中でおさまるものではありませんし、問題もまた標準に当てはまらないものもあるでしょう。そのため、標準となるプロセスを設計しても、個別事案に応じて逃げ道も作っておく必要があります。

例えば、チェックボックスに印を付ける時に、自分に当てはまるものがなかった場合はどうしたらよいでしょうか？　「次に進んでください」と指示されているけれど、前のステップに戻りたい場合はどうしたらよいのか？　これらは単純な例ですが、プロセスのデジタル化においては重要なポイントで、忘れてはなりません。このような逃げ道付きの標準的なソリューションがあれば、多くの事案は類似しているのでスケールメリットを享受することができ、一つひとつ対応する現在の伝統的なやり方に比べて、はるかに簡単に解決することができます。

⑥　データを収集して学習し、改善を加えていく

　次は、データを収集し、学習して、さらに改善していくことの重要性です。これは、多くの人、特にテクノロジー関係者にとっては、今日は自然な仕事のやり方になっていると思います。何かやってみて、データを集め、それを改善して、次につなげていく——このような「PDCA を回す」やり方で、プロセスは改良されていきます。

　司法部門では、残念ながら、それほどデータに着目してきませんでしたが、司法でも、データを使うことで、人々がどんな問題に直面し、プロセスにおいてどのような経験をしているのか、本当に効果的なソリューションは何か、さらにどうすれば、もっとうまくより良いサービスが提供でき、どうすれば構造的な改善がはかれるのかについての検討が、進むかもしれません。

⑦　個々の事例からの学びを通して、法的問題を予防する

　個々の事例を総体として、きちんと理解することができれば、規制や法律のボトルネックが見えてきます。どのような障害に人々は直面しているのか？　これを特定することができれば、構造的なソリューションを見出し、問題を未然に予防することも可能になります。

　私のプレゼンテーションは以上です。こうした「人中心の司法へのアプローチ」が、司法へのアクセス、司法サービスの革新のための技術的ソリューションを考えるうえで、お役に立てればと思います。

　今、私たちは非常に興奮しています。パンデミックのため、イノベーションが以前より早く進み、これまで動きの重かった司法部門もそうした変化を採用せざる得ない状況が来ているからです。素晴らしいチャンスの到来ですが、まだまだやるべきことはたくさんあり、改善すべきこともたくさんあります。51 億人の司法ギャップは簡単には解消されません。ご清聴ありがとうございました。

角田：ありがとうございました。議論の時間を取りたいところですが、時間が足りないので次のプログラムに移ります。UNIDROIT（私法統一国際協会）のイグナシオ・ティラード先生、アンナ・ヴェネチアーノ先生をご紹介いただけますか。

世界の近代化と経済成長を促す UNIDROIT

シュテフェック：ありがとうございます。では、本日最後のスピーカーとなる、UNIDROIT より事務局長と事務局次長のお二人がお話をしてくださいます。

イグナシオ・ティラード先生は、2018 年に事務局長に着任されましたが、それ以前から、マドリード自治大学（Universidad Autónoma de Madrid）で教鞭をとられています。ティラード先生のご経歴を紹介しますと、世界銀行の法務副総裁および金融セクター担当のシニア・リーガル・コンサルタントを約 9 年間務めたほか、IMF の倒産関連事項やアジア開発銀行の商業法改革に関するコンサルティングも行ってきました。言及したいものはたくさんあるのですが 2 つだけご紹介しますと、欧州銀行協会（European Banking Institute）の創設メンバーであり、国際倒産協会（International Insolvency Institute）の理事も務めておられます。

アンナ・ヴェネチアーノさんは、UNIDROIT の事務局次長をしていらっしゃいます。彼女はまた、イタリアのテラモ大学の比較法の教授でもあり、オランダのアムステルダム大学にも欧州財産法の教授として所属しておられます。比較法、欧州の財産法を専門にされている他、欧州の契約・売買法、担保取引、国際倒産など幅広い分野での著作があります。

本日は、大変お忙しいお二人をお迎えできて光栄です。お二人にはUNIDROITによる司法アクセスについての取り組み、債権の執行も交えてということで、お話いただきます。よろしくお願いいたします。

ティラード：フェリックスさん、ありがとうございます。ケンブリッジ大学、一橋大学、そしてシュテフェック先生、角田先生がいらっしゃる中での参加は、非常に嬉しいことです。事務局長と事務局次長が揃って参加することは、非常に珍しいのですが、こちらのプロジェクトの重要性と、イギリスと日本が私たちの組織において非常に重要な役割を果たしてくださっていることから、今後の協力を称えて二名での参加させていただきました。後ほど、ヴェネチアーノ先生から非常に重要な部分をお話していただきますが、私からは、ユニドロア（UNIDROIT、International Institute for the Unification of Private Law（私法統一国際協会））の組織について簡単に紹介させていただこうと思います。

ご存知の方も多いかと思いますが、UNIDROIT は、Three Sisters と呼ばれている、国境を越えた法律と私法の統一に取り組んでいる世界に３つある組織のうちの１つです。Three Sisters のうち、他２つは、ハーグ国際私法会議（Hague Conference on Private International Law）と国際連合国際商取引法委員会（United Nations Commission for International Trade Law：UNCITRAL）です。

　UNIDROIT は、1926 年に創設され、もうすぐ 100 年、約１世紀にもなります。創設当時は、国際連盟の補助機関でした。国際連盟が、国際連合の前身となる組織であることは、皆さんもご存知だと思いますが、第１次世界大戦後に設立された国際連盟の意義や理由を考えれば、その補助機関として設立された UNIDROIT が、組織の原則の形成にそうした影響を大きく受けていることは明らかです。すなわち、UNIDROIT は、各国間の私法の近代化、調和化を図り、また各国間の経済成長と平和を促進することを目的に作られた、国際的な機関で、現在は 63 の加盟国が５つの大陸から参加してくれています。この数は、世界の国々の３分の１にすぎませんが、人口ベースで見ますと、73％以上、また名目 GDP で見ますと、世界の 90％以上をカバーしています。**図表⓬**の地図上濃いグレーの部分が加盟国です。

　私たちの仕事は、広い意味での私法の分野に関わります。中心となるのは、商法や商業活動に関わる私法、市場関連の私法ですが、それだけにとどまりません。**図表⓭**〔→372 頁〕には、すでに施行されているもの、承認されているもの、現在作業中のものなど、私たちの活動の成果を列挙しました。関わったほぼ全てが、司法へのアクセスに関連していますが、それは結局のところ、法的措置（legal instrument）なのですから、当然のことです。また、UNIDROIT 国際商事契約準則（UNIDROIT Principles of International Commercial Contracts）は、国際商事契約のベスト・プラクティスや標準とみなされています。それは、技術的に高いレベルの文書であるだけでなく、大陸法（Civil Law）と英米法（Common Law）間のバランスがとれていることによるものです。そのため、法制度改革や仲裁や調停等の活用にも大いに役立てるようになっています。フランス、中国、ロシア、アルゼンチン等の国々は、近年、民法や契約法を改正しましたが、UNIDROIT の国際商事契約原則をベースにしています。

　また、担保取引、ファイナンスへのアクセスも重視しています。世界で最も成

図表⑫　UNIDROIT のご紹介

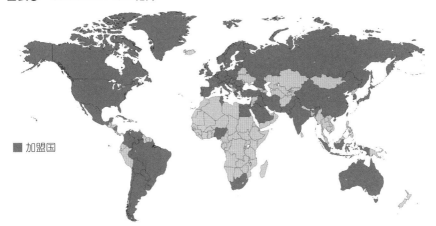

■ 加盟国

国際連盟の補助機関として1926年に設立されたUNIDROITは、世界人口の73％以上、世界名目GDPの90％以上を占める63の加盟国で構成されています。

その目的は、国際的に民事法および商事法の近代化、調和、調整のための方法を開発し、統一法の文書、原則、規則を策定することです。

その活動は、貿易を促進し、国際的な持続可能な開発に貢献し、教育を促進し、国際協力と交流を進め、文化的なギャップを解消しています。

加盟国

アフリカ・中近東	9
アメリカ大陸	13
アジア・太平洋地域	7
欧州	34

功している商法関係の条約の１つであるケープタウン条約は、UNIDROIT が主催して作成したものです。航空機に関する取引、例えば、航空機のエンジンもヘリコプターに関する取引のほとんどは、このケープタウン条約に準拠しています。

　現在、私たちは、ファクタリングや倉庫証券に関するモデル法の起草に取り組んでいるところです。これらは、特に発展途上国での資金調達の鍵となるもので、法の近代化と統一（harmonization）が最も必要とされる分野です。というのも、近代的な法で統一されれば、取引コストを下げることになり、取引コストが下がれば、それらの国々への投資を増やせるようになるからです。資本市場は重要な実践の場なので、司法へのアクセスは、そうした部分と切り離して考えることはできません。

図表⓭ UNIDROIT の活動の成果

国際商事契約	国際商事契約に関するユニドロワ原則(UPICC-1994年、2004年、2010年、2016年) UPICCの適用に関するモデル条項(2013年) 再保険契約の原則(PRICL)パート2019年、継続中 UNCITRAL、ハーグ会議、UNIDROIT国際商事契約の分野における統一施策の法的ガイド(2020年)
国際金融・担保取引	国際金融リースおよび国際ファクタリングに関するUNIDROIT条約(オタワ、1988年) 移動機器の国際的利益に関するCAPE TOWN条約(2001年)、およびその議定書(航空機議定書(2001年)、ルクセンブルグ鉄道議定書(2007年)、宇宙議定書(2012年)、鉱業・農業・建設機械議定書(MAC)(2019年) *新たな作業プログラム2020-2022* *— ファクタリングに関するモデル法* *— 倉庫証券に関するUNCITRAL-UNIDROITガイド*
資本市場における民事ルール	振替証券の実質法に関するジュネーブ条約(2009年) 金融商品のネッティングに関するUNIDROIT原則(2013年) 証券振替に関するUNIDROITリーガルガイド(2017年)
文化財の国際的保護	盗取され又は不法に輸出された文化財に関するユニドロワ条約(1995年、ローマ) 未発見の文化財の国家所有権に関するUNESCO-UNIDROITモデル法(2011年)
民事法と農業の発展	契約農業に関するUNIDROIT-FAO-IFADリーガルガイド(2015年) 農地投資契約(ALIC)に関するUNIDROIT-FAO-IFADリーガルガイド(2020年) *新たな作業プログラム2020-2022* *— 農業企業の法的構造に関するUNIDROIT-FAO-IFAD文書*
国際民事訴訟	ALI/UNIDROIT国際民事訴訟原則(2004年) ELI/UNIDROIT欧州民事訴訟モデル規則(2020年) *新たな作業プログラム2020-2022* *— 効果的な執行のためのベストプラクティス*
デジタル資産	*新たな作業プログラム2020-2022* *— デジタル資産と私法*

各国の民事訴訟の原則づくりにも貢献

ティラード：現在進めている中で極めて重要なのが、文化財に関するものです。1995年に50の加盟国が「盗取され、または不法に輸出された文化財の国際的な返還に関する UNIDROIT 条約」（UNIDROIT Convention on Stolen or Illegally Exported Cultural Objects）の採択に向けて、賛同しました。非常に有効な手立てで、文化遺産、特に発展途上国の文化遺産、それらの国から不当に持ち去られた文化遺産を守るのに、有用です。民間市場をドライアウトして、そういった文化遺産を回収するのに役立っています。また開発や農業分野の仕事も多くなっていますが、それは今の仕事と少し距離があります。

　皆さんが興味を持たれるかもしれないテーマとして、「デジタル資産」の問題にも取り組んでいます。司法へのアクセスがまだ確立されていない分野で先に述べ

たテーマとも関連していますが、まだまだ緒に就いたばかりで、私たちもデジタル資産と私法に関する研究は進めているものの、まだ作成の途中です。そして、今後実際の市場でどのようなデジタル資産の裁判や問題が起こり得るか、それが国際的にどう対応されるか、見守っています。

　次に、民事訴訟手続の話になりますが、この分野では、私たちはかなりの業績を持っており、特にアメリカでは ALI（American Law Institute）と UNIDROIT で、国境をまたぐ民事訴訟の原則も作りました[7]。これが、仲裁（Arbitration）や国境をまたぐ民事訴訟を促進するものとなったのは、手続法に対するアプローチとして、大陸法（Civil Law）と英米法（Common Law）の接点を規定した、非常に重要なものであったからです。この ALI-UNIDROIT の原則を下敷きとして、先頃、ELI（European Law Institute）-UNIDROIT のモデル規則を承認しました[8]。こちらについては、より詳細な、ヨーロッパ向けの限定的な設計ですが、先ほど挙げた原則と一致した内容になっています。今後は、同様のモデル規則をアジア向け、ラテンアメリカ向け、またアフリカ向けも作れるのではないかと期待しており、こうした作業も続けていく予定です。

　そして、私たちが現在、注目しているのは、「執行（enforcement）」です。司法へのアクセスは、もちろん大切ですが、現時点で、司法アクセスの最大の難所は、判決の執行、当事者の権利を実現する段階なのです。この問題は、途上国がよく取り上げられますが、実は、先進国も変わりません。執行は遅く、コストがかかり過ぎる場合が多いのです。詳細については、ヴェネチアーノさんに話をしていただきたいと思います。ヴェネチアーノさん、お願いします。

債権の執行には何が必要か

ヴェネチアーノ：ありがとうございます。後半のプレゼンテーションは、現在のUNIDROIT のプロジェクトについてご紹介します。このプロジェクトは、事務局長がおっしゃったように、司法アクセスというテーマに直結していて、効果的な

---

7) https://www.unidroit.org/instruments/civil-procedure/ali-unidroit-principles.
8) https://www.unidroit.org/instruments/civil-procedure/eli-unidroit-rules.

債権の執行のベスト・プラクティスを開発するというものです[9]。

　実はこのプロジェクトは、また始まったばかりで、2020年12月に初めての会合がもたれたところです。幸運なことに、シュテフェック教授も私たちの活動に携わってくださっています。まだ立ち上がったばかりなので、答えを出すより、質問の方が多いのが現状ですが、正しい、然るべき疑問を持つことが重要だと思っています。

　それでも、今回このお話をするのには、理由が2つあります。1つは、イグナシオさんがおっしゃった、司法アクセスにおいては「執行」が見逃されがちだからです。「執行（enforcement）」とは、民事弁護士にとってより馴染み深い言葉にすると、「現実の履行（actual execution）」段階を意味します。つまり、債権者が判決で「何がしかの権利がある」と言われた場合、あるいは裁判外で債権者が救済措置を行使する場合、債権者の権利を行使するには一定の手続やメカニズムが必要とされますが、まさにそれを指します。先ほど申し上げた通り、そこは見逃されがちです。それこそが、司法アクセスにおいて重要な局面であるにもかかわらず、です。

　執行は、発達した信用市場や信用へのアクセスの向上、貿易や投資の増加、そして経済発展や持続可能な成長のための法的枠組みにとっても間違いなく不可欠であり、このことは、この講義に参加された先生方が表明されてきた目標にとっても極めて重要だということを意味します。

　一方で、イグナシオさんが述べた通り、多くの法制度において、債権者のための執行メカニズムが非効率的であり、遅延、コスト高、透明性の欠如、不十分な満足度など、法制度における構造上の懸念が高まっています。さらに、本日のトピックとも関わるところですが、「執行」におけるテクノロジーの活用も、実は議論の俎上に上がっています。そうした背景から、この分野の政策立案者のためのガイダンスツールを開発するという世界銀行の提案が、私たち UNIDROIT の運営委員会で承認されました。

　このプロジェクトに注目したのは、そしてこれが2番目の理由にもなるのですが、テクノロジーのインパクトと役割という観点を重視したためです。テクノロ

9）https://www.unidroit.org/work-in-progress/effective-enforcement-best-practices.

ジーは、このプロジェクトにおいては、欠かせません。私たちだけではなく、もちろん専門家たちも同じように考えていますが、これまでの UNIDROIT の民事訴訟に関する施策よりもはるかに不可欠なものになると思います。もちろん、これまでも、例えば、イグナシオさんが言及した ELI（European Law Institute）-UNIDROIT の民事訴訟モデル規則には、裁判所と当事者の間、あるいは当事者間で電子的な意思疎通をとるうえで、適切な方法に関する規定が含まれています。例えば、ビデオやオーディオ会議、もしくはヒアリングのビデオ録画、証拠収集におけるテクノロジーの使用、開示（disclosure）、そして電子データの提出、集団訴訟（collective civil proceedings）における電子プラットフォームなどで、また、テクノロジーを使った和解も同様だと思います。

　もっとも、そこでは、テクノロジーの詳細にまで踏み込むものではなかったので、今度の新しいプロジェクトでは、それを実現したいと考えています。本日は、この問題に関して、全体的なところから重要な 2 つの問題をお話しして、それから、専門家から提示された、より詳細な点に入っていきたいと思います。

必要不可欠なテクノロジーの利便性と危険性

ヴェネチアーノ：まず、2 つの問題のうち 1 つ目は、テクノロジーが二面性を検討しなければならないということです。テクノロジーは、実効性のある「執行」を妨げてきた障害に取り組むためのツールになり得ると同時に、新たなる問題を生み出す可能性があるということです。例えば、モニタリング、アカウンタビリティ、基本的人権の尊重等の問題などがそれに当たります。

　2 つ目が、技術的な中立性の問題です。専門家からは、特定のタイプのテクノロジーに関して法的施策が中立性を確保する必要があるとの助言がありました。これは、法的施策は将来的にも効力を持ち、グローバルに適用できるようにするためでもあります。しかし、これは「言うは易し行うは難し」で、テクノロジーに中立な法的施策を開発するには、どうすればいいのでしょうか。また、互換性（compatibility）や運用相互性（interoperability）の問題が生じる可能性があり、そうした難問にどう対処したらよいでしょうか、という課題です。

　最後に、専門家から提起された具体的な論点についてお話したいと思います。

1つは、新しいアーキテクチャの開発に関するものです。民事訴訟手続の場として、いくつもの異なる用途に使えるプラットフォームが作れたら、「執行」にも使えるようになるのではないかというものです。メリットはいくつもあります。先ほど挙げた執行の遅れやコストを抑制し、透明性も向上します。目的によっては、資産の流動性を高め、流通市場（secondary market）を作ることも可能です。ただ、ワークショップに登壇された先生も指摘されていたのですが、プラットフォームの管理の責任は誰になるのか、民間関係者の役割はどうするのか、監視システムは導入すべきか、適用法令の潜在的な問題はどう扱うのか、などの課題が発生します。

　もう1つは、執行の自動化（automation）の領域の拡大が提起する問題で、例えば、債権・債務の執行を含む、契約の部分的または全体的な履行の自動化には、独自の問題があります。意思決定プロセスの不透明性にどう対処するか？　エラーや誤用の可能性にどう対処するか？　また、債務者の権利を保護するメカニズムを導入するべきかどうか？　導入するとして、どうやることが効率的でフェアか？

　そして最後に、事務局長の話にもあったように、新しいタイプの資産、特に、デジタル資産等をどのように取り扱うのかも問題です。ここでの問題は、既存の概念や手続を新しい環境にどう適応していくのかということだと思います。例えば、別の法制度にすでにある占有回復（repossession）概念や管理（control）の概念を当てはめるのか。あるいは、全く別の法的ツールや概念を開発して、デジタル環境下での「執行」に対処していくべきなのか。専門家たちはすでに議論を始めていますが、まだ答えは出ていません。

　そういうわけで、答えというよりも、疑問点ばかり出てきてしまいましたが、私たちのプロジェクトは、こういった疑問点に取り組み、理に適ったソリューションを策定し、アドバイスの提言へ持っていきたいと考えています。学生さんとのディスカッション等も楽しみにしています。私たちのウェブページのリンクも、ご紹介しておきます[10]。ありがとうございました。

---

10) https://www.unidroit.org/

角田：あまり学生たちにとっては馴染みのない世界ですが、問題の広がりに、改めて気づかせてくれる素晴らしいプレゼンテーションでした。ありがとうございました。竹下先生、いかがですか。

テクノロジーが執行に与える影響

竹下：一橋大学の竹下でございます。大変興味深いプロジェクトのプレゼンテーションをありがとうございました。私からは、若干、学生さんへの説明も含めたコメントと、質問をさせていただければと思います。

　ここで扱われた「執行」とは、法律というものが「絵に描いた餅」ではなく、現実に実行されてこそ意味があるという観点から、非常に重要な問題と言えましょう。私自身も、2019 年にハーグ国際私法会議で「外国判決の承認及び執行に関する条約」が新たに採択された時に日本代表として参加しましたが、その条約は、あくまで執行しなければならないということを国家に義務付けるのみであり、その先の問題、つまり、具体的にどう執行するか、実際の権利実現をどのように行うかまでは、扱っていません。これは、伝統的に強制執行等による実際の権利実現の問題が各国の国家主権に任されてきたことと関係しております。そして、現在でも、各国がどのように執行するかについては、それぞれが独自の制度を有しており、その世界的統一は非常に困難であると思われます。まず第 1 に、学生さんには、こういった執行に関する現実があることを認識していただくことが非常に重要ではないかと思います。

　今お話を伺う限り、UNIDROIT が目指すところは、判決の執行も含むのかもしれませんが、それだけではなく、担保権の実行やデジタル資産に対する執行等も含む幅広い執行ということを考えていらっしゃるのではないかと思います。そうであるとすると、これは非常にチャレンジングなプロジェクトであると思います。

　そこで、私からの質問でございますが、プロジェクトの焦点について伺いたいと思います。特に、デジタル資産に対する執行の話になると、今回の集中講義で扱っている、「テクノロジー」が非常に重要となってくるかと思いますが、その他の問題ですと、執行に対する新たなテクノロジーの意義はそれほど自明ではないようにも思われます。この点、このようなデジタル資産に対する強制執行等にお

ける新しいテクノロジーの使用に議論の焦点を当てるおつもりなのか、それとも、より幅広く一般的に執行の問題を扱うプロジェクトにされるのか、そのあたりを教えていただければと思います。

ヴェネチアーノ：ご質問ありがとうございます。また、外国判決の執行の分野において、ハーグ国際私法会議について言及してくださったことにも感謝します。

　いただいたご質問ですが、このプロジェクトは「執行」全般を対象として考えています。その目的は、裁判手続を通して執行が行われる場合と裁判外で行われる場合の両方の「執行」で役立つ可能性のあるベストプラクティスを紹介し、提供することにあります。前者は、何らかの判決を裁判所が下したときに、それをどのように執行するのかというケース、後者は、例えば、債権者が何らかの担保権を有しているとき、その執行をどうするのかといったケースです。いずれのケースでも「テクノロジー」は、中心的な役割を果たすことになると思います。というのも、テクノロジーをベースとしたメカニズムを使うことで、2つのことが可能になるからです。1つは、より効率的な執行手続を作れるようになり、実際に一部の司法制度では、そういったテクノロジーの活用が、プラットフォームで始まっています。例えば、電子競売がそうです。

　もう1つの関心領域として、テクノロジーによる新しい資産の創造があります。その領域では、もちろん、執行は、そのようなテクノロジーとリンクしていなければなりませんし、また、様々なタイプのテクノロジーの開発というコンテクストから見ていかなければいけません。

　というわけで、執行全般的なところから、このプロジェクトは進めますが、その中でも、テクノロジーは非常に重要な役割を果たすことになります。事務局長から加えておっしゃりたいことがありますでしょうか。

ティラード：私も追加する点はありません。よいお答えをいただきました。

角田：ありがとうございます。それでは、学生の皆様、いかがでしょうか。

AI 裁判官の実現性は

学生 C：よくある質問になってしまうかと思いますが、裁判官が AI だったり、法的判断を AI がする、仲裁でもあり得る話かと思うのですが、その実現性についての質問です。法的サービスは、基本的に、国民が受けるサービスシステムというふうに考えると、例えば、AI を使うと、ものすごく短時間で判断が出るとか、あるいは、裁判官個人の価値観によって裁判結果が変わってしまうようなバイアスなどの問題を含めたブレがなくなり、判断のクオリティが担保されるとか、そういう意味では、非常に前向きに考えて、よい動きなのではないかと思っています。ただ、本当に実現できるのかというところ、そして、実現できるとなった場合、重大な課題はどの辺にあるのかということを、お答えいただける方がいればお願いしたいと思います。

角田：ありがとうございます。それでは、ショルツ先生、いかがでしょう。

ショルツ：はい、ありがとうございます。私の方からお答えします。我々は、司法制度おける AI の登用について、ここ 1 カ月ほどの間、議論をし、AI のシステムは、司法部門において、素晴らしい可能性があると見ています。情報を自動的に組み立てて、文字を起こしたり、複雑なタスクもできるようになるでしょう。けれども、司法における AI の適用がリスクを生む可能性も否定できません。差別や不透明な意思決定、あるいはブラックボックス効果、こうしたことがあり得ることを念頭に置かなくてはなりません。ですから、私たちの考えでは、人工知能を司法の分野で使う際は、判事の意思決定の権限と、司法の独立性を妨げない範囲にすることです。そして、最終的な判断を下すのは人間でなくてはなりません。これは、AI に任せることはできません。それを申し上げたいと思います。

角田：ありがとうございます。吉川様、いかがでしょうか。

吉川：今のお話に同感です。私自身も、今この段階で、ここまで技術が進んでいるので、この先も飛躍的に進歩し、人間のレベルまで進んでいくんだろうと思っ

ております。ただ、機械がやったことと、人間がやったこと、ユーザーはどちらに信頼を置くかということで、機械が行うことに、多くの国民、世の中の人が重きを置けば、そちらの方が優先されるのかもしれませんが、私は最後の最後は、人間は人間の最終判断に信頼を置くと思います。ですので、AIは、補助的な作業をしてくれるのだろうと思っております。

角田：ありがとうございます。面白い質問で問題提起いただきまして、ありがとうございました。では最後に、フェリックス先生、総括をお願いできますでしょうか。

シュテフェック：はい、実は、まとめるつもりでプレゼンテーションを準備していたのですが、やめることにします。その理由は、本日のスピーカーの皆様があまりに素晴らしいスピーチでしたので、まとめる必要はないと思ったからです。でも実は、もう1つ理由があって、それはこの講義の内容をまとめた本を出版することになったからです。私のまとめやコメントは、すべて角田先生にお送りしますので、講義の振り返りとともに読んでいただけたらと思います。今回の講義と我々の考え、我々の議論が入手可能になります。

　そして、これも司法へのアクセスの一部になりますが、専門家の方々、法律の勉強をしている人が、独りぼっちにならず、社会に関与していくということが重要かと思います。我々が作る書籍は、我々の議論が、専門家ではない人にも分かるよう、アクセスしやすいものにしたいと考えています。角田先生、ご提案いただきありがとうございます。そして、締めていただけたらと思います。

角田：ありがとうございます。学生の皆様におかれましては、7回にわたって大変チャレンジングなオンライン集中講義にお付き合いいただいて、ありがとうございました。この間、協力してくださったゲストの方々から「学生さんと対話ができて、とても楽しい経験をした」というフィードバックをいただいています。それは、何よりも、熱心に視聴してくださった学生の皆さんが、素晴らしい質問を寄せてくださったことによるものだと思います。

　この講義は、「リーガルイノベーション」というテーマを設定して、ゲストを選

ばせていただくことでスタートしたのですが、実は、一番の狙いは、学生の皆さんにイノベーションの種を受け取って、育んでいってもらいたい、ということにありました。ですから、その目的は、おおかた達成できたのではないかと大変うれしく思います。

　最後に、本当に素晴らしいプレゼンテーションをしてくださいましたゲストの先生方に、是非、拍手をお願いします。それでは、これでおしまいにしたいと思います。ありがとうございました。

角田：本当に、豪華この上ないゲストをお迎えしての、司法アクセスのイノ
ベーションを語り合う大饗宴でした！　それぞれのお立場から語られた「司法
アクセス」は、まるで万華鏡のように、共通性と多様性を持ちながら、新しい
理解へと私たちを誘ってくれたと感じています。司法アクセスをSDG's の観点
から捉えるとはどういうことなのか、そして、With コロナ時代における司法ア
クセスをどう考えるべきなのか。その最先端の理解を共有できたこと、そのこ
と自体に、とても興奮しました。

シュテフェック：ゲストも楽しんでくださって、本当に素晴らしいフィナーレ
になりましたね。では、当日スキップした私なりの総括をお話しましょう。

　今回のワークショップを通して明らかになったこととして、まず、司法アク
セスのギャップの解消には、テクノロジーが大いに威力を発揮することを挙げ
ることができます（「司法のパスファインダー」マイケ・ランゲン）。OECD（タ
チヤナ・テプロヴァ）は、司法アクセスのギャップがもたらすコストは、GDP
の３％にも及ぶと推定しています。OECD は、さらに、包括的な成長、ウェル
ビーイング、さらには健康のためにも、司法アクセスが重要であることを強調
しています。これは、ドイツ司法省（フィリップ・ショルツ）のような各国政
府が、脆弱なグループを保護するためにテクノロジーを採用する必要性を重要
視していることと一致しています。最終的に、すべての講演者は、人間中心の
アプローチ、すなわち、人々とその利益を司法アクセスの中心に据えるアプ
ローチに基づいて発言しました。

　今回のワークショップに参加した立案担当者は、一般的に、テクノロジーは
司法へのアクセスを容易にするために有用であると考えており、私も同感です。
しかし、いずれの立案担当者も、UNIDROIT（イグナシオ・ティラード、アン
ナ・ヴェネチアーノ）がリスクと課題を念頭に置いて注意を促していることに
同意しています。これは、日本の法務省（吉川崇）のアプローチでもあります。
日本の法務省は、司法分野でテクノロジーを利用することの利点とリスクにつ
いて非常に積極的に取り組んでおり、現在、2022 年に向けた法律案を作成して

います。

角田：それにしても、その司法アクセスのギャップ、つまり、司法にアクセスできていない人が世界に51億人もいるという調査結果には本当に驚きました。もし、私の記憶が正しければ、この数は銀行口座をもてない人（Unbanked）の3倍近くではないでしょうか。問題の規模からしても、テクノロジー活用は必須だと思いました。

　そして、日本にとっては、まさにこれから民事司法のデジタル化が本格始動するというタイミングで、このような国際ワークショップをもてたことは有意義だったと思います。ビックピクチャーを共有し、秀逸のノウハウや問題意識、課題を共有できたのですから。それにしても、吉川様のプレゼンテーションは、内容も先進的でしたし、迫力満点で素晴らしかったですね。学生さんも大いに感化されたようで、質問が集中していました。

シュテフェック：そうですね。私も、吉川氏の先進的な意見には感銘を受けました。

　それから、今回のワークショップでは一貫して「司法アクセス」について、裁判所だけではなく、包括的なアプローチがとられていたことに、私は大賛成です。吉川氏も裁判外紛争解決の重要性を強調していました。これは、市民が抱える多くの問題は、最終的には正式な司法制度では処理されないという、OECDやパスファインダーの見識と一致しています。そのため、法律家は紛争が裁判になる前の段階に目を向ける必要があるのです。

　そして、この包括的な見解は、司法へのアクセスのための執行（エンフォースメント）の重要性に関するUNIDROITのプレゼンテーションによってさらに拡大されました。エンフォースメントに関しては、先進的な法域であっても課題を抱えています。テクノロジーは、エンフォースメントの方法を根本的に変える可能性があり、特に、公的な執行機関を不要にする効果があるかもしれません。

角田：従来、「司法アクセス」というとき、人間が抱えている問題に「法」を

使って解決策を模索することの「敷居」というイメージが強かったように思います。それが今回、問題を抱える人すべてが、どうすれば法が実現するべき正義にアクセスできるようになるかという、非常に広い、包括的なアプローチを志向するのですから、どちらの権利が認められるかだけでなく、権利を実現するエンフォースメントの段階も当然、重要な問題として含まれるわけですね。

　そう考えられるようになってみると、ジェフリー・ヴォス卿〔→集中講義❶96頁〕が司法制度は経済インフラストラクチャーだとおっしゃった理由が腑に落ちます！

　それから、個人的には、ティラード先生のUNIDROITのミッションを「司法アクセス」という観点から語ってくださったことも目から鱗でした！　比較法を学ぶというのはどういうことか、法のハーモナイゼーションが社会経済にとっていかなる意味をもたらすのか、理解が刷新された思いでした。

シュテフェック：吉川氏のような国内の立案担当者もOECDのような国際機関も、司法アクセスの将来的な発展のためにデータの重要性を強調しました。そのためには、データを社会と共有するだけでなく、社会のデータに関する懸念に耳を傾けるという意味で、社会を巻き込む必要があります。私たちが直面している社会的課題は、テクノロジーの課題だけでなく、データの課題でもあるのです。

　また、COVID-19の効果を考えると、OECDとパスファインダーは、パンデミックが司法へのアクセスを改善するためのテクノロジーの利用を促進しただけでなく、パンデミックが新たな司法問題を生み出したことを示している。パスファインダーでは、これを（1）さらなる司法問題、（2）運用上の制約、（3）資金上の制約という「トリプル・クランチ」と呼んでいました。そして、この点について、「司法分野でテクノロジーを利用するための資金を持たない国は、どのように進めるべきか」という質問が議論の中で取り上げられました。

　ワークショップは、講演者やコメンテイターが、司法へのアクセスを扱う際には幅広い視点が必要であり、テクノロジーの影響を考える際にも、この幅広い視点が必要であるという意見で締めくくられました。この視点は、法や紛争の影響を受ける人々の視点であり、私も大いに賛同します。

◙ 技術と法律の関係はどうなっているのか？　法は技術に勝るのか、それともその逆なのか、あるいは、法と技術が協力するシステムを開発する可能性はあるのでしょうか？

◙ 民間の紛争解決サービスが公的なそれよりも魅力的になり、当事者が公的機関を利用しなくなった場合、立法者はどのように対応すべきでしょうか？

◙ 将来的な紛争解決コスト削減を実現するためには、まずコストのかかる投資が必要になるという課題に、政府はどう対処すべきでしょうか？

◙ テクノロジーは現在の司法制度を反映させるべきなのか、それとも現在の司法制度にはテクノロジーによって改善できる部分があるのでしょうか？

◙ テクノロジーは、市民が行動を起こす前に法を知ることを促し、その結果として、紛争を減少させるという影響を与えることができるでしょうか？

リーガルイノベーションとは何か

角田美穂子 （一橋大学大学院法学研究科教授）

フェリックス・シュテフェック （ケンブリッジ大学法学部上級講師）

角田：この集中講義は、選りすぐりのゲスト、受講生たちと共に、テクノロジーを軸に「リーガルイノベーション」について考えを深めるという、実に楽しくて、ゴージャスな経験でした。私たちの研究プロジェクト「法制度と人工知能」はまだまだ折り返し地点にありますが、現時点で私たちが考える最高のゲストから、極上のコンセプトを、プロジェクト関係者のみならず、未来のリーガルイノベーターとも共有できたことの意義は大きいと考えています。しかも、多くの支援をいただいて講義録を出版する機会までいただけたなんて、本当に、感激！　という言葉しか見つかりません。

　というわけで、集中講義を仕掛けた我々が、今回の経験を通して辿り着いたものを、お互いに提示して、読者と共有することでエピローグとしたいと思います。

リーガルイノベーションとは、いわば、法律進化論？

角田：早速ですが、私の理解では、「リーガルイノベーション」というコンセプトは、社会経済など環境の変化・革新への法の「適応」を捉えた、いわば、「法律進化論」のようなものになります。「リーガルイノベーションとは何か」を論ずるにあたって、あたかも法規範のように扱って、その要件・効果を定義して議論の基盤を固めましょう、そうしないと議論が進められない、などという態度をとる人がいたとすれば、それはちょっと曲解ではないかと思います。

　そのあたり、まずは、リーガルイノベーションという言葉の功労者であるシュテフェック先生としては、この言葉にどんな意味を込めたのでしょうか？

シュテフェック：面白い問題提起をありがとうございます。まず、この集中講義で「テクノロジーとリーガルイノベーション」をトピックにしようと提案したとき、私は2つのことを考えていました。

　第1に、テクノロジーは私たちの法へのアクセスとエクスペリエンスを根本的に変えるという意味で、法のリアリティに変革を起こします。したがって、このコースでは、法律を扱うテクノロジーの進歩、つまりLawTechを扱うべきだと考えました。人工知能は、法律に関する情報収集、法律の分析、法律の予測に利用できます。ブロックチェーン技術は、スマートコントラクトを設計するために

使用することができ、スマートコントラクトは、契約の履行の強制を公的機関に頼る代わりに、アルゴリズムによって実現されるでしょう。重要なことは、法の管理にテクノロジーがどのような影響を及ぼすのか、何がそのような変化を促すのかを理解することだと思います。

　第2に、法の側から革新を起こし、新たなリアリティに対応するという、別の局面での変革もあります。テクノロジーのように、法もまた静的なものではなく、進化するものです。多くの場合、そのような進化は段階的に起こりますが、外部からの衝撃によって法の構造が大きく変化することもあります。先端技術やビッグデータの活用は、法にどのような影響を与えるのでしょうか。私は、法の変化の形態と原因に関わることが有益であると考え、このコースでは、こういった変化をテクノロジーというレンズを通して検討を加えたいと思いました。それは、社会に変化を起こす立法担当者（lawmaker）の貢献の重要性を認識するということでもあります。ここにいう立法担当者には、議会や裁判所のような公的なものと、専門的サービス提供者や業界団体のような私的なものも含めて考えています。こういった広い意味での立法担当者が、どのようにテクノロジーの進化に対応し、相互作用を介して法を発展させるのか、これも興味深い検討課題だと思います。

　リーガルイノベーションをテクノロジーと法という、この2つの視点から見ると、優先順位という問題が出てきます。テクノロジーが法を支配するのでしょうか――例えば、契約が法制度を必要としないアルゴリズムになったら？　それとも、テクノロジーよりも法が優位性を持つべきなのでしょうか――例えば、議会がアルゴリズムの特定の使用を禁止したり、特定の取引を規制したりするようになるのでしょうか？　それとも、法はテクノロジーの進歩に適応し、テクノロジーは法が課す倫理的制約を尊重するといったような、テクノロジーと法の協力関係が将来的に実現することになるのでしょうか？

　私たちが生きている現代、世界は様々な課題に直面していますが、このような問題設定がされるような時代に生きていること自体に、私自身はワクワクしています。ですから、今私たちが生きている現代は、「テクノロジーとリーガルイノベーション」について考える素晴らしい機会を提供してくれている――そういう思いを抱いていました。

　確かに、リーガルイノベーションは法規範とはまったく別の次元のものでしょ

うね。その意味では、法の理解に進化論を導入するという Mihoko の提案に賛成、かな。

今こそ、構造問題の解決を！＝環境激変

角田：まぁ嬉しい！

　それにしても、「今此処」にある課題は、根本的な問題提起を含んでいるものも多く、本当に、大きくて深いうえに、数も多いです。とりわけ、「いくつもの社会的・経済的な構造問題を抱えている日本にとっては、ポストコロナをラストチャンスと捉えて、変革を一気呵成に具体化していかなければならない」、という幸田先生の問題提起は重要です。つまり、旧来型の仕組みの延長線上ではない抜本的に新しい取り組み、具体的には、テクノロジーを活用しながら社会課題を解決していくイノベーションが必要とされているとしたうえで、そういったイノベーションとコラボレートできる法の在り方、立法の在り方やそれを支える解釈論、人材育成をファシリテートするものとしてリーガルイノベーションに対する期待が語られました〔→**集中講義❶**77頁以下〕。

シュテフェック：社会課題解決型のアプローチは、LegalTech スタートアップの創業者であるルードヴィヒ・ブルの口からも語られましたし〔→**集中講義❸**154頁〕、私も全面的に賛成です。リーガルイノベーションはまた、ウェルビーイングの向上や法による正義の実現といった、規範的な目標に貢献するべきです〔→**集中講義❷**115頁以下、**❼**336頁以下〕。

　それから、先ほどの法とテクノロジーの2方向のベクトルは、社会・経済の変化と法という局面に引き直して考えることもできると思います。つまり、新たな革新的なテクノロジー、例えば、ブロックチェーンを用いた価値移転が発明されたことを受けて、立法者はそれを既存の法制度にどう適合させるかについて新しくルールを開発するような、社会の変化が先行して法が後からついてくる形態が1つ。逆に、テクノロジー・ベースのリーガル・サービスに対応させるべくリーガル・サービスを提供する資格に関する法律の自由化のような、法律改正が先行して社会に変化を起こしていくことを狙う形態もあり得るでしょう〔→**集中講義**

❻297 頁以下〕。

リーガルイノベーションの起こし方

シュテフェック：次に、リーガルイノベーションの担い手ですが、国家の公的機関による場合（議会や裁判所による制定法や判例法）もあれば、民間のものである場合（事業者と消費者の間で用いられる契約書や会社の定款のような）もあります。前者は公の秩序に関わる一方、革新的な私的秩序もそれに劣らず重要であり、しばしば公的なリーガルイノベーションに先行します。その意味で、リーガルイノベーションは、形式的な法（法令、契約など）だけでなく、法律実務（裁判手続や法律事務所の運営方法など）も含めて、より広く理解することができます。ここでも、国家と民間の両方のアクターが関係しているということができるでしょう。

角田：リーガルイノベーションの担い手を広く捉えることは、大事なポイントですね。

　ただ、忘れてはならないのは、民事司法のデジタル変革を牽引する、イングランドとウェールズの民事裁判官のトップ・ジェフリー卿の民事司法すなわち経済インフラ論でしょう！〔**→集中講義❶後日談** 96 頁〕　あの論理の説得力には圧倒されました。

シュテフェック：それは本当にそうですね（笑）。

　民間のアクターに関していえば、良いコーポレート・ガバナンスは、テクノロジーを使って人々の問題を解決したり、人々の生活を向上させたりして、利益を生み出すでしょう。このような日本の経済産業省が示した方向性に、私も賛成です。

　テクノロジーがもたらすコーポレート・ガバナンスの変化として私なりにまとめた５Dは、次のようになります。①データ（Data）：より多くの、より良いデータ分析、②非中央集権化（Decentralization）：中央からの指示や監督が少なくなる、③民主化（Democratization）：社会福祉とガバナンスの関係の一層の強化、④ディスラプション（Disruption）：コーポレート・ガバナンスの根本的な変化、そして、

⑤デザイン（Design）：法的関係の事前設計の強化と事後的な争訟の減少、です。

角田：その経済産業省の検討会では私も勉強させていただいているのですが、そこで示された AI ガバナンスをコーポレート・ガバナンスに溶け込ませるという方向性は、私たちの共同研究プロジェクトの英国側 Principal Investigator（PI）であるケンブリッジ大学法学部・ビジネススクール教授のサイモン・ディーキンの洞察にヒントを得ています[1]。長年にわたる日本のコーポレート・ガバナンス研究をベースに、テクノロジーがもたらす激変の時代の見通しを診断してもらったところ、日本が永年培ってきた特徴はむしろレジリエンスになり得る、というポジティブなもので、大変勇気づけられました。

　そういう意味では、英語や中国語の文書を用いた AI 研究がとても華やかな成果を発表している状況に接して、「日本語という曖昧な言語自体が AI に向かない」などと早合点する必要はない。データ環境さえ整えば、同じように AI 研究が進み、精度を上げていくことができる、という AI 研究者・山田寛章氏の指摘〔→集中講義❷コラム 142 頁〕も、日本の読者にとっては大変勇気づけられると共に、日本の施策の方向性は正しく、一日も早い実現が待たれているという切望感を共有していただけるでしょう。

司法アクセスのイノベーションに向けて

シュテフェック：次に、私たちの研究プロジェクトのテーマに関わる最近の動きとして、OECD が、「司法アクセスのためのデジタル変革：人間中心の司法システムに向けて（Digital Transformation for Access to Justice：towards a People-centered Justice System）」というプロジェクトを開始しました。このプロジェクトは、タチヤナ・テプロヴァ博士とラトビア裁判所管理局の指導のもと、OECD の司法アクセスチームが主導しています。私は、大変光栄なことに、このプロジェクトの科学顧問を務めさせていただいています。このプロジェクトは現在も進行中で、

1）サイモン・ディーキン「コーポレートガバナンスと企業のデジタル変革」NBL1153 号（2019年）41 頁。紹介したものとして、小塚荘一郎『AI の時代と法』（岩波書店・2019 年）。

最終報告書はまだ草稿の段階です。このような背景から、私のコメントはすべて予備的なものです。

　本報告書は、OECD 加盟国に送付されたアンケートをもとに作成されています。このアンケートでは、司法アクセスとテクノロジーの観点から、戦略と制度、法的サービスのためのテクノロジー、紛争解決サービスのためのテクノロジー、データ駆動型の司法アクセスという 4 つの分野を取り上げています。回答によると、司法サービスのデジタル変革は、高品質で差別化された司法へのアクセスを求める声に後押しされていることが分かりました。こうした変化は、テクノロジーの進歩によって促進され、公的資源の制限によって制限され、COVID-19 パンデミックによって加速されています。また、これらの国では、パンデミックの間、司法サービスの技術的変化を受け入れる市民の柔軟性と意欲が素晴らしいと報告されています。同時に、デジタルを放棄した市民層が形成されないように注意を払う必要があります。

　全体的に見て、司法サービスにテクノロジーを取り入れるスピードや深さは各国で異なります。先進的なアプローチをとっている国もあれば、方向性を模索している国もあります。

角田：それは、大変興味深いプロジェクトです。報告書の公表を心待ちにしています。研究プロジェクトとしても、是非、連携を取りながら成果を出していきたいですね。

　ところで、私たちの研究プロジェクトの日本チームは、ネット上の匿名での誹謗中傷という、オンライン・ファーストの時代の重大な社会課題に取り組んでいます[2]。この課題は、法学の視点からみてもチャレンジングなところがあります。というのも、誹謗中傷やプライバシー侵害で発生する「損害」は、精神的なものであったり、社会的信用といったものになります。そのような損害は、算定が難しいうえ、コントロールも非常に困難です。また、適切な法の運用を下支えする法理論の蓄積もない領域です。うまくいくかは分かりませんが、そういう意味で、

2）我々の研究プロジェクト「法制度と人工知能」は、山田寛章氏が実施している研究プロジェクト「民事紛争の説明可能な紛争解決予測モデル」（JST 戦略的創造研究推進事業 ACT-X：JPM-JAX20AM）と連携しながら、（株）LIC の協力のもと、AI の開発実験を遂行中である。

法学とテクノロジーとの協働によって、何か、ブレークスルーの手がかりでも見いだせないかと、文字通り「実験」に挑んでいます。もちろん、この課題に対しては、ヘイトクライムを探知する AI などがすでに研究開発され、実装もされていますが、それらは SNS のデータを大量に学習しているものが主流のようです。これに対して、私たちは、民事紛争解決予測システムの開発実験というアプローチ、つまり、学習データとして民事判決文書を用いることによって、昨今、問題となっているバイアスの問題をどこまで解決できるのかを見極めたいと考えているところです。

何が言いたいかというと、そういう研究を始めてみて気がついたのは、判決という学習データを生産する裁判所の動き——端的にいえば、どんな判決が下されるのかが、一法学者としてのみならず「テクノロジー・コンシャス」ともいうべき立場からも、気になるのです。とりわけ気になるのが、プライバシーです。それは、データ環境にダイレクトに影響を及ぼすからです。

例えば、家庭裁判所調査官が担当した少年保護事件を題材として精神医学の症例報告として学術論文を執筆し、専門誌に公表し、後に専門書籍に掲載される形で公表された事件において、最高裁は、少年保護事件の特性に配慮しながらも、公表の仕方やその公表の目的が「重要な公益を図ることにあった」ことに鑑み、プライバシー侵害を否定しています[3]。プライバシー侵害を認めた高等裁判所の判断を破棄しての判断でした。この判決に接したとき、私は、この「重要な公益」という言葉の中に、少年保護事件における司法判断の質を支えてきた、裁判官と、心理学や精神医学等の素養を有する家庭裁判所調査官とのコラボレーションが有効に機能できる環境を守るという意図を感じました。酒向先生は、リーガル・サービス提供の新たなビジネスモデルを語るという文脈において、これからの法律家の働き方として、分野横断型のチームで働く MDT というキーワードを語りました〔→**集中講義❻**290 頁以下〕。しかし、少年保護事件のような難しい事案については、従来から MDT で取り組むことで、司法判断の「正しさ」は担保されてきたと言えるのではないでしょうか。また、紛争解決にあたって他のアクターと連携をとることでワンストップ・ソリューションを提供することは、人間中心の

3）最判令和 2 年 10 月 9 日民集 74 巻 7 号 1807 頁以下。

司法イノベーションという文脈でも重要です〔→**集中講義⓻**367頁〕。

　また、交通事故の当時4歳だった被害者が後遺障害による逸失利益について定期金による賠償を求めた事件において、最高裁は、不法行為に基づく損害賠償制度の目的と理念に照らして相当と認められる場合にはそれが可能で、かつ、「特段の事情がない限り、就労可能期間の終期より前の被害者の死亡時を定期金による賠償の終期をすることを要しない」として、「後遺障害による逸失利益」について、一時金による賠償と定期金による賠償の処理を揃える判断を下しています[4]。これも、テクノロジーを活用した「執行」の自動化という情報に接した身には、シュテフェック先生が法律家の新たなミッションだと指摘した「互換性あるデータ生成のサポート」ではないかと感じた次第です〔→**集中講義⓹**276頁〕。

　そういうデジタル変革の準備という観点からみたとき、私は、昨今の日本の最高裁は、正しい方向性を示していると考えています。

　そういえば、シュテフェック先生、ケンブリッジ大学の法学トライポスのディレクターを拝命したそうですね。もしかして、ケンブリッジ大学法学部のカリキュラム改革に着手しておられるとか？

シュテフェック：その、テクノロジー・コンシャスという観点、いいですね！リーガルイノベーターは、変化の傍観者ではなく、変化を起こす人ですから。

　そう、今まさに、ケンブリッジ大学でのテクノロジーに関する法学教育に取り組んでいて、学部生向けのLawTechワークショップを開講しようと奮闘中です[5]。このワークショップの狙いとしては、テクノロジー利用を規制するものとしての法にはフォーカスしない、という点を挙げることができます。ですから、知的財産権法やデータ法は扱いません。その代わりに、法曹実務で用いられるテクノロジーに特化したいと考えています。例えば、教室のスクリーンを使って、リーガル・データ・ベースはどのようなものか、機械学習のアルゴリズムがどうやって構築され、どのようにして予測を出力するようになるのかを、学生の皆さんにデモンストレーションをしていただきます。多くの学生はLawTechについての文

4）最判令和2年7月9日民集74巻4号1204頁。
5）フェリックス・シュテフェック「テクノロジーと法：研究×教育の課題」NBL1155号（2019年）41頁。

献を読んだり議論を聞いたりはしていますが、実際にテクノロジーが運用されているところを見たことがある人はそれほど多くありませんので、学生にとって有意義な学びの場になることを期待しています。しかし、関連するテクノロジーを見て理解して初めて、その倫理的な意味合いを議論することができるのです。

角田：リーガルイノベーターは、実験、実験、また実験ですからね。

あとがき

「災い転じて福となす」——これが、本書のもととなる、一橋大学での集中講義（2021年1月12日から1月20日まで、105分7コマを6日間にわたって開講）を企画した我々の率直な思いである。というのも、実は、もとはと言えば、2020年度にサバティカルを取得したシュテフェック先生を一橋大学で招聘し、その際に共同研究プロジェクトの日英コラボレーション企画を一気呵成に進めようと目論んでいたのだ。ところが、新型コロナウィルス感染症の拡大によって、世界の情勢が変化し、目論見通りには進められなくなってしまった。つまり、我々も2020年を通して刻々と変化するコロナ情勢に大いに翻弄されたということだ。

最初のつまづきは、シュテフェック先生が9月に対面参加を予定していた国際会議[1]が直前の都市封鎖により渡航ができなくなり、全面オンライン化されたことだった。突然の変更による混乱を経験したタイミングで、さらに畳みかけるように、一橋大学における2020年度秋冬学期もすべてオンライン授業とする方針が決定された。わざわざ来日して講義にゲストとして登壇しても、一橋大学の学生に会えないことを知ったときのシュテフェック先生の表情は、忘れ難いものがある。プロジェクト関係者との再会、法務省の方々との意見交換をどんなにか楽しみにしてくれていたことか。けれども、来日は見送るしかなかった。

しかし、考えてみれば、オンラインとなった国際会議も、大学のオンライン授業も同じシステムを用いて行われるではないか。両者を兼ねることに何ら障害はないはずだ。また、シュテフェック先生が2019年3月にサイモン・ディーキン先生と共に来日した際の国際×学際シンポジウム[2]で会場と一体化したかのような、豊かなコミュニケーションを支えてくれたNHKグローバルメディアが、オンラ

---

1) SOLAIR conference, Czech Academy of Sciences, Government Office of the Czech Republic, Ministry of Industry and Trade of the Czech Republic, Microsoft, UNCITRAL, Ministry of Justice of Japan, Prague, 11.9.2020. そこでシュテフェック先生は「人工知能と紛争解決」と題する講演を行った。
2) 角田美穂子×大場光太郎「テクノロジーの進化とリーガルイノベーション」NBL1150号（2019年）20頁以下の連載のほか、当日のレポートとして、http://www.hit-u.ac.jp/hq-mag/project_report/342_20190701/参照。

イン・サービスも提供していることが判明した。その同時通訳で実現されるコミュニケーションも、なにも、研究関係者に限定する必然性などまったくなかったのだ。それどころか、ヴァーチャルとはいえ学生がそこにいてくれることで、各分野の専門家も専門性の高い先端的な話を平易に話してくれるようになる。おかげで、敷居はぐっと低くなり、知の共有がスムーズに進むのではないか──。

　こうして、我々は、ウィズ・コロナという環境に「適応」しはじめた。そうなれば、AIとともに働くであろう次世代の法学教育に関心ある法学者にとって、これは、研究プロジェクトと教育コンテンツ開発の統合というアイディアを試す、千載一遇のチャンスではないか、と気づくのに時間はかからなかった。「テクノロジーとリーガルイノベーション」と銘打った集中講義という「枠」は、オンライン授業になったことで、開講時間を工夫しさえすれば、国際講演会にも、国際ワークショップにもなり、しかも、受講している学生とのフリートークセッションまで実現できてしまうのである！

　そしてもうひとつ、我々のパッションも記しておきたい。それは、まさにこの世界が激変するタイミングで、「リーガルイノベーション」という言葉を提案したシュテフェック先生と共に、この構想を正しく、健やかに、でも、できるだけ速やかに、育んでおきたいとの思いであった。

　　「協力依頼の声掛けをする先生方にとって、十分に魅力的な企画になっているだろうか。」「先進的な考えをもっている日本の人にも、もう少し、自分のアイディアを世界で発信してもらいたい。」

　集中講義を前にした作戦会議において、シュテフェック先生からたびたび発せられた問いと、期待である。それを形にしたのが、角田＆シュテフェックの共同編集による講義録としての出版、つまり、本書である。このような無謀ともいえる冒険に、真剣に向き合ってくれる出版社、そして、編集者など、もちろん、そういるはずもない。迷うことなく、工藤俊亮先生との前著『ロボットと生きる社会──法はAIとどう付き合う？』で散々ご苦労をかけた、（株）弘文堂の北川陽子さんに恐る恐る相談した。同時通訳のテープ起こしの編集、多くの図表を掲載しないと読者に伝わりそうもない、前途多難な出版企画をご快諾いただくことができたのは、ほんとうに奇跡かもしれない。

こうして鍛え上げた企画によって、幸いにも、我々は文字通り極上のゲスト陣を迎えることができました。本当にご多忙を極めるなか、法学部中心とはいえ1年生から4年生、バックグランドも多様な学生向けに、最先端の話をかみ砕いて語りかけ、学生からの素朴な質問にも誠実に応じてくださったゲストの方々には、この場を借りて、心から厚く御礼を申し上げます。また、「すべての人に司法アクセスを届ける」というアジェンダの現状と、解決のための道筋を、この上なく分かりやすく伝えてくれる報告書を翻訳し、本書の巻末資料として収録することをお認めくださった司法タスクフォースのご厚意にも、深く感謝いたします（なお、日本語版は、司法タスクフォースのホームページにも掲載していただいています）。

そして、本書に素晴らしい巻頭言をお寄せくださった一橋大学大学院法学研究科教授の山本和彦氏、リーガルイノベーションというイメージを具体化するためにお力添えくださったタイガー立石夫人の立石（市毛）富美子様と埼玉県立近代美術館に、心から厚く御礼を申し上げます。

もちろん、このようなアイディアも、それを支えてくれる素晴らしい人的環境なしには実現できるはずもない。同時通訳費用やテープ起こし費用、大いに膨れ上がったゲストへの謝金はじめ講義録としての出版にも財政的に支援してくださった一橋大学大学院法学研究科には、心からの感謝を申し上げたい。

また、繰り返しになるが、周到な準備をして、講義において素晴らしいコミュニケーションを実現させてくださった（株）NHKグローバルメディアの同時通訳チームにも、この場を借りて厚く御礼を申し上げる。分野横断型の対話を「読み物」にすることに大いに貢献してくださった風間詩織さん、出版企画をお引き受けくださった（株）弘文堂、そして、とんでもない企画に辛抱強くお付き合いくださった同社編集部の北川陽子さんには、言葉がみつからないながらも、一言、ありがとう、といいたい。

2022年1月

角田美穂子　＆　フェリックス・シュテフェック

＊　本書は、JST 戦略的創造研究推進事業 RISTEX（社会技術研究開発）の助成を受けて実施している研究プロジェクト「法制度と人工知能」（JPMJRX19H3）の成果の一部である。

編者・著者紹介　＊各講義の扉に記載された所属は収録当時のもの

編者

フェリックス・シュテフェック Felix Steffek
ケンブリッジ大学法学部准教授、法学トライポス・ディレクター、会社法・商法研究センター（3CL）共同代表、JM ケインズ・フェロー（金融経済学）、ニューナム・カレッジ・メンバー

角田美穂子 すみだ・みほこ
一橋大学大学院法学研究科教授

著者

池田宜睦 いけだ・のりちか【❺スピーカー】
東京大学大学院公共政策学連携研究部（公共政策大学院）特任教授

石原裕也 いしはら・ゆうや【❸コラム】
Xspear Consulting 株式会社マネージャー

泉 卓也 いずみ・たくや【❹スピーカー】
経済産業省商務情報政策局情報経済課情報政策企画調整官

岩倉正和 いわくら・まさかず【❻コメンテイター】
一橋大学大学院法学研究科ビジネスロー専攻客員教授/弁護士〔TMI 総合法律事務所〕/ニューヨーク州弁護士

アンナ・ヴェネチアーノ Anna Veneziano【❼パネリスト】
ユニドロワ（私法統一国際協会）事務局次長

小原隆太郎 おはら・りゅうたろう【❸コラム】
弁護士〔中村・角田・松本法律事務所〕

吉川 崇 きっかわ・たかし【❼パネリスト】
法務省大臣官房政策立案総括審議官

幸田博人 こうだ・ひろと【❶スピーカー】
一橋大学大学院経営管理研究科客員教授/京都大学経営管理大学院特別教授/SBI 大学院大学経営管理研究科教授/（株）イノベーション・インテリジェンス研究代表取締役社長

小塚荘一郎 こづか・そういちろう【❹スピーカー、❼質疑・議論参加】
学習院大学法学部教授/ユニドロワ（私法統一国際協会）コレスポンデント

ホリィ・サージェント Holli Sargeant【❸PJ 紹介】
ケンブリッジ大学大学院博士課程

齋藤雅弘 さいとう・まさひろ【プロローグスピーカー】
弁護士〔四谷の森法律事務所〕/一橋大学法科大学院非常勤講師/早稲田大学法科大学院非常勤講師

酒向真理 さこう・まり Mari Sako【❻スピーカー】
オックスフォード大学サイード・ビジネススクール教授

佐々木清隆 ささき・きよたか【❹スピーカー、❺コメンテイター】
一橋大学大学院経営管理研究科客員教授/グローバル金融規制研究フォーラム代表/元金融庁総合政策局長

フィリップ・ショルツ Dr. Philip Scholz【❼パネリスト】
ドイツ連邦司法・消費者保護省「リーガルテックと司法アクセス」プロジェクト部長

竹下啓介 たけした・けいすけ【❷コメンテイター、❼質疑・議論参加】
一橋大学大学院法学研究科教授

イグナシオ・ティラード Ignacio Tirado【❼パネリスト】
ユニドロワ（私法統一国際協会）事務局長

タチヤナ・テプロヴァ Tatyana Teplova, PhD【❼パネリスト】
OECD SDGs のための政策部門長/ジェンダー、司法、包摂性担当上級参事官

野崎 彰 のざき・あきら【❺コメンテイター】
内閣参事官(内角官房副長官補付)/金融庁総合政策局組織戦略監理官/前フィンテック室長

野間幹晴 のま・みきはる【プロローグコラム】
一橋大学大学院経営管理研究科教授

ヴォイテック・バッチンスキ Wojtek Buczynski【❸PJ紹介】
ケンブリッジ大学大学院博士課程/フィデリティ・インターナショナル　シニアマネージャー、CFA、FRM

藤田正人 ふじた・まさと【❷コメンテイター】
法務省大臣官房参事官

ルードヴィヒ・ブル Ludwig Bull【❸スピーカー】
Court Correct CEO

山田寛章 やまだ・ひろあき【❷コラム】
東京工業大学情報理工学院・徳永研究室/日本学術振興会　特別研究員

山本和彦 やまもと・かずひこ【❷コメンテイター、❼質疑・議論参加】
一橋大学大学院法学研究科教授

吉岡和弘 よしおか・かずひろ【プロローグスピーカー】
弁護士〔吉岡和弘法律事務所〕

マイケ・デ・ランゲン Maaike de Langen【❼パネリスト】
パスファインダー（Pathfinders）「すべての人に司法を」プログラム・リーダー

【編著者】

角田美穂子（すみだ　みほこ）
一橋大学大学院法学研究科教授

フェリックス・シュテフェック（Felix Steffek）
ケンブリッジ大学法学部准教授

リーガルイノベーション入門

2022（令和4）年3月30日　初版1刷発行

編著者　角田美穂子，フェリックス・シュテフェック
発行者　鯉渕　友南
発行所　株式会社　弘文堂

　　　　　　101-0062　東京都千代田区神田駿河台1の7
　　　　　　TEL 03(3294)4801　　振替 00120-6-53909
　　　　　　https://www.koubundou.co.jp

装　丁　大森裕二
装　画　タイガー立石
印　刷　三報社印刷
製　本　井上製本所

ISBN978-4-335-35881-4

すべての人に
司法を

司法タスクフォース

何十億もの人々が未だに
司法による正義の実現に手が届かない世界において、
2030年までにすべての人のための司法を実現するには、
司法の問題を解決し、
不正義の発生を防止し、
人々が社会や経済に十分に参加する機会を
創出するために
司法制度を活用しなければなりません。

公平な社会の構築を

持続可能な開発のためのアジェンダ2030を
実現するために

「持続可能な開発のためのアジェンダ2030」の核心には、最も脆弱な立場にある人々のニーズが満たされる、公正で、公平で、寛容で、開かれた、社会包摂的な世界というビジョンがあります。

SDG16.3は、2030年までにすべての人が平等に司法にアクセスできるようにすることを約束しています。その他の司法に関連するターゲットとして、法的身分証明の提供、汚職や不正な資金の流れへの対応、権利保障やジェンダー平等の促進なども含まれます。

すべての人に司法へのアクセスを提供するというゴールを達成するには、以下のことが必要です。

- 法が実現する正義を中心に持続可能な開発を考えること
- 人間中心の司法制度にすること
- 少数のための司法から、すべての人のための司法にすること

法が実現する正義を中心に
持続可能な開発を考える

正義は、17の「持続可能な開発目標」すべてに通じるものです。正義が強化されなければ、世界は以下のことができなくなります。

- 貧困をなくし、不平等を是正し、最も疎外されている人々に最初に手を差し伸べること
- 共有された持続可能な繁栄のための条件を整えること
- 平和と包摂を促進し、基本的人権を保障すること

人間中心の司法制度にする

過去における司法改革では、しばしば制度に焦点が当てられ、人々は蚊帳の外におかれていました。これとは対照的な、人間中心の司法のアプローチは、以下のことを重視します。

- 男性、女性、子どもがどのように正義と不正義を経験しているかを理解すること
- 人々の正義のニーズを満たすために何が有効かについての証拠を利用すること
- 他部門との連携に開かれた、包括的な司法制度によって提供されること

少数のための司法から、
すべての人のための司法へ

何十億もの人々が司法にアクセスできていないという司法ギャップをなくすには、野心的な変革が必要です。それは、以下のことを実現させるために不断の努力を続けることです。

- 人々の司法問題の解決を助けること
- 大小さまざまな不正義の発生を防ぐこと
- 人々が社会や経済に完全に参加する機会を創出すること

なぜ、すべての人のための司法が必要なのか

すべての人に司法アクセスを約束するSDGのターゲットを提供するには、司法ギャップの規模を知り、そのギャップを埋めるのに必要な投資事例を構築する必要があります

司法の問題に直面している人はどれくらいいるのでしょうか？ 人々が司法の実現する正義を求めるとき、何を必要とし、何を望んでいるのでしょうか？ また、人々が受けている司法サービスはどのようなものでしょうか？

最近まで、データが不足していたために、人々の司法ニーズを満たすことができない規模が不明瞭でしたが、現在ではより多くの優れたデータが入手できるようになっています。

司法に関するタスクフォースは、世界の主要な司法機関や専門家による調査をもとに、世界の司法ギャップを初めて推計しました。

司法ギャップを埋めるには、何十億もの人々に司法アクセスを提供するための持続的な努力という、野心的な変革が必要です。

各国は、最も緊急性の高い司法ニーズに投資を集中させ、低コストのアプローチに資源を誘導し、資金源を多様化する必要があります。

世界で51億もの人々が、未だに司法による正義の実現に手が届かない状態です。
タスクフォースは、こうした人々の状況を、3つに分けて調査しました。
中でも、女性、子ども、貧困層、障害者、少数民族の人々は、特に困難な状況下に
あります。正義の格差は、構造的な不平等の反映であると同時に、不平等を助長する
要因でもあります。

グローバルな 司法 ギャ──ップ

司法アクセスを奪われ
ている人は51億人

45億人が、

法律が提供する
社会的、経済的、政治的機会から
除外されています

15億人が、

刑事、民事、行政司法上の
問題を抱えながら
解決できずにいます

2億5300万人が、

意味のある法的保護を受けることなく、
極度の不公平な状況の中で暮らしています

〉 司法が実現する正義がなければ、人々も社会
　も、潜在能力を十分に発揮することができま
　せん

〉 司法上の問題を抱えている人々は、平均で月
　収の半額に相当する所得を失っています

〉 日々の司法上の問題のコストは国内総生産の
　0.5-3%にも達します

〉 司法による正義のために1ドルを投資する
　と、紛争のリスクが減ることで16ドルの利益
　につながります

〉 人々を中心に据えた司法への投資は、高いリ
　ターンをもたらします

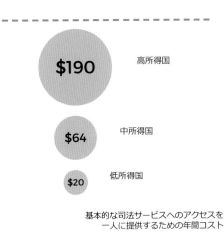

$190 高所得国

$64 中所得国

$20 低所得国

基本的な司法サービスへのアクセスを
一人に提供するための年間コスト

司法上の問題を
解決する

人々を中心に据えた司法は、
人々のニーズからスタートし、
最も深刻な司法上の問題の解決を狙います

これまでの司法改革では、建物やプロセス、制度に焦点が当てられてきましたが、何十億もの人々にとっての司法ギャップを埋めることはできませんでした。

国の違いや法制度の多様性にもかかわらず、世界中の人々が同じようなタイプの司法上の問題を経験していることが調査でわかっています。

最も重大な司法ニーズは次の6つの領域に集中しています：

- 公共の場、職場、家庭における暴力や犯罪の問題

- お金や借金の問題、消費者問題

- 住宅や土地をめぐる紛争、近隣住民との軋轢

- 公共サービスへのアクセスや質に関する問題

- 離婚や相続など、家族間の紛争

- 従業員や企業経営者として遭遇する、仕事上の問題

司法制度を提供する国が、人々の司法上の問題を出発点に据えるという
発想をもつことによって、人々にとってより良い司法の旅を
デザインするという視点が生まれます。より多くの人々が自分たちの
問題が公正に解決されたと思える目的地に到達できるようにするには
どうすればよいのかを問い続けるということです。司法の旅は、人々に
力を与え、質の高い司法サービスへのアクセスを提供し、正義の向上に
つながる結果に到達できるように、デザインされる必要があります。

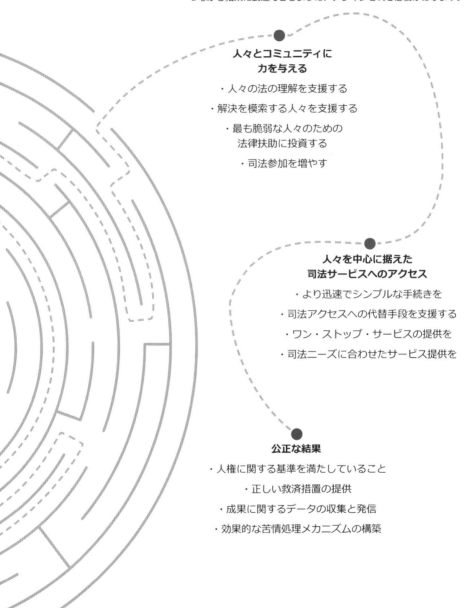

**人々とコミュニティに
力を与える**

・人々の法の理解を支援する

・解決を模索する人々を支援する

・最も脆弱な人々のための
法律扶助に投資する

・司法参加を増やす

**人々を中心に据えた
司法サービスへのアクセス**

・より迅速でシンプルな手続きを

・司法アクセスへの代替手段を支援する

・ワン・ストップ・サービスの提供を

・司法ニーズに合わせたサービス提供を

公正な結果

・人権に関する基準を満たしていること

・正しい救済措置の提供

・成果に関するデータの収集と発信

・効果的な苦情処理メカニズムの構築

不正義を防ぐ

司法ギャップの規模にかんがみると、すでに起きてしまった司法上の問題の
解決に取り組むだけでなく、司法上の問題を防がなければなりません

予防は、不正義の根本原因に焦点を当てることで、人々が被る被害を軽減します。紛争が少なく、暴力が少なく、人々が適切な法的保護を受けていれば、社会は平和で繁栄する可能性が高くなります。

予防すべき4つの理由：

- 従来のアプローチやツールでは、司法ギャップを埋めることはできません。

- 司法は、個人だけでなく、コミュニティや社会にとっても必要です。不正義を起こしている問題の根源に取り組むことが、構造的な正義の問題に取り組むための最善の方法です。

- 司法システムは、人々が自分の権利を守るのを助けたり、平和的な争いの場を提供することで、回復力を高めることができます。

- 予防は、人々にとっても、社会にとっても、そして司法制度自体にとっても、費用対効果が高いといえます

予防を実現するためには、司法関係者は、個々の正義の問題だけを考えるのではなく、目標母集団が経験する不正義・正義に影響を及ぼす必要があります。

効果的な予防のためには、司法制度が他のセクターと協力して
紛争の根本原因に取り組み、紛争、暴力、人権侵害を回避する
必要があります。予防戦略の狙いは、信頼できる司法制度を構築し、
構造的な不正義に取り組み、法を用いて不正義のリスクを低減する
ことにあります。

紛争の未然防止と鎮静化

紛争の数を減らし、
より深刻になる前に解決するために
積極的に取り組む

犯罪的、組織的、対人的暴力の防止

罰則で担保される対策から、
特に女性、子ども、弱い立場の人々に対する
暴力のレベルを下げる、
証拠に基づく予防へ

司法制度への信頼を高める

自分の権利が守られ、
紛争が平和的に処理され、
権力の濫用から守られるという
合理的な期待を人々に与える

不正義の根本原因への取組み

法的な身分証明書やその他の文書を提供し、コミュニティや
疎外されたグループが自らの権利を実現し、不公平さを
克服できるようにする。

リスクを減らすための法の活用

暴力防止のための法的枠組みを強化し、
紛争の発生や拡大を防ぐための
法律や規制を実施する

予防戦略

利害衝突と不安定化の防止

不平不満の軽減と暴力的紛争につながる
リスクへの対応

包摂の促進と権利の保護

司法制度の濫用を減らし、
最も高いレベルの排除に
直面している人々に正義を提供

司法の
パスファインダー

タスクフォースは、すべての人に司法アクセスを約束するSDGSのターゲットを
実現するために、アクション・アジェンダを作成しました

すべての人のための司法に移行するには、人々に具体的な成果をもたらすことに新たな焦点を当てる
必要があります。世界中の改革者たちは、自国の司法制度を変革し始めており、他の国が学ぶべき教
訓を提供しています。

改革の機運を高める4つの手段：

- データと証拠を活用して改革を進める

- イノベーションがもたらす変革の力を引き出す

- よりスマートな司法ファイナンス戦略の実施

- より首尾一貫した包括的な司法制度の構築

タスクフォースは、各国政府、司法関係者、市民社会、民間企業、国際・地域機関、
財団・慈善団体、そして人々自身に、すべての人に司法を届けるために協力することを
呼びかけています。

タスクフォースは、すべての人に、より迅速に、司法アクセスを届けるために、何が必要とされているのかを検討し、数々の提言を行ってきました。国レベルのアクションは、国際的な協力によって強化され、司法関係者の連携によって活性化される必要があります。

人々にとって最も重要な司法上の問題を解決する

定期的な調査による司法問題の把握 - 司法擁護者の認定、資金援助、保護 - 人々を中心とした司法サービスへのアクセスの提供 - 費用対効果の高い代替手段を用いた、人々の紛争解決と救済の支援

司法上の問題を予防し、人々が社会や経済に参加できるようにする

多部門にわたる予防戦略の実施 - 独立性の向上、汚職の撲滅、独立した監視体制の確保 - 構造的な不公正への取り組み - 暴力のリスクと紛争の数を減らすための法律と規制の強化

人々のために機能し、司法ニーズにこたえることのできる司法制度・機関への投資

司法データへのオープンアクセスを提供 - イノベーションを支援する規制環境を整備 - すべての人のための司法の資金調達のための国レベルのロードマップを策定 - 司法制度における代表性を高め、新しいガバナンスモデルを導入

国レベルのアクション

国の実施を支援

SDG16.3を実施するための自発的なコミットメントを登録し、政府がこれらのコミットメントを実施するために、信頼できる、現実的な、資金のある戦略の策定を支援

進捗状況の測定

民事司法の改革に関する進捗状況を測定するため、SDG16.3の新たな指標の合意形成を企図

司法関係者のリーダーシップの向上

隔年で、法務大臣、弁護士、その他の司法関係者の会合の開催

協力関係の強化

国際的・地域的な正義のパートナーの同盟と、資金提供者の共同体を形成

ムーブメントの構築

すべての人のための司法を求めるグローバル、ナショナル、ローカルな運動を通じた、変革の要請の増幅

国際的なアクション

司法タスクフォース

共同代表者:

 ジェルマン・カルロス・ガラヴァノ, アルゼンチン法務・人権担当大臣

 ジークリッド・カーグ, オランダ対外貿易・開発協力担当大臣

 プリシラ・シュワルツ, シエラレオネ検事総長兼法務大臣

 ヒナ・ジラーニ, 長老

メンバー:

アレハンドロ・アルバレス
国連事務総長事務局
法の支配ユニット
ディレクター

ドニー・アルディアント
TIFA財団リーガル・エンパワーメントと
司法アクセス・プログラム・アドバイザー、
インドネシア

ジェームズ・ゴールドストン
オープン・ソサエティー・ジャスティス・
イニシアティブ事務局長

パブロ・デ・グレイフ
ニューヨーク大学シニア・フェロー兼法学部非常勤
教授、元国連人権高等弁務官事務所「真実、
正義、賠償および再発防止の保障の促進に関する
特別報告書」報告者

サラ・ホセイン
バングラデシュ最高裁判所
弁護士

クルスーム・ケヌー
チュニジア高等法院
判事

ヴィヴェック・マル
ナマティ社
最高経営責任者

アリソン・メイナード・ギブソンQC
法廷弁護士、
元バハマ検事総長兼法務担当大臣

アタリア・モロコム
ボツワナ共和国
ジュネーブ国連事務局常駐大使、
元ボツワナ司法長官

オーウェン・ペル
ホワイト＆ケースLLP
パートナー

マルタ・サントス・パイス
元「子どもに対する暴力」事務総長
特別代表

共同委員長のシェルパ:

マリア・フェルナンダ・ロドリゲス
アルゼンチン法務・人権省
法務副大臣

イェルテ・ファン・ウィーレン
オランダ安定化・人道援助局
局長

シャヒード・コルジエ
シエラレオネ司法省
司法セクターコーディネーター代理

事務局

ニューヨーク大学の国際協力センター（CIC）は、司法に関するタスクフォースの事務局を務めました。
CICは「平和で公正で包括的な社会のための道しるべ」を共同で設立し、主催しています。

司法パートナー

「すべての人に司法アクセスを」レポートは、英語、スペイン語、フランス語でご覧いただけます。
この報告書は、ワーキンググループによる一連の報告書と、その他の委託調査に基づいています。
これらの資料やその他の資料は以下からダウンロードできます。

www.justice.sdg16.plus/report

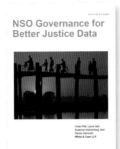

司法タスクフォースは、国連加盟国、
国際機関、市民社会、民間セクターが一体となった
マルチステークホルダー・パートナーシップである
「平和で公正で包摂的な社会のための道しるべ」の
取り組みの一つであり、「平和、公正、包摂性」に
関するSDGsの目標達成を加速するための
ものです。

タスクフォースの代表者は、アルゼンチン、
オランダ、シエラレオネの各大臣と、長老たちが
務めます。

平和、公正で包摂的な社会への
パスファインダー

司法タスクフォース
https://www.justice.sdg16.plus/task-force-on-justice